Amerika in den 1930er-Jahren, die Zeit der Großen Depression. Um Armut und Arbeitslosigkeit zu entfliehen, entwickeln Bonnie & Clyde ein eigenwilliges Geschäftsmodell: sie rauben Banken aus. Bewundert von den Verlierern des amerikanischen Traums, halten sie das Land zwei Jahre lang in Atem. Tod oder Freiheit, das ist ihre Losung. Niemand schafft es, den Sperrgürtel der Solidarität, der sie umgibt, zu durchbrechen Doch dann erklärt FBI-Direktor Hoover den beiden Verbrechern den Krieg …

MICHAELA KARL, geboren 1971, studierte Politologie, Geschichte und Psychologie in Berlin, München und Passau und promovierte mit einer Arbeit über Rudi Dutschke. Mit den Lebensläufen rebellischer Figuren beschäftigt sie sich auch in ihren Büchern. Sie ist Lehrbeauftragte an der Hochschule für Politik in München und Mitglied der Münchner Turmschreiber.

MICHAELA KARL

»Ladies and Gentlemen, das ist ein Überfall!«

Die Geschichte von
BONNIE & CLYDE

btb

In memoriam
meiner geliebten Mutter
Christl Karl
(1946-2007)

Für Monika

Zitate aus Originalquellen und Literatur über Bonny & Clyde wurden, soweit im
Literaturverzeichnis nicht anders vermerkt, von der Autorin ins Deutsche übertragen.

Der Abdruck S. 204 und 207 aus: John Steinbeck: Früchte des Zorn. Aus dem
Amerikanischen von Klaus Lambrecht. © Paul Zsolnay Verlag, Wien 1992.

Penguin Random House Verlagsgruppe FSC® N001967

2. Auflage
Genehmigte Taschenbuchausgabe Juni 2015,
btb Verlag in der Penguin Random House Verlagsgruppe GmbH,
Neumarkter Straße 28, 81673 München
Copyright © der Originalausgabe 2011 by Residenz Verlag, St. Pölten – Salzburg
Umschlaggestaltung: semper smile, München
nach einem Umschlagentwurf von www.boutiquebrutal.com
Umschlagzeichnung: © Filius de Lacroix
Druck und Einband: GGP Media GmbH, Pößneck
SL · Herstellung: sc
Printed in Germany
ISBN 978-3-442-74890-7

www.btb-verlag.de
www.facebook.com/penguinbuecher

DIE GESCHICHTE VON BONNIE & CLYDE

Ihr kennt die Geschichte von Jesse James –
Und sein Leben in Freud und Leid;
Hört ihr gerne noch mehr,
Dann hört bitte her
Die Geschichte von Bonnie und Clyde.

Nun, Bonnie und Clyde sind die Barrow Gang,
Ich glaub, sie sind euch bekannt.
Und wer ihnen droht,
Den findet man tot
Oder sterbend am Straßenrand.

Man schimpft sie herzlose Mörder
Und sagt, sie sind roh und gemein.
Aber ich weiß Bescheid,
Denn ich kannte Clyde,
Als er ehrlich war, aufrecht und rein.

Er weiß, welches Schicksal ihm droht.
Und da ist es nur fair,
Er setzt sich zur Wehr
Und bringt seinen Häschern den Tod.

Wird irgendwo ein Sheriff erschossen,
Und es gibt keine Spur weit und breit,
Verliert keiner ein Wort
Und schiebt einfach den Mord
Auf das Konto von Bonnie und Clyde.

Doch versuchen sie friedlich zu leben
Und mieten sich irgendein Haus,
Sei's am Ende der Welt,
Wird das Haus nachts umstellt
Und man treibt sie mit Schüssen hinaus.

Einst wird sich ihr Schicksal erfüllen,
Dann begräbt man sie Seite an Seit.
Es bringt niemandem Schmerz –
Es bricht keinem das Herz –
Bloß die Herzen von Bonnie und Clyde.

BONNIE PARKER[1]

Inhalt

This land is your land, this land is my land,
From California to the New York Island;
From the Redwood Forest to the Gulf Stream Waters
This land was made for you and me.
WOODY GUTHRIE[2]

Prolog
Romeo und Julia mit der Knarre

Ich möchte Ihnen eine Frage stellen. Wenn Freiheit das einzige Gut wäre, das Sie besitzen, wie weit würden Sie gehen, um dieses zu verteidigen? Würden Sie stehlen? Würden Sie rauben? Würden Sie töten? Keine einfache Frage, nicht wahr? Man will ja einer von den Guten sein. Auch Clyde Barrow und Bonnie Parker wollten dies. Und doch haben sie gestohlen, geraubt und getötet – alles um der Freiheit willen.

Die Zeitspanne, in der die beiden den südlichen Mittleren Westen der USA in Atem hielten, umfasst nur etwas mehr als zwei Jahre und ist inzwischen 80 Jahre her – und dennoch bin ich mir absolut sicher, dass Sie schon einmal von Bonnie und Clyde gehört haben. Wahrscheinlich denken Sie jetzt an die strahlend schöne Faye Dunaway und den attraktiven Warren Beatty, und nicht an zwei schmächtige junge Leute, die den Kopf voller Träume hatten, die ihnen eine raue Wirklichkeit versagte. Hollywood hat aus ihrem Schicksal ein glamouröses Märchen gemacht, das der Wirklichkeit leider nicht standhält. Ihr Leben erscheint im Film von 1967 als eine Art Road Movie: Bonnie und Clyde lieben sich und schnelle Autos, fühlen sich grenzenlos frei und brausen, wenn es eng wird, einfach davon. Freiheit und Selbstbestimmung, dieser vermeintliche Gegenentwurf zum Leben der meisten Menschen, deren Alltag vielen Zwängen unterliegt, macht bis heute die Faszination aus. Dazu kommen der Nervenkitzel der Gefahr, die nicht von der Hand zu weisende große Liebe zueinander und die

Erotik, die einer vorgeblich befreienden Gewalt immer innewohnt. Ein Umstand, den sich schon Che Guevara und Andreas Baader zunutze machten.

Dabei war die Freiheit, die Bonnie und Clyde verteidigten, nicht viel mehr als ein Leben auf der Flucht, in dem sie fern von all jenen waren, die sie liebten, und wie wilde Tiere gejagt wurden. Als alles vorbei war, waren 17 Menschen tot, inklusive Bonnie und Clyde. Zurück blieben trauernde Witwen und traumatisierte Kinder, ohne Ehemänner, Väter und Ernährer. Selbst bei ihren über alles geliebten Familien hinterließen Bonnie und Clyde nur verbrannte Erde.

Dass die Freiheit, die Bonnie und Clyde verkörpern, in unserer Wahrnehmung heute dennoch so positiv besetzt ist, verdankt sich der Filmindustrie und der Fantasie der Nachgeborenen, ebenso wie ihre Einschätzung als freundliche Zeitgenossen. Denn Clyde Barrow hatte durchaus psychopathische Züge und das Zeug zum ganz gewöhnlichen Kriminellen. Dennoch wäre es eine Simplifizierung, in ihnen nur zwei weitere Verbrecher zu sehen und ihren Fall deshalb der Kriminalgeschichte zu überlassen. Denn interessanterweise wurden Bonnie und Clyde schon zu Lebzeiten von vielen Zeitgenossen nicht als Kriminelle wahrgenommen, sondern als Rebellen. Besonders die Unterschicht, aus der sie kamen, unterstützte sie. Hier lösten ihre Taten klammheimliche Freude aus. Wie konnte es eigentlich so weit kommen, dass zwei junge Leute, die die meisten Amerikaner schlicht als »white trash« bezeichnen würden, zu Volkshelden wurden?

Um dies herauszufinden, stieg ich vor zwei Jahren in Gedanken zu Clyde in den Wagen. Es war ein Ford V 8 und er war natürlich gestohlen. Clyde bevorzugte dieses Modell, denn es war stabil, gut gefedert und hatte relativ viel Komfort, was nicht unwichtig war, wenn man auf der Straße lebte. Mit einer Spitzengeschwindigkeit von 144 km/h war der V 8 das schnellste Auto auf amerikanischen Straßen. Dass er in der viertürigen Version sehr viel Platz bot, war perfekt, wenn man vorhatte, darin Waffen zu verstecken oder auch zu schlafen. Mit mir auf der Rücksitzbank fuhren Bonnie und Clyde über die staubigen Landstraßen des südlichen Mittleren Westens, im Autoradio Jimmie Rodgers mit Gitarre und Banjo. Wir durchquerten elf Staaten und brachten Tausende von Kilometern hinter uns. Angesichts der Straßenverhältnisse und der zur Verfügung stehenden Automobile in den 1930er Jahren eine schier unglaubliche Leistung.

Die beiden zeigten mir ein Amerika, das so ganz anders war als jenes, das ich kannte. Unsere Reise begann noch vor dem Ersten Weltkrieg in Texas, einem Texas, in dem es weder J. R. Ewing noch die Southfork Ranch, weder Apollo 13 noch »Houston, wir haben ein Problem«, weder John Wayne noch George W. Bush gab – nur das Gefängnis in Huntsville mit seinem Todestrakt, das bei allem eine Schlüsselrolle spielen sollte, das gab es schon. Ich erhielt einen kleinen Einblick in das harte Leben auf dem Land und erfuhr bald, dass auch Stadtluft nicht unbedingt frei macht. Vergessen Sie alles, was Sie je über die Goldenen Zwanziger gehört haben. Vergessen Sie Jazz, Partys, Flapper Girls und Aktienboom. Während in New York Hotelzimmer mit Klimaanlagen ausgestattet wurden und am Times Square nachts die Leuchtreklame anging, gab es im Leben von Bonnie und Clyde weder Strom noch fließendes Wasser. Clyde erinnerte sich gut daran, wie er zum ersten Mal im klapprigen Pferdewagen nach Dallas gekommen und von vorbeisausenden Autos angehupt worden war – Mittelalter trifft Moderne.

Nachdem mit dem Börsencrash im Oktober 1929 der amerikanische Traum vom Wohlstand für alle über Nacht wie eine Seifenblase zerplatzt war, trafen die Folgen der Weltwirtschaftskrise einmal mehr jene, die gar nicht von den Boomjahren profitiert hatten. Das Leben wurde noch elender. Ich sah, wie Dallas sich mit Menschen füllte, die von ihren Farmen vertrieben worden waren, weil sie ihre Kredite nicht zurückzahlen konnten. Überall wurden Zeltstädte errichtet für jene, die ihre Häuser verloren hatten und ihr Vertrauen in die Banken jetzt mit Obdachlosigkeit und Hunger bezahlen mussten. An den Straßenecken standen Menschen Schlange um Brot, Arbeit und Hilfe. Manche lebten allein von Brennnesseln und Löwenzahn. Noch elf Jahre nach dem Börsencrash, als Amerika aufgrund der drohenden Kriegsgefahr seine Männer zur Musterung einbestellte, erwiesen sich 40 Prozent aller Gemusterten infolge der Mangelernährung dieser Jahre als untauglich. Auf unserer Fahrt durchs Land trafen wir ganze Kolonnen von Menschen, die mit ihrer gesamten Habe auf der Flucht vor den verheerenden Staubstürmen waren, die in den 1930er Jahren weite Teile des Mittleren Westens in eine »Dust Bowl« verwandelten, in der auf Jahre hinaus nichts mehr wachsen sollte. Am Straßenrand sahen wir so manchen verlassenen, klapprigen Lastwagen, der die Fahrt Richtung Kalifornien, wo viele auf ein besseres Leben hofften, nicht geschafft hatte. Überall kamen wir an verlassenen Farmen und geschlossenen Schulen vorbei. Nur wenige Lehrer waren geblieben, als der Staat sie nicht mehr bezahlen konnte. Die noch da waren, sahen sich mit halb verhungerten Kindern konfrontiert, die auf die Aufforderung, nach Hause zu gehen und etwas zu essen, antworteten: »Das geht nicht, heute ist meine Schwester mit essen dran.«[3]

Wenn wir keine Lust mehr hatten weiterzufahren, dann taten wir es den Menschen gleich, die ihr letztes Geld für zwei Stunden mit Clark Gable und Jean Harlow, der ersten Sexgöttin Hollywoods, opferten, und gingen ins Kino. Die Filmindustrie hatte auf die Weltwirtschaftskrise mit schwungvollen Filmmusicals und ironischen Screwball-Komödien reagiert, um die Menschen abzulenken. Am besten gelang dies allerdings einem lockenköpfigen Kleinkind: Shirley Temple, größter Kinderstar aller Zeiten und mit 5 Millionen Dollar Jahreseinkommen sicherlich eine der Topverdienerinnen im krisengeschüttelten Amerika.

Viele Menschen, die uns begegneten, waren jedoch so verzweifelt, dass sie weder zum Vergnügen noch zur Wut fähig waren. Doch es gab auch jene, die voller Zorn auf ein System waren, das ihnen ein menschenwürdiges Leben verweigerte. Zwischen 1930 und 1933 gab es mehr soziale Unruhen in den USA als je zuvor und je danach. Diese Menschen fühlten sich als unschuldige Opfer eines ungezügelten Kapitalismus und zeigten viel Verständnis für all diejenigen, die mithilfe eines durchaus eigenwilligen Geschäftsmodells die Folgen der Großen Depression abfedern wollten.[4]

Schon mit der Prohibition in den 1920er Jahren war die Kriminalitätsrate enorm gestiegen. Es hatte sich dabei jedoch um eine städtische Kriminalität gehandelt, die fest in den Händen großer Mafiabosse wie Al Capone und Dutch Schulz lag. Anfang der 1930er Jahre trat im Mittleren Westen eine neue Art von Verbrecher auf den Plan: Einzelpersonen, die vom Land kamen und auch von dort aus operierten. Sie gehörten nicht zur organisierten Kriminalität, sondern verstanden sich als moderne Nachfolger legendärer Outlaws wie Jesse James oder den Younger-Brüdern. Für viele verkörperten sie den amerikanischen Freiheitsmythos des Wilden Westens. Auch in der Presse wurden sie nicht als Gangster, sondern als Banditen bezeichnet, eine Spezies, der der britische Historiker Eric Hobsbawm, der sich intensiv mit diesem Phänomen auseinandergesetzt hat, einen besonderen Status zubilligt:

»Qua Definition verweigern Banditen den Gehorsam, stehen außerhalb der Reichweite der Macht, sind selbst potentielle Machtausüber und damit potentielle Rebellen.«[5] John Dillinger, Ma Barker und ihre Söhne, Pretty Boy Floyd, Machine Gun Kelly, Baby Face Nelson und nicht zuletzt Bonnie und Clyde wurden die Helden des verarmten Amerikas. Dass sie Banken ausraubten, störte in einer Zeit, in der Banken extrem verhasst waren, niemanden.

Die neuen Outlaws kamen statt auf Pferden in schnellen Wagen und schossen mit Maschinengewehren. Wenn es eng wurde, flüchteten sie über die nächste Staatsgrenze, in dem Wissen, dass die Zuständigkeit der Strafverfolgungsorgane der einzelnen Bundesstaaten an deren Grenze endete. Clyde überfiel prinzipiell nur Banken und Tankstellen, die sich in der Nähe einer Staatsgrenze befanden. Dabei war es selbst innerhalb eines Staates für die Polizei völlig unmöglich, ihm zu folgen. Während der Großen Depression wurde an allem gespart und die Polizisten mussten mit ihren klapprigen Privatwagen die Verfolgung aufnehmen. Stellen Sie sich vor: John-Boy Walton verfolgt John Dillinger. Und das ist nicht einmal so weit hergeholt. Viele, die während der Weltwirtschaftskrise ihren Job verloren, heuerten als Hilfssheriffs an und kämpften ohne Ausbildung mit ihren eigenen Schrotflinten gegen hoch gerüstete Bankräuber.

Während unserer Fahrt übers Land wurde das Radioprogramm immer wieder durch den Polizeifunk unterbrochen. Ja, denn der sendete auf derselben Frequenz. Immerhin konnten wir die Funksprüche empfangen; die alten Chevys der meisten Polizisten hatten gar kein Radio. Und dass es sich beim Polizeifunk um ein Einwegesystem handelte, das es zwar erlaubte, Nachrichten zu empfangen, nicht aber zu senden, führte bei vielen Polizisten, die uns knatternd an sich vorbeifahren sahen, zu Wutausbrüchen. Bonnie und Clyde waren ihren Verfolgern in diesem Katz-und-Maus-Spiel immer einen Schritt voraus.

Da auch andere sich die technische Unterlegenheit der Polizei zunutze machten, gab es allein 1933 in den USA 12.000 Morde, 3000 Entführungen und 50.000 Raubüberfälle. Der Justizminister rief schließlich zum »Krieg gegen das Verbrechen« auf. Doch erst als die Gesetzgebung reagierte und das FBI, ausgestattet mit weitreichenden Kompetenzen, in das Geschehen eingriff, ging die sogenannte Ära der Staatsfeinde, zu denen man heute auch Bonnie und Clyde zählt, zu Ende. Dabei waren die beiden kleine Fische gegen Dillinger & Co.

und im Bewusstsein der Nation auch nur wenig präsent. Im Mittleren Westen waren sie Stars, aber schon an der Ostküste interessierte sich kaum jemand für sie. Nicht einmal die berühmten Kollegen hielten viel von ihnen. In deren Kreisen galten sie als schießwütige Teenager, die Tankstellen überfielen und Tante-Emma-Läden ausraubten. Und dass sie schossen, ohne nachzudenken, gefiel einem John Dillinger, der sich zum Gentleman-Räuber stilisierte, überhaupt nicht.

Meine Reise in die Vergangenheit machte mir deutlich, dass die Geschichte von Bonnie und Clyde ohne die Weltwirtschaftskrise, die eine ganze Nation in den Ausnahmezustand versetzte, in dieser Form nicht denkbar gewesen wäre. Die beiden symbolisieren die Zeit der Großen Depression, so wie die Familie Joad aus John Steinbecks Roman *Früchte des Zorns* oder die »Dust Bowl Balladen« von Folksänger Woody Guthrie. So wie die weltberühmten Fotos von Dorothea Lange, die der Großen Depression ein Gesicht verlieh, indem sie die Verlierer des amerikanischen Traums auf der Flucht fotografierte. Oder so wie James Agees literarische Sozialreportage *Preisen will ich die großen Männer* von 1936, die noch heute als eine der besten Schilderungen jener Zeit gilt. Zwölf lange Jahre hielt die Große Depression das Land im Würgegriff, und abgesehen vom amerikanischen Bürgerkrieg und von Vietnam ist sie das prägende Ereignis für Amerika und seine Bürger geblieben. Bis heute sind die Folgen der Großen Depression in der amerikanischen Politik erkennbar. Denn der große Streitpunkt zwischen Republikanern und Demokraten sind nicht die Todesstrafe oder strengere Waffengesetze, sondern der Streit um mehr oder weniger Staat, die Auseinandersetzung um den New Deal, jene Politik, mit der Präsident Franklin Delano Roosevelt das Land aus seiner größten Krise führen wollte.

Dass die Geschichte von Bonnie und Clyde heute international bekannter ist als die Geschichte der Großen Depression, hat verschiedene Gründe. Zum einen hatten die meisten Länder selbst genug unter der Weltwirtschaftskrise zu leiden und in den 1930er Jahren eine solch dramatische politische Historie zu verzeichnen, dass sie mit deren Aufarbeitung zur Genüge beschäftigt sind. Zum anderen beinhaltet die Geschichte von Bonnie und Clyde jene Komponenten, aus denen Mythen geboren werden, waren sie doch eine recht exotische Mischung aus Jesse James, der sich gegen Unrecht zur Wehr setzte, aus Robin Hood und Lady Marian, die mit den Armen teilten, und aus

Romeo und Julia, die in unverbrüchlicher Liebe zueinander zusammen in den Tod gingen. Gerade Letzteres unterscheidet sie von allen anderen, die zu dieser Zeit ihr Unwesen trieben und ebenfalls mehr oder weniger bewundert wurden. Ihr Aufeinandertreffen in schwieriger Zeit war ein veritabler *coup de foudre,* mit verheerenden Konsequenzen. Was alles passiert ist, belegen heute 900 Seiten FBI-Akten, mit Geständnissen, Verhörprotokollen, anonymen Hinweisen und Spitzelberichten. Warum es passiert ist, zeigen sie nicht. Dazu braucht es jene Reise in die Vergangenheit, das Einlassen auf eine andere Welt, auf eine andere Zeit, auf längst vergangene Ereignisse, die nichts entschuldigen können, aber vieles erklären und die Frage nach der Mitverantwortung von System und Gesellschaft aufwerfen.

Mein Trip über staubige Landstraßen ist nun zu Ende. Seit ein paar Tagen habe ich wieder sicheren Ostküstenboden unter den Füßen. Clydes Rücksitzbank habe ich gegen einen bequemen Sessel im Hotel Willard in Washington D. C. eingetauscht. Unter seinem Dach wurde amerikanische Geschichte geschrieben. Nahezu alle US-Präsidenten haben hier übernachtet, und Julia Ward Howe schrieb im November 1861 hier den Text zu »The Battle Hymn of The Republic«. Von meinem Zimmer aus blicke ich in Richtung National Mall, auf der sich 1963 beim Marsch auf Washington 200.000 Bürgerrechtler versammelten, um Martin Luther Kings Rede »I have a Dream« zu lauschen, die er hier im Willard verfasst hatte. Ein paar Schritte von hier befindet sich das Weiße Haus, und auch das Capitol ist so nahe, dass aus guten Gründen die Legende umgeht, in der Lobby des Willard sei der Begriff Lobbyist erfunden worden. Um mich herum ist geballte amerikanische Geschichte sichtbar: das Lincoln Memorial, das Washington Monument und der Roosevelt Memorial Park. Und nur ein paar Blocks weiter liegt auf der Pennsylvania Avenue das J. Edgar Hoover Building, das FBI-Hauptquartier, in dem die Akten von Bonnie und Clyde archiviert sind. Seit Jahrhunderten werden im Umkreis von ein paar Meilen Gesetze gemacht, wird die innere Sicherheit verteidigt und darüber gestritten, welche Politik zum Besten des Volkes ist. Ganz so, wie es in der Präambel zur Verfassung der Vereinigten Staaten einst niedergeschrieben wurde: »Wir, das Volk der Vereinigten Staaten, von der Absicht geleitet, unseren Bund zu vervollkommnen, die Gerechtigkeit zu verwirklichen, die Ruhe im Innern zu sichern, für die Landesverteidigung zu sorgen, das allgemeine Wohl zu fördern und das

Glück der Freiheit uns selbst und unseren Nachkommen zu bewahren, setzen und begründen diese Verfassung für die Vereinigten Staaten von Amerika.«[6]

Während ich hier sitze, denke ich an Bonnie und Clyde und daran, wie wenig verantwortlich die Verantwortlichen in jenen Jahren gehandelt haben. Sie hatten vergessen, wem dieses Land tatsächlich gehörte und zu wessen Wohl sie es verwalten sollten. Irgendetwas sagt mir, dass ich dabei nicht nur über die Vergangenheit reflektiere, sondern dass auch die Gegenwart viele Symptome jener Krankheit aufweist, unter der auch die 1920er und 1930er Jahre litten.

Auf die eingangs gestellte Frage, wie weit ich gehen würde, um meine Freiheit zu verteidigen, habe ich übrigens in all den Monaten keine befriedigende Antwort gefunden. Ich weiß nur, dass ich niemals in eine Situation kommen möchte, in der die Freiheit das Einzige ist, das ich zu verlieren habe. Denn in so einem Fall müsste ich wohl Janis Joplin recht geben: »Freedom's just another word for nothing left to lose.«

Willard Hotel, Washington D. C.,
im August 2013

Bonnie war keine außergewöhnliche Schönheit –
keine Faye Dunaway, so wie im Film –
aber sie war nett und sie war hübsch.
floyd hamilton[7]

»Warum passiert hier eigentlich nie was?«

1. Langeweile und Lebenshunger

Lassen Sie uns mit dem Ende beginnen, mit dem Schmerz einer Mutter: »Wenn ich heute so darüber nachdenke, dann wird mir immer klarer, dass sie trotz allem nur ein ganz normales Mädchen war, das das übliche Leben eines jungen Mädchens geführt hat – sie hatte nicht allzu viel Kummer und nicht allzu viel Freude. Ich würde sagen, sie war das, was man gewöhnlich als Mittelklasse bezeichnet. Da war absolut gar nichts, was sie besonders machte, nichts, was mich davor gewarnt hätte, dass sie dazu bestimmt war, einer schrecklichen Zukunft und einem grauenvollen und elenden Tod entgegenzugehen.«[8] Wenige Monate nach Bonnies Tod interviewt Jan I. Fortune Bonnies Mutter Emma Parker für das erste Buch über Bonnie und Clyde. Da war aus dem ganz normalen Mädchen längst die berühmteste Gangsterbraut von Texas geworden, gejagt und schließlich zur Strecke gebracht von Polizei, FBI und einem willigen Verräter, immer begleitet von der Journaille, die ihren Teil dazu beitrug, die junge Frau im ganzen Land bekannt zu machen.

Als Bonnie Elizabeth Parker am 1. Oktober 1910 in Rowena, Texas, geboren wird, deutet tatsächlich nichts darauf hin, dass sie einmal für derartige Schlagzeilen sorgen wird. Texas hat damals knapp vier Millionen Einwohner. Wenig im Vergleich mit den heutigen 26 Millionen und doch eine ganze Menge, wenn man bedenkt, dass sich die Einwohnerzahl in den letzten 40 Jahren fast verfünffacht hatte. Lange Jahre war Texas vor allem Farmland gewesen, mit Farmen, die größer waren als so manches deutsche Bundesland. Auch die Holzindustrie hatte eine nicht unwesentliche Rolle gespielt, doch alles in allem war es hier ruhig und beschaulich gewesen. Bis zu jenem 10. Januar 1901, als Anthony Francis Lucas, ein kroatischer Ingenieur aus Graz, auf dem Spindletop-Hügel bei Beaumont im Südosten von Texas den bis dato größten Ölfund in der US-Geschichte machte. Das von ihm entdeckte Ölvorkommen, das allein im ersten Jahr fast 3,5 Millionen Barrel Rohöl ausspuckte, war eine Weltsensation und löste einen wahren Ölrausch aus. Tausende Abenteurer strömten auf der Suche nach dem schwarzen Gold nach Texas. In der Folge entstanden Ölfirmen wie Texaco und Chevron, deren Raffinerien Tausende von Arbeitern nach Texas brachten. Sie blieben, selbst als der Ölrausch mit Beginn des Ersten Weltkrieges vorübergehend zum Erliegen kam. Da die texanischen Erdölvorkommen sehr tief liegen, konnten die wirklich großen erst ab 1926 mithilfe geeigneter Technik erschlossen werden. In den 1930er Jahren wurde Texas zum größten erdölproduzierenden Bundesstaat der USA und hatte entscheidenden Anteil daran, dass die USA von da an zwei Drittel der Weltförderung an Erdöl stellten.

Bonnies Geburtsstadt Rowena liegt mitten im fruchtbaren Farmland von Texas. Hier leben die meisten Menschen von der Landwirtschaft. Rowena ist eine noch junge Stadt in der Nähe von San Angelo, ganz in der westlichen Ecke von Zentraltexas. Vor der offiziellen Stadtgründung 1898 gab es hier nur eine Bahnstation der berühmtesten Eisenbahngesellschaft der USA, der ATSF (Atchison, Topeka & Santa Fe Railway), genannt »Santa Fe«. Deren Züge fuhren seit 1869 durch den Südwesten der USA und trugen entscheidend zur Erschließung des Westens bei. Mitte des 19. Jahrhunderts hatte es hier nicht allzu viele Siedler gegeben. Das Land gehörte den großen Viehherden, die auf ihrem Weg nach Kansas auch am späteren Rowena vorbeigetrieben wurden. Jetzt hatten sie den vielen Farmen Platz gemacht, und aus der kleinen Bahnstation war 1910 eine aufstrebende kleine Gemeinde mit 600 Einwohnern geworden, die sich zum Handelsplatz für die umliegenden Farmer entwickelte.

Die Bewohner sind vor allem deutsch- und tschechischstämmige Einwanderer, die im Zuge der großen Einwanderungswellen ins Land gekommen sind und sich vorwiegend im Mittleren Westen und den Great Plains niedergelassen haben. Sie sind den Anzeigen der Landgesellschaften gefolgt, die Neuankömmlingen eigenes Land und großen

Ertrag versprochen haben. Tausende sind gekommen, haben der Prärie Land abgetrotzt und schuften sich nun krumm und bucklig für ein Auskommen, das zum Leben zu wenig und zum Sterben zu viel ist. Im Umland von Rowena bauen die Farmer vor allem Baumwolle an. Die kleine Stadt ist in vielerlei Hinsicht typisch für Texas. Ihre Bewohner sind fleißig und gottesfürchtig. Sie sehen in den Bestrebungen der Abstinenzbewegung, Alkohol zu verbieten, einen Angriff auf ihre Freiheit und betrachten Schilder mit Aufschriften wie »Nigger, lasst euch hier bloß nicht blicken« als etwas völlig Normales.

Bonnie ist das dritte von vier Kindern. Das erste Kind der Familie stirbt noch im Kindbett. Im Winter 1908 ist Hubert, genannt Buster, geboren. Ihm folgen 1910 Bonnie und im Dezember 1913 Nesthäkchen Billie Jean. Bonnies Vater Charles Parker ist Maurer. Seine Fertigkeiten sind weit über Rowena hinaus bekannt, und in einer Boomtown wie Rowena, in der neue Schulen, Ämter, Wohn- und Geschäftshäuser entstehen, ist er ein gefragter Mann. So verfügt er im Gegensatz zu den meisten seiner Nachbarn, die als Farmer von den Launen der Natur abhängig sind, über ein regelmäßiges Einkommen, worauf seine Frau Emma, geborene Krause, besonders stolz ist. Für die Tochter deutscher Einwanderer ist dies Grund genug, ihre Familie gesellschaftlich über die einfachen Landarbeiter zu stellen. Als engagiertes Mitglied der Baptistengemeinde trägt Emma das Ihre dazu bei, der Familie innerhalb der kleinen Gemeinschaft von Rowena hohes Ansehen zu verleihen. Sie hat ehrgeizige Pläne für ihre Kinder und ist voller Zuversicht, dass ihnen eine glänzende Zukunft bevorsteht. Wie Emma erzählt, gibt vor allem Bonnie schon von Kindesbeinen an Anlass zu berechtigter Hoffnung, auch wenn ihr manchmal nur schwer beizukommen ist: »Bonnie war ein absolutes Energiebündel. Sie war ein hübsches Baby mit blonden Locken, den blauesten Augen, die man je gesehen hat, und einem entzückenden kleinen, roten Mund. Aber kaum konnte sie laufen, hat sie schon irgendwas angestellt. Sie hat die ganze Familie auf Trab gehalten, ständig mussten wir sie aus irgendeiner Bredouille retten.«[9]

Das aufgeweckte Kind ist der Liebling der Familie. Ihr Charme macht Bonnie einfach unwiderstehlich. Als sie vier Jahre alt ist, macht sich ihr Onkel einen Spaß daraus, ihr das Fluchen beizubringen. Und während Bruder Buster für unflätige Worte stets die harte Hand des Vaters zu spüren bekommt, darf Bonnie ungestraft wie ein Müllkutscher fluchen. Gegen Bonnies smarten Augenaufschlag ist Charles Parker machtlos. Es bleibt Emma überlassen, Bonnie mit der Haarbürste zu drohen.

Bereits als kleines Mädchen versteht Bonnie es meisterhaft, sich in Szene zu setzen. In der Sonntagsschule hat die Dreijährige einen großen Auftritt, als sie zum Entsetzen der Anwesenden vorn am Pult voll Inbrunst einen der populärsten Schlager ihrer Zeit: »He's A Devil in His Own Home Town«, von Irving Berlin, schmettert. Alle anderen Kinder haben artig ein Kirchenlied gesungen. Der ernsthafte Buster, der Bonnie in die Sonntagsschule mitgenommen hat, weigert sich von da an strikt, seine Schwester noch einmal irgendwohin zu begleiten. Er fühlt sich bloßgestellt, Bonnie findet's lustig. Auch, dass eine Woche lang alle ausschließlich über sie reden, gefällt ihr ausgesprochen gut.

Die Parker-Kinder wachsen behütet und in einfachen, aber stabilen Verhältnissen auf. Doch im Dezember 1914 stirbt Charles Parker plötzlich und unerwartet – auch wenn sich hartnäckig das Gerücht hält, er habe die Familie verlassen und Emma Parker ihn deshalb für tot erklären lassen. Das Leben der kleinen Familie ändert sich nun schlagartig. Es fehlt der Ernährer und für eine alleinerziehende Mutter gibt es in Rowena nicht genug Arbeit, um eine vierköpfige Familie durchzubringen. Und wer soll sich in der Zwischenzeit um die Kinder kümmern? Buster ist als Ältester gerade einmal sechs Jahre alt. Nach anfänglicher Verzweiflung packt die 27-jährige Emma ihre Familie und das wenige, das sie besitzt, zusammen und zieht gen Osten. Sie will ihr Glück in Dallas versuchen, genauer gesagt in West Dallas. Dort, in der Arbeitersiedlung Cement City, leben ihre Eltern Frank und Mary Krause.

1908 von der Texas Portland Cement Company gegründet, um den Abeitern der nahegelegenen Zementfabriken Unterkunft zu bieten, liegt die Siedlung direkt an der Eisenbahnlinie. Hier gibt es eine Post, mehrere Läden, sogar eine eigene Schule. 1910 sind hier offiziell 503 Menschen gemeldet, die auch einen eigenen Bürgermeister wählen. Wie viele sich tatsächlich hier aufhalten, weiß niemand. Es ist eine raue Gegend mit einer erschreckend hohen Kriminalitätsrate. Die meisten Einwohner von Cement City haben Probleme mit den Behörden oder der Polizei.

Offiziell wird West Dallas erst 1954 ein Teil von Dallas werden, das sich zu dieser Zeit als aufstrebende Stadt präsentiert, die endlich weg will von ihrer staubigen Wild-West-Vergangenheit. In Dallas wimmelt es von Menschen verschiedenster Herkunft. Zwar sieht man sie tagsüber alle zusammen auf den Straßen, doch sie leben streng voneinander getrennt. Arme Arbeitsemigranten, vielfach aus Lateinamerika oder Asien, leben in den Slums von West Dallas, wo die Straßen nicht gepflastert sind und der Trinity River die Menschen im wahrsten Sinne des Wortes bei Überschwemmungen aus ihren Baracken spült. Wer es geschafft hat hier herauszukommen und sich stolz zur unteren Mittelklasse zählen darf, ist etwas weiter südlich nach Oak Cliff gezogen. Die Upperclass, bestehend aus reichen Angelsachsen, lebt in East Dallas. Sie blickt stolz auf einen Stammbaum zurück, der bis zu den Gründungsvätern der *Mayflower* reicht, und bestimmt über Wohl und Wehe der Stadt. Die Schwarzen wohnen in South Dallas. Selbst wenn sie in den Zementfabriken von West Dallas arbeiten, kehren sie am Ende des Tages hierher zurück. In einer Stadt, in der der 1915 wiedergegründete Ku-Klux-Klan, der sich 1871 aufgelöst hatte, sein nationales Hauptquartier hat, bleiben sie lieber unter sich. Anfang der 1920er Jahre wird Wesley Hiram Evans, ein Zahnarzt aus Dallas, die Führung des Klans übernehmen und aus dem versprengten Grüppchen militanter Rassisten eine mächtige Geheimorganisation mit rund 6 Millionen Mitgliedern formen, die großen Einfluss auf Politik und Kirche hat. 1921 werden 789 Kapuzenmänner ihr neues Symbol, ein brennendes Kreuz, durch Downtown Dallas tragen, begleitet von den ermunternden Zurufen der Umstehenden.[10] Auf Texas kann der Klan immer zählen. Als er 1923 hier seine Jahresfeier abhält, kommen 75.000 Menschen.

Das Leben in Cement City ist ganz anders als das Leben im beschaulichen Rowena. Cement City ist weniger eine Stadt als ein Elendsquartier. Es ist schmutzig und es stinkt. Die Schornsteine der Fabriken qualmen, Abgase und Giftstoffe werden ungefiltert in die Luft geblasen und schädigen die Gesundheit der Menschen, die im Umkreis ihrer Arbeitsplätze hausen. Doch für einen Job und ein Dach über dem Kopf nimmt man vieles in Kauf. Emma Parker kommt als Näherin in einer Fabrik für Arbeitskleidung unter. Waren die Parkers in Rowena eine respektable Familie, so sind sie hier nur ein paar Hungerleider mehr, die bei Verwandten Unterschlupf suchen. Der soziale Abstieg macht Emma schwer zu schaffen. Sie ist durchaus bereit, für ihre Familie hart zu arbeiten, aber sie sorgt sich um die Zukunft ihrer Kinder. Ein Blick auf die Straße zeigt ihr, was das Leben für den Nachwuchs von Cement City bereithält. Ihre ureigene Art, sich gegen das

Unvermeidliche zur Wehr zu setzen, besteht zunächst darin, die Kinder immer gut gekleidet aus dem Haus zu schicken. Emma ist fest entschlossen, den Kopf oben zu behalten. Wenn sie im Sonntagsstaat mit den Kindern meilenweit zur Kirche marschiert, fühlt sie sich noch immer als Mitglied der besseren Gesellschaft. In diesem Glauben erzieht sie auch ihre Kinder: Sie sind besser als ihr Umfeld. Und eines Tages werden sie nicht nur hier herauskommen, sondern, wer weiß, vielleicht sogar berühmt werden.

Bonnie hängt mit übergroßer Liebe an ihrer Mutter – zeitlebens. Schon als kleines Mädchen tut sie alles, um Emma zu unterstützen. Wechselt die Mutter in aller Eile ihre Kleidung für die Arbeit und lässt diese achtlos auf einem Stuhl zurück, räumt die kleine Bonnie sie mit größter Sorgfalt weg. Man kann sie dabei beobachten, wie sie die Kleidungsstücke ihrer Mutter immer wieder fest an sich drückt und streichelt. Wenn der Arbeitstag der Mutter doch nur nicht so schrecklich lang wäre.

Während Emma in der Fabrik schuftet, kümmert sich Großmutter Mary um die Kinder. Im Haus ist es ziemlich eng, seit neben den vier Parkers auch noch Emmas Schwester mit Tochter Bess eingezogen ist. Bonnie und Bess sind rasch unzertrennlich. Sie haben den Kopf voller Flausen, welche die entnervten Erziehungsberechtigten mit den damals gängigen Methoden ahnden: »Bess war drei Jahre älter als Bonnie (…) und mit dem, was ihr einfiel, und dem, was Bonnie sich ausdachte, war der ganze Haushalt von morgens bis abends beschäftigt. Meine Mutter sah sich genötigt, ihre Haarbürste gegen Bonnie einzusetzen, während Bess von ihrer Mutter mit einem Hausschuh versohlt wurde. Aber selbst, wenn wir sie bestraften, waren wir ganz verrückt nach ihnen, denn sie waren trotz ihrer Streiche wirklich die zwei niedlichsten und unwiderstehlichsten Kleinen, die man sich vorstellen kann«, erinnert sich Emma Parker.[11] Die Mädchen sind völlig furchtlos und für jede Dummheit zu haben. Einmal errichten sie sich im Garten aus Säcken einen Wigwam und entzünden darin ein Feuerchen, um Kartoffeln zu grillen. Als die Großmutter nach ihnen ruft, vergessen sie leider, das Feuer zu löschen. Minuten später brennt nicht nur der Wigwam lichterloh, sondern auch die Holzterrasse. Nur mithilfe beherzter Nachbarn gelingt es, den Brand zu löschen. Die nächsten Mahlzeiten müssen Bonnie und Bess im Stehen einnehmen, so sehr schmerzt sie das versohlte Hinterteil.

Schon als Kind sind Bonnie die Konsequenzen ihres Handelns völlig egal. Keine noch so drastische Maßnahme kann ihren Lebenshunger und ihre Neugier unterdrücken. In Bess hat sie eine kongeniale Partnerin für ihre Aktivitäten gefunden. Beide setzen sich über Ge- und Verbote großzügig hinweg. Wie soll man Erwachsenen auch begreiflich machen, dass die warme Unterwäsche einfach viel zu warm ist? Um Diskussionen zu vermeiden, verstecken die beiden die Wäsche einfach unterm Bett. Einmal gelangen sie sogar an Großvater Franks gut versteckten Weinvorrat. Anschließend ist ihnen allerdings so übel, dass sie dem fälligen Donnerwetter entgehen.

Selbstverständlich müssen die beiden der Großmutter im Haushalt zur Hand gehen. Bettenmachen ist eine ihrer Aufgaben. Bess erinnert sich noch Jahre später, dass es dabei jedes Mal Zirkus gab, wenn Bonnie in die Nähe von Großmutter Marys Pistole kam. Das kleine Mädchen hat panische Angst vor Waffen. Da Mary eine unter dem Kopfkissen liegen hat, weigert sich Bonnie strikt, diese Seite des Bettes aufzuschütteln. Als sie einmal versehentlich gegen die Pistole stößt, reagiert sie völlig hysterisch.

Als Bonnie sechs Jahre alt ist, kommt sie in die Cement City School in der Chalk Hill Road. Das hübsche Kind ist von Beginn an der erklärte Liebling von Mitschülern und Lehrern. Da sie es liebt, im Mittelpunkt zu stehen, und auch keinerlei Scheu zeigt, sich vor einer großen Menschenmenge zu präsentieren, ist sie immer ganz vorn dabei, wenn es um öffentliche Auftritte geht. Immer wieder wird sie von der Lehrerin ausgewählt, um bei Schulveranstaltungen vorzusingen oder etwas vorzutragen. Und Bonnie hat durchaus Talent. Ihre gelungenen Imitationen von Mitschülern und Lehrern zeigen ihre akkurate Beobachtungsgabe und ihr Einfühlungsvermögen. Sie merkt sehr schnell, wie gut sie beim Publikum ankommt, und arbeitet daran, diese Gabe weiter auszubauen. Einen ganzen Sommer lang versuchen sich Bess und Bonnie als Opernsängerinnen. Abend für Abend sitzen sie auf dem Stalltor und geben ein Konzert für die Schweine. Bonnie singt für ihr Leben gern und ist sich ganz sicher: Sie wird als Sängerin Karriere machen und Cement City für immer hinter sich lassen. Wann immer sie mit Schwester Billie Jean zum Angeln geschickt wird, um den kargen Speiseplan aufzubessern, übt sie aus Leibeskräften. Als Billie Jean sie einmal darauf hinweist, dass sie alle Fische verscheuchen würde, antwortet Bonnie verächtlich: »Wenn ich einst ein großer Broadwaystar bin und die Leuchtreklame meinen Namen verkündet, dann wird's dir noch leid tun, dass du so mit mir gesprochen hast.«[12] Sie wird ein Star werden, daran hat sie nicht den geringsten Zweifel. Auch wenn der New Yorker Broadway für ein Mädchen aus Cement City sehr weit weg liegt, lässt sich Bonnie nicht entmutigen. Und sollte es mit der Karriere nicht klappen, dann wird sie eben Zirkusartistin. Tag für Tag springt sie mit Bess vom Heuboden – Übung macht den Meister.

Bonnie ist ein sensibles Kind, das schon eine traurige Geschichte zum Weinen bringt. Ihr großes Herz macht sie bei ihren Mitschülern noch beliebter. Noch in den späten 1990er Jahren erinnert sich Schulfreundin Flo Stewart, wie sie von Bonnie zur Schule begleitet wurde. Als Folge einer Kinderlähmung ist Flo gehbehindert und das Treppensteigen fällt ihr schwer. Tag für Tag hilft Bonnie der kleinen Freundin, wird nie müde, auf sie zu warten und ihr die Schultasche zu tragen. Eine Geste, die Flo ihr noch in hohem Alter hoch anrechnen wird.[13] Bonnies mitfühlende Art darf allerdings nicht darüber hinwegtäuschen, dass sie auch ein richtiger Hitzkopf ist und zum Leidwesen ihrer Mutter keiner Auseinandersetzung aus dem Weg geht: »Sie war immer in irgendwas verwickelt und sie wäre lieber gegen einen Jungen angetreten, der doppelt so groß war wie sie, als zu kneifen. Und wenn's wirklich brenzlig wurde, dann kam Bess und hat sie gerettet.«[14] Zwar schafft sie es zumeist mit ihrem unwiderstehlichen Charme ihr Ziel zu erreichen, und ab der ersten Klasse ist ihr Schulranzen stets gefüllt mit Süßigkeiten von Verehrern in kurzen Hosen, doch wenn Charme einmal nicht mehr weiterhilft, kommen die kleinen Fäuste zum Einsatz. Ein Klassenkamerad, von dem sie sich schlecht behandelt fühlt, bekommt dies am eigenen Leib zu spüren. Dabei findet Bonnie ihn eigentlich ganz nett, doch als er sie zurückweist, schlägt ihre Schwärmerei in Hass um. Sie verfolgt ihn nach der Schule in die Stadt und springt vor einer Drogerie aus dem Hinterhalt auf seinen Rücken, um wie wild auf ihn einzuschlagen. Die Tobende abzuschütteln, erweist sich als ein Ding der Unmöglichkeit, insbesondere, weil sie eine Rasierklinge in der Hand hält und droht, dem Jungen die Gurgel durchzuschneiden. Nur eine beherzte Passantin kann Schlimmeres verhindern.

Nein, Bonnie lässt sich nichts gefallen. Gar nichts. Als ihr zwei Mädchen in der Schule den Bleistift stehlen, lauert sie ihnen gemeinsam mit Bess auf, um sie zu verprügeln. Tags darauf bringen die Mädchen ihren großen Bruder mit zur Schule, doch Bonnie und Bess nehmen es auch mit dem auf. Ein Bleistift ist im Hause Parker ein Luxusgut. Bonnie kann es sich nicht leisten, auf ihren zu verzichten, und stellt das unmissverständlich klar. Dass sie trotz ihrer Wildheit so ein niedliches Kind ist, führt dazu, dass Politiker aus Cement City mit ihr in den Wahlkampf ziehen. Das blonde Lockenköpfchen soll die Herzen der Wähler gewinnen – ein Kinderspiel für die spätere Staatsfeindin Nr. 1.

Auch auf der Cement City High School ist Bonnie ein Star. Vor allem, als sie beim Buchstabierwettbewerb den ersten Preis für ihre Schule gewinnt und die Arbeiterschule damit all die guten Schulen von Dallas in den Schatten stellt. Ganz Cement City ist stolz auf Bonnie. Die träumt nun davon, eine große Schriftstellerin zu werden, und beteiligt sich mit Erfolg an kleinen Literaturwettbewerben. Trotz ihrer schwierigen Startbedingungen sagt man Bonnie, die mit Abstand die beste Schülerin ihrer Klasse ist, eine glänzende Zukunft voraus. Doch ein Blick in die leere Haushaltskasse der Parkers zeigt, dass die Träume vom College wohl Träume bleiben werden. Es ist einfach nicht genug Geld da, um eine so lange Ausbildung zu finanzieren. Selbst die Klavierstunden für Bonnie und Billie Jean, auf die Emma Parker größten Wert legt, müssen gestrichen werden. Bonnie ist das egal. Sie hat ein fantastisches Gehör. Wenn sie ein Lied im Radio hört, setzt sie sich ans Klavier und spielt das Lied nach. Das Radio ist eines der wenigen Luxusgeräte, die sich auch die Armen leisten. Im ganzen Land sitzen die Menschen in den 1920er Jahren vor dem Radioapparat. Heute lässt sich kaum mehr ermessen, welches Amüsement das Radiogerät zu dieser Zeit bedeutete. Es ist das Tor zur großen, weiten Welt, ein billiges Mittel, um ein wenig Glamour in jede noch so ärmliche Behausung zu bringen. Damit können nun auch die entlegenen Winkel des Landes mit aktuellen Informationen versorgt werden. Das Monopol der Zeitungen als Nachrichtenlieferant endet mit der Verbreitung des Rundfunks. Als 1920 zum ersten Mal günstige und auch für den Laien bedienbare Apparate auf den Markt kommen, beginnt eine sagenhafte Erfolgsstory. Noch im selben Jahr nimmt in Pittsburgh, Pennsylvania, die erste kommerzielle Radiostation ihren Betrieb auf, zwei Jahre später gibt es bereits 500 Radiostationen in den USA. Das Radio verbindet Land und Leute, es sorgt für gemeinsamen Gesprächsstoff und bringt die Carnegie Hall bis nach Wisconsin. Die erste Live-Übertragung der Ergebnisse der amerikanischen Präsidentschaftswahlen am 2. November 1920 ist eine landesweite Sensation. Als der US-Schwergewichtschampion Jack Dempsey am 2. Juli 1921 den französischen Boxer George Carpentier in Jersey City, New Jersey, besiegt, verfolgen Millionen Amerikaner das Spektakel live am Radio. Mit einem Mal ist dieses riesige Land kleiner geworden. Der Hörfunk wird zum ersten elektronischen Massenmedium der Geschichte, und auch die Politik entdeckt rasch die Möglichkeiten, die das neue Medium bietet. Von nun an werden die Amerikaner von ihren Präsidenten per Rundfunkansprache über Ziele und Fortschritte der Regierungstätigkeit auf dem Laufenden gehalten. Für junge Menschen wie Bonnie ist das Radio aber vor allem musikalische Unterhaltung, bei der sich wunderbar von einer besseren Zukunft träumen lässt.

Aus dem entzückenden Kind wird sukzessive eine hübsche junge Frau. Eine Tatsache, die sie zu unterstreichen weiß. Auch wenn sie arm ist, schick gekleidet ist sie immer, und im Gegensatz zu den meisten ihrer Freundinnen schminkt sie sich auch, ganz nach dem Vorbild der Covergirls auf den Modemagazinen. Wie gerne wäre sie eines dieser modischen Flapper Girls, über die man sich im konservativen Texas den Mund zerreißt. Hier im amerikanischen Westen herrschen noch Sitte und Anstand. Dennoch sind die Flapper Girls, die sich über alle Konventionen hinwegsetzen, das Korsett in die Mülltonne stopfen und stattdessen hauchdünne Seidenstrümpfe, Büstenhalter und Kleider tragen, die mehr als einen Blick aufs Knie freigeben, in aller Munde.[15] Bonnie bewundert ihren Haarschnitt. So ein Bubikopf, der würde ihr auch gut stehen. Dass die Flapper Girls Auto fahren, rauchen, alleine in Lokale gehen und in aller Öffentlichkeit Alkohol trinken, macht sie für Bonnie verboten interessant. Wie gerne wäre sie auch so, so glamourös, so sexy. Als sie 15 Jahre alt ist, kratzt sie ihr Erspartes zusammen und lässt eine Porträtaufnahme von sich anfertigen: ihr erstes Starfoto. Es zeigt eine hübsche junge Frau, deren Augen vor Abenteuerlust blitzen. Zu dumm nur, dass sie in Cement City festsitzt, wo ihre Talente verkümmern und die einzigen Beschäftigungsfelder, die ihr offenstehen, die einer Fabrikarbeiterin, Bedienung oder Hausangestellten sind. Wie soll sie diesem eintönigen Leben jemals entkommen?

In dieser unzufriedenen Stimmung passiert Bonnie nun das, was sich oft als falscher Ausweg aus der Krise erweist: Sie verliebt sich. Ihr Schulfreund Roy Thornton ist ein Womanizer, groß, gut aussehend, mit blendenden Manieren und kolossalem Charme. Einer, an dessen Seite das Leben Spaß verspricht. Dies liegt nicht zuletzt daran, dass Roy immer Geld hat. Woher es kommt, ist Bonnie ganz gleich. Er führt sie aus und bezahlt alles. Herz, was willst du mehr? Bonnie verliebt sich unsterblich und ist überglücklich, als Roy ihre Gefühle erwidert. Als Zeichen ihrer immerwährenden Liebe lässt sich Bonnie zwei Herzen, die mit einem Pfeil verbunden sind, auf die rechte Fessel tätowieren. Die Inschrift der Herzen lautet: Roy und Bonnie. Wenige Tage vor ihrem 16. Geburtstag ringt sie ihrer Mutter die Erlaubnis ab, Roy zu heiraten. Emma Parker ist nicht begeistert, doch Bonnie setzt wie immer ihren Willen durch. Am 25. September 1926 lassen sie sich trauen. Anschließend beziehen sie ein eigenes Apartment, nur zwei Blocks entfernt von dem Haus, in dem die Mutter lebt.

Doch Bonnie ist das nicht nahe genug. Sie hat so schreckliche Sehnsucht nach ihrer Mutter, dass Roy sie fast jeden Abend hinüberbringen muss. Hat er keine Lust dazu, weckt sie ihn mitten in der Nacht und fleht ihn an, nach der Mutter zu sehen, weil sie geträumt habe, diese sei verstorben. Einige Wochen geht dies so, bis Emma Bonnie schließlich entnervt vorschlägt, eine gemeinsame Wohnung zu nehmen: »Hör mal, wenn du dich weiterhin wie ein Baby aufführst und nach deiner Mama weinst, dann wird es wohl das Beste sein, Roy und du, ihr zieht zu mir. Das würde die Sache erheblich erleichtern.«[16] Noch im Winter 1926 mieten sie zusammen ein Haus in der Olive Street in West Dallas, in dem Bonnie leben wird, bis sie mit Clyde untertaucht.

Noch aber träumt sie von einer Familie mit Roy. Dazu gehört auch ein Baby. Doch es will nicht klappen. Emma Parker gibt später an, dass Bonnie aufgrund verschiedener gesundheitlicher Probleme nicht in der Lage gewesen sei, Kinder zu bekommen. In der augenblicklichen Situation wäre dies vielleicht auch gar nicht ratsam. Denn das Leben mit Roy entwickelt sich ganz und gar nicht so, wie Bonnie sich das vorgestellt hat. Plötzlich ist ihr nicht mehr egal, woher ihr Mann das viele Geld hat. Vor allem als er anfängt, tagelang wegzubleiben, ohne ihr Bescheid zu geben, beginnt sie sich Gedanken zu machen. Sie vergeht jedes Mal fast vor Angst. Ob ihm etwas passiert ist? Oder hat er sie für eine andere Frau verlassen? Nach ein paar Tagen spaziert Roy immer wieder durch die Eingangstür, als wäre nichts geschehen. Doch seine Ausflüge werden länger und länger. Im August 1927 verschwindet er für zehn lange Tage. Als er wieder auftaucht, macht Bonnie ihm bittere

Vorwürfe. Ein stark angetrunkener Roy hat keine Lust, ihre Fragen zu beantworten, und schlägt stattdessen zu. Ob Bonnie zu dieser Zeit wohl schon ahnt, dass ihr smarter junger Ehemann ein professioneller Einbrecher ist? Im Oktober 1927 verschwindet Roy erneut. Diesmal bleibt er ganze 19 Tage fort. Bonnie ist todunglücklich. Emma drängt auf Scheidung, doch noch will Bonnie ihren Traum von der großen Liebe nicht begraben. Und tatsächlich kommt Roy auch diesmal zurück. Allerdings nur, um am 5. Dezember 1927 zum dritten Mal in Folge zu verschwinden. In dieser Zeit beginnt Bonnie, ihren Kummer einem Tagebuch anzuvertrauen: »Liebes Tagebuch. Ich möchte dir sagen, dass ich einen unsteten Ehemann mit einem unsteten Sinn habe. Jetzt sind wir schon zum dritten Mal getrennt. Diesmal ist es das letzte Mal. (…) Ich liebe ihn sehr und ich vermisse ihn schrecklich. Aber ich bin entschlossen, ihn nicht zurückzunehmen.«[17] Sie ist sich sicher, diesmal steckt eine andere Frau dahinter, Reba Griffin: »Sie hat meinen Platz in seinem Herzen eingenommen.«[18] Ende 1927 ist Roy noch immer nicht zurückgekehrt. So lange ist er nie zuvor fortgeblieben. An Silvester notiert Bonnie in ihr Tagebuch: »Die Glocken läuten, das alte Jahr ist dahin und mein Glück auch. Ich war im vergangenen Jahr die glücklichste und die traurigste Frau zugleich. Ich wünschte, das alte Jahr hätte meine Vergangenheit einfach mitgenommen. Vor allem meine Erinnerungen, aber ich kann Roy nicht vergessen. Ich bin heute Nacht sehr traurig. Keine Nachricht von ihm. Ich glaube, er ist für immer fortgegangen.«[19]

Sie schwankt zwischen Wut und Trauer. Überwiegt die Wut, geht sie aus und betrinkt sich: »Alle Männer sollen zur Hölle fahren. Ich werde ganz bestimmt nicht hier herumsitzen und das Leben an mir vorbeiziehen lassen.«[20] Die Männer stehen Schlange, um sie zu trösten. Doch wenn sie von ihren Verabredungen zurückkehrt, ist sie so einsam wie vorher. Sie will keinen anderen Mann. Sie will Roy. »Ich liebe meinen Mann und muss immerzu an ihn denken. Wenn der liebe Gott mir doch nur sagen würde, wo er ist.«[21] Selbst die Kinoabende mit Freundin Rosa Mary bringen nur wenig Ablenkung. Immerhin kann man sich in romantischen Abenteuerfilmen wie *Die Nacht der Liebe* mit dem Leinwandtraumpaar der 1920er Jahre, Vilma Bánky und Ronald Colman, für zwei Stunden in eine andere Welt träumen. Bonnie liebt das Kino und geht hin, wann immer das Geld reicht. Und doch: »Oh Gott, wie ich mir wünsche, Roy zu sehen. Aber ich tu mein Bestes, um alle Gedanken an ihn zu verdrängen und mich zu amüsieren. Wenn ich sicher wüsste, dass ich ihm egal bin, dann würde ich mir die Gurgel durchschneiden und sagen: ›Wird schon schiefgehen‹. Vielleicht geht's ihm ebenso. Noch habe ich Hoffnung.«[22]

Als das neue Jahr ohne jede Nachricht von Roy voranschreitet, wird Bonnie langsam klar, dass sie ihr Leben selbst in die Hand nehmen muss. Auf Roy kann sie nicht länger zählen. Der erste Schritt in dieses neue Leben ist die Suche nach einem Job. Doch das erweist sich als nicht ganz einfach: »Habe den ganzen Tag in dieser verdammten Stadt nach Arbeit gesucht. Ich schätze, das Schicksal ist gegen mich.«[23] Erst nach etlichen Versuchen findet sie eine Stellung als Bedienung in Hargrave's Café in der Swiss Avenue. Der Verdienst ist mager. Bei drei bis vier Dollar in der Woche ist man als Bedienung dringend auf ein großzügiges Trinkgeld angewiesen. Für die niedliche Bonnie kein Problem – ihr Charme erhöht das wöchentliche Salär um einiges, selbst wenn das Trinkgeld in dieser Gegend im Höchstfall einen Dime beträgt. Bald freundet sie sich mit den Mädchen an, die in der Wäscherei hinter dem Café arbeiten. Mit ihnen verbringt sie schwatzend und lachend ihre Mittagspausen. Abends kehrt sie in ihr einsames Zuhause zurück: »Habe nichts von Roy gehört. Ich frage mich, wo er sein kann. Liebes Tagebuch, jede Nacht schau ich sein liebes Foto an. Das ist alles, was mir geblieben ist. Ich nehme an, er will nicht, dass ich weiß, wo er ist. Er liebt mich nicht mehr.«[24]

Obwohl Bonnie wenig verdient, trägt sie auch jetzt immer die schönsten Kleider. Später heißt es, sie habe sich ihr Gehalt als Gelegenheitsprostituierte aufgebessert. Beweisen lässt sich dies ebenso wenig wie widerlegen.

Das Leben ohne Roy spielt sich ein, doch es ist eintönig. Tag für Tag der gleiche Trott, immer dieselbe Schufterei für wenig Geld. Es wird niemals genug sein, um hier wegzukommen.

Ende Januar 1929 steht auf einmal völlig überraschend Roy in der Tür. Mehr als ein Jahr lang war er verschwunden. Diesmal wirft Bonnie ihn hinaus. Sie ist zwar eine Träumerin, doch realistisch genug, um einzusehen, dass Roy Thornton nicht der Richtige für sie ist. Während seiner Abwesenheit hat sie gelernt, auf eigenen Füßen zu stehen. Sie wird auch ohne Ehemann nicht hungers sterben. Ihre Liebe ist erloschen.

Bald nach der Trennung wird Roy bei einem Überfall in Red Oak, einem kleinen Ort 30 Kilometer südlich von Dallas, verhaftet. In dem anschließenden Gerichtsverfahren wird er zu fünf Jahren Gefängnis verurteilt. Bonnie und Roy werden sich niemals wiedersehen. Weder wird Bonnie ihn im Gefängnis besuchen noch ihm schreiben. Doch sie lässt sich auch niemals von ihm scheiden. Es ist nicht ihre Art, jemanden im Stich zu lassen. Auch ihren Ehering trägt sie weiter, wie Cousine Bess beobachtet: »Wenn Bonnie jemanden liebte, dann tat sie dies aus ganzem Herzen, und das war auch so, als sie Roy liebte. Doch als es vorbei war, war es vorbei. Bonnie war so. Aber sie war auch sehr loyal. Sogar als sie Roy nicht mehr liebte. Deshalb hat sie sich nie von ihm scheiden lassen.«[25] Bonnie Parker wird als Mrs. Roy Thornton sterben.

Kurz nach der endgültigen Trennung von Roy wechselt Bonnie als Bedienung in Marco's Café in die Main Street nach Downtown Dallas. Hier, in unmittelbarer Nähe zum Gerichtsgebäude und zur Post, sind die Trinkgelder um einiges höher. Ihre Gäste sind nun Richter, Anwälte, Polizisten und Beamte. Zu ihren eifrigen Verehrern gehört auch der Postangestellte Ted Hinton. Er nimmt hier jeden Tag seinen Lunch ein. Ihm erzählt Bonnie von ihrem Traum, berühmt zu werden. Hinton verliebt sich in die hübsche neue Bedienung und schwärmt noch Jahre nach ihrem Tod von Bonnie: »Diese Fotos, die man damals mit den kleinen Kameras machen konnte, die werden ihr nicht gerecht. Und die Kleider, die sie trug, gerade aus der Sicht heutiger Generationen, die schmälern den Zauber, den sie versprühte, wenn sie die Tische abwischte. (…) Nach Bonnie drehten sich die Leute um.«[26] Hinton wird später als Teil des Sonderkommandos »Bonnie und Clyde« einer der Männer sein, die sie töten.

Doch so begeistert die meisten Gäste von der neuen Bedienung sind, dem Manager von Marco's Café bereitet sie Kopfzerbrechen. Denn Bonnie bedient auch Gäste, die ihr Essen nicht bezahlen können. Und das sind in diesen Jahren sehr viele. Ihr Chef wendet sich schließlich warnend an Emma Parker: »Sie gibt jedem etwas zu essen, der hereinkommt und hungrig aussieht. Das hat natürlich die Runde gemacht und jetzt lassen sich all diese Faulenzer, die vor dem Gerichtsgebäude herumlungern, von ihr versorgen. (…) Wenn sie nicht damit aufhört, werf ich sie raus.«[27] Soweit es ihr möglich ist, bezahlt Bonnie ab jetzt das Essen von ihrem mageren Gehalt.

Während Bonnies Tage weiterhin unaufgeregt vor sich hinplätschern, gehen die Jahre, in denen die Vereinigten Staaten ein schier ungezügeltes Wachstum erlebten, langsam, aber sicher ihrem Ende entgegen. Einst waren die USA aus dem Ersten Weltkrieg als einzige der Krieg führenden Parteien mit neuem Selbstbewusstsein hervorgegangen. Ein Selbstbewusstsein, das sich nicht nur in der wachsenden politischen Bedeutung zeigte, sondern begünstigt durch technologische Entwicklungen in eine ungeheure Produktionssteigerung gerade im Konsumgüterbereich mündete. Die einsetzende Massenproduktion erlaubte immer mehr Menschen die Teilhabe an einem neuen Wohlstand – selbstverständlich nur, sofern sie über die nötigen Geldmittel verfügten. Zwar waren die Preise der neuen Massenwaren relativ niedrig, wozu nicht zuletzt das geringe Lohnniveau beitrug, doch so komfortabel dies für die Industrie auch war, die Menschen waren einfach zu arm, um die in Massen auf den Markt geworfenen Produkte kaufen zu können. Arbeiter und Pächter, deren Einkommen selbst in den Jahren des Booms gleichbleibend niedrig blieb, konnten sich die neuen Waren nicht leisten. Und sie wollten es auch gar nicht. Im Land der Puritaner dachte niemand ernsthaft daran, etwas zu kaufen, was er nicht unmittelbar benötigte. Es bedurfte geschickter Strategien und Methoden, um aus dem amerikanischen Bürger des beginnenden 20. Jahrhunderts einen Konsumenten zu formen. Einen wichtigen Beitrag dazu leistete in den 1920er Jahren eine neue Art der Werbung, die die Konsumwelt revolutionieren sollte. Sie gaukelte dem Menschen vor, dass er nicht länger auf bestimmte Waren verzichten konnte. Waschmaschinen, elektrische Bügeleisen, Kühlschränke, Staubsauger, vor allem aber Radiogeräte und Automobile wurden nicht nur zu Statussymbolen der neuen Mittelschicht, sondern auch die Armen kauften plötzlich nicht mehr nur das, was sie zum Leben benötigten, sondern all das, was ihnen ein gutes Gefühl vermittelte. Edward Bernays, einer der Erfinder der modernen Public Relations, sorgte gemeinsam mit anderen dafür, dass all die neuen Produkte auch ihre Käufer fanden. Der in Wien geborene Neffe Sigmund Freuds erkannte früh, dass sich mithilfe der aus Psychologie und Sozialwissenschaften gewonnenen Kenntnisse die öffentliche Meinung manipulieren ließ. Neben der Beratung von Industriekapitänen und Politikern sorgte er unter anderem dafür, dass Rauchen für Frauen nicht nur als akzeptabel, sondern als chic und emanzipiert galt. Erst als Bernays von einem Schinkenfabrikanten engagiert wurde, um den Absatz anzukurbeln, entstand das bis heute übliche typisch amerikanische Frühstück aus Schinken und Ei. Dass seine Erkenntnisse später von Joseph Goebbels zur Propaganda gegen die Juden missbraucht wurden, betrübte Bernays, der 1995 mit 103 Jahren in New York starb, zutiefst. Sein Beitrag zum Wirtschaftsboom war ebenso bedeutsam wie der von Albert D. Lasker, dem Inhaber der Werbeagentur Lord & Thomas in Chicago, der als Begründer der modernen Werbung gilt. Er machte aus Palmolive, Kleenex und Sunkist international bekannte Marken und schaffte es in den 1920er Jahren, Lucky Strike als beliebteste Zigarette für Frauen zu etablieren, indem er verkündete, es mache schlank, Lucky Strike zu rauchen.

Nachdem die Werbung die Massen konsumtauglich gemacht hatte, fehlte den meisten Menschen allerdings immer noch das nötige Kleingeld, um sich ihren Teil vom amerikanischen Traum zu holen. Hier sprangen nun die Banken in die Bresche. Großzügig gewährten sie auch dem ärmsten Habenichts einen günstigen Kredit und taten ein Übriges dazu, dass sich vom Farmer bis zum Fabrikarbeiter ganz Amerika in immense Schulden stürzte. »Kaufe jetzt, bezahle später«, so lautete von nun an die Devise. Vorbei die Zeiten der sparsamen Puritaner, die das Land aufgebaut und dabei niemals auch nur einen Penny zu viel ausgegeben hatten. Über ihre Verhältnisse zu leben war für die meisten Amerikaner etwas völlig Neues. Doch wer so arm war, dass sein ganzes Geld für die lebensnotwendigen Dinge des Alltags draufging, musste sich zwangsläufig verschulden, wollte er noch etwas anderes kaufen. Die Kluft zwischen Arm und Reich war groß und sie blieb es auch während der Goldenen Zwanzigerjahre, als sogar die Armen das Gefühl hatten, es ginge ihnen besser. Dabei hatten die 24.000 reichsten amerikanischen Familien ebenso viel Geld zur Verfügung wie die 11,5 Millionen Amerikaner, die sich am unteren Ende der Einkommensskala wiederfanden.

Die Nation gewöhnte sich rasch an dieses Leben auf Pump. Dass die zinsgünstigen Kredite nur dazu dienten, den Absatz von Konsumgütern zu fördern und die Wirtschaft am Laufen zu halten, war ihr egal. Zumal die Rechnung aufzugehen schien. Bereits 1920 fuhren auf amerikanischen Straßen mehr als 10 Millionen Automobile. 1922 gab es 14,3 Millionen Telefonanschlüsse, das waren 14-mal mehr als in Großbritannien. Allein zwischen 1928 und 1929 stieg die Produktion um satte 15 Prozent. Die Wirtschaft boomte und machte aus reichen Amerikanern stinkreiche Amerikaner, die, anstatt die Löhne ihrer Arbeiter zu erhöhen oder das Geld in ihre Firmen zu investieren, damit begannen, ihre Gewinne vermehrt an die Börse zu tragen. Nirgendwo sonst ließ sich in so kurzer Zeit ganz ohne Mühe so viel Geld verdienen. Die Gewinne waren immens, die Gier war es ebenso. Spekulation hieß das neue Zauberwort. Bald steckte man nicht mehr nur Geld, das man übrig hatte, in Aktien, sondern lieh sich welches, um quasi aus nichts Gold zu machen. Eine Idee, die auch von Kleinanlegern dankbar aufgegriffen wurde. Warum sollten nur die Reichen an diesem Glücksspiel, das anscheinend nur Gewinner kannte, teilhaben? Ende 1924 durchbrach der Dow-Jones-Index zum ersten Mal die Marke von 110 Punkten. Damit brach ein wahres Aktienfieber aus, zusätzlich angefeuert von Politik und Industrie. John J. Raskob, leitender Manager bei DuPont und General Motors, verstieg sich in einem Interview mit dem *Ladies' Home Journal* im August 1929 zu der These, jeder könne reich werden, wenn er nur 15 Dollar pro Monat in Aktien investiere: »Da sich das Einkommen an der Börse wirklich vermehren lässt, bin ich der festen Überzeugung, dass nicht nur jeder reich werden kann, sondern mehr noch, dass jeder dazu verpflichtet ist reich zu werden.«[28] Später wird Raskob einer der wenigen sein, die noch Geld genug haben, um Anfang der 1930er Jahre mit dem Empire State Building in New York das höchste Gebäude der Welt errichten zu können.

Die drei Präsidenten, die das Land während des Wirtschaftsbooms lenkten, förderten die Wirtschaft nach Kräften. Als der Republikaner Warren G. Harding aus Ohio bei den Präsidentschaftswahlen 1920 mit dem Slogan »Zurück zur Normalität« angetreten war, hatte er damit den Nerv einer ganzen Nation getroffen. Die Amerikaner hatten die von Woodrow Wilson beanspruchte politische Vorreiterrolle der USA satt und wollten einen Präsidenten, der sich zu allererst um amerikanische Belange kümmerte. Neben der Nichteinmischung in auswärtige Angelegenheiten versprach Harding auch die Nichteinmischung in wirtschaftliche und soziale Angelegenheiten, was ihm in bestimmten Kreisen große Sympathien einbrachte. Die Tatsache, dass Harding sich auch für Frauenrechte stark machte, führte dazu, dass er bei der ersten Präsidentschaftswahl nach Einführung des Frauenstimmrechts einen überragenden Sieg davontrug.

Harding brachte viele seiner politischen Freunde auf lukrativen Regierungsposten unter. Leider erlangte die sogenannte Ohio-Gang als korrupteste Administration in der Geschichte der Vereinigten Staaten traurige Berühmtheit. Bis heute ist nicht klar, ob Harding vom Treiben seiner Freunde informiert war. Vielen Amerikanern gilt er dennoch als schlechtester Präsident der Geschichte. Als Harding am 2. August 1923 völlig überraschend starb, folgte ihm Vizepräsident Calvin Coolidge im Amt nach. Dieser war ein so ungewöhnlich schweigsamer Zeitgenosse, dass ihm die Amerikaner den Spitznamen »Silent Cal« verpassten. Eine oft und gerne kolportierte Anekdote, die fälschlicherweise der Schriftstellerin Dorothy Parker zugeschrieben wird, berichtet von einer Dame, die während eines Dinners neben dem Präsidenten saß und darauf gewettet hatte, dass es ihr gelingen würde, mehr als drei Worte aus ihm herauszubekommen. Als sie Coolidge davon erzählte, habe er sich zu ihr hinübergebeugt und knochentrocken bemerkt: »Sie haben verloren.«[29]

Auch wenn Coolidge als strenger Puritaner im krassen Gegensatz zur hektischen und lauten Entwicklung der 1920er Jahre stand, war er dennoch sehr beliebt. Er war der erste Präsident, der sich die neuen Medien zunutze machte und sich über das Radio direkt an die Bevölkerung wandte, was seiner Politik eine enorme Unmittelbarkeit verschaffte. Sein Politikstil unterschied sich zwar deutlich von dem seines Vorgängers, doch die Zielsetzung blieb die gleiche. Auch Coolidge versprach ungehemmtes Wachstum und Wohlstand für alle. Und er wusste auch ganz genau, warum dies klappen würde: »Das Hauptgeschäft der Amerikaner ist es, Geschäfte zu machen. Sie sind ungemein damit beschäftigt zu kaufen, zu verkaufen, zu investieren und in der Welt Erfolg zu haben.«[30] Die politischen Rahmenbedingungen sah er in der Fortsetzung der unter Harding eingeleiteten Laissez-faire-Politik gegenüber der Wirtschaft gewährleistet. Dafür sorgten Personalien wie die erneute Übernahme des Handelsministeriums durch Herbert Hoover, der die Regulierung der Wirtschaft auf ein Minimum zurückfuhr. Und auch Bankier Andrew Mellon, einer der reichsten Männer des Landes, der unter allen drei Präsidenten der 1920er Jahre Finanzminister war, garantierte die wirtschaftsfreundliche Kontinuität der Politik. Auf seine Initiative hin wurde die Einkommenssteuer erheblich gesenkt, wodurch noch mehr Kapital für Spekulationen frei wurde. Die Stimmung unter den Spitzenverdienern im Land, die davon am meisten profitierten, war blendend.

Überraschenderweise erfasste diese positive Grundhaltung auch die mittleren und unteren Schichten. Dabei stieg die Arbeitslosigkeit in jenen Jahren, bedingt durch die technische Entwicklung, bereits stark an. Der guten Allgemeinstimmung tat dies keinen Abbruch. Vor allem die Mittelschichten vertrauten Coolidge und waren umso enttäuschter, als er 1928 auf eine zweite Amtszeit verzichtete und sich nicht zur Wiederwahl stellte. Die Republikaner nominierten den Quäker Herbert Hoover, den Coolidge keineswegs für den geeigneten Mann hielt: »Sechs Jahre lang hat mir dieser Mann ungebeten Ratschläge erteilt – allesamt schlecht.«[31] Hoover, der sich ebenfalls vehement gegen jegliche Regulierung der Wirtschaft aussprach, schien der richtige Mann zu sein, um das ungebremste Wachstum weiter anzukurbeln. »Aufwärts« lautete die Devise, und dies in einem bisher ungeahnten Ausmaß. Vor allem die Aktien der Automobilindustrie und Radiotechnik konnten ungeheure Gewinne verbuchen und wurden zum Lieblingsspielfeld für Kleinanleger. Auch jene, die nicht über das nötige Bargeld verfügten, wollten nun ein Stück vom Kuchen abhaben. Storys von Schuhputzern, die mit 500 Dollar Bargeld in der Tasche Aktienpakete im Wert von 50.000 Dollar kauften, machten die Runde. Da die Gewinne die Kreditzinsen um ein Vielfaches übertrafen, wischten irgendwann auch die Vorsichtigen alle Bedenken beiseite und investierten in diese riesige Seifenblase. Eine wahre Goldgräberstimmung erfasste das Land. Von der Hausfrau bis zum Volksschullehrer steckten viele ihren letzten Penny in Aktien. 10 bis 20 Prozent Eigenkapital genügten vollkommen, den Rest finanzierten bereitwillig die Banken, die sich als Sicherheiten die auf Kredit gekauften Aktien überschreiben ließen. Auch als die Banken auf Druck der US-Notenbank Anfang 1929 die Zinsen für Spekulationskredite erhöhten, führte dies keineswegs zu einem Umdenken. Die Anleger reagierten auf das veränderte Verhalten der Banken dadurch, dass sie ihre Börsengeschäfte nun über kurzfristige Kredite finanzierten, ungeachtet der Tatsache, dass dort die Zinsen zuletzt bei bis zu 20 Prozent lagen. Die Gier machte allesamt blind. Und da die Aktien weiter stiegen, verhallten die Warnungen, die Wirtschaftsexperten nun doch vereinzelt aussprachen, ungehört. Am 3. September 1929 erreichte der Dow-Jones-Index den Rekordstand von 381,17 Punkten. Damit hatte er seinen Zenit jedoch überschritten.

Mit dem 24. Oktober 1929, dem sogenannten »Schwarzen Donnerstag«, setzte eine schier unglaubliche Talfahrt des Dow-Jones-Index ein. Da die schlechten Nachrichten aus den USA die Börsen Europas erst einen Tag später erreichten, setzte sich hier der Ausdruck »Schwarzer Freitag« durch. Aber ob Donnerstag oder Freitag – die tatsächlichen Ausmaße der Katastrophe waren weder an dem einen noch an dem anderen Tag absehbar. Dabei hatte es erste Anzeichen für den Niedergang gegeben. Schon im Dezember 1928 hatte der Dow-Jones-Index zum ersten Mal nachgegeben. Doch er erholte sich so rasch, dass sich kaum jemand Sorgen machte, sondern munter weiter investiert wurde. Die Kursverluste, die nach dem Höchststand im September 1929 aufgetreten waren, waren durch Stützungskäufe von Banken und Investmentfirmen aufgefangen worden. Gleichwohl fiel der Dow-Jones um weitere 15 Prozent. Vor allem Kleinanleger bekamen es ob dieser Kursschwankungen mit der Angst zu tun und stoppten weitere Investitionen in Aktien. Während das Handelsvolumen weiter zunahm, sank auch der Index weiter.

Als die Börse am 24. Oktober ihre Türen öffnet, sieht es dennoch nach einem ganz normalen Börsentag aus. Gegen 11 Uhr beginnt jedoch eine Verkaufswelle, die sich niemand so recht erklären kann. Zugleich bleiben Kaufaufträge aus. Der Markt bricht ein, die Kurse stürzen ab und schließlich geben viele Aktionäre in Panik ihren Maklern den Auftrag, ihre Aktien abzustoßen – egal, zu welchem Preis. Tumult bricht aus, der Besucherbalkon wird geschlossen. Bis Mittag fällt der Kurswert der börsennotierten Unternehmen um 11 Milliarden Dollar. Einzig weitere Stützungskäufe der Banken können die Lage bis zum Abend beruhigen. Als der Handel schließt, hat er letztlich nur ein Minus von 2,1 Prozent zu verzeichnen. Die Krise scheint abgewendet – in Wahrheit hat sie noch nicht einmal begonnen. Am Freitag brechen die Kurse weiter ein, manche Wertpapiere verlieren um 20 bis 30 Prozent. Gleichwohl kann die Börse noch einmal mit einem Plus von 0,6 Prozent schließen, da die Banken erneut geholfen haben. Erst als diese am Montag ihre Stabilisierungsmaßnahmen einstellen, bricht das große Chaos aus. Die Aktienkurse sinken so stark, dass bei vielen Kreditnehmern die Kredite nicht mehr durch ihre Depotbestände gedeckt sind. Die Banken fordern jetzt ihre Kredite zurück und drängen die Kreditnehmer dazu, ihre Wertpapiere auch unter Wert zu veräußern. Riesige Verkaufsaufträge überfluten die Börse, allein am Dienstag, dem schwärzesten Tag, den die Börse je erlebt hat, werden mehr als 16 Millionen Aktien verkauft. Die Kurse taumeln ins Bodenlose. Horrorgeschichten von Pleitiers, die sich aus den Fenstern ihrer Luxusapartments im 40. Stock stürzen, machen die Runde. Die neueste Frage an Mietinteressenten eines Wolkenkratzerapartments lautet nun: »Zum Wohnen oder zum Runterspringen?«

Am 15. November 1929 bleibt der Dow-Jones 200 Punkte unter seinem einstigen Höchststand stehen. Doch viele ahnen es bereits, dies ist nichts weiter als eine kurze Verschnaufpause. Die Talfahrt geht munter weiter, bis der Index im Sommer 1932 seinen absoluten Tiefstand erreicht haben wird. Vom September 1929 mit dem Rekordstand von 381,17 Punkten fällt er bis Juli 1932 auf 41,22 Punkte. Der schöne Traum vom ewigen Wohlstand für alle ist ausgeträumt. Die Ereignisse in Amerika reißen die Weltwirtschaft mit sich in den Abgrund. Schließlich sind die USA seit dem Ersten Weltkrieg der größte Kreditgeber der Welt. Tausende Groß- und Kleinanleger verlieren alles. Mehrere Tausend amerikanische Bankhäuser müssen schließen. Die Produktion geht um 50 Prozent zurück. Jeder vierte Erwerbstätige wird bald ohne Arbeit sein. Wer noch Arbeit hat, kämpft gegen sinkende Löhne. Viele müssen sich zukünftig von dem ernähren, was sie im Müll der anderen finden. Die Zahl derjenigen, die ihre Häuser verlieren, weil sie ihre Schulden bei der Bank nicht mehr bezahlen können, steigt täglich. Im Winter 1932/33 werden mehr als 1,2 Millionen Amerikaner auf der Straße leben. Gleichwohl weigert sich Herbert Hoover hartnäckig, seine Nichteinmischungspolitik aufzugeben und Hilfsmaßnahmen zu ergreifen. Alles, was er verbreitet, ist unverbrüchlicher Optimismus und die Rückbesinnung auf alte amerikanische Tugenden. Doch davon wird niemand satt und bald nennen die Amerikaner die überall in den Städten entstehenden Elendsquartiere aus Wellblech, Pappkartons und Zeltplanen, in die all jene einziehen, die ihre Häuser verloren haben, spöttisch »Hoovervilles«. Die größte Hooverville-Siedlung steht in St. Louis, Missouri, die berühmteste im New Yorker Central Park und wird dort mehr als zwei Jahre lang von den Behörden wohl oder übel geduldet.[32] Zeitungen werden zu »Hoover-Decken«, öffentliche Toiletten zu »Hoover-Villen« und leere, nach außen gestülpte Hosentaschen zu »Hoover-Flaggen«. Mit dem Zusammenbruch der Börse gehen die Goldenen Zwanzigerjahre unwiderruflich zu Ende. Aus Börsenmaklern werden Apfelverkäufer. Die »International Apple Shippers Association«, die sich mit einer Überproduktion an Äpfeln konfrontiert sieht, leert ihre Lagerhallen und überlässt Tausenden Arbeitslosen Apfelkisten auf Kredit. Allein in New York gibt es 1930 mehr als 6000 Apfelverkäufer. Sie werden zum Symbol der Krisenjahre. Berühmteste Verkäuferin wird Dank der *New York Times* die legendäre Apfel-Annie, die später zur Hauptfigur im Filmklassiker *Die unteren Zehntausend* (1962) wird, der das Überleben der Verlierer des Börsencrashs auf charmante Weise porträtiert und Bette Davis eine ihrer letzten und schönsten Rollen beschert.

Die Auswirkungen des Börsencrashs machen auch vor Texas nicht halt. Unter den ersten Unternehmen, die in Dallas schließen müssen, ist auch Marco's Café, das im November 1929 dichtmacht. In solch unsicherer Zeit will niemand sein Geld ins Kaffeehaus tragen. Zum Mittagessen gibt es jetzt wieder Selbstgemachtes aus der Lunchbox. Die einzigen Lokale, die Zulauf haben, sind die Suppenküchen der Heilsarmee und die »Five-and-Dime-Depression-Restaurants«, in denen Wohlfahrtsverbände für 6 Cent eine warme Mahlzeit ausgeben.

Von einem Tag auf den anderen steht Bonnie auf der Straße. Offene Stellen gibt es so gut wie keine, trotz intensiver Suche erweist es sich als unmöglich, einen neuen Job zu finden. Das Heer der Arbeitslosen wird täglich größer. Doch Bonnie braucht dringend Arbeit, wovon soll sie leben? Sie läuft sich die Hacken ab, alles ohne Erfolg. Auch bei anderen wächst die Verzweiflung. Manche ihrer Leidensgenossinnen entschließen sich gar, in ein Kloster einzutreten – selbst wenn sie nicht katholisch sind. Zum Glück behält wenigstens Mutter Emma ihren Job als Näherin, doch seit Bonnies Schwester Billie Jean zusammen mit ihrem arbeitslosen Mann Fred Mace und ihrem Neugeborenen mit im Haus lebt, reicht das Geld einfach nicht mehr. Fred Mace ist ein guter Freund von Roy Thornton und einzig die Ehe mit Billie Jean hat ihn bisher vor einem ähnlichen Schicksal bewahrt. Ein Taugenichts ist er dennoch. Bonnie muss etwas zum Einkommen der Familie beitragen, koste es, was es wolle. Sie versucht sich als Babysitterin und Haushüterin. Viel ist dabei nicht zu verdienen, aber es ist besser als nichts. Glücklich ist sie nicht. Im Gegenteil. Gestrandet in einem tristen Vorort von Dallas, blättert Bonnie gelangweilt in den Hochglanzmagazinen, die das große Abenteuer versprechen. Ihr Traum vom Ruhm scheint in weite Ferne gerückt zu sein.

Sie kann nicht ahnen, dass ihr Leben kurz davor steht, eine entscheidende Wendung zu nehmen. Am 5. Januar 1930 lernt Bonnie den 20-jährigen Clyde Barrow kennen. Da Bonnie zu Jahresbeginn noch immer arbeitslos ist, hat sie das Angebot von Clarence Clay angenommen, seiner Tochter, die sich den Arm gebrochen hat, im Haus zur Hand zu gehen. Eines Tages steht ein junger Mann in der Tür. Er heißt Clyde Chestnut Barrow und ist ein Bekannter der Familie. Zwar ist er nicht allzu groß, doch sieht er ganz gut aus und ist so selbstbewusst, dass es Bonnie den Atem raubt. Sie ist fasziniert von seiner Art, die Dinge im Griff zu haben. Er ist ein Macher, einer, der Entscheidungen trifft und sagt, wo's langgeht. Solche Männer mag Bonnie. Kein Zauderer, sondern einer, der vorangeht. Dazu kommt, dass er sehr elegant gekleidet ist und perfekte Umgangsformen hat. Und erst der Wagen, mit dem er gekommen ist – du meine Güte. Dass er gestohlen ist, ahnt Bonnie nicht. Und wenn schon, wen kümmert's? Das Leben an seiner Seite verspricht eine Menge Spaß und Abenteuer.

Auch Clyde ist begeistert von Bonnie. Schon beim ersten Gespräch wird ihm klar, dass er hier eine verwandte Seele getroffen hat. Eine Frau, die genau wie er raus will aus diesem Leben, das nichts anderes vorsieht als Arbeit – sofern man welche hat. Eine Frau mit großen Träumen und Plänen, die sich nicht von einer grauen Realität die Bedingungen für ihr Leben diktieren lassen will. Eine Frau, die bereit ist, dafür jedes Risiko auf sich zu nehmen. Zu seiner großen Genugtuung ist sie nicht nur hübsch, sondern mit ihren auf 1,50 Meter verteilten 45 Kilo so klein und zierlich, dass er zum ersten Mal beim Fotografen nicht auf eine Apfelsinenkiste steigen müsste, um größer zu wirken.

Als Bonnie an diesem Abend an Clydes Arm das Haus verlässt, ist für sie alles klar. Dies ist der Mann ihres Lebens, ihm wird sie folgen, wenn es sein muss, auch in die Hölle. Eine Woche später stellt sie Clyde ihrer Mutter vor, die sofort begreift, dass etwas Existenzielles mit Bonnie geschehen ist: »Er stand in der Küche, hatte eine Küchenschürze um und machte heiße Schokolade. Die liebte er besonders. Von dem Augenblick an, da Bonnie ihn mir vorstellte, wusste ich, dass etwas Besonderes zwischen den beiden war. Ich konnte es in Bonnies Augen sehen und in ihrer Stimme hören. Die Art, wie sie seine Hemdsärmel berührte, wenn sie sprach. Mir war klar, dass dies etwas völlig anderes war als die Kleinmädchen-Schwärmerei, die sie für Roy empfunden hatte.«[33]

Das Problem bei Clyde war,
dass er sich schämte, arm zu sein.
ARTIE BARROW[34]

»Ich bin der Beste«

II. Wunsch und Wirklichkeit

Clyde Barrow ist sicher nicht das, was sich Emma Parker für Bonnie ersehnt hat. Ein Kleinkrimineller, der vom großen Geld träumt und dabei den Umweg über ehrliche Arbeit möglichst vermeiden möchte. Clyde ist ein Produkt der Verhältnisse, in denen er aufgewachsen ist, und diese Verhältnisse haben ihm nur wenige Chancen gelassen, ein ehrbares Mitglied der Gesellschaft zu werden. Sein Vater Henry Barrow kann weder lesen noch schreiben. Geboren in Florida, war er nach dem frühen Tod der Mutter mit Vater und Geschwistern nach Texas gekommen. Jahrelang hatte er in einem Sägewerk in Nacogdoches, im Osten von Texas, geschuftet, um den Traum von der eigenen Farm verwirklichen zu können. Hier hatte er Cumie Walker kennengelernt, Tochter einer tief religiösen, konservativen texanischen Familie, wie es viele gibt in Nacogdoches, das sich rühmt, einer der Ausgangspunkte für den texanischen Unabhängigkeitskrieg 1835 gewesen zu sein, und sich als Hort der texanischen Freiheit versteht. Dass ihr christlicher Fundamentalismus Cumie zeitlebens verbietet, sich zu schminken, nimmt Henry gelassen hin, sie ist auch in natura hübsch. Obwohl die Unterschiede zwischen der streng erzogenen Cumie, die im Gegensatz zu Henry sowohl lesen als auch schreiben kann, größer nicht sein könnten, wird sie am 5. Dezember 1891 seine Frau. Von nun an träumen sie den Traum von einer eigenen Farm gemeinsam. Sie pachten ein Stück Land und arbeiten Tag und Nacht. Mit den Jahren wächst die Familie. 1894 wird Sohn Elvin Wilson, genannt Jack, geboren, 1899 folgt Tochter Artie Adell. Als die Farm auch nach fast zehn Jahren noch immer nicht so viel abwirft, dass sie sie kaufen könnten, ziehen sie zur Jahrhundertwende weiter Richtung Westen nach Milam County, Texas. Hier bauen sie als Pächter nun vor allem Baumwolle an. Bald stellt sich erneuter Kindersegen ein: 1903 wird Marvin Ivan, genannt Buck, und 1905 Nellie May geboren. Leider werfen auch die neuen Felder so wenig Ertrag ab, dass sich alle Familienmitglieder, die dazu in der Lage sind, als Erntehelfer auf den Feldern der Nachbarn einfinden müssen, um den kargen Unterhalt aufzubessern. Die Chancen, irgendwann einmal eine eigene Farm zu besitzen, stehen wahrlich nicht gut. Gleichwohl wagen die Barrows einen letzten Versuch und ziehen nach Telico, südöstlich von Dallas. 5 km außerhalb der Stadt, wo sich Fuchs und Hase Gute Nacht sagen, lassen sie sich nieder. Bis zum nächsten Nachbarn ist es ein knapper Kilometer. Der Wind pfeift um die ziemlich provisorische Behausung, die nur drei bewohnbare Zimmer hat. Noch sind sie zu sechst, doch das wird sich bald ändern. Am 24. März 1909 wird Clyde Chestnut geboren. Hinsichtlich seines Geburtsjahres herrscht bis heute Unklarheit, denn auf seinem Grabstein steht 1909, in der Familienbibel jedoch 1910. Obwohl dies auch von einigen Familienmitgliedern bestätigt wurde, blieb 1909 das offizielle Geburtsjahr von Clyde Barrow. 1913 wird Sohn L. C. geboren, dessen Vorname tatsächlich nur aus Initialen besteht. 1918 folgt als Letzte Lillian Marie. Nun sind sie zu neunt. Um sich warm zu halten, schlafen die Kinder eng aneinandergekauert auf dem Fußboden. Noch vor Tagesanbruch muss Henry jeden Morgen raus auf die Felder. Allein für die Pacht geht alles Geld drauf. Zur Seite legen kann er nichts. Dabei geht es ihm wie so vielen. 1910 werden mehr als die Hälfte aller Felder in Texas von Pächtern bestellt, in der Blackland Prairie, in der die Barrows leben, sind es über 70 Prozent. Die satte Erde, die vom Red River an der Grenze zu Oklahoma über Dallas bis weit hinein ins südwestliche Texas reicht, ist gut geeignet für jegliche Art von Landwirtschaft. Noch kommen viele hierher, um ihr Glück zu versuchen. Dabei sind die Bedingungen alles andere als ideal. Es gibt zwei Arten von Pachtsystemen, die nach dem Ende der Sklaverei eingeführt wurden und in ihren Auswüchsen nichts anderes als eine neue Form von Sklaverei darstellen. Der Landeigentümer stellt dem Pächter Land, Unterkunft, Werkzeug, Tiere, Saatgut und bisweilen auch Kredite zur Verfügung, damit dieser seine laufenden Kosten decken kann. Der

Pächter gibt seine Arbeitskraft. Zwei Drittel der Ernte gehören dem Landbesitzer, der Rest verbleibt beim Pächter. Dieser wird am Ende meist feststellen, dass der Ertrag nicht einmal reicht, um seine Schulden für Kost, Logis und Arbeitsmaterialen beim Landeigentümer zu bezahlen, und er sich ein weiteres Jahr zur Pacht verpflichten muss. Wer es schafft, so viel Geld beiseite zu legen, dass er nur noch das Land pachten muss, hat es besser. Dann muss er zwar für Werkzeuge, Maschinen und Saatgut selbst aufkommen, behält jedoch den Großteil des Ertrags. Von seiner Ernte liefert er vom Weizen nur noch ein Drittel, von der Baumwolle ein Viertel als Pacht ab. Allerdings bestimmt der Grundstücksbesitzer in jedem Fall, welche Frucht auf seinen Feldern angebaut wird. Hat der Pächter Glück, darf er ein kleines Stück Land für den Anbau von Gemüse nutzen. Auch für das Halten von Kühen, Schweinen und Hühnern muss er die Erlaubnis einholen. Da mit Baumwolle in jenen Jahren das meiste Geld zu verdienen ist, verlangen die meisten Grundstücksbesitzer von ihren Pächtern, Baumwolle anzubauen. Eine Entscheidung, welche die Pächter in Zeiten fallender Preise in den Ruin treiben kann. Nie kann ein Pächter sicher sein, ob die Preise, die am Ende des Jahres mit der Ernte erzielt werden, auch nur die laufenden Kosten decken werden. Die meisten Grundstücksbesitzer warten nicht allzu lange auf ihr Geld. Viele können das auch gar nicht, haben sie sich doch manchmal selbst beim Kauf ihrer Felder verschuldet und nun die Banken im Nacken sitzen.

Henry Barrow baut Baumwolle und Weizen an, auf seinem Hof steht eine Kuh, er hält ein paar Schweine und Hühner. Aber es gibt weder fließendes Wasser noch Strom. Und das wird in dieser Gegend lange so bleiben. Noch Anfang der 1930er Jahre werden nur 10 Prozent aller Farmer in den USA Strom haben, in Texas sind es sogar nur 2,3 Prozent. Die großen Stromkonzerne versprechen sich keinerlei Gewinn davon, dieses riesige Land mit einem Stromnetz zu überziehen. Erst Präsident Roosevelts New-Deal-Programm treibt Mitte der 1930er Jahre die Elektrifizierung des ländlichen Raums voran.

Wenn Cumie den Haushalt erledigt hat, folgt sie Henry auf die Felder. Die Kinder bleiben weitgehend sich selbst überlassen. Schwester Nell wird Clydes wichtigste Bezugsperson. Sie liebt den Kleinen so sehr, dass man um sein Wohlergehen fürchten muss. Einmal drückt sie das sechs Monate alte Baby mit solcher Inbrunst an sich, dass es blau anläuft. Es dauert Stunden, bis wieder einigermaßen Leben in den kleinen Körper zurückkehrt. Da die Eltern nur wenig Zeit für die Kinder haben, werden diese immer wieder bei Verwandten untergebracht. Nell und Clyde bleiben zwar immer zusammen, doch die Trennung von den Eltern und den übrigen Geschwistern fällt ihnen nicht leicht. Mehrere Monate leben sie mit verschiedenen Verwandten, auch, um sich mal richtig satt zu essen. Das Leben der Barrows ist hart und entbehrungsreich. Eine Fotografie, die aus jener Zeit erhalten ist, zeigt früh gealterte Eltern und traurige Kinder: »Ich schätze mal, wir waren keine sehr glückliche Familie«, wird Nell Jahre später schreiben.[35]

Viel Abwechslung bietet dieses Leben nicht. Größtes Vergnügen für die Kinder ist das Filmtheater in Telico. Dafür wird eisern gespart. William S. Hart, der erste große Westernheld Hollywoods, ist Clydes Lieblingsschauspieler. Im Gegensatz zu Tom Mix ist Hart dafür bekannt, dass er nicht den strahlenden Westernhelden darstellt, sondern gebrochene Figuren gibt, die oftmals in Konflikt mit den bürgerlichen Moralvorstellungen geraten und ihr Heldentum mit tiefer Einsamkeit bezahlen.

Wichtigstes Regelwerk in der Familie ist die Bibel. Gottes Gebote sind die Regeln, nach denen die Barrow-Kinder erzogen werden. Cumie und Henry sind strenge Eltern, scheinen aber ihre Kinder entgegen den üblichen Gepflogenheiten nicht geschlagen zu haben. Nell erinnert sich später an keinerlei Züchtigungen, der sie oder ihre Geschwister ausgesetzt gewesen waren. Das Verhältnis innerhalb der Familie ist innig, und nach außen hin halten die Barrows ohnehin zusammen wie Pech und Schwefel: »Wir waren eine sehr wilde Familie, aber auch loyal zueinander. Wir haben uns ziemlich oft in die Haare gekriegt, aber wenn uns jemand von außen attackierte, sei es in der Schule oder sonst wo, dann standen wir zusammen wie eine Mauer, immer bereit, es mit jedem aufzunehmen, egal wie groß oder wie alt derjenige war. So wurden wir erzogen. Wir liebten einander bedingungslos.«[36] Vor allem ihrer Mutter sind alle Kinder eng verbunden. Clydes Liebe zu Cumie ist seine Achillesferse, die sich seine Verfolger später zunutze machen werden.

In dieser armen, aber liebevollen Umgebung wachsen die Kinder zu normalen jungen Leuten heran, die heimlich rauchen und sich gern mit ihren Freunden treffen. Einziges Sorgenkind der Familie ist Buck. Er ist völlig antriebslos, bricht die Schule vorzeitig ab und treibt sich bei illegalen Hahnenkämpfen herum. Ein weitverbreitetes, wenn auch grauenhaftes Vergnügen, wie Nathanael West in seinem berühmten Roman *Tag der Heuschrecke* zeigt: »Juju erzielte einen Treffer nach dem anderen. Er knickte dem Roten einen Flügel und trennte ihm dann ein Bein beinahe ganz ab. (…) Sie hackten mit den Schnäbeln aufeinander, wobei das größere Gewicht des Roten das Fehlen des einen Beines und den geknickten Flügel wettmachte. Er teilte so viel aus, wie er einsteckte. Doch plötzlich brach sein Schnabel ab (…). Blut trat in einer großen Blase aus, wo der Schnabel gewesen war. (…) Juju stieg gleichzeitig mit ihm auf und über ihn empor und stieß dann dem Roten beide Sporen in die Brust. Wiederum blieb eine der Stahlklingen stecken. (…) Juju erhob sich wieder in die Luft und stieß dem Roten diesmal einen Sporn durchs Auge ins Gehirn. Mausetot fiel der Rote hin.«[37] Nicht nur wegen der Aussicht auf hohe Wettgewinne ist es Bucks ganzer Ehrgeiz, einen Hahn zu haben, der das Zeug zum Champion hat. Die Mischung aus Grausamkeit, Blut und archaischem Gemeinschaftserlebnis fasziniert ihn zutiefst und so investiert er all sein Geld und all seine Zeit in den Hahnenkampf. Cumie und Henry sind in großer Sorge, wohin das alles führen soll.[38]

Clyde, der den sieben Jahre älteren Bruder sehr bewundert, geht hingegen weiter zur Schule und in die Kirche. Dabei spielt er viel lieber mit Nell auf der Farm Räuber und Gendarm. Zu Nells Unmut ist Clyde allerdings immer der edle Räuber, während sie den tumben Sheriff geben muss. Clydes Helden sind die legendären amerikanischen Outlaws und er ist abwechselnd Jesse James, Billy the Kid oder Cole Younger. Alles Männer, die zu jener Zeit noch in aller Munde sind und von vielen ob ihres Wagemuts verehrt werden.

Schon als kleiner Junge lernt Clyde schießen. Jeder Farmer besitzt ein Gewehr und den Kindern den Umgang mit der Waffe zu lehren, gilt als völlig normal. Clyde wird nicht nur ein ausgezeichneter Schütze, wovon seine Verfolger später ein Lied singen können, nein, er wird ein absoluter Waffennarr. Auch wenn es anfangs nur ein Holzgewehr ist, das er sich umhängt, ohne Waffe wird er nie mehr anzutreffen sein. Nell erinnert sich genau: »Soweit ich mich erinnere, hat Clyde Waffen schon immer geliebt. Er hat ständig damit rumgespielt. Zunächst natürlich mit Spielzeugpistolen, wenn er denn welche hatte. Wenn nicht, dann nahm er einfach einen Stock und hat so getan. Er hatte vor nichts Angst.«[39] Doch obwohl er Waffen liebt, auf die Jagd geht er nicht. Er schießt nicht gern auf Lebewesen.

Clyde ist ein charmanter Hitzkopf. Zwar ist er klug genug, um nach Möglichkeit einer Schlägerei aus dem Weg zu gehen, doch wenn ihn jemand reizt, dann kann der sein blaues Wunder erleben. Denn wenn Clyde die Worte fehlen, dann bricht sich Gewalt Bahn. Dann gerät er außer Kontrolle und sein Gewaltausbruch überrascht sogar jene, die ihm nahestehen. Clyde zu reizen ist keine sehr gute Idee.

Auch in Telico müssen die Kinder bei den Nachbarn als Erntehelfer arbeiten. Es reicht erneut hinten und vorne nicht. Mit dem Ende des Ersten Weltkrieges ist die Situation unerträglich geworden. Die USA stehen am Beginn einer dauerhaften Farmkrise. Für die Landwirtschaft werden die 1920er Jahre nicht ganz so golden werden. Deren beste Zeit waren die ersten Jahre des neuen Jahrhunderts, als neues Saatgut, Düngemittel und moderne Maschinen die Landwirtschaft eroberten. Als dann, bedingt durch den Ersten Weltkrieg, die europäische Landwirtschaft die Versorgung Europas nicht mehr gewährleisten konnte, schlug die Stunde der amerikanischen Farmer. Sie stießen in die verwaisten Märkte vor und machten halb Europa von amerikanischen Getreidelieferungen abhängig. Farmen wurden vergrößert, viele kauften die Felder ihrer Nachbarn. Die neuen Maschinen und das neue Saatgut samt Düngemittel brachten riesige Erträge. Viele Farmer verschuldeten sich bis über beide Ohren, um in diesem Wettbewerb, der fantastische Gewinne versprach, mithalten zu können. Zwischen 1910 und 1918 konnte sich der Wert einer Farm verdoppeln. Sogar arme Schlucker wie Henry hatten gehofft, von diesem Boom profitieren zu können, auch wenn ihnen die finanziellen Mittel für Investitionen nicht zur Verfügung standen.

Mit Ende des Ersten Weltkrieges und der Rückkehr Europas zur Friedenswirtschaft endete diese Phase der Prosperität abrupt. Die UdSSR warf in ihrem Bemühen, Kapital zur Industrialisierung des Landes zu erwirtschaften, Unmengen an Getreide auf den Markt und drückte damit die Preise. Europa seinerseits war zu wenig liquide, um amerikanische Waren kaufen zu können, da die USA Waren aus Übersee mit hohen Einfuhrzöllen belegten. Für die auf Export angewiesenen amerikanischen Farmer eine schlimme Situation. Im Bemühen, mit der UdSSR Schritt zu halten, steigerten die Amerikaner die Produktion zusätzlich, was die Preise endgültig in den freien Fall brachte.

Jetzt können viele Farmer ihre Kredite nicht mehr zurückzahlen und fordern Hilfe von der Regierung. Doch im Rahmen ihrer Laissez-faire-Politik lehnen alle Präsidenten der 1920er Jahre eine derartige Unterstützung ab. Calvin Coolidge legt zweimal sein Veto gegen Gesetzesvorhaben zur Subventionierung der Landwirtschaft ein. Am Ende des Jahrzehnts werden die amerikanischen Farmer fast 10 Milliarden Dollar Schulden haben. Als die schwankenden Banken nach dem Börsencrash mit einem Schlag ihre Kredite zurückverlangen, wird auch den Letzten die Luft ausgehen. Tausende müssen ihre Farmen verkaufen und werden zu umherziehenden Wanderarbeitern, die mit ihren Familien im Auto leben. Sie gesellen sich zu denjenigen, die ihre Pacht schon lange nicht mehr bezahlen können und von ihren Verpächtern bereits vor Jahren auf die Straße gesetzt wurden. Die meisten können es sich nicht mehr leisten, ihren Pächtern Aufschub zu gewähren, wenn sie mit der Pacht in Rückstand sind. Wie sollen sie sonst ihre Kreditschulden begleichen? Doch wie soll ein Pächter die vereinbarte Pacht bezahlen, wenn der Preis für Baumwolle und Getreide sinkt und sinkt und sinkt?

Henry versucht Geld heranzuschaffen und arbeitet nun auch noch in einem Ziegelwerk. Die älteren Barrow-Kinder werfen jetzt das Handtuch. Sie wollen sich nicht wie die Eltern auf einer Farm halbtot schuften. Wofür? Es wird ja doch nie reichen für ein einigermaßen menschenwürdiges Leben. Sie wandern einer nach dem anderen in die Stadt ab. Erst Jack, dann Artie, zuletzt Buck. Als schließlich der Baumwollkapselkäfer, der Anfang der 1920er Jahre über den Süden von Texas hereinbricht, die komplette Baumwollernte zunichte macht, begraben auch Cumie und Henry ihren Traum. Sie packen ihre wenigen Habseligkeiten in den Pferdewagen und machen sich mit den restlichen Kindern 1922 auf in eine andere Welt – nach Dallas.

160.000 Menschen leben hier. Es gibt Theater und Kinos, elegante Bars und Hotels, die keine Wünsche offen lassen. Überall wird gebaut. Schicke Geschäfts- und luxuriöse Apartmenthäuser wachsen in den Himmel. Zur Erholung stehen den Einwohnern gepflegte Parkanlangen und ein Zoo zur Verfügung. Hier kann man alles kaufen und es gibt viele Menschen, die Geld genug haben, dies auch ohne Nachdenken zu tun. Der neuen Mobilität der Amerikaner Rechnung tragend, entsteht hier die erste Autovermietung der USA. Dallas sieht sich im Wettbewerb mit Städten wie New York und San Francisco. Es sind die *Roaring Twenties*. In den Hotelbars wird Jazz gespielt, in Flüsterkneipen, die das Gesetz der Prohibition umgehen, verbotenerweise

Martini getrunken. Frauen mit kurzen Kleidern und Bubiköpfen bevölkern die Straßen. Die unabhängige *Neue Frau* erobert sich die Öffentlichkeit. Elegante Automobile prägen das Stadtbild, alles wird immer hektischer und schneller. Die USA verändern ihr Gesicht so rasch, dass vielen angst und bang wird. Nur noch fünf Jahre, dann wird Charles Lindbergh mit der *Spirit of St. Louis* als erster Pilot alleine nonstop über den Atlantik von New York nach Paris fliegen. Willkommen in der Moderne. Willkommen in der amerikanischen Großstadt. Willkommen in Dallas, einer aufstrebenden Stadt, die sich über Zuzug freut – eigentlich. Wenn nur nicht so viele gescheiterte Farmer und andere Hungerleider in die Stadt streben würden. Solche wie die Barrows, die mit dem Pferdewagen hier ankommen. Zwischen den hupenden Autos und den Leuchtreklamen wirken sie, als wären sie aus der Zeit gefallen. Was Cumie wohl zu den Mädchen in den kurzen Kleidern gesagt hat? Wahrscheinlich hat sie sich bekreuzigt.

Solche wie die Barrows sind hier nicht willkommen. Dabei hat die Landflucht in Texas gerade erst begonnen. Mehr als 100.000 völlig verarmte Menschen werden in den nächsten Jahren nach Dallas strömen und die Stadtverwaltung vor größte Probleme stellen. Dabei unterscheidet sich das Dallas, in dem die Barrows und ihresgleichen sich niederlassen, fundamental vom strahlenden, modernen Dallas. Das Dallas Oak Cliff Viaduct (heute Houston Street Viaduct), 1912 als längste Stahlbetonbrücke der Welt eröffnet, bringt sie in ihr neues Zuhause. Unter dieser Brücke, welche die Houston Street über den Trinity River führt und das schicke Downtown von den Slums von West Dallas trennt, sammeln sich die Gestrandeten. Den ganzen Fluss entlang stehen Zelte und Baracken. Es ist der schlimmste Ort der Stadt und wird von den Einwohnern nur verächtlich als Sumpf bezeichnet. Das Elend und die Armut hier übertreffen Cement City um Längen. Zwischen Dreck, Müll und Ungeziefer hausen die Menschen auf engstem Raum, streunende Hunde laufen umher. Wie viele Menschen hier leben, weiß niemand. Nur, dass es täglich mehr werden. Krankheiten verbreiten sich aufgrund der verheerenden hygienischen Zustände so rasend schnell, dass kein vernünftiger Mensch sich freiwillig hierher begeben würde. Viele, die hier landen, spielen mit dem Gedanken sich zu erschießen – wenn sie bloß eine Waffe hätten. Wie aufregend war dem zwölfjährigen Clyde die große Stadt in seiner Vorstellung erschienen und wie schrecklich ist sein Erwachen in der rauen Realität.

Die Barrows gehören zu den Ärmsten der Armen, nicht einmal ein Zelt besitzen sie. Sie schlafen mit den Kindern im Pferdewagen, den sie unter der Brücke abstellen. Das bisschen Geld, das sie haben, ist bald aufgebraucht. Von nun an sind sie auf das angewiesen, was die Heilsarmee ihnen gibt. Henry läuft von Pontius zu Pilatus, um Arbeit zu finden. Doch auch wenn Fabrikarbeiter gebraucht werden – es gibt einfach zu viele Arbeitssuchende. Schließlich macht er sich mit seinem Pferdewagen auf nach Downtown und sammelt dort den Schrott ein, den andere wegwerfen. Es ist eine mühselige Tätigkeit und der Verkauf bringt nicht wirklich viel ein, aber es ist besser als gar nichts. Tatsächlich schafft er es nach einiger Zeit, so viel Geld beiseite zu legen, dass sie ein gebrauchtes Zelt kaufen können, das zumindest einigermaßen Schutz bietet. Denn wenn der Vater mit seinem Planwagen unterwegs ist, steht die Familie im Regen schutzlos unter der Brücke. Henry nimmt seine Aufgabe als Ernährer der Familie sehr ernst. Kommt er von seinen Touren zurück, macht er sich noch spätabends an die Arbeit, um für seine Familie zumindest eine Bretterbude zu errichten. Henry und Cumie sehen längst aus wie Greise, zusammengerackert, kaputt, ausgelaugt. Das Leben hat es wahrlich nicht gut mit ihnen gemeint.

Ihre Sorgen sind nicht weniger geworden. Was soll nur aus ihren Kindern in dieser Umgebung werden? In West Dallas herrscht pure Anarchie. Gesetze gelten hier nicht viel. Natürlich bestiehlt man sich nicht gegenseitig, wozu auch? Es sind doch alle bettelarm. Sich bei den reichen Nachbarn jenseits des Flusses in Downtown Dallas zu bedienen, betrachtet man jedoch als gerechte Umverteilung. Sollen die doch etwas von ihrem Luxus abgeben. Die Reichen zu bestehlen, dagegen hat niemand moralische Bedenken. Immer wieder gibt es Razzien, bei denen die Polizei reine Willkür walten lässt. Jeder, der hier lebt, ist prinzipiell verdächtig. Täglich gibt es Verhaftungen, oft auch ungerechtfertigt. Die Straßen sind in der Hand von Jugendgangs, die keine Gnade kennen. Eine Umgebung, die Gift ist für ein Kind von zwölf Jahren. Das weiß auch Cumie, die alles tut, damit Clyde nicht in schlechte Gesellschaft gerät. Das muss man unbedingt verhindern, das sieht auch die Mutter der Familie Jones so, die sich neben den Barrows unter der Brücke niederlässt. Sie hat einen sechs Jahre alten kleinen Jungen namens William Daniel, der von allen nur W. D. gerufen wird. Der Kleine himmelt Clyde an, dem W. D. allerdings viel zu kindlich ist. Seine Verehbarung für Clyde wird W. D.s Leben in unvorhergesehene Bahnen lenken: Er wird einmal eines der wichtigsten Mitglieder der Barrow Gang werden.

Während Cumie bei Clyde noch allen Grund zur Hoffung hat, scheint bei Buck bereits jetzt alles zu spät. Kurz nach seiner Ankunft in Dallas hat er sich in krumme Geschäfte verwickeln lassen. Dass er verheiratet ist und frischgebackener Vater von Zwillingen, hat ihn davon nicht abhalten können. Seine Frau Margaret Heneger weiß nie so ganz genau, woher das Geld stammt, mit dem er die Familie ernährt. Nach der Ankunft seiner Eltern in West Dallas steigt auch er in den Altmetallhandel ein, allerdings in größerem Stil als sein Vater. Es dauert nicht lange, dann wird er von der Polizei beschuldigt, das Metall, das er verscherbelt, gestohlen zu haben. Zwar kann man ihm nichts nachweisen, doch da an behält ihn die Polizei im Auge. Kurz darauf stirbt eines seiner Kinder, die Ehe scheitert. Auch seine zweite Ehe mit Pearl Churchley, mit der er eine Tochter hat, geht schief. Obwohl Bucks Leben alles andere als im Gleichgewicht ist, bewundert Clyde seinen großen Bruder sehr.

Was ihn allerdings noch mehr beeindruckt, das ist die große Stadt jenseits der Brücke. Auf dem langen Fußmarsch zur Sidney Lanier High School kommt er fast durch die ganze Stadt. Und die ist so interessant, dass er es nicht immer bis zur Schule schafft. Was für ein Gegensatz zum beschaulichen Telico. Für den Jungen ist Dallas ein Abenteuerland. Die vielen Lichter, die tollen Automobile, die eleganten Menschen. Hier gibt es nicht nur ein Kino, hier könnte man jeden Tag der Woche ein anderes besuchen. Und was man hier alles kaufen kann. Dinge, die Clyde nie zuvor gesehen hat. Der mittellose Junge drückt sich die Nase an den Scheiben der Geschäfte platt. Hineinzugehen wagt er nicht. Wozu auch, man würde ihn ja ohnehin sofort verjagen. In der Zeltstadt stört ihn die Armut nicht weiter, da sind alle arm. Aber hier, zwischen all dem Luxus, wird ihm seine Armut schmerzlich bewusst. Und ihm wird klar, dass er nicht so leben will wie seine Eltern, die trotz harter Arbeit bettelarm geblieben sind. Die eleganten Damen und Herren, die er in Downtown flanieren sieht, werden ihm zum Vorbild. So will er aussehen und nicht wie ein räudiger Straßenköter. Nell verfolgt die Entwicklung ihres Bruders mit Staunen: »Er legte plötzlich großen Wert auf sein Äußeres und begann sich schick zu kleiden. Jeden Tag rasierte er sich, ließ sich die Haare ordentlich schneiden und achtete auf saubere Fingernägel. Schon als Jugendlicher begann er damit und behielt das sein Leben lang bei. Immer sah er aus wie aus dem Ei gepellt, selbst an den Tagen, die er auf der Straße verbrachte, auf der Flucht vor dem Gesetz.«[40] Clyde ist entschlossen, seine Armut abzulegen wie einen getragenen Anzug. Jeder Tag soll ein Sonntag sein – zumindest, was die Kleidung anbelangt. Ab 16 sieht niemand mehr Clyde Barrow je ohne Anzug, Weste, Krawatte und Hut auf der Straße. Dummerweise ist der Lebensstil, der Clyde vorschwebt, kostspielig. Er braucht dringend Geld und so verlässt er mit 16 Jahren die Schule ohne Abschluss. Im Gegensatz zu seinem Vater und Buck kann er jedoch zumindest einigermaßen lesen und schreiben.

Er zieht zunächst zu Nell und ihrem Ehemann Leon Hale. Da Leon als Musiker viel unterwegs ist, genießt Nell die Gegenwart ihres Lieblingsbruders sehr. Für Clyde ist der Schwager ein großes Vorbild, ist er doch selbst ein begeisterter Musiker. Schon als kleiner Junge hat er sich das Gitarrespielen beigebracht. Eines Tages schleppt er eine Ukulele an, zu jener Zeit ein sehr beliebtes Instrument. Da niemand weiß, wie man sie spielt, bestellen die Geschwister in einem Drugstore Lebensmittel. Als der schwarze Lieferjunge an die Tür klopft, bitten sie ihn, ihnen zu zeigen, wie man das Instrument spielt. Die Musikstunde dauert so lange, bis jemand nach dem verschollenen Lieferjungen sucht. Leon Hale besitzt auch ein Saxofon, in das sich Clyde sofort verliebt. Er gibt keine Ruhe, bis er es beherrscht. Saxofon wird sein Lieblingsinstrument bleiben. Bei seinem Tod wird man im Wagen neben einer umfangreichen Waffensammlung auch verschiedene Notenblätter und ein Saxofon finden. Mit Vorliebe spielt Clyde zum Tanz auf. Er ist selbst ein hervorragender Tänzer, was bei den Mädchen gut ankommt.

Beruflich gelingt es ihm nur schwer Fuß zu fassen. Zunächst heuert er als Verkäufer bei der Brown Cracker & Candy Company an. Doch sein Gehalt beträgt nur einen Dollar am Tag und ihm wird rasch klar, dass er sich, selbst wenn er fleißig ist, niemals etwas von dem wird leisten können, was sein Herz begehrt. Allein ein guter Anzug kostet 20 Dollar und erst das wundervolle Saxofon in diesem Musikgeschäft in Downtown, das er immer in der Auslage bewundert. So wird er nie auf einen grünen Zweig kommen. Und gerade jetzt wäre das wichtig, denn Clyde entdeckt die Frauen. Auch hier hat er einen exklusiven

Geschmack. Seine erste Freundin, Eleanor Bee Williams, stammt aus Downtown und besucht die High School. Überraschenderweise haben ihre Eltern nichts dagegen, dass Eleanor einen Freund aus West Dallas mitbringt. Dies zeigt, welch gutes Auftreten und Benehmen Clyde mittlerweile hat. Jetzt fehlt ihm nur noch das nötige Kleingeld, um seine neue Freundin beeindrucken zu können. Er wechselt für 30 Cents die Stunde zu Procter & Gamble. Manchmal arbeitet er bis zu 60 Stunden pro Woche. Immer auf der Suche nach einem Job, der besser bezahlt ist als der alte, versucht er es anschließend bei der United Glass Company als Glaser. Doch am Ende ist es immer zu wenig, um mit seinem Mädchen einen schönen Abend zu verbringen. Gleichwohl schafft er es, 50 Dollar beiseite zu legen und sich sein erstes eigenes Auto zu kaufen. Es ist ein alter, klappriger Pontiac, der ihn ziemlich bald im Stich lässt. Neidvoll blickt er auf seine gleichaltrigen Freunde aus West Dallas, von denen es manche mit dem Gesetz nicht allzu genau nehmen. Die haben immer Geld. Weiß der Teufel, wie sie das machen. Gefährlich scheint es nicht zu sein, denn keiner von denen wird jemals verhaftet. Irgendwann hat auch Clyde genug vom Blick in die magere Lohntüte. Er baut sich ein zweites Standbein als Hühnerdieb auf. Das machen viele. Die Nachfrage nach Fleisch im Slum ist groß und die Strafen sind nicht allzu hoch. In ganz Texas gäbe es nicht so viele Gefängniszellen, wie nötig wären, um all diejenigen einzusperren, die unter das Stichwort Armutskriminalität fallen. Außerdem, was macht so einem reichen Fettsack schon ein Huhn mehr oder weniger aus. Als Clyde erwischt wird, liefert ihn die Polizei nach einer eindringlichen Ermahnung bei den Eltern ab. Cumie liest ihrem Sohn gehörig die Leviten. Ein Dieb, und das in ihrem Hause. Besonderen Eindruck scheint die Strafpredigt seiner Eltern auf Clyde nicht gemacht zu haben. Henry fühlt sich mit seinem Sohn schon bald überfordert: »Eins führte zum andern. Ich hab ja versucht, ihn zur Vernunft zu bringen. Aber ein hart arbeitender Familienvater hat einfach keine Zeit, sich dauernd vor seine Kinder hinzusetzen. Im Grunde seines Herzens ist er kein schlechter Kerl.«[41]

Im Grunde seines Herzens ist Clyde augenblicklich vor allem schrecklich verliebt. Eines Tages lässt er sich Eleanors Initialen auf den Unterarm tätowieren. Am liebsten würde er sie auf der Stelle heiraten. Doch auch Verliebte streiten. Im Herbst 1926 kommt es zu einer so heftigen Auseinandersetzung zwischen den beiden, dass Eleanor zu ihrer Tante Mona Kindred Burkett nach Broaddus, Texas, abreist. Clyde ist verzweifelt und beschließt, seine große Liebe umgehend zurückzuholen. Doch das wird ihm wohl nur mit einem richtig beeindruckenden Auftritt gelingen. Von seinen letzten Pennys mietet er einen Wagen und lädt Eleanors Mutter galant ein, ihn zu begleiten. Mrs. Williams nimmt die Einladung, ihre Schwester zu besuchen, freudig an und so rollen die beiden bald auf staubigen Straßen Richtung Osten. Eleanor ist begeistert von Clydes Auftritt und die Versöhnung lässt, auch auf Fürsprache der Schwiegermutter in spe, nicht lange auf sich warten. Glücklich verbringen sie ein paar schöne Tage in Broaddus. Im Überschwang der Gefühle hat Clyde verdrängt, dass er aus finanziellen Gründen den Wagen nur für den Stadtbezirk Dallas angemietet hat und das auch nur für einen Tag. Als der Wagen mehrere Tage abgängig ist, informiert die besorgte Nichols Brothers Autovermietung die Polizei. Kurz darauf klopft der Sheriff mit zwei Männern in Broaddus an die Tür von Mrs. Burkett. Clyde springt voller Panik aus dem Fenster, rennt wie ein Hase übers Feld und versteckt sich im nahegelegenen Wäldchen. Besser wäre es gewesen, die Situation zu klären, vielleicht wäre ein liebeskranker junger Mann sogar auf Verständnis gestoßen. So aber macht er die Situation nur noch schlimmer. Schließlich feuern die Polizisten gar auf ihn. Am Ende nimmt die Polizei den Wagen mit und Clyde muss im Wald übernachten. Erst am nächsten Morgen traut er sich wieder zum Haus zurück. Eleanors Mutter findet das alles kein bisschen komisch. Sie ist zutiefst empört, dass Clyde ihre Familie in kriminelle Aktivitäten verwickelt hat. Für sie ist die Beziehung der beiden damit zu Ende. Auch Eleanor will ihn nicht sehen. Clyde bleibt nichts anderes übrig, als von dannen zu ziehen und mit dem Zug zurück nach Dallas zu fahren. Schon auf der Fahrt hat er jedoch solche Sehnsucht nach Eleanor, dass er vom Zug springt, einen Wagen stiehlt und nach Broaddus zurückfährt, um Mutter und Tochter nach Dallas zurückzuchauffieren. Doch die sind bereits abgereist. Und als ob dies alles noch nicht genug wäre, bemerkt er auf der Rückfahrt plötzlich, dass er von einem Wagen verfolgt wird. Nicht schon wieder. Clyde hält den Wagen an und flüchtet zum zweiten Mal innerhalb weniger Tage über die Felder. Weglaufen wird zeit seines Lebens eine seiner Hauptbeschäftigungen sein, wie Nell schreibt: »Clyde hasste Auseinandersetzungen und weglaufen war ja viel einfacher als dazubleiben und zu versuchen etwas zu erklären oder die Strafe für etwas auf sich zu nehmen. Clyde sollte für den Rest seines Lebens davonlaufen.«⁴² Diesmal hat er allerdings umsonst Fersengeld gegeben. Seine »Verfolger« sind nur ein paar betrunkene schwarze Wanderarbeiter, die sich jetzt über den verlassenen Wagen hermachen. Per Autostopp fährt Clyde zurück nach Dallas.

Hier wird er am 3. Dezember 1926 wegen Autodiebstahls verhaftet. Damit wird er zum ersten Mal aktenkundig. Das Foto, das dabei entsteht, zeigt einen schmächtigen Teenager mit furchtsamem Blick. Doch er hat Glück. Da der Mietwagen letztlich unbeschädigt zurückgebracht wurde, zieht die Autovermietung ihre Anzeige zurück. Das Auto ist wieder da und bei Clyde ohnehin nichts zu holen. Weniger glücklich laufen seine Bemühungen, Eleanor zurückzugewinnen. Ihre Eltern haben ihr jeden weiteren Umgang mit Clyde verboten und sie hält sich daran. Zurück bleibt ein schwer an Liebeskummer leidender junger Mann. Wie recht Eleanor daran getan hat, sich frühzeitig von Clyde zu trennen, zeigt sich bereits drei Wochen nach der Mietwagenaffäre. Gemeinsam mit seinem Bruder Buck wird Clyde verhaftet, als sie eine Lastwagenladung Truthähne verhökern wollen. Es ist Weihnachten und die Armen in West Dallas sind dankbare Abnehmer für einen billigen Festtagsbraten. Ein todsicheres Geschäft, bis die Polizei auftaucht. Buck und Clyde erklären treuherzig, nicht geahnt zu haben, dass die Tiere gestohlen sind. Weil die Polizei den beiden keinerlei Glauben schenkt, nimmt Buck alle Schuld auf sich. Clyde darf nach Hause gehen, Buck geht für eine Woche ins Gefängnis. Von nun an hat die Polizei ein wachsames Auge auf die »Barrow Boys«.⁴³

Was das bedeutet, bekommt Clyde bald zu spüren. In den nächsten Monaten wird er immer wieder von der Polizei vom Arbeitsplatz weggeholt und zum Verhör gebracht. Clyde gehört nun zu den üblichen Verdächtigen, die man verhaftet, sobald irgendwo eine Straftat geschieht. Laut Gesetz darf die Polizei ihn ganze 72 Stunden in Gewahrsam behalten, ohne dass Anklage erhoben werden muss. Was auch niemals geschieht. Allerdings haben seine verschiedenen Arbeitgeber nur sehr wenig Verständnis für einen Mitarbeiter, der immer wieder stunden- und tagelang der Arbeit fernbleibt, weil er Probleme mit der Polizei hat. Zudem hat niemand gern die Polizei im Haus. Für Clyde wächst sich das Misstrauen der Polizei langsam, aber sicher zum Problem aus. Obwohl er niemals gefeuert wird, worauf die Familie noch in späteren Jahren größten Wert legt, sieht Clyde sich genötigt, verhältnismäßig oft den Arbeitsplatz zu wechseln. Seine Antipathie gegen die herrschenden Gesetze und ihre Vertreter wächst, was seine Mutter mit Sorge sieht: »Er begann eine gewisse Abneigung, ja man könnte fast sagen einen Hass gegen das Gesetz zu entwickeln. Seiner Ansicht nach hatte es überhaupt keinen Sinn, sich gesetzestreu zu verhalten. Er hatte sie bald satt, diese dauernden Bemühungen ehrlich zu bleiben. Nichts schien schwieriger zu sein.«[44]

Bei einem Ausflug nach Wichita Falls, Texas, lernt er eine junge Frau kennen. Grace Donegan ist unglücklich verheiratet und lässt sich nur allzu gern von Clyde nach Dallas mitnehmen. Ihr Name wird das neue Tattoo auf seinem Unterarm. Den erstaunten Eltern teilt er mit, er habe Grace geheiratet. Das Paar bezieht eine eigene kleine Wohnung in West Dallas, in die bald auch Nell einzieht, die sich von ihrem Mann getrennt hat. Sie erlebt als einzige hautnah die Streitigkeiten zwischen Grace und Clyde, die sich meist ums Geld drehen. Es ist immer zu wenig und Grace macht Clyde schwere Vorwürfe, dass er es nicht schafft, mehr nach Hause zu bringen. Clyde kann Grace nur zu gut verstehen. Er arbeitet jetzt für die Bama Pie Company, doch was er da verdient, ist auch ihm zu wenig, und das soll sich nun ändern.

Aus dem Hühnerdieb wird ein Autodieb. Eine weitverbreitete Straftat, seit Autos in Massen das Land überschwemmen. Das Automobil ist ein Statussymbol, auch für die Mittelklasse. Mit dem legendären Modell T von Ford, von seinen Fahrern liebvoll Tin Lizzie genannt, hat in den USA die Massenmotorisierung begonnen. Mit einem Verkaufspreis von 370 Dollar ist dieser erste am Fließband produzierte Wagen für viele Amerikaner erschwinglich. Bis 1927 verkauft Ford 15 Millionen dieser Autos und verändert damit das Gesicht Amerikas. Während die ersten Autos noch über holprige Pisten gefahren sind, entsteht sukzessive quer durchs Land ein dichtes Straßennetz. Bereits in den 1920er Jahren geben die USA mehr als 1 Milliarde Dollar für den Bau von Highways aus. Die hohe Nachfrage nach Benzin lässt die Tankstellen mit ihren Zapfsäulen entstehen. Der immer freundliche Tankwart wird zum Symbol des Fortschritts. Bei ihm bekommt man Straßenkarten und Snacks. Erste Raststätten, die mehr oder weniger Imbissbuden gleichen, werden errichtet. Eine neue Art von Hotel mit Namen Motel entsteht rechts und links der Straße, um müden Autofahrern ein billiges Nachtlager zu bieten. Die Menschen sind fasziniert von dem neuen Fortbewegungsmittel. Ein Auto sein Eigen zu nennen, wird zum Ziel ganzer Generationen. Der Komiker Will Rogers, nach dem der Flughafen in Oklahoma City benannt ist, bringt es auf den Punkt: »Die USA sind das einzige Land in der Geschichte, in dem man mit dem Auto ins Armenhaus fährt.«[45]

Gerade eben hat Ford seinen neuesten Geniestreich auf den Markt gebracht: das Modell A. Eine Million Menschen sind am 2. Dezember 1927 bei seiner Vorstellung vor dem Ford-Firmensitz in Manhattan dabei. Es ist das erste Auto, das es in verschiedenen Farben und Modellen gibt. Bisher hatten Käufer ihre Modelle, wie Henry Ford zu sagen pflegte, in jeder Farbe bestellen können, solange diese schwarz war. Und auch bezüglich der Ausstattung hatte man Abstriche machen müssen. Nun gibt es einen Roadster, ein Coupé mit zwei oder vier Türen, ein Cabriolet, eine zwei- oder viertürige Limousine, einen Phaeton und einen fünftürigen Kombi. Und das alles für Preise zwischen 385 und 1400 Dollar. Die Höchstgeschwindigkeit liegt bei sagenhaften 104 Stundenkilometern und die allerneueste Technik wurde eingebaut. Innerhalb eines Jahres werden 2,5 Millionen Wagen verkauft werden. Noch einmal ist es Henry Ford gelungen, seinen ewigen Konkurrenten General Motors aus dem Feld zu schlagen. Das A-Modell wird das neue Fahrzeug der Massen – auch die Waltons in der gleichnamigen Familienserie, welche die 1930er Jahre in den USA porträtiert, fahren verschiedene A-Modelle.

Der Sehnsucht nach Mobilität trägt auch das Verbrechen Rechnung. Autodiebstahl ist ein lukratives Geschäft, an dem sich nun auch Clyde beteiligt. Nell, die bis zuletzt an Clydes Ehrenhaftigkeit glaubt, fällt aus allen Wolken, als sie ihren Bruder eines Tages dabei ertappt, wie er in der Garage ein neues Nummernschild an einen Wagen schraubt. Seinen zweifelhaften Ausreden kann und will sie nicht glauben. Wütend verlässt sie das Apartment und zieht zurück zu ihren Eltern. Kurz darauf verlässt auch Grace die Wohnung für immer und die Familie erfährt die schockierende Wahrheit, dass das Paar niemals verheiratet war.

Die Polizei hat Clyde zwar im Verdacht, Autos zu stehlen, doch nachweisen kann sie ihm nichts. Klug wie er ist, stiehlt er bevorzugt außerhalb Dallas. Denton und Waco, Texas, sind seine bevorzugten Gebiete. Hat er den Wagen geknackt, bringt er ihn zu einem Händler nach Oklahoma über die Grenze. Der den Gesetzen der Bundesstaaten unterworfenen Polizei sind hier die Hände gebunden. In Oklahoma wird der Wagen umgespritzt und mit einem neuen Nummernschild versehen. Clyde bleiben bei diesem Deal rund 100 Dollar. Für so viel Geld müsste er in Dallas lange schuften.

Nachdem Grace und Nell ausgezogen sind, findet Clyde in Frank Clause einen neuen Mitbewohner. Clause, der vor allem als Einbrecher tätig ist, zieht Clyde endgültig in den kriminellen Sumpf hinein. Nell schreibt Jahre später über diese unheilvolle Verbindung: »Hätte ich die Gabe des zweiten Gesichts gehabt oder in die Zukunft sehen können, dann hätte ich Clyde lieber umgebracht, als ihn mit Frank Clause gehen zu lassen.«[46] Der gleichaltrige Frank findet in Clyde einen willigen Gefolgsmann. Gemeinsam überfallen sie eine Drogerie in Oak Cliff. Die Hände voller Geschenke, tauchen sie bei Nell auf und tischen ihr eine atemberaubende Geschichte auf, wonach irgendwelche Leute die Sachen auf die Straße geworfen hätten, just als Clyde und Frank vorübergingen. Als die Polizei kommt, um Clyde mitzunehmen, verteidigt Nell ihn dennoch vehement. Erst als Polizisten ihr auf der Wache durchaus glaubwürdig davon berichten, dass ihr gelber Buick, den sie Clyde hin und wieder leiht, bereits öfter in unmittelbarer Nähe von Einbruchsorten gesichtet worden sei, muss sie wohl oder übel einsehen, dass ihr geliebter kleiner Bruder ein Einbrecher geworden ist: »Ich bin völlig zusammengebrochen und die Polizisten haben mich dann durch die Hintertür rausgeschleust, damit ich meiner Mutter die Neuigkeit überbringen konnte: dass Clyde jetzt tatsächlich ein Krimineller geworden war. Es war echt kein guter Tag.«[47] Dass er seine Familie enttäuscht hat, setzt Clyde zu, denn seine Lieben gehen ihm über alles. Die jüngste Schwester Marie erinnert sich noch in hohem Alter: »Clyde war ein sehr warmherziger junger Mann. Ich liebte ihn sehr und er war immer gut zu mir. Er hat mir mein allererstes Fahrrad gekauft. Nun, ich weiß natürlich nicht, ob er es tatsächlich gekauft hat, aber er hat mir das erste Fahrrad geschenkt, das ich jemals besessen habe. Und ich habe es behalten, bis ich erwachsen war.«[48]

Am 22. Februar 1928 wird Clyde in Fort Worth, Texas, verhaftet. Man befragt ihn zu diversen Einbrüchen, die in letzter Zeit hier stattgefunden haben. Nachweisen kann man ihm nichts. Es scheint, als sei er der Polizei schon jetzt immer einen Schritt voraus. Offensichtlich hat er eine Glückssträhne, ganz im Gegensatz zu Buck. Dieser wird am 13. Juni 1928 in San Antonio, Texas, bei dem Versuch ein Auto aufzubrechen verhaftet. Zum Prozessbeginn am 23. Januar 1929 reist die ganze Familie an. Der Familiensinn der Barrows zeigt sich gerade in schweren Zeiten. Per Pferdewagen machen sie sich auf den Weg. Aufgrund der vielen Unterbrechungen dauert die 440 km lange Reise von Dallas nach San Antonio ganze drei Wochen. Wenn das Geld alle ist, müssen sie zuerst auf den Baumwollfeldern, die sie passieren, als Erntehelfer schuften, bis wieder genug in der Reisekasse ist. So viel Familiensinn beeindruckt auch das Gericht. Der Richter lässt Buck laufen, in der Hoffnung, dass die Barrow-Brüder ihr Leben doch noch in den Griff bekommen.

Doch davon kann keine Rede sein. Zusammen mit Kumpel Frank Clause fahren die beiden mehrmals in gestohlenen Wagen in dessen Heimatstadt Houston, Texas. Auf dem Root Square treffen sie sich mit Gleichgesinnten, der sogenannten Root Square Gang. Wenn sie nicht gerade ein Ding drehen, stehen sie dort herum und rauchen Marihuana. Am 13. Oktober 1929 werden die Brüder erneut verhaftet. Diesmal stehen sie in dringendem Verdacht, einen Überfall auf ein Sägewerk geplant zu haben.

Während seine beiden Söhne immer mit einem Bein im Kittchen stehen, hat Henry Barrow einmal im Leben Glück gehabt. Bei einem Verkehrsunfall hat er Pferd und Wagen verloren und dafür 600 Dollar Schadenersatz erhalten. Damit hat er sich einen Ford T gekauft und ein Grundstück in der Eagle Ford Road 1620, in der Nähe der Texas-und-Pacific-Railroad-Zugstrecke in West Dallas. Hier will er eine Tankstelle mit einem Wohnhaus für die Familie errichten. Und auch Buck hat abgesehen von seinen Problemen mit der Polizei Grund zur Freude. Er ist frisch verliebt und diesmal in eine junge Frau, die die volle Zustimmung seiner Familie findet: Blanche Caldwell Callaway, die 18-jährige Tochter eines Farmers und Predigers aus Oklahoma. Geboren am 1. Januar 1911 in Garvin, Oklahoma, war Blanche bei ihrem Vater Matthew Fountain Caldwell aufgewachsen, nachdem ihre Mutter Lillian die Familie verlassen hatte. Noch als Teenager hatte sie den um viele Jahre älteren John Callaway geheiratet, der sich als schlimmes Scheusal entpuppte. Callaway schlug und vergewaltigte seine Frau so lange, bis sie ihm davonlief. Im Winter 1929 war sie ohne einen Penny in der Tasche in West Dallas angekommen, dem Auffangbecken der Armen und Gestrandeten, wo ihre alte Freundin Emma Lou Renfo sie aufgenommen und vor ihrem gewalttätigen Ehemann versteckt hatte. Am Morgen des 11. Novembers 1929 lernt Blanche bei einem

Spaziergang die Liebe ihres Lebens kennen: Buck Barrow, von ihr liebevoll Daddy genannt. Gelten Bonnie und Clyde heute als eines der größten Liebespaare aller Zeiten, so stehen Blanche und Buck ihnen in dieser Hinsicht in nichts nach. Auch sie sind jederzeit bereit, für den anderen das Leben zu lassen. In der Zeit der ersten Verliebtheit können sie nicht wissen, welche Opfer ihnen diese Liebe noch abverlangen wird. Blanche ist ausgesprochen hübsch, zierlich und wohlerzogen. Sie hat absolut nichts gemein mit der hysterischen, weinerlichen Frau, die im Kinoklassiker *Bonnie und Clyde* dargestellt wird. Cumie gefällt sie ausgesprochen gut, erwartet sie doch einen positiven Einfluss der Pastorentochter auf ihren hitzköpfigen Buck. Doch das junge Glück währt nicht lange. Am 29. November 1929 haben Clyde, Buck und ihr Komplize Sidney Moore einen Zusammenstoß mit der Polizei. Die drei sind in Henrietta, Texas, einer kleinen Stadt nahe Dallas, in ein Haus eingebrochen und haben dort Schmuck entwendet. Groß ist die Ausbeute nicht, vor allem wenn man sie noch durch drei teilen muss. In einem gestohlenen Ford fahren sie zurück nach West Dallas, doch sie sind unzufrieden mit dem Bruch. So können sie unmöglich nach Hause zurückkehren – mit fast leeren Händen. Gegen Mitternacht erreichen sie Denton, Texas. Hier kommen sie an einer Tankstelle vorbei. Alles ist dunkel, keine Menschenseele ist zu sehen. Kurzerhand wenden sie den Wagen, steigen aus und stemmen ein Fenster der Tankstelle auf. In einer Ecke steht ein Safe, doch allen Bemühungen zum Trotz können sie ihn nicht öffnen. Kurzerhand laden sie ihn ins Auto. Dabei werden sie von einer vorbeifahrenden Streife beobachtet. Mit Clyde am Steuer versucht das Trio zu fliehen. Doch wie immer, wenn Clyde hektisch wird, fährt er zu schnell. Er verliert die Kontrolle über den Wagen und verunglückt. Zu Fuß flüchten die drei weiter, da eröffnen die Polizisten das Feuer. Buck wird in beide Beine getroffen und bricht mit einem gellenden Schrei zusammen. Für Moore ein deutliches Zeichen, aufzugeben. Nur Clyde rennt und rennt, im Ohr die Schmerzensschreie seines Bruders. Buck ist tot, dessen ist er sich ganz sicher. Trotzdem läuft er einfach immer weiter. Letztlich versteckt er sich unter einem Haus, bis die Polizei die Jagd aufgibt. In dem Safe befanden sich ganze 30 Dollar.

Am 17. Dezember 1929 beginnt in Denton der Prozess gegen Sidney Moore und Buck Barrow. Auf Krücken humpelt Buck in den Gerichtssaal. Diesmal gibt es kein Pardon. Er wird zu vier Jahren im

Staatsgefängnis von Huntsville verurteilt, Moore, dem noch weitere Einbrüche zur Last gelegt werden, bekommt zehn Jahre. Bevor Buck nach Huntsville überstellt wird, erreicht seine Mutter folgender Brief, den jemand in Bucks Namen geschrieben hat: »Sollte Gott mir noch eine weitere Chance geben, dann werde ich mein Bestes tun, um in Zukunft ein anständiges Leben zu führen. Ich werde ein Mann sein, den die Leute respektieren und auf den meine Familie stolz sein kann. Ich weiß sehr wohl um den Kummer und die Sorgen, die meine Verworfenheit dir und Vater bereitet haben.«[49] Cumie stellt daraufhin ein Gnadengesuch beim Gouverneur von Texas, Dan Moody, der geradezu überschwemmt wird mit den Gnadengesuchen verzweifelter Mütter und Ehefrauen. Da die Gefängnisse ohnehin völlig überfüllt sind, sind die Chancen auf eine Begnadigung gar nicht mal so schlecht. Blanche gibt Buck das heilige Versprechen, auf ihn zu warten.

Clyde verbirgt sich weiterhin, um seiner Verhaftung zu entgehen. Auf der Straße kann er sich nicht mehr sehen lassen. Einzig, um Freunde zu besuchen, wagt er sich aus dem Haus. Am 5. Januar 1930 fährt er zum Haus seines alten Freundes Clarence Clay, um dessen Tochter zu besuchen. Wie soll er ahnen, dass sein Leben nach diesem Abend in der Herbert Street 105 nie mehr sein wird wie zuvor?

»Vom Schuljungen zur Klapperschlange«

III. Himmel und Hölle

Bonnie und Clyde sind vom ersten Moment an unzertrennlich. Zum ersten Mal in seinem Leben ist Clyde vollkommen glücklich. Emma Parker, die nichts von seiner kriminellen Vergangenheit ahnt, ist äußerst angetan vom neuen Freund ihrer Tochter: »Er war wirklich einer, den man gernhaben musste. Er sah sehr gut aus, mit dunklem, welligem Haar und dichten Augenbrauen und diesem Grübchen, das sich stets zeigte, wenn er lächelte. Er sah aus wie ein junger Jurastudent oder ein Doktor, nicht wie ein Bandit. Ich würde sagen, er hatte das, was man Charme nennt. Es war sehr unterhaltsam mit ihm und immer lustig, denn er lachte gerne und machte seine Späße.«[51]

Das Glück währt nicht lange. Am Abend des 12. Februar 1930 ist Clyde wieder einmal bei Bonnie zu Besuch. Es ist ein Abschiedsbesuch, denn er wird für einige Tage die Stadt verlassen. Warum, das gibt er nicht preis. In Bonnie keimt die Erinnerung an Roys Ausflüge auf, doch sie wischt die trüben Gedanken schnell beiseite. Sie vertraut Clyde, er wird zurückkommen, dessen ist sie sich sicher. Der Abschied ist so tränenreich und zieht sich so lange hin, dass Emma Parker Clyde schließlich anbietet, auf der Couch im Wohnzimmer zu übernachten. Da Bonnies Schwester samt Mann und Baby noch immer hier wohnt, sind alle Betten belegt und Sitte und Anstand will Emma gewahrt wissen. Am nächsten Morgen klopft die Polizei an die Haustür, um Clyde zu verhaften. Die Aufregung ist groß. Clyde ist die ganze Angelegenheit schrecklich peinlich. Ausgerechnet vor Bonnies Familie muss dies passieren. Bonnie ist außer sich, Emma kann sie kaum beruhigen: »Ich dachte, sie dreht durch. Sie schrie und weinte, schlug mit ihren Fäusten gegen die Wand, schlang ihre Arme um Clydes Hals und flehte die Polizisten an, ihn nicht mitzunehmen. Sie tat all diese dummen, sinnlosen Dinge, die Frauen in solch einer Situation gern tun. Clyde sprach beschwörend auf sie ein und versicherte ihr, dass alles in Ordnung sei. Aber ich brauchte nur in die Gesichter der Polizisten zu blicken, dann wusste ich schon, dass das nicht stimmte.«[52] In Handschellen bringt man Clyde zum Wagen. Nach seiner Abfahrt bricht Bonnie völlig zusammen. Ihrer Mutter tut sie entsetzlich leid: »Bonnie hörte plötzlich auf zu weinen. Sie sank in sich zusammen und machte den Eindruck, als sei die Welt untergegangen.«[53]

In den nächsten Tagen erfährt Emma Parker allerlei Unschönes über den neuen Freund ihrer Tochter, gegen den mehrere Haftbefehle laufen. Bonnie hat sich erneut in einen Kriminellen verliebt. Emma versucht all ihren Einfluss auf Bonnie geltend zu machen, damit diese sich von Clyde trennt. Sie kennt ihn doch kaum und ganz offensichtlich ist er nicht der Richtige. Doch sie hat den Dickkopf ihrer Tochter unterschätzt. Für Bonnie stand schon nach der ersten Begegnung fest, dass Clyde der Mann ihres Lebens ist. Sie ist fest entschlossen, ihm beizustehen. Beinahe täglich macht sie sich auf den Weg ins Gefängnis, um ihn zu besuchen. Abends schreibt sie ihm sehnsuchtsvolle Briefe: »Ein weiterer Tag ist vorüber, ein harter Tag. (…) Ich war den ganzen Tag so deprimiert, ich hätte mich am liebsten hingelegt und wäre gestorben.«[54] Ihre Gedanken kreisen einzig und allein um Clyde: »Ich kann an nichts anderes mehr denken, als daran, dass ich dich mehr liebe als alles auf der Welt.«[55]

Noch begreift sie den Ernst der Lage nicht. Sie ist sicher, dass sich alles aufklären und Clyde bald zu ihr zurückkehren wird. Selbst wenn er tatsächlich das eine oder andere Auto gestohlen hat, wer würde Clyde dafür einsperren? Niemand könnte es übers Herz bringen, ihrem Glück im Weg zu stehen. Sie glaubt fest daran, dass dieser Albtraum, der sie so unvermittelt getroffen hat, rasch vorbei sein wird und sie mit Clyde in Frieden wird leben können. Dass Clyde einige Fehler begangen hat, ehe er sie traf, hat sie ihm längst verziehen. Er wird es nie wieder tun, da ist Bonnie sich ganz sicher: »Liebling, wenn du herauskommst, möchte ich, dass du dir einen Job suchst und in Gottes Namen nie wieder in irgendwelche Schwierigkeiten gerätst. Ich habe mich deshalb schon fast zu Tode gesorgt. Liebling, wenn du freikommst und dich nicht mehr verstecken musst, dann werden wir ein schönes Leben führen.«[56] Bonnies zärtliche Briefe machen deutlich, wie gerne sie mit Clyde ein normales Leben geführt hätte, und strafen all diejenigen Lügen, die in ihr die treibende Kraft hinter der kriminellen Karriere von Bonnie und Clyde sehen.

Zwei Tage nach Clydes Verhaftung fährt Bonnie zu den Barrows, um sich vorzustellen. Clydes Familie ist nun auch ihre Familie. Es gibt ihr Kraft, in deren Nähe zu sein. Die Barrows nehmen sie mit offenen Armen auf, auch wenn Cumie Bonnie zu schick gekleidet und zu stark geschminkt findet. Pastorentöchterchen Blanche ist ihr lieber. Doch auch Clydes Mutter kann nicht umhin, sich einzugestehen, wie sehr Bonnie an Clyde hängt. Clydes Schwestern, allen voran die kleine Marie, schließen Bonnie vom ersten Augenblick an ins Herz: »Ich mochte Bonnie. Sie war ein süßes Mädel. Und sie war so verliebt in Clyde und er war so verliebt in sie.«[57]

Nach einer Woche wird Clyde ins Gefängnis nach Denton, Texas, verlegt, wo man ihn wegen des Einbruchs vom 29. November 1929 vor Gericht stellen will. Es geht alles so schnell, dass Clyde keine Gelegenheit hat, Bonnie zu informieren. Die erfährt erst bei ihrem nächsten Besuch im Gefängnis, dass Häftling Barrow verlegt wurde und sie ihn nun nicht mehr so oft sehen kann: »Ich war so deprimiert und traurig und mutlos, dass ich einfach anfing zu weinen. Die Wimperntusche lief mir übers ganze Gesicht, sodass ich in der Lamar Street anhalten musste. Ich legte meinen Kopf aufs Lenkrad und schluchzte hemmungslos. Ein paar Polizisten kamen vorbei und wollten wissen, was passiert sei. Ich nehme an, ich sah ziemlich komisch aus mit der verschmierten Wimperntusche im Gesicht.«[58] Wieder zu Hause setzt sie sich umgehend an den Küchentisch und schreibt an Clyde. Sie versucht ihn aufzumuntern, versichert ihn ihrer Solidarität und gibt ihm zu verstehen, dass ihr durchaus bewusst ist, dass Clyde nach seiner Entlassung Dallas für immer verlassen wird. In einer Stadt, in der sein Name einen so schlechten Ruf genießt, wird er niemals Frieden finden. Doch egal, wohin es ihn nach der Haft verschlägt, sie wird mit ihm kommen. Mit Clyde an ihrer Seite kann sie überall leben: »Ich verspreche dir, wenn du rauskommst, werde ich nur noch glücklich sein und nie nie wieder weinen. Jetzt aber wünschte ich, ich könnte mich an deine starke Schulter anlehnen und heulen. Wenn mir doch nur irgendjemand sagen könnte, was ich tun soll. Ich kann weder essen noch schlafen. Ich werde noch verrückt. Liebster, versprich mir, dass du nicht ohne mich fortgehst. Solltest du mich verlassen, mein Liebling, weiß ich nicht, was ich tu.«[59]

Sie denkt nun zum ersten Mal ernsthaft über eine Scheidung von Roy Thornton nach. Doch ihre Loyalität hält sie davon ab, einen Inhaftierten im Stich zu lassen, zudem erscheint es ihr nicht wichtig. Auch wenn sie auf dem Papier Mrs. Roy Thornton ist, in Wahrheit ist sie längst Clydes Frau. Ein Leben ohne Clyde ist für Bonnie nicht mehr vorstellbar. Jeder Tag ohne ihn ist ein verlorener Tag: »Liebster, ich bin so traurig. Nicht ein Brief von dir, die ganze Woche. (…) Ich bin schon so verzweifelt, dass ich mir wünschte, ich wäre tot.«[60]

Gott sei Dank kommen aus Denton bald gute Nachrichten. Clyde wird aus Mangel an Beweisen freigesprochen. Doch damit ist die Sache nicht ausgestanden. Auch in Waco, Texas, läuft ein Verfahren gegen ihn. Unmittelbar nach dem Freispruch wird er ins McLennan County Gefängnis nach Waco überstellt. Sieben verschiedene Delikte werden ihm zur Last gelegt, fünf Autodiebstähle, ein Einbruch und einmal Hehlerei. Die *Waco News Tribune,* die über den Fall berichtet, nennt ihn aufgrund seines Aussehens in ihrer Berichterstattung nur »Clyde Schulbub Barrow«.[61] Bonnie und Cumie Barrow reisen nach Waco, um Clyde beizustehen. Sie quartieren sich bei Bonnies Cousine Mary ein, die vor Kurzem hierher geheiratet hat. Da ihr Mann beruflich oft unterwegs ist, freut sie sich über Gesellschaft. Nach dem guten Ausgang in Denton glaubt Bonnie fest daran, dass die Anklage auch diesmal in sich zusammenfallen wird. Für den absolut unwahrscheinlichen Fall, dass Clyde doch verurteilt wird, wird sie jedoch selbstverständlich zu ihm stehen. Irgendwie findet Bonnie das Ganze auch schrecklich romantisch. Zwei Liebende, getrennt durch eine grausame Justiz, das entspricht genau ihrer Vorstellung von Liebesleid – solange es nicht zu lange dauert. Überschwänglich schreibt sie an Clyde: »Mach dir keine Sorgen, Liebling. Ich werde alles tun, was in meiner Macht steht, und wenn du tatsächlich eingesperrt wirst, dann werde ich dir treu sein und auf dich warten – und warten und warten und warten. Ich liebe dich.«[62] Am 5. März 1930 beginnt der Prozess. Der Staatsanwalt bietet eine Menge durchaus glaubwürdiger Zeugen gegen Clyde auf. Eine schockierte Cumie erfährt nun, dass ihr Sohn unter den Pseudonymen Elvin Williams, Eldin Williams, Jack Hale und Roy Bailey eine ganze

Menge Dreck am Stecken hat. Allein im Januar 1930 hat er zwei Autodiebstähle begangen. Angesichts der erdrückenden Beweislast tut Clyde das einzig Vernünftige. Er bekennt sich in allen sieben Anklagepunkten schuldig und tritt dem vorsitzenden Richter Richard Munroe zerknirscht, reumütig und einsichtig gegenüber. Und tatsächlich, seine Hoffung auf eine milde Strafe erfüllt sich. Für jedes der sieben Vergehen wird er zu zwei Jahren Haft verurteilt. Allerdings soll er nur zwei Jahre davon absitzen. Der Rest wird zur Bewährung ausgesprochen.

Nach dem Urteilsspruch kehrt Cumie nach Dallas zurück. Jetzt hat sie zwei Söhne, die im Gefängnis sitzen. Bonnie bleibt in Waco und marschiert jeden Tag in Begleitung von Cousine Mary ins Gefängnis. Wie Emma Parker später berichtet, ist auch Mary hingerissen von Clyde: »Sie war der Ansicht, dass er der charmanteste und liebenswerteste Mann war, den sie jemals getroffen hatte.«[63]

Den Liebenden bleibt nicht viel Zeit. Bald schon soll Clyde ins Staatsgefängnis nach Huntsville, Texas, überstellt werden. Die Tatsache, dass Huntsville kurzfristig wegen Überfüllung einen Aufnahmestopp verhängt hat, hat ihm ein paar Tage Aufschub verschafft. Nach außen hin gibt er sich lustig und unbeschwert wie immer. Doch in Wirklichkeit hat er schreckliche Angst. Nie zuvor ist er im Gefängnis gewesen, nie zuvor hatten andere so vollkommen über sein Leben bestimmt wie jetzt. Er liebt seine Freiheit und er hasst es, sich unterzuordnen. Und nun soll er dies für zwei lange Jahre tun. Doch er weiß auch, es hätte schlimmer kommen können. Wahrscheinlich wird er in Huntsville in den Werkstätten arbeiten. Ersttäter werden nicht auf die berüchtigten Gefängnisfarmen von Huntsville geschickt, die nichts anderes als Gulags sind, in denen Gefangene wie Sklaven schuften. Hier landen nur die schweren Jungs. Doch auch in den Werkstätten sind zwei Jahre eine lange Zeit – eine lange Zeit getrennt von Bonnie. Die ist angesichts dieser Zukunftsaussichten ohnehin völlig verzweifelt. Längst ist ihr klar geworden, wie wenig romantisch es ist, die Freundin eines Häftlings zu sein. Es bedeutet Leid und Einsamkeit, gesellschaftliche Ächtung und den Verzicht auf eine eigene Familie. Ihre Briefe klingen immer verzweifelter: »Jede Nacht gehe ich schlafen in der Hoffnung, dass morgen alles besser ist, aber dann ist es auch nur ein Tag wie jeder andere. Mag sein, es wird nicht immer so bleiben. Denn wenn ich wüsste, dass es immer so bleibt, würde ich zum Friedhof gehen und auf den Tod warten. Mir ist längst klar, dass ein Leben ohne dich keinen Sinn macht.«[64] So sieht es auch Clyde. Er kann nicht zwei Jahre im Gefängnis verbringen. Weder er noch Bonnie würden das überleben. Er muss fliehen, noch bevor er nach Huntsville überstellt wird.

Gemeinsam mit seinen Zellengenossen William Turner und Emery Abernathy heckt er einen verwegenen Plan aus. Turner hat im Haus seiner Mutter einen Colt Kaliber .32 versteckt, mit dem man die Wachen überwältigen könnte. Allerdings will er weder seine Mutter noch seine Schwester in die Sache verwickeln. Das Risiko, bei der Übergabe der Waffe geschnappt zu werden, ist hoch. Clyde hingegen kennt eine Person, die dieses Risiko jederzeit eingehen würde. Als Bonnie ihn am Morgen des 11. März 1930 besucht, bittet er sie, die Pistole zu holen. Alle Turners seien augenblicklich in der Arbeit, das Haus stehe leer. Es eilt, denn Clyde rechnet täglich damit, nach Huntsville gebracht zu werden. Bonnie zögert keine Sekunde. Ihre Zustimmung ist ein entscheidender Moment in der Geschichte von Bonnie und Clyde. Bisher ist Bonnie nur die Freundin eines Kriminellen, sie selbst hat sich nie zuvor strafbar gemacht. Noch kann sie heil aus allem herauskommen. Alles, was sie tun muss, ist Nein zu sagen, nach Dallas zurückzukehren und Clyde zu vergessen. Doch für Bonnie ist das keine Option. Sie gehört zu Clyde und sie wird ihm helfen. Auf einer Skizze hat Clyde Bonnie das Versteck der Pistole eingezeichnet. Darunter hat er geschrieben: »Du bist für mich das wundervollste Geschöpf der Welt. Ich liebe dich.«[65] Bonnie wird den Zettel ein Leben lang in ihrer Brieftasche aufbewahren.

Welcher Gefahr sie sich aussetzt, ist ihr nicht klar. Sie findet das alles höchst aufregend. Eine Gefangenenbefreiung, ein Liebespaar auf der Flucht – das ist wie im Kino. Bonnie im Mittelpunkt eines großen Abenteuers, Emma Parker weiß genau, dass dies ganz nach Bonnies Geschmack ist: »Bonnie war eine geborene Dramaqueen. Sie liebte es, im Mittelpunkt zu stehen, und darüber hinaus war es für sie das Allerwichtigste, Clyde zu gefallen. Ich bin mir sicher, sie fühlte sich geschmeichelt und glaubte, mit ihrem Mut und ihrer Tollkühnheit, mit der sie die berühmte Banditenkönigin Belle Starr noch übertraf, in seiner Achtung zu steigen.«[66] Bonnie Parker als Nachfolgerin von Belle Starr, der berühmtesten Räuberbraut des Wilden Westens – was für ein Gedanke.

Zusammen mit Cousine Mary, die davon ausgeht, man hole nur Kleidung für Clyde, macht sie sich auf den Weg in die Turner Avenue 625. Als Mary erfährt, was Bonnie tatsächlich vorhat, ist sie alles andere als begeistert: »Noch nie in meinem Leben hatte ich solche Angst. Meine Füße waren ganz weich und meine Knie zitterten. Ich war mir sicher, dass das ganze Haus von Polizei umstellt war, die nur darauf wartete, uns zu verhaften, sobald wir rauskamen. Ich beschwor Bonnie zu gehen, aber sie sagte einfach Nein und gab keine Ruhe, bis sie die Pistole gefunden hatte.«[67]

Es dauert eine ganze Weile, bis das der Fall ist, denn sie finden sich anhand der Skizze nicht zurecht. Das ganze Haus stellen sie auf den Kopf, ziehen alle Schubladen auf und wühlen alles durcheinander. Als Mrs. Turner an diesem Abend nach Hause kommt, wird sie die Polizei rufen, weil bei ihr eingebrochen wurde. Zurück in Marys Haus, befestigt Bonnie die Waffe mit zwei Gürteln zwischen ihren Brüsten. Ausgerechnet sie, die Waffen so fürchtet und als Kind nie eine berühren wollte. Doch sie hat keine Wahl: Während man bei ihren Besuchen im Gefängnis ihre Tasche immer durchsucht, hat man sie noch nie einer Leibesvisitation unterzogen. Die Wärter mögen die hübsche Frau, die jeden Tag kommt. Zudem geht niemand davon aus, dass bei einer Haftstrafe von zwei Jahren erhöhte Fluchtgefahr besteht.

Als sie kurz darauf zum zweiten Mal an diesem Tag im Gefängnis vorstellig wird, will man sie nicht vorlassen. Es ist nur ein Besuch pro Tag gestattet. Doch Bonnie wäre nicht die charmante, junge Frau, als die sie in Erinnerung geblieben ist, würde es ihr nicht gelingen, die Polizisten von der Notwendigkeit ihres Besuches zu überzeugen. Ohne weitere Schwierigkeiten übergibt sie Clyde die Waffe, dann kehrt sie zu Mary zurück und wartet. Clyde, Turner und Abernathy wollen noch am selben Abend fliehen. Gegen halb acht bittet Turner den diensthabenden Wachmann Irving P. Stanford um etwas Milch gegen seine Magenschmerzen. Als Stanford kurz darauf mit einem Glas Milch in der Hand die Zelle im zweiten Stock betritt, bringt Abernathy ihn mit Turners Pistole in seine Gewalt. Stanford selbst ist, wie die drei sehr wohl wissen, unbewaffnet. Im Gefängnis von Waco geht man davon aus, dass ein Gefangener, der einen bewaffneten Wachmann überwältigt, auf diese Weise in den Besitz einer Waffe kommen kann und so zu einer weitaus größeren Gefahr wird. Sie zwingen Stanford, ihnen die Schlüssel für die erste Sicherheitstür auszuhändigen, und sperren den Armen in ihre Zelle. Dann laufen sie nach unten. Mit gezogener Waffe fordern sie von Stanfords Kollegen S. Huse Jones, der im Büro sitzt, die

Schlüssel für die zweite Sicherheitstüre. Dabei machen sie ihm unmissverständlich klar, dass es besser sei, sich kooperativ zu verhalten. Obwohl es ein Leichtes für sie wäre, die beiden Wachen zu erschießen, krümmen sie ihnen kein Haar, nehmen nicht einmal deren Waffen an sich, die auf dem Tisch liegen. Im Bruchteil von Sekunden hat die Nacht sie verschluckt. Jones, der ihnen nachstürzt, kann nur noch in die Dunkelheit feuern.

Clyde knackt ein grünes Ford Coupé, das am Straßenrand geparkt ist. An der Stadtgrenze wechseln sie den Wagen. Ein kluger Schachzug, denn der Verlust des grünen Fords wird von der Besitzerin noch in derselben Nacht bemerkt und angezeigt. Der Wagen gilt fortan als Fluchtwagen des Trios. Da die Polizei von Waco zunächst glaubt, sie wäre alleine in der Lage, die Flüchtenden einzufangen, dauert es bis 8 Uhr morgens, ehe endlich Großalarm gegeben wird. Da sind die drei längst über alle Berge.

Bonnie ahnt nichts von der Ereignissen der Nacht. Sie sitzt mit Mary in der Küche: »Bonnie redete und redete die ganze Zeit über Clyde. Sie sagte, er sei kein schlechter Kerl, er habe nur nie eine Chance gehabt. Wenn er dies alles hinter sich habe und in Sicherheit sei, dann würde sie sich scheiden lassen, zu ihm gehen und ihn heiraten. Sie würden irgendwo hingehen, wo sie niemand findet, und alles würde gut werden. Clyde würde niemals wieder etwas anstellen. Das hätte er ihr versprochen und sie wüsste genau, dass er sich daran hielte, er liebe sie nämlich.«[68] Je mehr die Stunden verrinnen, umso nervöser werden beide. Jedes noch so kleine Geräusch lässt sie aufschrecken: »Jetzt hatten wir beide Angst. Wir fürchteten, dass Clyde auf der Flucht vielleicht erschossen worden war oder aber, dass Clyde womöglich seinerseits die Polizisten erschossen hatte und nun lebenslang hinter Gitter musste oder gar auf dem elektrischen Stuhl landen würde«[69], erzählt Mary später. Als es plötzlich an der Tür klopft, bleibt beiden fast das Herz stehen. Mucksmäuschenstill ist es im Haus, bis die Männer draußen vor der Tür wieder abziehen. Wie sollen die Mädchen auch wissen, dass Bonnies Mutter zwei Lastwagenfahrer gebeten hat, ihre Tochter nach Dallas zurückzubringen. Es ist eine unruhige Nacht, in der an Schlaf nicht zu denken ist. Erst der *Waco Times-Herald* bringt am nächsten Tag die Gewissheit, dass die Flucht geglückt und Clyde in Sicherheit ist. Allerdings wettet die Zeitung keinen Pfifferling darauf, dass das Trio lange auf freiem Fuß bleiben wird. Dafür seien sie einfach nicht schlau genug: »Dieser Ausbruch und die Art und Weise, wie er vonstatten ging, sollte eine Warnung für die weichherzigen Gerichte im McLennan County sein, dass alle Sympathie und alle milden Strafen für solche Youngster absolut verschwendete Liebesmühe sind. Die denken doch, es sei cool, sich eine Waffe zu schnappen, sobald sie dem Rockzipfel ihrer Mutter entwachsen sind.«[70]

Bonnie kehrt umgehend nach Dallas zurück, um dort auf Clyde zu warten. Mary ist darüber nicht unglücklich, die Sache mit der gestohlenen Pistole liegt ihr noch immer im Magen, auch wenn die Zeitungen nichts darüber geschrieben haben. Erst Jahre später wird sie Emma Parker beichten, was Bonnie zu Clydes Flucht beigetragen hat. Die ist noch im Nachhinein entsetzt: »Hätte ich gewusst, welche Rolle sie bei seinem Ausbruch gespielt hat, hätte ich mich zweifellos in so mancher Situation, die jetzt auf uns zukam, ganz anders verhalten. Ich hätte zu drastischen Maßnahmen gegriffen, um die beiden auseinanderzubringen, ehe es zu spät war. (…) Ja, ich hätte alles getan, um sie von diesem Weg abzubringen, der nur ein Ende kannte: den Tod.«[71]

Glücklich, wieder bei ihrer Mutter zu sein, wartet Bonnie sehnsüchtig auf eine Nachricht von Clyde. Der hat Texas inzwischen verlassen. Durch mehrere Bundesstaaten führt ihn und seine Komplizen die Flucht. Nachdem sie in Wichita Falls, Texas, das Auto gewechselt haben, sind sie weiter nach Joplin in Missouri gefahren. Von hier aus geht es in einem neuen Wagen weiter nach St. Louis, Missouri, wo sie erneut das Auto tauschen. Anhand der als gestohlen gemeldeten Wagen verfolgt die Polizei ihren Weg. Allerdings immer nur bis zur Staatsgrenze. Erst in Illinois, in der Stadt Nokomis, hält Clyde bei einem Büro der Western Union Telegrafengesellschaft und kabelt eine Nachricht an Bonnie. Sie enthält alles Wichtige: Es geht ihm gut, er liebt sie und sie solle bitte seiner Mutter Bescheid sagen. Wann er sie holen kommt, schreibt er nicht. Bonnies Unruhe wächst. Will er ohne sie weg?

Clyde ahnt nicht, dass er nicht der einzige Barrow auf der Flucht ist. Am 8. März 1930 ist auch Buck ausgebrochen. Er war seit drei Monaten auf der Ferguson Gefängnisfarm in Huntsville. Aufgrund seiner schweren Schussverletzungen in den Beinen musste er nicht auf die Felder, sondern hatte Küchendienst. Die Überwachung hier war nicht ganz so streng und als eines Tages ein Lieferwagen vor der Küche hielt, nutzte Buck zusammen mit einem Kumpel die günstige Gelegenheit, setzte sich ans Steuer und türmte. Ein paar Tage später stand er bei seinen Eltern im Wohnzimmer. Der Schock war groß, die Freude nicht minder. Nach einem tränenreichen Wiedersehen und einer Nacht im eigenen Bett sind Blanche und Buck in Richtung Oklahoma verschwunden.

Clyde ist zwischenzeitlich in Middletown, einer Kleinstadt im Südwesten von Ohio, angekommen. Es ist der 17. März 1930. Die drei Ausbrecher brauchen dringend Geld für Lebensmittel und Benzin. Neben einer Reinigung, einem Geschäft für Damenoberbekleidung und zwei Tankstellen haben sie als lukrativen Tatort auch das Kontor der Baltimore Ohio Zuggesellschaft auserkoren. Um die Örtlichkeiten genauer in Augenschein zu nehmen, erkundigt sich Clyde im Bahnhof ganz unauffällig nach einer Zugverbindung. Doch Stationsvorsteher Bernard Krebs kommen die drei merkwürdig vor. Vorsichtshalber notiert er sich die Nummer ihres Wagens »Indiana 163-439.«

Bei Einbruch der Dunkelheit gehen Clyde und seine Freunde auf einen Raubzug, der sich nicht lohnt. Ganze 57,97 Dollar befinden sich im Büro der Eisenbahngesellschaft. Wütend und enttäuscht verlassen sie die Stadt. Sie benutzen vor allem Nebenstraßen, um unauffällig zu verschwinden. Doch in der Dunkelheit verfahren sie sich, sodass ihnen zuletzt nichts anderes übrigbleibt, als im Auto zu übernachten und auf Tageslicht zu warten. In Middletown ist der Einbruch bereits entdeckt worden. Der Stationsvorsteher hat der Polizei das Kennzeichen des verdächtigen Wagens übergeben. Kurze Zeit später rollt zur Überraschung aller exakt dieser Wagen erneut durch die Stadt. Die drei Stümper sind in die verkehrte Richtung gefahren: »Wir wussten nicht, dass wir wieder in Middletown waren, bis wir auf einmal die Bahnstation erkannten«, berichtet Abernathy später. »Es war so gegen acht. Wir dachten, wir seien schon ganz weit weg, und dabei sind wir geradewegs zurück in die Stadt.«[72]

Zudem haben die drei Schlaumeier vergessen, das Kennzeichen zu wechseln, obwohl sie vier weitere im Auto liegen haben. So ein Fehler wird Clyde nie wieder unterlaufen. Als die Polizei versucht, den Wagen zu stoppen, gelingt es Clyde zu wenden. Seine beiden Komplizen ziehen es vor, zu Fuß zu flüchten, doch nach wenigen Metern werden sie durch Schüsse der Polizei zum Aufgeben bewegt. Auch Clyde verlässt den Wagen und kann sich bis zum späten Nachmittag verstecken, dann wird er ebenfalls gefasst. Die Waffe, die Bonnie ihm gebracht hat,

hat er in den Fluß geworfen. In der Hoffnung, die Polizei in Ohio wisse nichts über seinen Ausbruch aus dem Gefängnis in Waco, gibt Clyde sich als der 17-jährige Robert Thomas aus Indianapolis, Indiana, aus. Dabei haben Turner und Abernathy längst gestanden. Immerhin haben sie versucht, Clyde zu schützen und erklärt, er sei ein Tramper, den sie aufgelesen hätten. Anhand von Fingerabdrücken kann nur zwei Tage später die wahre Identität von Robert Thomas festgestellt werden. Am Mittag des 21. März 1930 übernehmen Sheriff Leslie Stegall und District-Staatsanwalt James Stanford aus Waco die drei Gefangenen und bringen sie höchstpersönlich ins Gefängnis zurück. Aneinandergekettet am Hals und an den Füßen trotten sie vom Bahnhof in ihre Zellen. Die Zeitungen sind voll Hohn und Spott über »Wacos dümmste Banditen«: »Blödmänner? Aber sicher, sie sind auf den breiten Straßen von Ohio verloren gegangen. Bei ihrem Versuch, aus der Stadt zu flüchten, sind sie im Kreis gefahren und dann wieder in die Stadt hinein.«[73]

Diesmal fährt Bonnie, die wieder als Bedienung in Dallas arbeitet, nicht nach Waco. Die Gefängnisleitung hat nach dem Ausbruch einen Besuchsstopp für alle Insassen verhängt. Zudem will sie keinen Verdacht auf sich lenken. Noch ist nicht geklärt, woher die drei die Waffe hatten. Und ein bisschen beleidigt ist sie auch. Clyde war nicht gekommen, um sie zu holen, so wie Buck dies bei Blanche getan hatte.

Clyde steht mit seinen Kumpanen kurz darauf erneut vor Richter Munroe, der empört ist über ihr Verhalten: »Ich denke, es wird das Beste sein, euch Jungs für lange Zeit wegzusperren. Nur so kann ich euch vor dem elektrischen Stuhl bewahren. Ihr seid in der Lage und erschießt mir einfach so einen Polizisten – falls ihr ihn überhaupt trefft. Ihr werdet weiter in Häuser einbrechen und eines Tages werdet ihr jemanden dabei erschießen oder selbst erschossen werden. Wenn ihr so weitermacht, schafft ihr es sicher noch auf den elektrischen Stuhl.«[74]

Clyde hat seine Bewährung verwirkt. Nun muss er die kompletten 14 Jahre absitzen. Bonnie ist erschüttert. Sie schreibt ihm einen langen Brief, der ihn sehr rührt: »Ich habe gerade deinen süßen Brief gelesen. Du ahnst nicht, wie froh ich darüber war, denn ich bin so schrecklich einsam und traurig. (…) Mein Liebling, du hast geschrieben, du würdest alles tun, was immer ich von dir verlange. Nun, ich möchte, dass du mir gut bist und mich immer liebst. Wenn du mir diese beiden Wünsche erfüllst, werde ich glücklich sein, außer dass ich dich so gerne sehen möchte. (…) Liebling, wenn ich nur noch einmal eine Woche mit dir verbringen könnte, wäre ich bereit zu sterben, denn ich liebe dich so und weiß nicht, wie ich ohne dich leben soll.«[75] Doch Bonnie darf ihn nicht besuchen. Einzig Cumie darf Clyde noch einmal sehen. Einen Tag nach seiner erneuten Verurteilung wird Clyde als Verdächtiger in einem Mordfall verhört. Die Root Square Gang aus Houston steht im Verdacht, am 2. Juli 1929 den 20-jährigen Charles Howard Gouge am Strand von Morgan's Point, 30 km außerhalb von Houston, erschossen zu haben. Seine 18-jährige Verlobte Lillian Bissett war dabei schwer verletzt worden. Ein Tatverdächtiger hatte Clyde Barrow und Frank Clause belastet. Beide werden zur Sache vernommen, haben für die Tatzeit aber ein Alibi. Ende März wird der 18-jährige Jimmy Arnold als Täter verhaftet.

Am 21. April 1930 wird Clyde nach Huntsville überstellt. Am frühen Morgen fährt Bud Russell, genannt »Uncle Bud«, mit seinem »One Way Wagon« vor. Russell ist eine legendäre Gestalt im texanischen Strafvollzug. Mehr als 115.000 Häftlinge transportiert er während der 40 Jahre, in denen er oberster Chef für Gefangenentransporte in Texas ist. Anfangs noch mit dem Zug, kommt er nun mit einem Lastwagen, auf den ein Käfig gebaut ist. Disziplinprobleme mit den Sträflingen kennt Russell nicht: »Falls du glaubst, du bist mir überlegen, dann bist du 40 Jahre zu spät dran, Junge«, pflegt er zu sagen.[76] Jeder weiß, dass Russell ohne zu zögern von der Schusswaffe Gebrauch machen wird. Weil er aber als ruhig und besonnen gilt und zudem höflich und fair mit den Gefangenen umgeht, wird er weithin respektiert. Am Hals und an den Füßen angekettet, werden die Gefangenen auf die Pritsche verfrachtet. Dann rumpelt der Wagen über die staubige Landstraße Richtung Osten nach Huntsville. Noch heute ist Huntsville vor allem berühmt dafür, dass der Staat Texas hier seine Hinrichtungen durchführt. Was die Todesstrafe anbelangt, hat Texas eine unrühmliche Geschichte. Von 1819 bis 1923 wurden Delinquenten einfach erhängt, ab 1924 übernahm dies das Staatsgefängnis von Huntsville mit dem von den Gefangenen selbst zusammengebauten elektrischen Stuhl, dem »Old Sparky«. Bis 1964 starben darauf 361 Menschen. Wem der Sinn nach Gruseltourismus steht, der kann »Old Sparky« heute im »Texas Prison Museum« in Huntsville besichtigen. 1972 hatte der Oberste Gerichtshof der USA die Todesstrafe für verfassungswidrig erklärt, doch seit ihrer Wiedereinführung im Jahre 1976 wurden in

Texas mehr Menschen hingerichtet als irgendwo sonst in der westlichen Welt.

Als Clyde in Huntsville ankommt, besteht das Staatsgefängnis aus einem Hauptkomplex, wegen seiner hohen Backsteinmauern auch »Walls Unit« genannt, sowie elf Gefängnisfarmen. Mehr als 5000 Häftlinge sind hier untergebracht, Huntsville gilt als chronisch überfüllt. Viele müssen auf dem nackten Fußboden schlafen, weil es nicht genügend Betten gibt. Die Häftlinge werden in verschiedene Kategorien eingeteilt, die mit unterschiedlicher Behandlung einhergehen. Schwarze werden fast immer zur Schwerstarbeit verurteilt, ganz egal wie gering ihr Vergehen auch gewesen sein mag. Kleinkriminelle wie Clyde, die niemanden getötet oder verletzt haben, werden üblicherweise in den Werkstätten eingesetzt, wo man sie auf ein Leben nach dem Gefängnis vorbereitet. Wiederholungstäter und Schwerverbrecher landen auf einer der berüchtigten Gefängnisfarmen.

Bei der Aufnahme macht Clyde sich drei Jahre jünger, in der Hoffnung, etwas milder behandelt zu werden. Cumie unterstützt dieses Manöver ihrerseits, indem sie der Presse erzählt, Clyde wäre gerade erst 18 geworden. So klein und dünn, wie er ist, nimmt man ihm diese Lüge ohne Weiteres ab. Die Vermessung ergibt, dass er 1,65 m groß ist, 57,6 kg wiegt und Schuhgröße 39 hat. Er gibt an, mit Bonnie verheiratet zu sein, denn nur Verwandte dürfen ihn besuchen und ihm schreiben. Als zweiten Vornamen nennt er nicht »Chestnut«, sondern »Champion«. Wobei auch dieses bisschen Angabe nicht vertuschen kann, wie groß seine Angst ist. Hat man nur eine vage Ahnung davon, welche Verhältnisse in texanischen Gefängnissen herrschen, weiß man, dass diese Angst mehr als berechtigt ist. Die Haftbedingungen sind skandalös. Wer überlebt, ist ein gebrochener Mann oder ein Schwerkrimineller. Nur wenige wagen es, über ihre Erlebnisse zu sprechen und die Menschenrechtsverletzungen, die der Staat Texas an seinen Gefangenen begeht, anzuprangern. Erst in den 1920er Jahren werden erste Stimmen nach Reformen im Strafvollzug laut. Im Januar 1930 hat Gouverneur Dan Moody mit einer Delegation Huntsville besucht und anschließend erklärt, er würde seinen Hund eher töten als ihm den texanischen Strafvollzug zuzumuten.[77] Kurz bevor Clyde nach Huntsville kommt, sagt der texanische Senator Thomas B. Love in einem Interview: »Die Bedingungen in den texanischen Gefängnissen sind ein Verbrechen gegen die Gesellschaft, ein Verbrechen gegen den Steuerzahler und ein Verbrechen gegen die Menschlichkeit.«[78] Doch trotz der offenkundig katastrophalen medizinischen Versorgung, der Mangelernährung und der Foltermethoden sind die Kritiker in der Minderheit. Die meisten Texaner finden das System völlig okay.

Im März 1930 war Lee Simmons zum neuen Leiter des texanischen Strafvollzugs ernannt worden. Er führt erste Reformen durch, sorgt unter anderem dafür, dass frisches Gemüse und Obst für die Gefangenen angebaut wird. Zudem verbietet er jede willkürliche Gewaltanwendung von Seiten der Wärter. Er achtet streng darauf, dass drakonische Strafmaßnahmen, die offiziell schon seit Mitte der 1920er Jahre verboten sind, nun auch tatsächlich gebannt werden. Bis zu diesem Zeitpunkt war es in texanischen Gefängnissen Usus, aufsässige Gefangene an Fensterkreuzen, Leitern oder Deckenhaken an den Handgelenken aufzuhängen. Ihre Zehen berührten dabei nur leicht den Boden. Sobald die Zehen das Körpergewicht nicht mehr abstützen konnten, mussten sich die Gefangenen unter großen Schmerzen hängenlassen. Die durchschnittliche Zeit, die ein Gefangener so hängen musste, betrug drei Stunden. Eine andere Methode, Gefangene zur Räson zu bringen, war das sogenannte Pferd. Dabei handelte es sich um einen Balken, der auf einer Seite spitz zugeschnitten war. Der Gefangene wurde gezwungen, stundenlang auf der schmalen Seite zu sitzen. Fiel er vor Schmerzen herunter, prügelten ihn die Wärter wieder hinauf. Große Furcht verbreitete auch die Dunkelzelle, die nur 2,4 m lang, 1,8 m breit und 1,8 m hoch war. Delinquenten mussten hier in absoluter Dunkelheit und Kälte, bei Wasser und Brot, einzig mit einem Tuch bekleidet, ihre Zeit verbringen. Da es keine Möbel gab, lagen die Gefangenen auf dem Boden, bis sie zu viele waren und nur noch dicht aneinandergedrängt stehen konnten. Man verlor in der Dunkelzelle jegliche Orientierung und es kam durchaus vor, dass sich die Häftlinge in Panik gegenseitig erdrückten. Die Dunkelzelle war ein Sarg, in dem manche Häftlinge mehrere Tage lebendig begraben waren. Inwieweit diese und andere Grausamkeiten auch nach den Reformen hinter verschlossenen Türen weiter angewandt wurden, weiß niemand.

Auch wenn Simmons' Amtszeit so manche Verbesserung bringt, so stellt er doch klar, dass er neben Disziplin und harter Arbeit noch ein weiteres Mittel für ideal hält, um den Charakter zu formen: »Ich glaube fest an körperliche Züchtigung – zu Hause, im Klassenzimmer, in der Besserungsanstalt und im Gefängnis.«[79] So befürwortet er unter anderem den Einsatz einer speziellen Lederpeitsche, die dem Gefangenen besonders tiefe Wunden zufügt. Dazu wird der Gefangene zunächst auf den Bauch gelegt und entkleidet. Ausgewählte Mithäftlinge, meist Freunde, werden sodann gezwungen, seine Arme, Beine und den Kopf festzuhalten. Die übrigen Gefangenen bilden einen Kreis um ihn und müssen zusehen, wie die Peitschenhiebe innerhalb weniger Minuten das Fleisch von Rücken, Hintern und Oberschenkeln zerschneiden. Der am Boden liegende Körper ist bald übersät von tiefen, klaffenden Wunden. Da offiziell bei dieser Bestrafung kein Blut fließen darf, wird das Spektakel immer wieder unterbrochen, um Sand in die Wunden zu streuen, der das Blut aufhalten soll. Dann gehen die Schläge weiter. Dass die Höchststrafe bei 20 Schlägen liegt, kümmert die meisten Wärter kaum. Viele schlagen zu, so lange sie können. Während sich der Gefangene in ein Stück rohes Fleisch verwandelt, werden seine Schreie langsam zum Wimmern, bis er das Bewusstsein verliert und verstummt. Besonders sadistische Aufseher lassen die Lederriemen, die zuletzt voller Blut und Fleischfetzen sind, zur Reinigung von den Gefangenen abschlecken. Die Befürworter dieser Strafe gehen davon aus, dass alleine das Zusehen viele davon abhalten wird, die Regeln zu brechen. Bis 1941 war der Einsatz dieser Peitsche in texanischen Gefängnissen ausdrücklich erlaubt.

Clyde bleibt zunächst innerhalb der »Walls Unit«. Im Spätsommer 1930 wird er noch einmal wegen eines Überfalls in Waco vor Gericht gestellt, jedoch freigesprochen. Als er am 18. September 1930 in Ketten nach Huntsville zurückkehrt, weiß er schon, dass er nicht in den Werkstätten innerhalb der »Walls Unit« arbeiten darf, sondern auf die Gefängnisfarm Eastham, 50 km nördlich von Huntsville, verlegt wird.

Eastham gilt als schlimmste der elf Gefängnisfarmen von Huntsville und war 1917 als erstes Hochsicherheitsgefängnis von Texas in Betrieb genommen worden. Ihren Namen erhielt die Farm von seinen ehemaligen Besitzern, der Familie Eastham. Nach dem Ende der Sklaverei hatten Häftlinge aus Huntsville auf deren Baumwollfeldern als billige Leiharbeiter geschuftet. Der Unterschied zur Sklaverei war marginal. Bereits 1871 hatte der Staat Texas ein Gesetz erlassen, wonach Strafgefangene als Sklaven des Staates anzusehen seien. Die als Arbeitssklaven vermieteten Häftlinge kosteten einen Dollar pro Tag inklusive Verpflegung und schufteten jetzt unter unmenschlichen Bedingungen beim Eisenbahnbau, in Bergwerken oder auf den Feldern. Da keinerlei Vorgaben existierten, wie die Häftlinge zu behandeln seien, wurden sie geschlagen und misshandelt, manche waren dem Verhungern nahe. Erst nach heftigen Protesten seitens der Angehörigen untersagte ein Gericht 1912 die Vermietung von Strafgefangenen an Privatpersonen. Ihrer billigen Arbeiter beraubt, veräußerte die Familie Eastham ihren Besitz an den Staat Texas, der sich nun anschickte, die riesigen Ländereien selbst rentabel zu bewirtschaften. Ihm standen die Häftlinge, deren Lebensumstände und Arbeitsbedingungen sich in keiner Weise verbesserten, ja auch weiterhin als Arbeiter zur Verfügung. Eastham hatte alsbald einen sehr schlechten Ruf und war ob der Grausamkeiten bei den Gefangenen gefürchtet: »Einzig diejenigen, die all dies erlebt haben und in deren Köpfen sich dieses Elend eingebrannt hat, können diesen Horror nachvollziehen. (...) Erst wenn man selbst in Lumpen gelebt hat, gegessen hat, was sogar ein Hund verweigern würde, wie ein Sklave den Launen der grausamen Aufseher ausgeliefert war, so lange geschlagen und verspottet wurde, bis Geist und Körper gebrochen waren, dann weiß man, was es bedeutet, ein Häftling auf einer texanischen Gefängnisfarm zu sein.«[80]

Warum jemand wie Clyde, der zum ersten Mal im Gefängnis sitzt, an einen Ort gebracht wird, den sogar die schlimmsten Verbrecher fürchten, wird nie geklärt werden. Von nun an soll der schmächtige junge Mann, der davonläuft, wenn es eng wird, unter den härtesten Verbrechern von Texas leben.

Auf dem Weg nach Huntsville sitzt Clyde in Bud Russells »One Way Wagon« dem 19-jährigen Ralph Fults gegenüber. Fults weiß genau, was Clyde in Eastham erwartet, ist er doch im April 1930 von dort geflohen. Über ein Jahr war er in Eastham inhaftiert, und was er Clyde berichtet, lässt nichts Gutes ahnen: »Tja, das wird kein Picknick werden. Es gibt genau zwei Sachen, die dir sicher den Tod bringen: nicht zu arbeiten und davonzulaufen. Beim ersten Mal, wenn du versuchst zu fliehen, werden sie dich nur zusammenschlagen. Solltest du es nochmal versuchen, werden sie dich hinter irgendeinen Hügel führen und dir eine Kugel in den Kopf jagen. ›Bei einem Fluchtversuch erschossen‹ nennen sie das. Wir nennen es ›Hinrichtung‹.«[81] Obwohl Fults noch jünger ist als Clyde, hat er bereits eine beachtliche kriminelle Karriere hinter sich. 1911 in eine texanische Familie der unteren Mittelschicht hineingeboren, war er niemals einer ähnlichen Armut wie Clyde begegnet. Dennoch war er früh als Unruhestifter aufgefallen. Als 12-Jähriger war er von zu Hause ausgerissen und hatte sich zwei Jahre lang mit kleineren Diebstählen durchgebracht, bis man ihn aufgriff und in die Jugendbesserungsanstalt Gatesville einwies, die traurige Berühmtheit dadurch erlangte, dass 90 Prozent ihrer Absolventen später im Gefängnis landeten. Fults versucht mehrfach zu fliehen, was kaum verwundert, wenn man bedenkt, dass die Jugendlichen hier für geringste Vergehen ausgepeitscht werden. Als ihn der Priester beobachtet, wie er während der Messe seinem Nachbarn etwas zuflüstert, wird er dafür mit 37 Peitschenhieben bestraft. Von jenem Tag an hasst Fults alle Autoritäten – und alle Kirchenmänner. Nach seiner Entlassung aus Gatesville geht Fults 1929 nach Dallas. Hier wird er bald wegen Zigarettenschmuggels im großen Stil zu zwei Jahren Haft in Huntsville verurteilt. Der vorsitzende Richter gibt ihm bei der Urteilsverkündung eine ähnliche Mahnung mit auf den Weg wie Richter Munroe Clyde: »Ändere dich, mein Junge, oder du kannst dir schon mal überlegen, wie sich die Stromstöße des elektrischen Stuhls drunten in Huntsville anfühlen. Wenn du so weitermachst, wird man dich hängen oder auf den Stuhl schicken, ehe du 21 bist.«[82] Fults wird auf der Eastham Farm in Camp 1 untergebracht. Von hier aus gelingt ihm gemeinsam mit einigen Mitgefangenen am 8. April 1930 die Flucht. Ein knappes halbes Jahr kann er sich verstecken, ehe er Mitte September in St. Louis, Texas, geschnappt wird. Jetzt ist er erneut auf dem Weg in die Hölle. Fults warnt Clyde vor allem vor den Wachen. Diese seien allmächtig und gnadenlos: »Sie können alles machen, was sie wollen. Der Friedhof von Eastham ist voll von Jungs, die das nicht glaubten.«[83] In Eastham gelten keine anderen Gesetze als die der Wärter. Dass ein Häftling zu Tode kommt, kann durchaus mal passieren. Wer nicht spurt, muss um sein Leben fürchten. Hier geht es nicht um Sühne, sondern um Abschreckung. Der Staat hofft, dass jeder, der diese Hölle überlebt, alles tun wird, um nie wieder hier zu landen. Noch 1972, als ein ehemaliger Häftling den Staat Texas verklagt, bescheinigt der oberste texanische Gerichtshof, dass die Zustände in Eastham der amerikanischen Verfassung widersprechen.

Nach ihrer Ankunft in Huntsville sind Clyde Barrow und Ralph Fults noch einige Tage innerhalb der »Walls Unit« vergönnt. Allerdings haben sich die Wärter für Fults ein besonderes Willkommensgeschenk ausgedacht: einen Fassritt. Dazu werden ihm die Hände auf dem

Rücken zusammengebunden, während er sich mit gegrätschten Beinen auf ein Fass stellen muss. Da dieses unweigerlich zu rollen beginnt, ist es äußerst mühsam für Fults, die Balance zu halten, noch dazu ohne Hände. Als seine Füße taub werden, fällt er entkräftet vom Fass. Doch die Wärter prügeln ihn wieder hoch, jedes einzelne Mal, wenn er herunterfällt. Eine ganze Nacht lang muss er auf dem Fass reiten. Am Ende fällt er bewusstlos den johlenden Wachleuten zu Füßen.

Ein paar Tage später werden er und Clyde nach Eastham gebracht. Sie werden Camp 2 zugeteilt. Aus Clyde Barrow wird nun endgültig Gefangener Nr. 63527, einer von 500 Häftlingen auf der Eastham Gefängnisfarm. Direktor der Farm ist Captain B. B. Monzingo, ein allseits gefürchteter Mann. Schon einmal war er hier Direktor gewesen, hatte aber aufgrund von Missständen seinen Posten räumen müssen. Lee Simmons hat ihn zurückgeholt. Was Clyde als Erstes bemerkt, ist der bestialische Gestank, der in der Luft hängt. Es gibt kein Abwassersystem, die Kanäle fließen offen durch die Anlage. Kot, Dreck und Müll, wohin man sieht.

Eastham liegt völlig isoliert in der texanischen Landschaft, nahe dem Trinity River. Bis zur Hauptstraße sind es 7 km. Die Abgeschiedenheit macht es schwer zu fliehen, weshalb vor allem entflohene und wieder eingefangene Häftlinge hier landen. Personell ist man in Eastham gut aufgestellt, auf acht Gefangene kommt ein Wärter. Auch wenn es auf den ersten Blick nahezu unmöglich scheint, von hier zu entkommen, veranlassen die verheerenden Zustände doch immer wieder Gefangene, es zu versuchen. Dass die Wärter die Erlaubnis haben, sie unter diesen Umständen zu erschießen, nehmen sie in Kauf. Wenn die Hunde einmal auf sie gehetzt sind, besteht ihre einzige Chance darin, den Fluss zu erreichen, ehe sie von der Meute zerfleischt werden. Wer es nicht schafft, flüchtet auf die Bäume, vor denen die Hunde mit fletschenden Zähnen auf- und abspringen. Der Flüchtende weiß genau, dass die Wachen, wenn sie kommen, ihre Hunde nicht zurückpfeifen werden, sondern ihn mit gezielten Schüssen zwingen werden, vom Baum in die Meute zu springen. Wer nicht erschossen werden will, springt in der falschen Hoffnung, die Wachen mögen gnädig sein. Doch die werden die Hunde erst zurückpfeifen, wenn der am Boden Liegende von den Tieren bereits halb totgebissen wurde. Manchmal ist es auch schon zu spät. Die Schreie eines Menschen, der von Hunden zerfleischt wird, sind grauenvoll. Wer es bis zum Fluss schafft, muss noch viele Meilen zu Fuß bis zur nächsten Stadt laufen. Zumeist werden sie da von ihren Verfolgern schon wieder eingefangen. Eingefangene Häftlinge bringt man dorthin, wo man sonst Unruhestifter einsperrt. In Camp 1 ist es das Loch, in Camp 2 stehen mitten auf dem Gelände, in der prallen Sonne, ein paar Blechhütten ohne Fenster, eine Art Backofen für Menschen. Wer hier ohne Wasser der texanischen Sonne ausgesetzt ist, wird schon nach kurzer Zeit bei lebendigem Leib geröstet. Clyde Barrow, jung und verliebt, ist in der Hölle gelandet.

Nach ihrer Ankunft müssen sich die Neuankömmlinge in einer Reihe aufstellen. Direktor Monzingo geht langsam an ihnen vorbei. Unvermittelt hebt er einen Stock und schlägt einen der Häftlinge damit so brutal ins Gesicht, dass dieser mit einer riesigen Platzwunde zu Boden stürzt. Eine Aktion, die den Neuen gleich von Anfang an zeigen soll, wer hier das Sagen hat und dass jeder, jederzeit, zum Opfer werden kann. Sie sind rechtlos und wehrlos. Clyde schäumt vor Wut und Fults erinnert sich genau, wie schwer es ihm fiel, Clyde zu beruhigen: »Er war ein sehr sensibler Typ und konnte es einfach nicht ertragen zu sehen, wie diese Jungs ständig ohne jeden Grund zusammengeschlagen wurden.«[84] Auch Clyde selbst wird während seiner Zeit in Eastham mindestens zweimal schwer von den Wärtern misshandelt. Seine Schwester Nell erinnert sich, dass er bei einem ihrer Besuche ein blaues Auge hatte.

Jeden Morgen müssen die Gefangenen 3 km zu den Feldern rennen, mit der Betonung auf rennen. Wer zu langsam ist, bekommt Prügel. Abends geht es nach zehn Stunden harter Arbeit im Wald oder auf den Feldern im selben Tempo wieder zurück. Seit Lee Simmons beschlossen hat, die Gefängnisfarmen rentabel zu machen, ist die Arbeit noch härter geworden. Dabei macht die Farmkrise schwerlich an den Toren der Gefängnisfarmen halt. Die Preise sinken, egal wie viel Baumwolle hier geerntet wird. Trotzdem wird hier auch am Sonntag, der eigentlich frei ist, gearbeitet. Und dies oft bei unerträglicher Hitze. Samstags kann man eine halbe Stunde frei machen, um ein Bad zu nehmen. Der Gestank von Schweiß und Dreck ist unerträglich. Mittags haben die Gefangenen zehn Minuten Zeit, um trockenes Brot und etwas Wasser zu sich zu nehmen. Während des Tages werden sie von Aufsehern, bewaffnet mit Peitschen, Pistolen und Schrotflinten, in Schach gehalten. Simmons hat zusätzlich noch die sogenannten »long arm men« eingeführt, deren Aufgabe es ist, aus dem Hintergrund die Situation genau zu beobachten und sofort einzuschreiten, sollte etwas passieren. Kommen Clyde und Fults am Abend hungrig ins Camp zurück, gibt es erneut trockenes Brot, Bohnen und ein paar Kartoffeln. Fleisch ist selten und wenn, dann halb verschimmelt und zäh wie Schuhsohle.

Nach dem Abendessen gehen die Gefangenen in ihre Schlafsäle. In Eastham gibt es keine Zellen. Die Häftlinge schlafen in Stockbetten in überfüllten Schlafsälen. Es gibt keinerlei Privatsphäre, kein Rückzugsgebiet. Geputzt wird hier nicht, alles ist voller Dreck. Einmal im Jahr werden die Matratzen herausgehoben und das Ungeziefer wird mit brennenden Fackeln ausgeräuchert. Falls es in den Sälen unruhig wird, schießen die Wachleute, die oberhalb der Schlafsäle wohnen, über die Köpfe der Gefangenen hinweg in den Raum. Überall in den Wänden stecken Kugeln. Im hinteren Bereich jedes Schlafsaals befinden sich Duschen und Toiletten. Die sind jedoch so verschmutzt, dass die Gefangenen es vorziehen, sich in den Feldern zu erleichtern. Chef jedes Schlafsaals ist ein Gefangener, der das besondere Vertrauen der Wachen genießt. Dies bedeutet jedoch nicht, dass es sich um einen besonders ehrenhaften Mann handelt. Ganz im Gegenteil. Meist wird der zum Chef gemacht, der skrupellos genug ist, seine Mitgefangenen zu verraten und mit Gewalt in Schach zu halten. Er sorgt für Ordnung und genießt manches Privileg, um das ihn die anderen glühend beneiden. Im Schlafsaal ist er allmächtig, es gibt keine Möglichkeit, sich seinem Willen zu widersetzen. Wenn um neun Uhr Abends das Licht gelöscht wird, ist Clyde der einsamste Mensch der Welt. Er sehnt sich so sehr zurück nach Hause, er sehnt sich so sehr nach Bonnie.

Lange hat er nichts mehr von ihr gehört. Ihre Briefe sind immer spärlicher geworden und eines Tages hat sie aufgehört, ihm zu schreiben. Es ist ihr Versuch, sich von einem Mann zu lösen, mit dem es keine Zukunft gibt. Sie geht nun wieder aus, ihre Mutter sieht es mit Freude. Sie ahnt nicht, dass Bonnies Gedanken noch immer um Clyde kreisen.

Ralph Fults ist der einzige Freund, den Clyde in den nächsten Monaten hat. Diesen erwartet in Eastham eine harte Strafe für seine Flucht. Schon vor seiner Ankunft haben die Wärter Strohhalme gezogen, wer das Vergnügen haben wird, ihn zu verprügeln. Als Clyde und Fults einmal draußen im Wald arbeiten, stürzen sich plötzlich zwei Wächter auf Fults und halten ihn fest, während ein dritter ihn brutal zusammenschlägt. Stiefeltritte und Gewehrkolbenschläge prasseln auf den am Boden liegenden Fults ein. Clyde wird von den übrigen Wachen in Schach gehalten. Er ist ohnmächtig vor Wut, wirkt, als würde er jeden Moment nach vorne stürmen, um dem Freund beizustehen. Mit geballten Fäusten und hochrotem Kopf steht er da, völlig furchtlos. Sein Verhalten zieht die Aufmerksamkeit der Wachen auf sich, sie lassen von Fults ab und warnen Clyde eindringlich davor, den Helden zu spielen. Dann verschwinden sie lachend. Clyde hilft Fults zurück zur Farm – die Loyalität zueinander wächst: »In der Rückschau betrachtet«, sagt Fults, »bin ich mir absolut sicher, dass er mir durch sein Verhalten das Leben gerettet hat.«[85]

Clydes Unerschrockenheit bleibt nicht ungestraft. Kurz nach diesem Vorfall versucht ein berittener Wachmann, ihn bei der Baumwollernte zu überreiten. In Gefangene hineinzugaloppieren und sie dabei schwer zu verletzen, ist ein beliebtes Freizeitvergnügen der Aufseher von Eastham. Einer, dem dies widerfahren ist, berichtet später: »Sie drohten mir, dass ich, wenn ich es wagen sollte, dem Doktor zu erzählen, wie der Unfall passiert sei, innerhalb von 24 Stunden tot wäre. Sie würden sagen, dass ich versucht hätte zu fliehen, und ich wäre dann schon längst an einem Ort, an dem ich nicht mehr viel sagen könnte. Und das alles ohne Zeugen.«[86] In diesem Fall kommt es nicht so weit, denn Clyde ist schneller als sein Angreifer. Was der Reiter nicht ahnt: Clyde ist kein Stadtkind, sondern auf einer Farm aufgewachsen und weiß sehr wohl mit Pferden umzugehen. Es gelingt ihm, das Pferd am Halfter zu packen und aufzuhalten. Eine Tat, mit der er sich erneut ins Visier der Wärter bringt.

Doch Clyde hat keine Angst. Er wird Eastham überleben und auf zwei Beinen zum Tor hinausgehen. Sein Stolz ist ungebrochen, er lässt sich nichts gefallen. Anders als die meisten Gefangenen, die einfach nur darauf hoffen, Eastham zu überleben, und sich unauffällig und still verhalten, gibt Clyde Widerworte. Er ist der Einzige, der zu Fults hält, den die Gefängnisleitung unter besondere Beobachtung stellt. Man vermutet, dass er neue Fluchtpläne hegt. Seine Mitgefangenen wollen nicht in Verdacht geraten und meiden Fults. Clyde ist das ganz egal. Fults ist der einzige Mensch in Eastham, dem er vertraut. Ihm erzählt er von seinen Träumen, von der Vergangenheit und von Bonnie. Im Dezember 1930 erhält er nach langer Zeit einen Brief von ihr. Überglücklich schreibt er zurück: »Alles, was ich jemals wollte, bist du, mein Liebling. Ich würde mein rechtes Auge dafür geben, dich zu sehen. Wenn du es einrichten kannst, dann komm doch bitte und besuch mich. Es wird nicht immer so sein, Liebste. Eines Tages werde ich hier rauskommen und wir werden wieder glücklich sein.«[87]

Doch das wird noch lange dauern. Auch wenn Clydes Mutter ein Gnadengesuch nach dem anderen beim Gouverneur stellt, die Chance, dass Clyde Eastham bald verlassen wird, ist gering. Seine einzige Hoffnung besteht darin, dass die ohnehin überfüllten texanischen Gefängnisse täglich voller werden und der Staat das Problem dadurch zu lösen versucht, indem er Häftlinge begnadigt. Bis dies jedoch der Fall ist, heißt es durchhalten und die sadistischen Quälereien der Wachen über sich ergehen lassen. Dass die Gefangenen ihren Bewachern so hilflos ausgeliefert sind, macht es besonders schlimm. Es gibt niemanden, an den sie sich wenden können. Keine staatliche Institution interessiert sich für ihre Beschwerden. Einzig ein junger Journalist der *Houston Press,* Harry McCormick, prangert in seinen Artikeln immer wieder die Missstände in den texanischen Gefängnissen an. Seine Informationen erhält er von den Gefangenen selbst, die ihm über Verwandte Nachrichten übermitteln oder unter Lebensgefahr versuchen, direkt mit ihm in Kontakt zu treten. Ralph Fults schildert, wie schwierig dies für die Häftlinge ist, deren Korrespondenz lückenlos überwacht wird: »Wir hatten uns eine Methode ausgedacht, wie wir mit einem Reporter aus Houston in Kontakt treten konnten. Wir schrieben mit Zitronensaft und Urin und wenn man das Ganze bügelte, dann wurde es sichtbar.«[88] Es ist lebensgefährlich auszupacken. Den angekündigten Mord an »Two-Gun« Stillmann, einem Informanten, können weder McCormick noch Mitgefangene verhindern. Ein paar Tage später wird es heißen: auf der Flucht erschossen.

Gerechtigkeitsfanatiker Clyde und sein Freund Ralph Fults rächen den Mord auf ihre Weise. Bei Baumfällarbeiten lassen sie einen Baum auf den Mann, der Stillmann an die Wachen verpfiffen hatte, stürzen. Das Opfer überlebt den Anschlag nahezu unbeschadet, doch der Gefängnisleitung reicht es jetzt mit Clyde Barrow.

Eine Woche nach dem Vorfall wird er von der Feldarbeit abgeholt. Als Ralph Fults am Abend in den Schlafsaal zurückkehrt, sind Clydes Sachen verschwunden. Es ist beschlossen worden, die beiden Freunde zu trennen und Clyde ins Camp 1 zu verlegen.

Hier trifft Clyde auf Ed Crowder, genannt »Big Ed«. Der 30-Jährige ist der Boss seines neuen Schlafsaals. Gegen Clyde ist der 90 Kilo schwere Crowder mit seinen 1,83 m ein Riese. Seine Brutalität ist auch für Eastham erschreckend. 1926 wegen Diebstahls und illegalen Transports von Schnaps während der Prohibition zu 15 Jahren Haft verurteilt, war ihm bereits zweimal die Flucht aus dem Gefängnis gelungen. Crowder hat nichts mehr zu verlieren, er wird für den Rest seines Lebens in Eastham bleiben. Man hat ihn zum Schlafsaalwart ernannt, da sogar die härtesten Jungs seine Gesellschaft meiden. Die Wärter können sich hundertprozentig darauf verlassen, dass Crowder seine Mitgefangenen zur Räson bringt – mit welchen Mitteln auch immer.

Was ihn in Camp 1 erwartet, übersteigt Clydes Vorstellungskraft. Nur wenige Tage, nachdem er hierhin überstellt worden ist, wird er zum ersten Mal von Crowder vergewaltigt. Der schmächtige 21-Jährige hat keine Chance gegen das Kraftpaket Ed Crowder. Niemand kommt ihm zu Hilfe, obwohl seine Schreie durchaus gehört werden. Jeder ist froh, dass es nicht ihn trifft. Sexuelle Übergriffe auf Mitgefangene sind nicht selten, man redet einfach nicht darüber. Die Wärter schauen weg und die Gefängnisleitung tut so, als seien derartige Vorfälle nicht existent. Für Clyde aber beginnt ein unvorstellbarer Leidensweg, der mehr als ein Jahr dauert. Zu den Schmerzen kommt das Gefühl einer grenzenlosen Demütigung. Der stolze Clyde ist bis ins Mark getroffen. Crowder degradiert ihn zum Spielzeug, zum Objekt, das er benutzt und missbraucht. Auf den Feldern, im Wald, auf der Toilette, unter der Dusche, im Schlafsaal, Crowder lässt keine Gelegenheit aus, Clyde zu quälen.

Die Veränderung, die mit Clyde in dieser Zeit vor sich geht, ist erschütternd. Nell, die ihn mehrmals besucht, erlebt ihren Bruder apathisch und verzweifelt. Als er die Nachricht erhält, dass Ralph Fults am 26. August 1931 begnadigt worden ist, ist seine Einsamkeit grenzenlos. Aller Lebensmut hat ihn verlassen, nicht einmal Fluchtgedanken hegt er.

Es ist einer seiner Mithäftlinge, der ihm schließlich einen Ausweg aufzeigt. Aubrey Scalley, einer der vielen Lebenslänglichen, die Eastham nie mehr verlassen werden, unterbreitet ihm folgenden Plan: Sollte Clyde Crowder töten, würde er die Schuld auf sich nehmen. Scalley hasst Crowder aus verschiedenen Gründen beinahe ebenso sehr, wie Clyde ihn hasst. Sie könnten es als Streit unter Gefangenen aussehen lassen, dann würde Scalley in keinem Fall der elektrische Stuhl drohen.

Den Tod eines Gefangenen empfindet niemand als so bedeutsam, dass man dafür auf den Stuhl geschickt wird. Sollte Clyde jedoch versagen und Crowder sich an ihm rächen, sei er auf sich gestellt. Clydes Leidensdruck ist längst so groß, dass er sich darauf einlässt. Am 29. Oktober 1931 tötet Clyde Chestnut Barrow zum ersten Mal in seinem Leben einen Menschen. Wie es der Plan vorsieht, steht er nachts auf, um auf die Toilette zu gehen. Und genau wie vorausgesehen, will sich Crowder diese Gelegenheit nicht entgehen lassen und folgt ihm. Als Crowder sich dem an der Pissrinne stehenden Clyde nähert, dreht dieser sich um und erschlägt ihn mit einem Rohr, das er von draußen hereingeschmuggelt hat. Scalley, der alles beobachtet hat, springt mit einem Messer hinzu und sticht mehrmals auf den am Boden liegenden Crowder ein. Clyde schlüpft unbemerkt in den Schlafsaal zurück und legt sich ins Bett. Als die Wärter ins Bad kommen, scheint die Sache eindeutig. Scalley hat Crowder bei einem Streit zwischen Gefangenen erstochen. Dass Crowders Schädel merkwürdig deformiert ist, interessiert nicht einmal den herbeigerufenen Arzt. Crowder war ein so brutaler Schläger, dass es niemanden überrascht, dass er dran glauben musste. Wie versprochen übernimmt Scalley die volle Verantwortung für Crowders Tod. In der Gerichtsverhandlung vom 20. November 1931 stellt das Gericht fest, dass Scalley nicht vorsätzlich, sondern in Notwehr gehandelt hat.[89]

Nun ist Clyde zwar seinen Peiniger los, doch die Zwangsarbeit auf den Feldern von Eastham drückt ihn weiter. 14 lange Jahre, wie soll er die nur überstehen? Wann wird der nächste Ed Crowder kommen? Er hat erst etwas mehr als ein Jahr seiner Strafe verbüßt, und es war ohne Zweifel das schrecklichste Jahr seines Lebens. Draußen geht das Leben weiter und er sitzt hier, weggesperrt von denen, die er liebt und bei denen sich in der Zwischenzeit einiges getan hat. Mit Hilfe von Freunden haben die Barrows ihre Bretterbude auf das Grundstück in der Eagle Ford Road geschleppt, das Henry erworben hat. In mühevoller Arbeit baut Henry den vorderen Teil gerade zu einer Tankstelle aus. Im hinteren Teil des Gebäudes lebt die Familie. Es ist ein spartanisches Leben, ohne fließendes Wasser, ohne Heizung, mit Außentoilette. Zieht es gar zu arg, stopfen sie Zeitungspapier in die Ritzen. Clyde findet die Geschäftsidee seines Vaters hervorragend, hat sogar weitere Pläne, wie man seinem Brief an Cumie vom 3. Dezember 1931 entnehmen kann: »Jetzt habe ich seit einer Woche nichts von euch gehört, ich mache mir langsam Sorgen. (...) Steht die Tankstelle schon? Ach, ich wünschte, ich könnte bei euch sein und helfen. Wenn ihr alles fertig habt, sollte Dad einen kleinen Anbau errichten, in dem er Ersatzteile verkauft. Das ist jetzt ein richtig gutes Geschäft.«[90]

Wie gerne wäre Clyde bei seiner Familie. Er liebt Autos, eine Reparaturwerkstatt wäre genau das Richtige für ihn, und Henry könnte den Sohn jetzt gut brauchen. Bald kann man schon von Weitem auf dem Dach das Schild »Star Service Station« sehen. Darunter ein kleines handbemaltes Schild, auf dem zu lesen steht: »H. B. Barrow«. Mit dem Verkauf von Öl und Gas halten sich die Barrows nun über Wasser. Obwohl noch immer arm, geht es ihnen so gut wie nie zuvor. Sie verkaufen Trinkwasser in Fässern, und als sie sich das einzige Telefon im Umkreis anschaffen, ziehen sie zusätzlich viele Kunden in ihre Tankstelle. Zudem besitzen die Barrows die wichtigste Ware in Zeiten der Prohibition: Alkohol. Im Hinterzimmer braut Henry Barrow illegal Bier und brennt Schnaps. Von Buck hören sie nur selten. Blanche hat sich in der Zwischenzeit von ihrem ersten Mann scheiden lassen und am 3. Juli 1931 Buck in America, Oklahoma, geheiratet. Der Familie Nachrichten zukommen zu lassen oder sie zu besuchen, ist gefährlich. Dennoch beweist Buck auch auf der Flucht Familiensinn. Zusammen mit Blanche besucht er Clyde sogar im Gefängnis. Blanche ist davon keineswegs begeistert: »Ich war bei beiden Besuchen sehr nervös. Buck war von einer Gefängnisfarm ausgebrochen, die am Trinity Fluss direkt gegenüber von Eastham lag. Ich hatte Angst, dass ihn irgendwer erkennen und festnehmen würde.«[91] Blanche wird in diesen Monaten auf der Flucht klar, dass sie mit dieser Angst nicht leben kann. Sie bittet Buck, sich zu stellen und den Rest seiner Strafe abzusitzen. Cumie unterstützt sie darin, sie will vermeiden, dass Buck auf der Flucht erschossen wird. Im Dezember 1931 erklärt Buck sich schließlich bereit, dem Wunsch seiner Frau nachzukommen. Nach einem letzten Weihnachtsfest mit der gesamten Familie machen sich Blanche und Buck am 27. Dezember 1931 auf den Weg nach Huntsville. Für die 20-Jährige ist der Abschied von »Daddy« schrecklich, und doch sieht sie keine andere Möglichkeit. Als Buck in Huntsville an der Pforte klingelt, ist das Erstaunen groß. So etwas ist noch nie vorgekommen. Die Justiz ist von seiner Rückkehr so beeindruckt, dass sie ihm gestattet, in den Werkstätten von Huntsville zu arbeiten und ihm für seine Flucht keine weiteren Jahre aufbrummt. Blanche zieht nun nach Denison, Texas, arbeitet bei Bucks Schwester Artie im Cinderella Beauty Shop und wartet auf Bucks Entlassung.

Für Clyde hingegen sieht es nicht gut aus. Er ist physisch und psychisch am Ende. Blanche, die ihn mehrmals sieht, als sie Buck besucht, macht sich große Sorgen. Er wird nicht mehr lange durchhalten. Sollte die Begnadigung nicht bald kommen, wird er versuchen zu fliehen. Lieber auf der Flucht durch eine Kugel sterben, als hier langsam zu krepieren. Er bittet Blanche, ihm eine Pistole zu besorgen. Doch die lehnt mit Verweis auf Buck ab und bittet ihn, die Hoffnung nicht aufzugeben. Es wird alles gut.

Doch daran kann und will Clyde nicht mehr glauben. Wäre er doch wenigstens mit Buck innerhalb der »Walls Unit« zusammen. Dann wäre er nicht mehr so schrecklich allein und müsste auch nicht mehr jeden Tag auf die Felder. Der Gedanke, der sich langsam in ihm festsetzt, ist so schrecklich, dass er kaum wagt, ihn zu Ende denken, auch wenn schon Unzählige vor ihm diesen Weg beschritten haben.

Eastham hat unter den Gefangenen auch den Spitznamen »Bloody [East-]Ham«. In keinem Gefängnis der USA ist die Zahl der Selbstverstümmelungen so hoch wie hier. Viele Gefangene verletzen sich dauerhaft, um nicht länger auf den Feldern arbeiten zu müssen. Es gibt Männer, die sich die Zehen abhacken oder auch den ganzen Fuß, nur um auf Nummer sicher zu gehen. Denn wer sich nicht genug verstümmelt, wird mit einem notdürftigen Verband zurück aufs Feld geschickt. Manche träufeln sich Säure in die Augen, um zu erblinden, andere hacken sich einzelne Finger oder gar die Hand ab. Wer es nicht fertigbringt, dies selbst zu tun, bittet einen Mitgefangenen, die Axt zu schwingen. Die Verstümmelungsrate hat in den letzten Monaten so zugenommen, dass sogar die Öffentlichkeit alarmiert ist. Doch Lee Simmons winkt ab: »Wenn ich die Wahl habe, ein Gefängnis so zu führen, dass ein paar Verbrecher glauben, sie müssten sich selbst verletzen, oder so, dass ich Hunderten von Häftlingen die Möglichkeit gebe zu fliehen, damit sie dann die Menschen draußen verletzen können, dann sage ich, lasst die Häftlinge sich ruhig verstümmeln. Wenn sie meinen, das unbedingt tun zu müssen, gebt ihnen mehr Äxte.«[92]

Clyde ist mittlerweile so verzweifelt, dass er sich entschließt, diesen Weg zu gehen. Am 27. Januar 1932 wird er ins Gefängniskrankenhaus von Huntsville gebracht. Ein Mithäftling hat ihm auf seine Bitte hin zwei Zehen abgehackt, die große und einen Teil der zweiten Zehe vom linken Fuß. Der Verlust des großen Zehs hat enorme Auswirkungen auf Clydes Gleichgewicht. Nie wieder wird er normal laufen können. Fünf Tage später erfährt er, dass sein Opfer völlig umsonst war. Am 2. Februar 1932 befürwortet der neue Gouverneur Ross Sterling seine Begnadigung. Auf Krücken humpelt Clyde ein paar Tage später aus Huntsville hinaus.

Die beiden fehlenden Zehen sind nur die sichtbare Veränderung, die mit ihm vorgegangen ist. Aus dem kleinen Gauner ist eine tickende Zeitbombe geworden, voller Hass und Aggression. In Eastham ist Clyde, wie Ralph Fults sagt, vom harmlosen Schuljungen zur Klapperschlange mutiert.[93] Die Familie registriert die Veränderung, auch wenn sie erst viele Jahre später erfahren wird, was in Eastham tatsächlich geschehen ist. Clyde selbst wird nie darüber sprechen. Sein Vertrauen in die Justiz hat ebenso wie seine Einstellung zum Gesetz und zu dessen Vertretern einen nicht wiedergutzumachenden Schaden erlitten. Von diesem Tag an wird sich Clyde Barrow nie wieder an Gesetze gebunden fühlen. Der Junge, der davongerannt ist, wenn es brenzlig wurde, den gibt es nicht mehr. Der Mann, der das Gefängnis auf Krücken verlässt, wird jeden erschießen, der versucht, ihm die Freiheit zu nehmen. Die Wunden, welche die beiden fehlenden Zehen hinterlassen haben, werden heilen, die Wunden seiner Seele werden bleiben. Clyde Barrow wird für immer ein Krüppel sein.

Das Leben in West Dallas war schon vor
der Großen Depression zum Verzweifeln,
aber nach 1929 war es beinahe unmöglich,
ehrlich zu bleiben.
FLOYD HAMILTON[94]

»Versuchen Sie nicht, die Gesuchten zu überwältigen«

IV. Miseren und Malaisen

Noch auf Krücken humpelt Clyde die Veranda zu Bonnies Haus hinauf. Die hat zwischenzeitlich nicht nur einen neuen Job, sondern auch einen neuen Freund, worüber Emma Parker ganz froh ist: »Ich war mehr darüber erleichtert, als ich jemals zugegeben hätte. Ich dachte wirklich, Tom wäre nach all dem die Antwort auf Bonnies Probleme.«[95] Doch als Clyde vor ihr steht, vergisst Bonnie alles: »Als Clyde in dieser Nacht zu uns kam, saß Bonnie gerade mit Tom im Wohnzimmer. In dem Moment, als sie aufblickte und Clyde sah, war es, als ob er niemals fort gewesen wäre. Sie sprang auf und lief zu ihm hinüber. Dann schaute sie etwas unsicher von einem zum anderen und warf sich in Clydes Arme. ›Oh Clyde, Liebling‹, das war alles, was sie sagen konnte, ehe er sie küsste. Aber das war auch genug. Tom erhob sich und ging nach Hause«, schildert Emma Parker das Wiedersehen der beiden.[96]

Es bedarf keiner weiteren Worte. Bonnie und Clyde sind wieder vereint.

Nachdem er Bonnie zurückgewonnen hat, kümmert sich Clyde um seine Genesung. Sein Gleichgewichtssinn ist so gestört, dass er sich kaum auf den Beinen halten kann. Mit Bonnies Hilfe trainiert er wie ein Besessener, um wieder ohne Krücken laufen zu können. Das gelingt, wenn auch sein Gang zeitlebens schwankend bleibt.

Clyde ist unendlich froh, Eastham entkommen zu sein. Er hat so viel nachzuholen: Zwei lange Jahre ist das Leben ohne ihn weitergegangen. Nell versteht ihren kleinen Bruder nur zu gut und will ihm den Neustart mit einem neuen Anzug versüßen. Zu ihrem Unmut besteht Clyde jedoch auf einem Anzug aus Seide. Ihr Einwand, so etwas würden nur Ganoven und Schnapsschmuggler tragen, ist Clyde herzlich egal. Nach den Jahren in Sträflingskleidung kann er nicht elegant genug sein. Nichts soll mehr an den abgerissenen Häftling erinnern, der er noch vor Kurzem war. Er will sich endlich wieder als Mensch fühlen. Elegante Kleidung ist für Clyde das sichtbare Zeichen von Freiheit und Selbstbestimmung. Solange er frei ist, wird Clyde Barrow, egal unter welchen Umständen er als Flüchtender auch leben muss, immer perfekt gekleidet sein.

Wieder einigermaßen hergestellt, erläutert er den Eltern seine Pläne für die Zukunft. Er will mit einer eigenen Autoreparaturwerkstatt in die Tankstelle seines Vaters mit einsteigen. Die Eltern sind begeistert, haben allerdings kein Geld für den Ausbau der Werkstatt. Clyde muss sich einen Job suchen, um das Startkapital für seine Werkstatt zu verdienen. Doch das ist leichter gesagt als getan. Die Große Depression hat das Land voll im Griff, die Chancen, Arbeit zu finden, sind gelinde gesagt gering. Anfang 1932 sind 12 Millionen Amerikaner ohne Job. Jene, die noch arbeiten, verdienen kaum genug, um ihre Familien zu ernähren. Hit des Jahres ist Bing Crosbys Song »Brother, Can You Spare a Dime?«: ein Lied, das danach fragt, warum die Menschen, die das Land aufgebaut haben, Eisenbahnverbindungen und Hochhäuser errichtet und im Krieg gekämpft haben, kurz, alles getan haben, was die Nation von ihnen erwartet hat, jetzt für Brot Schlange stehen müssen.

In der Landwirtschaft sieht es kaum besser aus. Das Einkommen der Farmer, die ihre Farmen bisher noch halten können, ist um die Hälfte zurückgegangen. Die Preise, die sich mit landwirtschaftlichen Erzeugnissen erzielen lassen, sind inzwischen so niedrig, dass es sich für viele Farmer nicht mehr lohnt, ihre Felder zu bestellen. Die Kosten für Saatgut, Düngemittel, Maschinen und Transport übersteigen die Verkaufserlöse bei Weitem. In Iowa ist ein Bushel Mais (ca. 35 kg) weniger wert als ein Päckchen Kaugummi. Auf den Feldern verrotten Getreide und Baumwolle, das Obst verfault an den Bäumen, seit sich die Ernte nicht mehr lohnt. Viele Rancher schlachten ihre Tiere, weil sie kein Geld mehr haben, sie zu füttern. In Kansas verheizen Farmer ihren Weizen, um sich warm zu halten. Jeden Monat geben 20.000 Farmer und Pächter auf. Viele davon schließen sich den etwa 2 Millionen Hobos an, die auf fahrende Güterzüge springen, um billig, wenn auch illegal durchs Land zu reisen, immer auf der Suche nach Arbeit. Vor 1931 hatte es nur knapp 200.000 dieser Wanderarbeiter gegeben. Doch seit der Weltwirtschaftskrise ist die Zahl der Hobos so angestiegen, dass die Bahngesellschaften es aufgegeben haben, sie von den Zügen zu werfen. Die Southern Pacific Railroad Gesellschaft schätzt, dass ihre Bediensteten allein im Jahr zuvor rund 683.000 blinde Passagiere aus den Zügen verwiesen haben.[97] Einer, der so lebt, ist der Folksänger Woody Guthrie, der in seiner Autobiografie dieses Leben in den Zügen eindrucksvoll schildert: »Beim Verlangsamen zogen die Luftdruckbremsen des Zuges an und stießen alle Männer im Güterwagen von den Füßen. Männer taumelten gegeneinander, schlugen vorbei, kratzten und schwangen mit den Fäusten in der Luft herum. Zwei Dutzend stürzten zu Boden und fetzten sich Haut und Haare und alles von den Köpfen. Blut spritzte und bekleckerte alle. Splitter gruben sich in Hände und Gesichter der Männer, die auf den Boden plumpsten. Kerle stürzten Gesicht voran auf Fremde, kratzten Lappen loser Haut mit den Fingernägeln ab und krümmten sich, bis das Blut im Staub gerann. Sie rollten über den Boden und krachten mit den Köpfen gegen die Wände, blindgeschlagen vom Stoß, Lungen und Augen und Ohren und Zähne voller Zement. Sie trampelten auf Kranke, zerbrachen die Tapferen, traten aufeinander mit genagelten Holzfäller- und Wanderstiefeln.«[98] Wenn die Männer und Frauen Häuser in der Ferne sehen, dann springen sie von den Zügen, klingeln an den Hintertüren und bitten um Brot und Arbeit. Manchmal stehlen sie auch Hühner und Kartoffeln. Über einem Feuer wird dann in einem großen Topf das berühmte Mahl der Hobos gekocht: Mulligan Stew. Jeder wirft in den Topf, was er gerade hat: Fleisch, Kartoffeln, Zwiebel, Salz, Pfeffer und Bohnen – ein schmackhafter Eintopf, von dem alle profitieren. Doch nicht immer ist das Leben hier von Zusammenhalt geprägt. In der Realität werden reisende Frauen vergewaltigt und ausgeraubt, es kommt zu Übergriffen auf Kinder und Männer werden zusammengeschlagen. So sieht das Land aus, in das Clyde zurückgekehrt ist. Es gibt keine Arbeit und keine Hoffnung. Auch Dallas ist voll von Verzweifelten. Die Schlangen an den Lebensmittelausgaben der Heilsarmee werden täglich länger. Wer wartet da schon auf einen entlassenen Sträfling?

Tag für Tag marschiert Clyde dennoch nach Downtown, um nach Arbeit zu fragen. Und weil er so hartnäckig ist, findet er tatsächlich etwas. Doch nun beginnt erneut das altbekannte Spielchen mit der Polizei von Dallas. Wieder wird Clyde von seinem Arbeitsplatz weggeholt und zu Straftaten befragt. Stundenlang bleibt er deshalb der Arbeit fern. In einer Zeit, in der Arbeitsuchende Schlange stehen, behält er seinen Job nicht lange. Ein ums andere Mal wird er gefeuert. Floyd Hamilton, Freund aus West Dallas und Bruder des späteren Bandenmitglieds Raymond Hamilton, weiß noch Jahre später in Interviews davon zu berichten, wie die Polizei Clydes Versuch, ein anständiges Leben zu führen, torpedierte: »Als er aus dem Gefängnis raus war, hat er es mit Arbeit versucht. Er hat auch welche gefunden, aber da gab's zwei Polizisten, die haben immer rausgefunden, wo er gerade arbeitet, und dann sind sie hingefahren und haben seinen Chefs gesteckt, dass er ein Ex-Häftling ist. Und dass er sie wahrscheinlich beklauen wird und da haben sie ihn entlassen.«[99]

Es ist ein Teufelskreis, aus dem es scheinbar nur einen Ausweg gibt: Clyde muss Dallas verlassen. Ein Freund seiner Schwester Nell bietet ihm einen Job in seiner Baufirma in Framingham, Massachusetts, an. Begeistert ist Clyde nicht von dem Gedanken, Familie und Freunde schon wieder zu verlassen, ganz abgesehen von Bonnie. Doch die gemeinsame Zukunft verlangt wohl dieses Opfer und so reist er Anfang März 1932 mit schwerem Herzen an die Ostküste. Schon auf der Zugfahrt überfällt ihn schreckliches Heimweh, dennoch schreibt er nach der Ankunft tapfer an seine Mutter: »Es gefällt mir hier und ich denke, am Montag werde ich anfangen zu arbeiten. Wie geht's euch allen? Ich wünschte mir so, ich könnte bei euch sein. Ich bin so schrecklich einsam.«[100] Um nicht erneut ins Visier der Polizei zu geraten, nennt sich Clyde in Massachusetts vorsichtshalber Jack Stuwart.

Während er nun versucht, fern von der Heimat Fuß zu fassen, wird die Nation von einem Vorfall in Dearborn, Michigan, der Heimatstadt von Henry Ford, erschüttert. Die Region rund um die Autostadt Detroit ist von der Großen Depression besonders hart getroffen. Die Automobilproduktion ist 1931 um 75 Prozent zurückgegangen. Während die Arbeitslosenzahl täglich steigt, sind die Löhne um mehr als die Hälfte gefallen. Rotes Kreuz, Heilsarmee und andere private Hilfsorganisationen können die Not der Bedürftigen kaum mehr lindern. Mehr als 10.000 Kinder stehen in Detroit täglich vor den Suppenküchen. Nach dem Hungerwinter 1931/32 haben die Arbeiter von Detroit, die sich in verschiedenen Initiativen zusammengeschlossen haben, jetzt beschlossen, auf ihre Situation aufmerksam zu machen. Sie planen einen Hungermarsch zu den Ford-Werken am Rouge River in Dearborn. Die 1920 dort errichteten Ford-Werke gelten als die größte Industrieanlage der Welt. Gerade eben hat die Fabrik vielen ihrer noch verbliebenen Arbeitern gekündigt, um sie durch billige Leiharbeiter zu ersetzen. Jetzt reicht es den Arbeitern. Am 7. März 1932 marschieren 3000 mitsamt ihren Familien zu den Ford-Werken, um Jobs, bessere Arbeitsbedingungen und mehr Lohn zu fordern. Auf ihren Transparenten steht: »Gebt uns Arbeit« und »Wir wollen Brot, keine Krumen«. Am Ortseingang von Dearborn versucht die Polizei, den Demonstrationszug mit Tränengas zu stoppen, doch die Demonstranten weichen nicht, bewerfen stattdessen ihrerseits die Polizisten mit Steinen und gefrorenen Erdklumpen. Sie setzen ihren Marsch fort, bis vor Tor 3 des Werkgeländes. Hier befindet sich der Zugang zur Verwaltung. Die Polizei erwartet sie mit eiskaltem Wasser, das sie an diesem klirrenden Wintertag bei Minusgraden aus Schläuchen auf die Menge spritzt. Frauen versuchen nun, ihre Kinder in Sicherheit zu bringen. Doch dazu ist es zu spät. Polizei und Werkschutz eröffnen das Feuer auf die unbewaffneten Menschen. Am Ende der ungleichen Schlacht liegen vier Tote und über 60 Schwerverletzte vor den Ford-Werken. Die *New York Times* berichtet einer geschockten Nation: »Die Straßen von Dearborn waren rot von Blut und übersät mit Glasscherben. Überall standen von Kugeln durchlöcherte Autowracks und nahezu jedes Fenster der Ford-Büros war zerstört.«[101] 6000 Menschen nehmen an der Beerdigung der Opfer des sogenannten Ford-Massakers teil. Sie schwenken rote Fahnen, die Kapelle spielt »Die Internationale«. Niemand wird für die Toten jemals zur Verantwortung gezogen werden. Doch die Massen beginnen langsam sich zu radikalisieren. In vielen größeren Städten kommt es zu Solidaritätskundgebungen. Das Vertrauen der Amerikaner in ihre Regierung schwindet. Fünf Jahre später wird der sozialkritische Schriftsteller Upton Sinclair in seinem Roman *Am Fließband. Mr. Ford und sein Knecht Shutt*, einem Buch über Henry Ford, den er ob seiner Visionen einst sehr bewundert hatte, voller Zorn über Dearborn schreiben: »Mit dem Ford Modell A war es nun wieder genauso wie damals, als man ihn nur in einer Farbe haben konnte. Mochte man sie arabisch-sandfarben nennen oder dunkelgrau oder niagarablau oder stahlgrau – stets war es die Farbe menschlichen Blutes.«[102]

Clyde hat sich nach wenigen Wochen in der Fremde entschlossen nach West Dallas zurückzukehren. Er erträgt die erneute Trennung von den Seinen nicht länger. Nell, die ihm bittere Vorwürfe macht, eine Chance zu verschenken, entgegnet er: »Selbst wenn ich mein ganzes Leben vor dem Gesetz auf der Flucht sein sollte, ich möchte dort sein, wo ich mich fallen lassen und meine Familie und meine Freunde sehen kann. Verdammt, Nell, ich bin vor Einsamkeit hier fast krepiert. Ich war zwei Jahre weg von zu Hause. Ich muss jetzt einfach da bleiben.«[103] Die vage Hoffnung, dass die Polizei in der Zwischenzeit ein neues Opfer gefunden hat und ihn in Ruhe lassen wird, zerschlägt sich rasch. Auch bei seiner neuen Arbeitsstelle tauchen die Polizisten auf. Sie machen ihm mehr als deutlich, dass er ihnen in Massachusetts bedeutend lieber war. Doch Clyde lässt sich nicht mehr vertreiben.

Während er versucht, sich gegen die Vorbehalte der Polizei zu behaupten, taucht plötzlich sein alter Eastham-Kumpel Ralph Fults in West Dallas auf. Nach seiner Haftentlassung hatte er sich zunächst in der texanischen Kleinstadt McKinney niedergelassen und sein Leben durch Glücksspiel finanziert. Er hat darauf gewartet, dass Clyde begnadigt wird. Was niemand weiß: Die beiden haben in Eastham einen verwegenen Plan ausgebrütet. Sie wollen sich am Staat Texas für all das rächen, was ihnen im Gefängnis widerfahren ist. Die beiden wollen nach Eastham zurückkehren – mit einer Armee. Noch in seiner Zelle hatte Clyde davon geträumt, die spektakulärste Gefangenenbefreiung in der Geschichte von Texas zu befehligen und die Justiz vor aller Welt bloßzustellen. Nicht nur er soll frei sein, auch allen anderen, die noch hinter Gittern sind, will er diese Freiheit schenken. Allein dieser Gedanke hatte ihn am Leben gehalten. Fults hat über viele Monate täglich die Zeitungsmeldungen mit den Namen der Begnadigten studiert und ist hoch erfreut, als er Clydes Namen endlich entdeckt. Zudem hat er noch einen dritten Mann für das Vorhaben aufgetan, wenn auch eher zufällig. Bei seinem täglichen Marsch in die Stadt ist er stets am örtlichen Gefängnis vorbeigegangen. Im Januar 1932 hat ihn jemand aus einem Zellenfenster heraus angesprochen und sich als alter Bekannter von Clyde Barrow zu erkennen gegeben. Es ist Raymond Hamilton aus West Dallas. Geboren am 21. Mai 1913 in einem Zelt an den Ufern des Deep Fork Rivers in der Nähe von Schulter, Oklahoma, stammt Hamilton aus ähnlich armen Verhältnissen wie Clyde. 1920 war er mit seiner Familie nach West Dallas gekommen und als Nachbar der Barrows unter der Brücke aufgewachsen. 1923 war sein Vater verschwunden und hatte die Familie endgültig ins Elend gestürzt. Zunächst als Zeitungsjunge tätig, bekam Hamilton als Fahrrad- und Autodieb bald Ärger mit der Polizei. Seit September 1931 sitzt er in McKinney wegen Autodiebstahls im Gefängnis. Hier spricht er Ralph Fults, über den Insassen berichtet haben, dass er mit Clyde in Eastham war, an und bittet ihn um Fluchthilfe. Obwohl Hamilton seine Freundschaftsbande mit Clyde stark übertreibt, lässt Fults sich darauf ein. Versteckt in einer Zeitschrift schmuggelt er Hamilton einige Sägeblätter ins Gefängnis. Deputy Sheriff Jimmy Beldon wundert sich von da an über Hamiltons dauerhaft gute Laune. Er pfeift und singt den ganzen Tag. Zudem beginnt er laute Selbstgespräche zu führen. Beldon ahnt nicht, dass Hamilton dadurch die Geräusche überdeckt, die das Durchsägen der Gitterstäbe seines Zellenfensters macht. Am 27. Januar 1932 gelingt Hamilton die Flucht. Er kehrt umgehend nach Dallas zurück, wohin sich auch Ralph Fults aufmacht, nachdem er von Clydes Freilassung erfahren hat. Kurze Zeit später steht er bei den Barrows in der Tür. Zu seinem Erstaunen erfährt er, dass Clyde in der Arbeit ist. Arbeit? Hat Clyde ihren Schwur vergessen? Als Clyde kurz darauf nach Hause kommt, ist er erneut entlassen worden. Die Polizei hat ihn wieder einmal zur Befragung einbestellt und diesmal hat es seinem Boss gereicht. Clyde reicht es auch. Er hat es lange genug mit ehrlicher Arbeit versucht. Falls die Polizei ihn mit aller Macht zurück in die Kriminalität treiben will, bitte sehr. In der Küche seiner Eltern legt er einen Schwur ab, der sein Leben fortan bestimmt: »Ma, ich werde nie wieder arbeiten – und ich werde mich auch nie mehr wieder einsperren lassen. Niemals werde ich in diese Hölle von Eastham zurückkehren. Lieber sterbe ich. Ich schwör bei Gott, wenn sie mich kriegen wollen, müssen sie mich töten.«[104]

Zusammen mit Ralph Fults und Raymond Hamilton gründet er nun die Barrow Gang, die zwar eine große Mitgliederfluktuation erlebt, deren unumstrittener Anführer aber immer Clyde Barrow ist. Am Donnerstag, dem 25. März 1932, begeht die Barrow Gang ihren ersten Einbruch. Sie knacken den Safe der Simms Ölraffinerie in der Eagle Ford Road 2435, nur einen Kilometer von der familieneigenen Tankstelle entfernt. Clyde weiß aus sicherer Quelle, dass in dieser Nacht eine Menge Bargeld im Safe liegt: Freitag ist Zahltag! Zunächst läuft alles wie geplant. Durch ein Loch, das sie in den Maschendrahtzaun schneiden, gelangen sie auf das Gelände. Die beiden Nachtwächter sind rasch überwältigt. Den Safe zu lokalisieren ist ein Kinderspiel. Mit einem Stemmeisen brechen sie ihn auf, um zu entdecken, dass er vollkommen leer ist. Ihr erster Einbruch ist ein totaler Flop, Clyde als Bandenchef eine absolute Lachnummer.

Raymond Hamilton drängt darauf, es mit Autodiebstahl zu versuchen, davon würden sie mehr verstehen. Der Ertrag wäre allemal höher als bei einem leeren Safe. Doch Ralph Fults und Clyde brauchen viel Geld, um ihren Eastham-Plan in die Tat umzusetzen. Sie benötigen weitere Männer und modernste Waffen. Bisher besitzen sie nur einfache Handfeuerwaffen, wie sie jeder Texaner zu Hause hat. Ihre Zielweite ist ebenso schlecht wie ihre Treffsicherheit. Was sie brauchen, sind moderne vollautomatische Schusswaffen und eine ganze Menge Munition. Autodiebstahl wird niemals so viel Geld einbringen, um das alles zu erwerben. Maschinenpistolen kann man nur illegal kaufen, legale Waffenhändler führen so etwas nicht, weshalb Einbruch sinnlos ist. Fults macht den Vorschlag, eine Bank zu überfallen. Es ist für alle das erste Mal, auch wenn die Idee Anfang der 1930er Jahre nicht sonderlich originell ist. Banküberfälle haben Hochkonjunktur. Als Verbrechen werden sie in großen Teilen der Bevölkerung schon lange nicht mehr betrachtet. Bankräuber John Dillinger ist nicht nur der berühmteste Verbrecher der USA, sondern das Idol einer ganzen Generation. Zu viele sind von den Banken um Hab und Gut gebracht worden. Warum sollten zur Abwechslung nicht mal die Banken dran glauben? Bankraub als Form der gerechten Umverteilung ist ein Gedanke, der sich bei vielen festgesetzt hat. Allerdings ist es nicht ganz einfach eine Bank zu finden, die überhaupt noch Geld hat. Täglich schließen Banken, die pleitegegangen sind. Dennoch wollen nun auch Clyde und seine Kumpane unter die Bankräuber gehen. Raymond Hamilton ist skeptisch. Er ist ein kleiner Autodieb, Banküberfall ist eigentlich eine Nummer zu groß für ihn. Damals ahnt noch niemand, dass er einmal »Public Enemy No. 1« wird. Jetzt muss man ihn überreden. Die drei fahren Richtung Norden, um nach einer geeigneten Bank Ausschau zu halten. Texas, Oklahoma, Kansas, Nebraska und South Dakota lassen sie hinter sich, bis sie sich schließlich auf eine Bank in Okabena, Minnesota, festlegen, ganze 1406 km von Dallas entfernt. Obwohl Clyde als Bankräuber blutiger Laie ist, ist ihm klar, dass die größte Herausforderung nicht im Überfall besteht, sondern in der Flucht. Die muss gut vorbereitet sein. Schon zu Beginn seiner Karriere raubt Clyde nur Geschäfte und Banken aus, die direkt an der Kreuzung zweier Highways liegen. So bleiben ihm Fluchtoptionen in alle vier Himmelsrichtungen. Die genaue Fluchtroute tüftelt er mithilfe des seit 1924 alljährlich aktualisierten nationalen Straßenatlas der Kartenfirma Rand McNally, die das System eingeführt hatte, Highways zu nummerieren, vorab aus. Clydes Vertrauen in die Karten des berühmtesten Straßenkartenverlages der USA ist grenzenlos. In den Autos, die er auf der Flucht zurücklassen muss, finden die Verfolger immer Karten von McNally.

Obwohl in Okabena oberflächlich alles perfekt scheint, bläst Clyde die Sache in letzter Sekunde ab. Es schneit seit Tagen, die Straßen sind mittlerweile so vereist, dass er befürchten muss, die Witterungsverhältnisse könnten die geplante Flucht vereiteln. Die anderen beugen sich ohne Diskussion Clydes Urteil. Ehemalige Bandenmitglieder wie W. D. Jones bestätigen, dass Clydes genaue Planungen ihm mehr als einmal den Kopf retten: »Clyde legte großen Wert auf exakte Vorbereitung. Einmal waren wir in Tennessee auf dem Weg zu einer Baumwollmühle, die wir ausrauben wollten. Wir hatten erfahren, dass dort die Gehälter lagerten. Aber Clyde sagte alles ab, weil auf den Straßen, die wir benutzen wollten, das Wasser stand und an eine schnelle Flucht nicht zu denken war.«[105] Clyde, der Kontrollfreak, der nichts dem Zufall überlässt. Wie katastrophal muss die Zeit im Gefängnis für ihn gewesen sein, in der andere die totale Kontrolle über sein Leben hatten.

Die drei fahren 674 km zurück nach Kansas. In Lawrence, Kansas, hat Ralph Fults bei der Hinfahrt eine Filiale der National Bank ausgemacht, die genau ins Schema passen würde. Mittlerweile sind sie so müde, dass sie sich am Steuer abwechseln, obwohl Clyde das Steuer nur ungern aus der Hand gibt. Als sowohl Fults als auch Hamilton einschlafen und das Auto in den Graben setzen, halten sie schließlich an, um sich aufs Ohr zu legen.

In Lawrence nehmen sie Quartier in einem Hotel gegenüber der Bank. Von ihrem Zimmer aus können sie in aller Ruhe alles auskundschaften. Nach zwei Tagen haben sie die tägliche Routine der Bankangestellten verinnerlicht. Nun schlagen sie zu. Als der Direktor wie üblich um 8.45 Uhr seine Bank aufschließt, wird er von Clyde und Fults mit gezückten Waffen erwartet. Raymond Hamilton steht Schmiere und behält den Fluchtwagen im Auge. Clyde zwingt den Bankdirektor, den Safe zu öffnen. Fults kümmert sich in der Zwischenzeit um zwei Bankangestellte, die überraschend in der Tür stehen. Diesmal machen sie reichlich Beute. Mit zwei großen Papiertüten voller Bargeld stürmen sie aus der Bank und springen ins Auto. Ein paar Kilometer außerhalb der Stadt wechseln sie den Wagen und rasen 470 km nach East St. Louis in Illinois. Erst hier halten sie an, um Kassensturz zu machen. Obwohl Historiker die Summe bezweifeln, behauptet Ralph Fults bis ans Ende seines Lebens, sie hätten damals die Rekordsumme von 33.000 Dollar erbeutet.

Raymond Hamilton ist vom Ergebnis des Überfalls so begeistert, dass er umgehend die nächste Bank ausrauben will. Doch Fults und Clyde winken ab, das Geld reicht aus, um die Pläne für Eastham zu verwirklichen. Bei einem Waffenhändler in Dupo, Illinois, den Fults von früher her kennt, decken sie sich mit einem ganzen Arsenal ein: Pistolen Kaliber .45, Schrotflinten, schusssichere Westen und die Lieblingswaffe der amerikanischen Unterwelt: Thompson-Maschinenpistolen, liebevoll Tommy Guns genannt. Von General John T. Thompson während des Ersten Weltkrieges für das Militär entwickelt, werden sie während der Prohibition vor allem von Gangstern genutzt, die damit gegenüber der schlecht ausgerüsteten Polizei klar im Vorteil sind. Während der Großen Depression verschlechtert sich die Situation der Polizisten zusehends, da der Staat keine neuen Waffen mehr zur Verfügung stellt und Gesetzeshüter vor allem auf dem Land gezwungen sind, auf ihre privaten Waffen zurückzugreifen. Dabei erweisen sich ihre Schrotflinten als wenig effektiv im Einsatz gegen Maschinenpistolen, die 600 Schuss pro Minute abfeuern können und mit denen nur Armee, Nationalgarde und Kriminelle ausgerüstet sind.

Raymond Hamilton geht nun seiner Wege, Eastham interessiert ihn nicht. Mit seinem Anteil in der Tasche macht er sich auf den Weg zu seinem Vater nach Bay City, Michigan.

Clyde und Ralph Fults kehren nach Texas zurück. Sie gönnen sich ein paar Tage Ruhe bei Clydes Familie und Clyde macht Ralph mit Bonnie bekannt. Die ganze Zeit über verfolgt Henry Barrow über das Radio den Polizeifunk, um Clyde rechtzeitig zu warnen.

Anfang April fahren Clyde und Ralph nach Denton, Texas. Hier rekrutieren sie vier Männer für die Barrow Gang: Johnny Russell, Jack Hammett, Fuzz Allsup und Ted Rogers. Alle vier sind bereit, bei einem Gefängnisausbruch in Eastham mitzuhelfen, haben sie doch alle vier schon einmal die Gastfreundschaft eines texanischen Gefängnisses genossen. Johnny und Fuzz kennt Fults noch aus der Besserungsanstalt Gatesville, Jack ist ein alter Freund von Buck, einzig Ted Rogers ist ihnen allen nahezu unbekannt. Der blonde junge Mann wirkt ruhig und besonnen. Wie brandgefährlich er ist, werden sie bald sehen.

Die sechs Männer nennen sich die Lake Dallas Gang. Sie glauben fest daran, es mit den Wachen von Eastham aufnehmen zu können. Nachts wird das Gebäude von Camp 1, in dem sich der Schlafsaal mit den Gefangenen befindet, ohnehin nur von vier Wärtern bewacht. Die zu überwältigen dürfte kein Problem sein, noch dazu, weil ihnen das Überraschungsmoment in die Hände spielt. Nie zuvor hat jemand versucht, von außen einen Gefängnisausbruch zu dirigieren. An den Außengrenzen des Geländes fehlt es darum an Wachen, die meisten sind im Gebäude postiert. Da diese während der Nacht im Stockwerk über den Gefangenen schlafen, könnten viele Gefangene fliehen, ehe die Wachen bemerken würden, was vor sich geht. Clyde geht es vor allem darum, Aubrey Scalley zu befreien, dem er nie vergessen hat, dass er die Verantwortung für den Mord an Ed Crowder auf sich genommen hat. Dafür schuldet Clyde ihm etwas.[106]

In einem abgelegenen Waldstück bei Lake Dallas, Texas, testen sie Waffen und Munition. Doch schon die kugelsicheren Westen erweisen sich als herbe Enttäuschung. Zum Test an Bäume gebunden, sind sie schon nach kurzer Zeit von Kugeln durchlöchert. Die meisten Waffen leiden an Ladehemmung oder lassen sich nur ungenau zielen. Mit dem Schrott, den ihnen der Waffenhändler in Dupo, Illinois, angedreht hat, lässt sich nicht einmal ein Provinzgefängnis überfallen. Clyde ist außer sich vor Wut und Enttäuschung. Nun müssen sie wieder ganz von vorn anfangen.

Für den 11. April 1932 planen sie ihren nächsten Bankraub. Es soll ein besonders genialer Schachzug werden. Exakt wie die berühmten Dalton-Brüder wollen sie in einer Stadt zeitgleich zwei Banken überfallen. Dass der Plan der Daltons im Oktober 1892 in Coffeyville, Kansas, so gründlich schiefging, dass er für zwei der Brüder mit dem Tod und für die anderen mit einer langen Haftstrafe endete, verdrängen sie wohlweislich.

Sie suchen sich zwei Banken auf dem Stadtplatz von Denton, Texas, aus. Doch als plötzlich zwei Texas Ranger in der Stadt auftauchen, machen sie einen Rückzieher. Tom Hickman und Manuel T. Gonzaullas, genannt »Lone Wolfe«, genießen einen legendären Ruf. Zwei, die nicht lange fackeln, sondern schießen – und immer treffen. Nur ein Lebensmüder würde sich mit Texas Rangern dieses Kalibers anlegen.

Statt die Banken zu überfallen, fahren Clyde und Fults 526 km nach Amarillo, Texas, um weitere Männer für die Gang zu rekrutieren. Zwei Brüder, die sie noch aus Gefängniszeiten kennen, erscheinen ihnen für diesen Job genau richtig. Sie reisen in Begleitung eines jungen Mannes namens Red, dessen vollständiger Name nie bekannt wird. Weil sie jedoch in Amarillo die Brüder auch nach mehreren Tagen nicht ausfindig machen, müssen sie unverrichteter Dinge zurück nach Dallas fahren. Auf der Rückfahrt erfahren sie einmal mehr, dass Murphys Gesetz immer gilt: Alles, was schiefgehen kann, geht auch schief. In Electra, Texas, gibt ihr Auto den Geist auf. Zu Fuß marschieren die drei die West Railroad Avenue hinunter, auf der Suche nach einem neuen Wagen. Dabei erregen sie die Aufmerksamkeit von A. F. McCormick, einem Angestellten der Magnolia Petroleum Company, der die drei Fremden von seinem Büro im zweiten Stock aus beobachtet. Er hält Fults für den steckbrieflich gesuchten Charles Arthur »Pretty Boy« Floyd, der hier in der Gegend sein Unwesen treibt. Floyd, aufgrund seines guten Aussehens mit dem Spitznamen »Pretty Boy« versehen, gehört in den 1930er Jahren ebenfalls zu jenen Staatsfeinden, die das FBI zwar unerbittlich jagt, die aber mit der Unterstützung der Bevölkerung rechnen können. Es heißt, auch Floyd habe nichts als die nackte Not in die Kriminalität getrieben. Zudem habe seine erste Tat darin bestanden, einen Sheriff anzugreifen, der seine Frau belästigt hat. Seine Popularität ist so groß, dass ihn John Steinbeck in seinem Roman *Früchte des Zorns* als Paradebeispiel für einen Sozialrebellen beschreibt. Floyds Freigebigkeit gegenüber der einfachen Bevölkerung ist legendär und mehrt seinen Ruf als amerikanischer Robin Hood. Nach seinem gewaltsamen Tod im Oktober 1934 widmet ihm Woody Guthrie 1939 das Lied »Pretty Boy Floyd«, das eine der berühmtesten Liedzeilen der Folkmusik enthält: »Manche Leute rauben dich mit einem Revolver aus, andere mit einem Füllfederhalter.«[107]

Um sicherzugehen, dass mit den drei Gestalten wirklich alles seine Richtigkeit hat, verständigt McCormick Sheriff James T. Taylor. Der hat kein Auto und lässt sich von J. C. Harris, dem Chef des örtlichen Wasserwerkes, mit dem Wagen in die Stadt fahren, um den drei Jungs mal ein bisschen auf den Zahn zu fühlen. Als er sie entdeckt, winkt er sie zu sich heran. Obgleich Fults erklärt, sie hätten nur eine Panne mit dem Wagen, bleibt Taylor misstrauisch und fordert sie auf, mit auf die Wache zu kommen. Er hat den Satz noch nicht zu Ende gesprochen, da blickt er schon in das Mündungsrohr von Clydes Pistole. Blitzschnell haben die drei Taylor entwaffnet. Just in diesem Moment rollt McCormick mit seinem Chevrolet heran. Davon überzeugt, der Sheriff habe die Lage im Griff, hält er an. Eine Minute später befindet er sich zusammen mit den anderen beiden Männern auf dem Rücksitz seines eigenen Wagens. Red hat längst die Flucht ergriffen, Kidnapping ist ihm dann doch zu viel. Clyde hingegen schwingt sich ans Steuer, Fults klettert auf den Beifahrersitz. Was für ein Schlamassel. Nun haben sie drei Geiseln im Wagen, eine davon ein Sheriff. Während Clyde Gas gibt, versucht Ralph Fults es mit wortreichen Entschuldigungen in Richtung der drei Männer auf dem Rücksitz. 12 km außerhalb der Stadt lassen sie die drei frei. Sie zu erschießen kommt für Clyde und Fults nicht infrage, auch wenn sie damit ein großes Risiko eingehen. Die drei Ex-Geiseln können ihre Geiselnehmer später ohne Schwierigkeiten identifizieren.

Nach all diesen Komplikationen beschließen Ralph Fults und Clyde sich wieder mit der Lake Dallas Gang zu vereinen. Um den texanischen Gesetzeshütern zu entgehen, fahren sie über Oklahoma zurück. Hier geht ihnen der Sprit aus. In all dem Durcheinander hatten sie nicht auf die Tankuhr geachtet. Diesmal haben sie Glück im Unglück. Noch während sie überlegen, wie es weitergehen soll, kommt Postbote Bill Owens mit seinem Ford des Weges. Als er die Fahrt verringert, um den beiden Gestrandeten seine Hilfe anzubieten, drängen sie ihn mit vorgehaltener Waffe auf den Rücksitz seines Wagens. Clyde übernimmt das Steuer. Owens fürchtet um sein Leben, doch Clyde beruhigt ihn. Bald schon erreichen sie die Randlett Zoll Brücke, die über den Red River führt, die Grenze zwischen Oklahoma und Texas. Üblicherweise hält man hier an. Doch Clyde durchbricht in rasantem Tempo alle Barrieren. Er fürchtet, Owens könnte auf sich aufmerksam machen. Die überraschten Grenzpolizisten feuern mehrere Schüsse auf die Flüchtenden ab, doch am Ende bleibt ihnen nur, Meldung an alle umliegenden Polizeistationen zu machen. Im Radio hören die Flüchtenden von der Errichtung von Straßensperren. Jetzt wird es eng, Clyde biegt von der Hauptstraße ab und lässt Owens mitsamt seinem Postsack aussteigen. Er will keinen Unbeteiligten in eine Schießerei verwickeln. Bevor er sich davonmacht, äußert Owens noch eine ungewöhnliche Bitte: Er bittet die beiden, sein Auto abzufackeln, sobald sie es nicht mehr bräuchten, die Regierung würde ihm dann ein neues kaufen. Tatsächlich findet die Polizei ein paar Tage später das ausgebrannte Wrack von Owens altem Ford.

Da sind Clyde und Fults jedoch längst zurück in Dallas, um an ihrem Eastham-Plan weiterzuarbeiten. Bandenmitglied Jack Hammett wird beauftragt, in einem Waffengeschäft die nötigen Waffen zu »besorgen«. Clyde und Fults selbst kümmern sich um zwei große Wagen, mit denen die entflohenen Häftlinge abtransportiert werden sollen. Und auch Bonnie bekommt eine Aufgabe zugeteilt. Sie soll Aubrey Scalley davon in Kenntnis setzen, dass die Männer von außen die Gefängnisfarm angreifen und den Häftlingen zur Flucht verhelfen wollen. Es ist Bonnies erster Einsatz für die Gang und sie ist stolz darauf, Teil von Clydes großem Vorhaben zu sein. Am 17. April 1932 fährt sie zusammen mit Clyde und Fults nach Eastham. Kurz vor dem Tor steigen die beiden Männer aus und Bonnie übernimmt das Steuer. An der Pforte gibt sie sich als Scalleys Cousine aus. Kurz darauf weiß Scalley von Clydes Plan. Er ist überrascht, aber auch gerührt von Clydes Loyalität und lässt ihm bestellen, dass er jederzeit bereit sei zu fliehen. Bonnie hat ihre Sache gut gemacht. Von nun an ist sie Teil der Gang und begleitet Fults und Clyde nach Tyler, Texas, um zwei Autos zu stehlen. Ihrer Mutter tischt sie das Märchen von einem neuen Job auf: »Ein paar Tage, nachdem Clyde wieder da war, erzählte mir Bonnie, dass sie einen Job als Kosmetikvertreterin angenommen hätte und deshalb nach Houston müsse. Sie hatte auch tatsächlich einen Job, ich habe mich erkundigt, und so ließ ich sie ziehen, ohne den geringsten Verdacht.«[108]

In der Nacht zum 18. April 1932 brechen die drei Richtung Tyler auf. Auf ihrer Reise kommen sie auch durch Mabank, Texas, eine Kleinstadt im Bezirk Kaufman. Hier, in Robert H. Bocks Waffengeschäft in der East Market Street, will Fults sich ein wenig umsehen. Zurück im Wagen berichtet er Bonnie und Clyde von der exzellenten Auswahl an Waffen, die das Geschäft führt. Es würde sich durchaus lohnen, auf dem Rückweg hier noch einmal anzuhalten und den Laden auszurauben. Die Weiterfahrt verläuft ohne besondere Vorkommnisse. In Tyler angekommen entscheidet sich Clyde für einen nagelneuen Chrysler und Fults für einen Buick, beides große, schnelle Wagen, die locker

90 Stundenkilometer schaffen. Im Konvoi geht es zurück nach Mabank. Vor der Tür von Bocks Waffengeschäft halten sie an. Gerade als sie dabei sind, die Tür aufzubrechen, kommt Polizeichef Dave Drennan um die Ecke. Ihm sind die beiden großen Wagen aufgefallen. Erst als er näher kommt, bemerkt er auch die Einbrecher. Um die beiden zu stellen, schießt er in die Luft. Fults und Clyde schießen ihrerseits über den Kopf von Drennan zurück und springen in die Autos. Knapp hintereinander jagen sie die Hauptstraße entlang. Die Schüsse haben allerdings die halbe Stadt auf die Beine gebracht. Irgendjemand hat Alarm ausgelöst, am Ende der Straße werden bereits Straßensperren errichtet. Die beiden Fahrzeuge sehen sich gezwungen zu wenden und in die Stadtmitte zurückzufahren. An den verblüfften Einwohnern vorbei, die rechts und links der Straße stehen, gelingt ihnen die Flucht auf die Landstraße. Ihre Wagen sind erheblich schneller als die klapprigen alten Fords der Stadtbewohner, die sie verfolgen. Diesmal scheint das Glück auf ihrer Seite zu sein. Sie wähnen sich schon in Sicherheit, als plötzlich heftiger Regen einsetzt, der die Straße unter ihnen innerhalb von Minuten in eine Piste aus Schlamm und Matsch verwandelt. Die schweren Wagen sinken tiefer und tiefer ein, bis sie schließlich im Schlamm stecken bleiben. Selbst mit vereinten Kräften gelingt es den dreien nicht, zumindest einen Wagen wieder flott zu machen. Sie müssen zu Fuß weiter. Von oben bis unten voller Schlamm, durchnässt bis auf die Haut laufen sie auf die Lichter einer Farm zu, die sie in der Ferne sehen. Es ist die Farm von Tom Rodgers, den die ungebetenen Gäste mit vorgehaltener Waffe aus dem Bett holen und auffordern, ihnen seinen Wagen zu überlassen. Doch Rodgers hat kein Auto. Alles, was er ihnen anbieten kann, sind zwei Mulis. Fluchend schwingen sich Bonnie und Clyde auf das eine Tier, Fults nimmt das andere. Nach wenigen Metern wirft es ihn in hohem Bogen in den Matsch. Warum, das weiß am nächsten Morgen der *Amarillo Globe* zu berichten: »Das Trio war auf zwei Mulis umgestiegen, eines davon ist bekannt dafür, etwas störrisch zu sein. Sie ritten auf den gestohlenen Tieren acht Kilometer bis nach Kemp. Hier tauschten sie die Mulis gegen ein etwas moderneres Gefährt ein, allerdings ohne den Eigentümer um Erlaubnis zu fragen.«[109] Leider ist der Tank des gestohlenen Autos, das dem hiesigen Landarzt Dr. W. Scarsdale gehört, schon nach wenigen Kilometern leer. Weit und breit ist kein anderes Auto in Sicht. Dafür nahen der Polizeichef von Kemp, der Polizeichef von Mabank und

mehr als ein Dutzend bewaffnete Farmer und Bürger. Während diese die Gegend durchkämmen, halten sich die drei Pechvögel in den Büschen verborgen. Gegen 17 Uhr entdecken sie vor einem Lebensmittelladen ein parkendes Auto. Beim Versuch, den Wagen zu starten, werden sie entdeckt. Zu Fuß fliehen sie weiter in die Sümpfe von Cedar Creek. Noch im Laufen schießen Clyde und Fults über deren Köpfe hinweg auf die Verfolger. Die ihrerseits zielen genau. Fults wird in den linken Arm getroffen und stürzt zu Boden. Bonnie und Clyde nehmen Deckung hinter einigen Sträuchern. Längst ist ihnen klar, dass sie zusammen hier niemals herauskommen. Bonnie ist zu langsam, doch Clyde hat geschworen, sich nie wieder festnehmen zu lassen. Er schlägt Bonnie vor, allein zu fliehen und später mit einem gestohlenen Auto zurückzukommen, um sie und Fults zu holen. Sollte dieser Plan aus welchen Gründen auch immer schiefgehen, würde er sie selbstverständlich aus dem Gefängnis befreien. Ob Bonnie diesen Vorschlag im Angesicht einer wütenden Bürgerwehr wirklich gut findet? Egal. Clyde zögert nur kurz, dann läuft er los, nutzt den Moment, als die Verfolger nachladen. Bis Fults mehr robbend als laufend Bonnie in ihrem Versteck erreicht hat, ist Clyde längst über alle Berge.

Ob er tatsächlich zurückkommt, um sie zu holen, können Fults und Bonnie nicht abwarten. Die Verfolger sind mittlerweile so nahe, dass es am klügsten ist aufzugeben. Fults rät Bonnie der Polizei zu erzählen, dass man sie gezwungen habe mitzukommen. Von oben bis unten voller Dreck werden sie verhaftet. Sie geben sich als Jack Sherman aus Tulsa und Betty Thornton aus. Die Nacht vom 19. April 1932 müssen sie im kleinen Gefängnis von Kemp verbringen. Fults blutet wie ein Schwein, sein Arm schmerzt höllisch. Dennoch fühlt sich niemand bemüßigt, einen Arzt zu holen. Erst als Bonnie hysterisch wird, ruft man Dr. Scarsdale, dessen Wagen sie gestohlen haben. Der ist stocksauer und weigert sich strikt, Fults zu behandeln. Erst am nächsten Morgen wird die Wunde richtig versorgt. Fults ist darüber schrecklich aufgebracht: »Leute, ich hätte euch die Knöpfe von der Jacke schießen können. Verdammt noch mal, ich habe nur über eure Köpfe geschossen, ich wollte euch doch nur Angst einjagen.«[110]

Clyde hat sich zu seiner Familie durchgeschlagen. Aus der Zeitung hat er erfahren, was nach seiner Flucht geschehen ist. Er bittet seinen Bruder L. C. und Schwägerin Blanche nach Kemp zu fahren, um Bonnie beizustehen. Er selbst will die Lake Dallas Gang zusammentrommeln, um Bonnie und Fults zu befreien. Doch auf seine Jungs ist kein Verlass. Anstatt Waffen zu besorgen, ist Jack Hammett genauso spurlos verschwunden wie Fuzz Allsup. Einzig Ted Rogers und Johnny Russell erscheinen am vereinbarten Treffpunkt. Zu dritt planen sie nun für die frühen Morgenstunden des 21. Aprils 1932 einen Einbruch ins Waffengeschäft von Patrick & Seitz in Celina, Texas, 56 km außerhalb von Dallas. Doch wieder einmal läuft der gut ausgeklügelte Plan völlig aus dem Ruder. Vier Bürger von Celina, darunter Bürgermeister F. M. Francis, stören ihr Vorhaben. Die vier werden von den Einbrechern in einen leeren Güterwagen auf dem nahen Bahnhofsgelände gesperrt. Dem Bürgermeister nehmen sie noch die 14 Dollar ab, die er bei sich hat. Zurück am Tatort irren sie sich zunächst in der Tür und finden sich plötzlich zwischen Wattebauschen und Mundspülung im Choate Drugstore wieder. Fluchend, aber ohne etwas zu entwenden, verlassen sie das Gebäude und gelangen schließlich durch die richtige Tür ins richtige Geschäft.

Als sie die neuen Waffen am nächsten Tag im Wald bei Lake Dallas, Texas, testen, sind sie mehr als zufrieden: alle Waffen funktionstüchtig. Das ist wichtig, denn Clyde will bei der Befreiung von Bonnie und Fults absolut nichts riskieren. Diesmal bleiben ihre Schießübungen nicht unbemerkt. Ein Farmer, der in der Nähe seine Felder bestellt, informiert den Sheriff. Als sich die Polizei nähert, können die drei zwar im Dickicht der umliegenden Wälder untertauchen, doch den Wagen und die neuen Waffen müssen sie zurücklassen. Just in dem Augenblick, da die Polizei das Gelände absucht, tauchen die beiden vermissten Bandenmitglieder Jack Hammett und Fuzz Allsup auf. Sie werden umgehend festgenommen.

Auch wenn die Kommunikationsmöglichkeiten in den 1930er Jahren eingeschränkt sind, der Fahndungsapparat setzt sich nun in Bewegung und innerhalb eines Bundesstaates dauert es nicht lange, bis die Polizei eine Verbindung zwischen den Ereignissen in Electra, Mabank und Celina herstellen kann. Der Besitzer des Waffengeschäfts kann seine Waffen identifizieren, Sheriff Taylor aus Electra identifiziert Fults als einen der Männer, die ihn gekidnappt haben, und auch Postbote Owens sagt gegen Fults aus, allerdings ohne den kleinen Gefallen zu erwähnen, um den er Fults und Clyde gebeten hatte. Ralph Fults wird schon nach wenigen Tagen nach Wichita Falls, Texas, der Bezirkshauptstadt des Bezirks Wichita, zu dem Electra gehört, überstellt und dort wegen Kidnapping vor Gericht gestellt. Es drohen ihm mehrere Jahre Haft, er ist auf dem besten Weg zurück nach Eastham. Bonnie wird ins Bezirksgefängnis nach Kaufman verlegt. Sie hat sich an Fults Rat gehalten und sich als Geisel ausgegeben. Ihre Chancen, freigelassen zu werden, stehen nicht schlecht. Auch wenn das Gericht darüber erst im Juni beschließen wird, lässt Clyde den Plan, Bonnie zu befreien, fallen. Ein Befreiungsversuch würde die Mär von der Geiselnahme ad absurdum führen und Bonnie in ernsthafte Gefahr bringen. Sollte Bonnie wider alle Erwartungen doch schuldig gesprochen werden, bleibt noch genug Zeit, sie herauszuholen. Blanche und L. C. teilen Bonnie diesen durchaus vernünftigen, aber wenig romantischen Plan mit. Laut Marie Barrow war Bonnie einverstanden damit abzuwarten, doch wer Bonnie kennt, der weiß, dass sie sich von Clyde im Stich gelassen fühlt. Dafür spricht auch eines ihrer Gedichte, das sie in der Haft verfasst: »The Story of Suicide Sal«. Suicide Sal ist eine naive junge Frau, die sich in einen Gangster verliebt, der sie im Stich lässt. Als Bonnie und Clyde schon ein berühmtes Gangsterpärchen sind, wird es in mehreren Zeitungen abgedruckt. Insgesamt verfasst sie in ihrer Zeit in Kaufman zehn Gedichte, alle in einem Jargon, der ihrer Mutter ganz und gar nicht gefällt. Ihre Gedichte zeigen deutlich, dass Bonnie keineswegs das naive, lebensunerfahrene junge Mädchen ist, das die Mutter in ihr sieht. Als »Poetry From Life's Other Side« bezeichnet sie ihr Werk, das ganz abgeklärt von Prostitution und Drogensucht erzählt und bei vielen den Verdacht aufkommen lässt, Bonnie wisse sehr genau, wovon sie schreibt.

Während die Familie Barrow Bonnie besucht, so oft sie kann, ihr kleine Geschenke von Clyde überbringt und auch ansonsten versucht, Bonnie bei Laune zu halten, ist Emma Parkers Stimmung auf dem Tiefpunkt angelangt. Zwei Tage nach der Verhaftung ihrer Tochter reist sie zum ersten Mal nach Kaufman: »Nur eine Mutter kann ermessen, was ich fühlte, als ich zum ersten Mal das Gefängnis in Kaufman betrat und Bonnie dort hinter Gittern sitzen sah. Es wäre leichter gewesen, mit ihrem Tod klarzukommen. Ehrlich gesagt, der Tod wäre gar keine Tragödie gewesen, verglichen mit den Ereignissen, die ich in den nächsten zwei Jahren durchleben musste.«[III]

Sie hat kein Geld, um die Kaution für Bonnie zu stellen. Die Ehefrau des Gefängniswärters beruhigt ihr schlechtes Gewissen jedoch. Es würde Bonnie an nichts fehlen und vielleicht würden ihr ein paar

Wochen im Gefängnis eine Lehre sein. Tatsächlich wird Bonnie äußerst zuvorkommend behandelt. An warmen Tagen darf sie sogar draußen auf dem Rasen sitzen. Fults Lage ist nicht ganz so komfortabel. All seine Hoffnung ruht auf Clyde. Und tatsächlich, der hat den Plan, Eastham zu überfallen, erst einmal hintangestellt. Als Erstes wird Fults befreit. Seinen Freunden gegenüber zeigt sich Clyde stets loyal, niemals würde es ihm in den Sinn kommen, einen Mann, mit dem er so viel durchgestanden hat, im Stich zu lassen. Er versucht Geld aufzutreiben, um Waffen zu kaufen und alles für die Flucht zu organisieren. Von seinem Anteil an den 33.000 Dollar aus dem Banküberfall ist nichts mehr übrig. Clyde hat alles unter seiner Familie und seinen Freunden verteilt. Zwei Tankstellenüberfälle, die er zusammen mit seinem alten Kumpel Frank Clause am 25. April 1932 in Lufkin, Texas, durchzieht, bringen nicht viel.

Ein Überfall in Hillsboro, Texas, einer 2000-Einwohner-Stadt 100 km südlich von Dallas, soll schließlich das nötige Kleingeld bringen. Hillsboro ist das Handelszentrum von Hill County und liegt verkehrsgünstig am Highway 35, der von San Antonio nach Dallas führt. Als Tatort hat Clyde sich den Laden von John N. Bucher ausgesucht, einem 61 Jahre alten Tausendsassa, der es in verschiedenen Bereichen zu erstaunlicher Kunstfertigkeit gebracht hat. So gilt er nicht nur als exzellenter Automechaniker, sondern auch als begabter Juwelier und betreibt das Optikerhandwerk mit großem Geschick. Sein Laden, über dem er mit seiner Frau Madora und den vier Kindern wohnt, spiegelt die Vielfalt seines Besitzers wider und ist eine Kombination aus Juweliergeschäft, Supermarkt, Optikerladen, Reparaturwerkstatt und Tankstelle. Clyde hat vor Jahren einen der Söhne von John Bucher kennengelernt und erinnert sich nun an das florierende Geschäft des Vaters. Am 30. April 1932 fahren Clyde, Ted Rogers und Johnny Russell in einem gestohlenen Wagen gen Hillsboro. Dort angekommen, betreten sie den Laden unter dem Vorwand, sich für Uhren zu interessieren. Da ihnen keine der ausgestellten gut genug ist, führt John Bucher sie in den hinteren Bereich seines Ladens. Hier befindet sich der Safe, in dem er die wertvollen Uhren aufbewahrt. Genau das wollen die drei sehen. Während Bucher ihnen die Uhren zeigt, scannen sie blitzschnell die Gegebenheiten: alles perfekt. Einzig der Safe ist zu schwer, um ihn davonzutragen. Bucher wird ihn öffnen müssen. Ohne etwas zu kaufen, verabschieden sie sich höflich. Alles ist gut gegangen.

Einzig Clyde hat ein schlechtes Gefühl. Madora Bucher hat ihn so merkwürdig angesehen. Ganz so, als ob sie ihn erkennen würde. Clyde ist kurz davor, das Ganze abzublasen, doch die andern beiden beruhigen ihn. Sie glauben nicht, dass Mrs. Bucher ihn erkannt hat. Um jedoch auf Nummer sicher zu gehen, soll Clyde während des Überfalls im Wagen bleiben.

Ungeduldig warten sie auf die Nacht. Gegen 23 Uhr machen sie sich auf den Weg zum Geschäft von John Bucher. Mit Fäusten hämmern Rogers und Russell an die Ladentür. Es dauert eine ganze Weile, bis Bucher sich meldet. Sie geben sich als Musiker aus, die in der Nähe zum Tanz aufspielen. Ihnen sei eine Gitarrenseite gerissen und sie bräuchten dringend Ersatz. Er würde sie kennen, sie seien die jungen Leute, die sich heute Nachmittag die Uhren angesehen hätten. Angenehm sind Mr. Bucher solche Störenfriede nicht, aber als Kaufmann ist er Kunden gewöhnt, die zu nachtschlafender Zeit vor der Tür stehen, und so lässt er die beiden herein. Rogers und Russell entscheiden sich für eine Seite zu 25 Cent, die sie mit einer 10-Dollar-Note bezahlen, wohl wissend, dass Bucher zum Wechseln den Safe öffnen muss. Was nun geschieht, ist bis heute umstritten. Ob John Bucher den Safe selbst öffnet oder seine Frau bittet, dies zu tun, ist unklar. Tatsache ist, dass auch Mrs. Bucher plötzlich im Laden steht, was den Überfall erschwert. Als der Safe offen ist, ziehen Rogers und Russell ihre Waffen und bedrohen das Ehepaar. Sie haben jedoch nicht mit John Bucher gerechnet. Der ist ein vorsichtiger Geschäftsmann und lagert neben Juwelen und Geld in seinem Safe auch eine Pistole. Als er danach greifen will, schießt Ted Rogers. Bucher ist sofort tot. Rogers erzählt Clyde später, er sei erschrocken, weshalb sich ein Schuss gelöst habe, der an der Safetür abgeprallt sei und Bucher getroffen hätte. Die beiden Diebe greifen nach Bargeld und Schmuck, stürmen aus dem Laden und springen ins Auto. Clyde, der den Schuss gehört hat, gibt Vollgas. Ihm ist klar, dass etwas Schreckliches passiert sein muss. Als sie außer Sichtweite sind, hält er an. Alle drei sind totenblass. Schweigend teilen sie die Beute untereinander auf: 40 Dollar Bargeld und Schmuck im Wert von 2500 Dollar. Dann geht jeder seiner Wege.

Mit dem Tod von John Bucher ist eine Grenze überschritten, von der aus es kein Zurück mehr gibt. Dass Rogers geschossen und Clyde nur im Wagen gewartet hat, ändert nichts daran, dass man auch ihn für den Tod von John Bucher verantwortlich machen wird, dessen ist sich Clyde sicher. Seine einzige Hoffnung ist, dass Madora Bucher ihn nicht identifizieren kann. Sie hatte ihn ja nur am Nachmittag kurz gesehen. Vielleicht kann sie keine Verbindung mehr herstellen. Doch Clyde rechnet nicht mit dem Fahndungsaufwand, der bei Mord betrieben wird. John Bucher war ein beliebtes, ehrbares Mitglied der Gesellschaft und wurde kaltblütig ermordet. Die Polizei von Hillsboro fordert Unterstützung aus Dallas an. Als man Madora Bucher Fotos von verschiedenen Verdächtigen vorlegt, ist darunter auch ein Bild von Clyde. Ohne zu zögern deutet sie auf das Foto. Was allerdings den zweiten Täter anbelangt, führen die Fahndungsfotos zu einer folgenschweren Verwechslung. Man weiß, dass Raymond Hamilton mit Clyde des Öfteren gemeinsame Sache gemacht hat, und legt Mrs. Bucher dessen Foto vor. John Buchers Mörder Ted Rogers sieht Hamilton tatsächlich zum Verwechseln ähnlich und die aufgelöste Witwe identifiziert Raymond Hamilton als den Mann, der die tödlichen Schüsse abgegeben hat. Dieser ist jedoch seit 12. April 1932 zusammen mit seinem Vater auf einer Baustelle in Bay City, Michigan, tätig. Seinen Anteil am Banküberfall hat er in einem Wagen zurücklassen müssen, auf der Flucht vor der Polizei. Ende Juli wird er seinen Arbeitsplatz verlieren und nach West Dallas zurückkehren, in der Hoffnung, es sei Gras über die Sache mit dem Banküberfall gewachsen. Zu dieser Zeit wird er bereits steckbrieflich wegen Mordes an John Bucher gesucht. Sich zu stellen kommt für Hamilton nicht infrage, er kann nicht beweisen, wo er am Tag des Mordes war. Zudem rechnet er nicht damit, dass man ihm Glauben schenken wird. Genau wie bei Clyde ist sein Vertrauen in die Justiz gleich null. Für seine Familie und Freunde ist der Mordverdacht die Initialzündung, die Raymond Hamilton endgültig in die Kriminalität abrutschen lässt und aus einem Autodieb und Bankräuber einen der gefürchtetsten Gewaltverbrecher von Texas macht. Der Verdacht gegen Raymond Hamilton kann niemals ganz ausgeräumt werden, obwohl Ted Rogers, der Ende 1932 in Huntsville landet, seinen Mithäftlingen den Mord an John Bucher gesteht, für den er niemals zur Verantwortung gezogen wird.[112]

Auch wenn Madora Bucher den dritten Mann nicht identifizieren kann, glaubt die Polizei zu wissen, um wen es sich handelt: Frank Clause. Ein paar Tage nach den Ereignissen setzt Gouverneur Ross Sterling für jeden der drei ein Kopfgeld von 250 Dollar aus: »Nach diesen drei Personen wird gefahndet wegen des brutalen Mordes an

John N. Bucher in der Nacht vom 30. April 1932 und wegen Diebstahls. (...) Versuchen Sie nicht, die Gesuchten zu überwältigen, die Männer sind gefährlich. Barrow ist ein ehemaliger Strafgefangener, der begnadigt worden ist.«[113]

Obwohl Clyde sich an zehn Fingern ausrechnen kann, dass die Polizei bei seiner Familie in der Eagle Ford Road auftauchen wird, begibt er sich dorthin. Es ist ihm wichtig, den Seinen zu berichten, was wirklich passiert ist. Sie sollen ihn nicht für einen kaltblütigen Killer halten. Überraschenderweise erscheint die Polizei von West Dallas in den nächsten Wochen nur ein einziges Mal in der Tankstelle, um nach Clyde zu fragen. Den Polizisten ist die ganze Sache viel zu heiß. Einen kleinen Gauner zu verhaften ist etwas anderes als einen schwer bewaffneten Mörder, der höchstwahrscheinlich sofort schießt. Für einen so lebensgefährlichen Einsatz sind sie eindeutig zu schlecht bezahlt. Sich zu stellen, um die Sache aufzuklären und auf ein mildes Urteil zu hoffen, dafür ist Clydes Erfahrung mit den Strafbehörden zu schlecht. Er ist sicher, dass man ihn umgehend nach Huntsville schicken würde, vielleicht sogar auf den elektrischen Stuhl. Nach der Sache in Hillsboro gibt es für Clyde Barrow kein Zurück mehr. Es bleibt ihm nur die Flucht – ein Leben lang.

Immerhin braucht er sich um Ralph Fults keine Gedanken mehr zu machen. Der lässt ihm übermitteln, dass er einen eigenen Fluchtplan geschmiedet hat und Clydes Hilfe nicht mehr benötigt. Am 10. Mai 1932 gelingt es Fults zusammen mit seinem Zellengenossen Hilton Bybee, einem verurteilten Mörder, der auf den elektrischen Stuhl wartet, die Gitterstäbe seiner Zelle zu lockern und zu fliehen. Sie können einen Wärter überwältigen und dessen Waffe an sich nehmen. Als zwei weitere Wachen auftauchen, schießen sie, doch die Waffe versagt. Noch innerhalb der Gefängnismauern werden sie festgenommen. Einen Tag später wird Fults zu zehn Jahren Haft verurteilt. Er hat dem Staatsanwalt angeboten, sich schuldig zu bekennen, wenn Bonnie dafür freigelassen wird. Als Gegenleistung für seine Kooperation muss er nicht nach Eastham zurück, sondern darf innerhalb der »Walls Unit« in Huntsville bleiben.

Die Zeitungen berichten zwar von dem Ausbruchsversuch, doch die Menschen haben gerade etwas anderes im Kopf, als sich um das Schicksal zweier Häftlinge zu kümmern. Am 12. Mai 1932 findet man das Lindbergh-Baby: tot, und nur 7 km von Lindberghs Haus in Hopewell, New Jersey, entfernt. In der Nacht vom 1. März 1932 war das Kind aus seinem Bettchen entführt worden. Die Entführung des 20 Monate alten Sohnes von Nationalheld Charles Lindbergh und seiner schwangeren Frau Anne Morrow hielt die Menschen wochenlang in Atem und gilt in den USA noch heute als das Verbrechen des Jahrhunderts. Lindbergh hatte 50.000 Dollar an die Kidnapper gezahlt und doch war alles vergebens gewesen. Vier Jahre später wird der deutsche Einwanderer Bruno Richard Hauptmann auf dem elektrischen Stuhl für die Tat hingerichtet. Der 36-Jährige, der 1923 illegal in die USA eingereist war, bestritt bis zuletzt, der Entführer zu sein. Obwohl zahlreiche Indizien für Hauptmanns Schuld sprachen, verlief der Prozess so unfair, dass viele Zweifel blieben. Heute gilt Hauptmann als Mittäter, jedoch nur als einer von mindestens drei, die nie gefunden wurden. Der Fall Lindbergh führt in den Folgemonaten zu einem Gesetz, das Entführungen als nationale Verbrechen betrachtet, für die das FBI zuständig ist, was allerdings die Entführungswelle der frühen 1930er Jahre nicht stoppen kann. Vor allem Industrielle und deren Kinder werden Opfer eines sehr einträglichen Geschäftszweiges, dem sich Verbrecher wie George »Machine Gun« Kelly oder Ma Barker und ihre Söhne verschrieben haben. Kidnapping nimmt in diesen Jahren so überhand, dass das FBI eine spezielle Telefonhotline für Entführungsfälle einrichtet.

Clyde ist Charles Lindbergh egal, er wartet auf den Tag, an dem die Grand Jury in Kaufman über Bonnies Fall befinden wird. Grand Jurys, die im Gegensatz zu den berühmten zwölf Geschworenen der Petit Jury aus zwölf bis 23 Personen bestehen, gibt es in den USA noch heute. Am 17. Juni 1932 ist es für Bonnie so weit. Sie schwört Stein und Bein, gegen ihren Willen von den beiden Männern mitgenommen worden zu sein. Erneut zeigt sich, was für eine hervorragende kleine Schauspielerin sie ist, noch dazu so hübsch und zart und unschuldig. Die Grand Jury spricht sie frei. Noch am selben Tag fährt sie mit ihrer Mutter nach Hause. Emma Parker bemerkt sehr wohl, wie sehr sich ihre Tochter in den letzten Wochen verändert hat. Sie ist ernsthafter, wirkt in sich gekehrt. Clyde scheint kein Thema mehr zu sein: »Ich bin fertig mit ihm. Ich möchte nie mehr wieder etwas mit ihm zu tun haben«[114], sagt Bonnie zu ihrer Mutter und die ist froh, dass das Kapitel Clyde Barrow ein für alle Mal erledigt ist.

Wir sind arm,
aber wir sind Menschen.

AUS EINEM BRIEF AN PRÄSIDENT ROOSEVELT[115]

»Wir beide gegen den Rest der Welt«

v. Loyalität und Liebe

Wenige Wochen nach ihrer Freilassung übersiedelt Bonnie nach Wichita Falls, Texas, 246 km nordwestlich von Dallas. Obwohl sie ihrer Mutter versichert, man habe ihr dort einen Job als Bedienung angeboten, ist diese beunruhigt: »Irgendetwas sagte mir, dass sie zu Clyde zurückgegangen war.« Emma Parker kennt ihre Tochter nur zu gut. Mit Roy Thornton wollte Bonnie nicht einmal in einem anderen Haus leben, um in der Nähe ihrer Mutter zu sein. Und nun gleich Wichita Falls? Das ist in der Tat verdächtig. Und tatsächlich: Zwar jobbt Bonnie, um ihr schlechtes Gewissen zu beruhigen, sporadisch in einem Café, der wahre Grund für ihren Umzug jedoch ist Clyde, der zusammen mit Raymond Hamilton, der sich ihm wieder angeschlossen hat, in Wichita Falls ein kleines Häuschen gemietet hat. Davon allerdings berichtet sie der Mutter in ihren vielen Briefen nicht. Später wird Emma Parker in einem Interview sagen: »Wissen Sie, ich wollte ihr einfach glauben, mehr als alles auf der Welt. Erst später habe ich erfahren, dass sie mich die ganze Zeit belogen hat.«[116]

Während Bonnie und Clyde ausgiebig Wiedersehen feiern, blickt die Nation voller Entsetzen nach Washington, wo soeben das letzte und entscheidende Kapitel der Amtszeit Herbert Hoovers aufgeschlagen wird. Überall treibt die Not die Menschen zu außergewöhnlichen Aktionen. Zu denjenigen, die ihre Rechte auf ein menschenwürdiges Dasein lautstark einfordern, gehören seit Kurzem auch die Veteranen des Ersten Weltkrieges. Bei Kriegsende hatte ein breiter gesellschaftlicher und politischer Konsens darüber bestanden, dass die Soldaten für ihren Dienst am Vaterland entlohnt werden sollten. 1924 war ein Gesetz erlassen worden, wonach ihnen für die Zeit im Feld, in der sie weniger verdient hatten als in ihren eigentlichen Berufen, eine Entschädigung zustand. Soldaten an der Heimatfront sollten mit einem Dollar pro Tag, Soldaten in Übersee mit 1,25 Dollar pro Tag entlohnt werden. 50 Dollar wurden sofort ausbezahlt, über die restliche Summe erhielten die Veteranen eine amtliche Bescheinigung, mit der sie 1945 aus einem extra eingerichteten Fond Geld erhalten sollten. Doch nun waren viele Veteranen so arm, dass sie ihre Familien nicht mehr ernähren konnten, und verlangten die sofortige Auszahlung ihrer Ansprüche. Nachdem Präsident Hoover dies zurückgewiesen hatte, hatten im Mai 1932 einige Weltkriegsveteranen in Portland, Oregon, einen Zug gekapert und waren damit nach Washington D. C. gereist. Auf ihrem Weg dorthin hatten sich ihnen immer mehr Ehemalige samt ihren Familien angeschlossen. Zuletzt lag die Zahl der Mitglieder der sogenannten »Bonus Armee« samt Frauen und Kindern bei etwa 20.000 Menschen. An den Ufern des Anacostia River in Virginia, am Rande der Stadt Washington, hatten sie eine riesige Zeltstadt errichtet. Es gab Straßen, die nach Bundesstaaten benannt waren, ein Bibliothekszelt sowie eine Poststation. Sogar eine eigene Zeitung gaben die Demonstranten heraus, die *BEF News*. Aus dem ganzen Land kamen Solidaritätsbekundungen, Washingtoner Bürger versorgten die Demonstranten mit Essen, Musikkapellen rückten zur Unterstützung an, Reporter berichteten rund um die Uhr von den Ereignissen um die Bonus Armee. Ein ganz kleiner Teil der Veteranen hatte sich direkt auf der National Mall in Washington zwischen Capitol und Washington Monument niedergelassen, um vor Ort mit den Abgeordneten zu verhandeln. Am 15. Juni 1932 billigte das Repräsentantenhaus eine vorgezogene Auszahlung, doch sowohl der US-Senat als auch Präsident Hoover verweigerten ihre Zustimmung. Traurig und frustriert räumten daraufhin die meisten Demonstranten die Zeltstadt auf der National Mall. Allein eine Minderheit von etwa 200 Veteranen weigert sich strikt zu gehen. Am 28. Juli 1932 lässt Präsident Hoover den Platz mithilfe von Polizei und Armee räumen. Unter der Führung von General Douglas MacArthur geht die US-Armee mit Panzern und Tränengas gegen ehemalige amerikanische Kriegshelden vor. Die »Bonus Armee« hat dieser Übermacht nichts entgegenzusetzen und räumt schließlich das Lager. Gegen den ausdrücklichen Befehl des Präsidenten marschiert MacArthur mit seiner Truppe nun weiter zum Anacostia Camp. Hoover hatte nur die Räumung der National Mall angeordnet, um jede weitere Eskalation zu vermeiden. Im Lager werden die Soldaten MacArthurs fälschlicherweise als Verbündete eingestuft und jubelnd begrüßt. Erst als Schüsse fallen und Tränengas versprüht wird, erkennen die Veteranen ihren Irrtum. Auf Befehl MacArthurs zünden seine Soldaten die Zeltstadt an und vernichten alles Hab und Gut der Veteranen und ihrer Familien. Am Ende der Schlacht gibt es Dutzende von Verletzten, Hunderte sind inhaftiert und ein acht Wochen altes Baby stirbt infolge eines Tränengasangriffs. General MacArthur verteidigt sein Vorgehen als Abwehrkampf gegen den Aufstand eines kommunistischen Mobs. Die Bilder der Veteranen, die, dekoriert mit ihren Weltkriegsorden an der Brust, von der eigenen Armee niedergeknüppelt werden, schockieren Amerika zutiefst. Der Präsidentschaftskandidat der Demokraten, Franklin D. Roosevelt, der am Radio von den Ereignissen in Washington erfährt, soll zu seinem Berater Felix Frankfurter in diesen Minuten gesagt haben: »Tja Felix, damit bin ich wohl gewählt.«[117] Und tatsächlich, das ohnehin schlechte Ansehen des Präsidenten sinkt nach diesem Vorfall ins Bodenlose. Im November wird Herbert Hoover die Quittung auch für die Schlacht am Anacostia erhalten.

Nur einen Tag nach den Vorfällen in Washington überfallen Clyde Barrow und Raymond Hamilton eine Interurban-Station in Grand Prairie, Texas, 21 km westlich von Dallas. Doch alles, was ihnen der Beamte, der verängstigt hinter dem Schalter steht, aushändigen kann, sind 12,75 Dollar. Viel zu wenig für Fults' Befreiung und die Eastham-Sache. Gerüchteweise begehen die beiden in den nächsten Wochen mehrere kleine Überfälle. Wirklich nachweisen kann man ihnen keinen einzigen. Es scheint vielmehr so zu sein, dass immer mehr Zeugen Clyde aufgrund seiner Bekanntheit als Täter identifizieren. Ein Umstand, den sich der eine oder andere Verbrecher jetzt zunutze macht.

Clyde ist derweil auf der Suche nach einem lohnenden Ziel. Die Neuhoff Packing Company in der Alamo Street in Dallas sticht ihm ins Auge. An jedem Ersten im Monat zahlt die Firma ihre Angestellten aus. Am Montag, den 1. August 1932 machen sich Clyde, Raymond Hamilton und ihr neuer Partner Ross Dyer, in manchen Berichten auch unter seinem Aliasnamen Everett Milligan vermerkt, auf den

Weg. Bonnie setzen sie bei den Barrows ab. Clyde will sie nicht dabeihaben, es könnte gefährlich werden. Drei Leute sind in der Firma, als die drei Gangster hereinstürmen: Henry und Joe Neuhoff, die Besitzer, und die 24-jährige Büroangestellte Elsie Wullschleger. Sie leisten keinerlei Widerstand und händigen den Räubern alles Bargeld aus. Bevor sie flüchten, reißt Clyde beide Telefone aus der Wand, um zu verhindern, dass die drei rasch die Polizei holen können.

Mit 440 Dollar haben sie ein ganz hübsches Sümmchen erbeutet. Sie holen Bonnie ab und feiern in einem verlassenen Farmhaus in der Nähe von Grand Prairie, Texas, das ihnen auch später immer wieder als Unterschlupf dienen wird, vier Tage lang ihren Erfolg. Dann aber will Bonnie endlich wieder einmal zu ihrer Mutter. Clyde setzt sie in Downtown Dallas ab, Bonnie nimmt den Bus nach Hause. Noch weiß Emma Parker nicht, dass Bonnie wieder mit Clyde zusammen ist, und der vermutet zurecht, dass sie davon wenig begeistert sein wird.

Um neue Ziele auszukundschaften, brechen Clyde, Raymond Hamilton und Ross Dyer inzwischen gen Oklahoma auf. Am 5. August 1932 kommen sie nach Stringtown, eine kleine Stadt in Oklahoma. Als sie eintreffen, findet gerade ein Tanzabend statt, den sich Ross Dyer und Raymond Hamilton unbedingt aus der Nähe ansehen wollen. Der Wind trägt die Musik zu ihnen herüber. Es ist Freitagabend, sie sind jung und es ist lange her, dass sie am normalen Leben teilhaben konnten. Auch wenn Clyde nicht gerade begeistert davon ist, hält er an. Ein wenig drücken sie sich in der Nähe der Tanzfläche herum, dann kehren Clyde und Raymond Hamilton gegen 23 Uhr zum Wagen zurück. Ross Dyer bleibt noch. Im Wagen öffnet Hamilton eine Flasche selbstgebrannten Whiskey. Clyde trinkt nichts davon, er ist der Fahrer und will einen klaren Kopf behalten. Hamilton verwundert das nicht: »Ich habe ihn in meinem ganzen Leben niemals einen Whiskey trinken sehen. Er hatte nur eine Sache im Kopf.«[118] Die Fremden erregen die Aufmerksamkeit der örtlichen Gesetzeshüter. Durch das Autofenster ist die Whiskeyflasche deutlich zu sehen. Noch herrscht Prohibition und Atoka-County-Sheriff Charles Maxwell und sein Hilfssheriff Eugene C. Moore sehen sich bemüßigt, nach dem Rechten zu sehen. Als Maxwell seinen Fuß auf das Trittbrett von Clydes Ford V8 stellt, rechnet er kaum mit Widerstand. Verhaftungen wegen Umgehung des Alkoholverbots muss er sehr oft vornehmen. Doch diesmal läuft es anders. Kaum hat er den beiden Wageninsassen ihre Verhaftung mitgeteilt, fliegen ihm schon die ersten Kugeln um die Ohren. Getroffen von sechs Schüssen stürzt Sheriff Maxwell zu Boden. In Panik flüchten die entsetzten Ballgäste unter die Tische. Clyde startet den Wagen. Der schwerverletzte Sheriff feuert auf ihn. Auch Teilnehmer des Tanzabends sind plötzlich bewaffnet und schießen auf die Flüchtenden. Tumult bricht aus. In der Aufregung rammt Clyde einen Randstein, der Wagen kommt ins Schlingern und bleibt stehen. Clyde und Hamilton springen aus dem Auto und laufen, wild um sich schießend, davon. Einer ihrer Schüsse trifft den 31-jährigen Hilfssheriff Eugene C. Moore, der die Verfolgung aufgenommen hatte. Tödlich getroffen sinkt er zu Boden. Erst vor Kurzem hatte er als Hilfssheriff angeheuert, nachdem er infolge der Großen Depression seinen Job und alles Ersparte verloren hatte. Er hinterlässt eine Frau und zwei Kinder im Alter von acht und sechs Jahren sowie ein acht Monate altes Baby. Sheriff Maxwell wird von beherzten Einwohnern in ein Haus getragen. Trotz seiner schweren Verletzungen kommt er durch. Gesund wird er nie wieder. Drei Jahre später wird er als Zeuge der Hinrichtung von Raymond Hamilton in Huntsville beiwohnen. Ross Dyer nutzt das Durcheinander, um zu verschwinden. Mit dem Bus will er zurück nach Dallas fahren. Doch schon in McKinney, Texas, holt man ihn aus dem Bus und bringt ihn nach Oklahoma zurück. Er sagt bereitwillig gegen Clyde und Raymond Hamilton aus. Nun werden die beiden nicht mehr nur als Hauptverdächtige im Fall Bucher gesucht, sondern wegen Polizistenmordes. Jetzt gelten sie nicht länger nur als Mörder, sondern als Serienkiller. Gnade und Pardon wird es für sie nicht mehr geben. Ihre Zukunft wird unzweifelhaft der elektrische Stuhl sein.

Die Ereignisse in Stringtown zeigen einmal mehr, wie wenig abgebrüht Clyde Barrow ist. Einem Mann wie John Dillinger wäre eine solche Situation niemals derartig entglitten. Ein professioneller Gangster hätte sich herausgeredet oder die Polizisten entwaffnet. Weder Moore noch Maxwell hatten ihre Waffen gezückt. Es war absolut unnötig, sich auf eine Schießerei einzulassen. Doch Clyde gerät immer dann in Panik, wenn eine Situation sich anders entwickelt, als er sie berechnet hat. Verliert Clyde die Kontrolle über die Situation, führt dies jedes Mal zu einer Eskalation, an deren Ende es Tote gibt. Clyde und seine Komplizen bleiben selbst nach Monaten auf der Straße blutige Anfänger, die ohne nachzudenken in Gefahr immer nur einen Ausweg kennen: schießen. Ihre Kopflosigkeit macht sie brandgefährlich.

Nachdem sie auf ihrer Flucht mehrmals das Auto gewechselt haben, erreichen Clyde und Hamilton am frühen Morgen des 6. Augusts 1932 West Dallas. Sie sind die ganze Nacht gefahren, um der Familie zu berichten, was vorgefallen ist. Cumie Barrow ist entsetzt, vor allem weil Clyde, anders als im Fall Bucher, nun tatsächlich der Mörder sein könnte. Das ist auch ihm klar: »Ich weiß es nicht. Es steht fifty-fifty, ob ich es war oder Raymond. Wir haben beide die ganze Zeit geschossen.«[119] Für die Barrows ist diese Entwicklung eine Katastrophe. Autodiebstahl, ja, selbst Überfälle, wenn es denn sein muss. Aber Mord? Marie Barrow schreibt in ihren Erinnerungen: »Wir hatten stets schreckliches Mitleid mit all denen, die bei den Auseinandersetzungen, in die Clyde verwickelt war, verletzt wurden. (…) Dass Moore eine junge Frau und kleine Kinder hinterließ, traf vor allem meine Mutter sehr hart.«[120] Emma Parker formuliert es drastischer: »Für das Ganze gab es weder einen logischen Grund noch eine Rechtfertigung. (…) Sie waren weder in eine Falle getappt noch mussten sie um ihr Leben kämpfen. Nein, in Wirklichkeit gab es nicht einmal eine gute Begründung dafür, warum sie sich überhaupt dort aufgehalten hatten.«[121]

Sie müssen weg, doch Clyde will nicht ohne Bonnie gehen. Raymond Hamilton fährt zum Haus ihrer Mutter, um sie abzuholen. Als er ankommt, sitzt Bonnie gerade mit Emma Parker auf der Veranda. Eigentlich will sie morgen mit dem Bus nach Wichita Falls zurückfahren. Als Hamilton ihr berichtet, was geschehen ist, zögert sie keine Sekunde. Sie verabschiedet sich und überlässt ihrer Mutter das Geld für den Bus. Als sie ins Auto steigt, trifft sie eine Entscheidung, die ihr Leben für immer verändern wird. Bis zu jenem Abend hätte sie jederzeit aussteigen können. Noch bringt niemand sie mit einem Mörder in Verbindung. Sie hat das Gefängnis als freie Frau verlassen und damit die Möglichkeit erhalten, ein unbescholtenes Leben zu führen. Unbescholten, aber ohne Clyde. Länger, aber sicher langweiliger. Selbst wenn sie kurz darüber nachgedacht haben sollte, eine Familie zu gründen und ein Heim ihr Eigen zu nennen – Bonnie ist so voller Abenteuerlust und romantischer Liebe, dass sie an diesem Abend all das für immer zurücklässt. Mehr noch, sie lässt auch ihre über alles geliebte Mutter zurück. Bis auf zwei flüchtige Begegnungen im Oktober und Dezember 1932 werden sie erst wieder ein Jahr später zusammenkommen. Und dann wird Bonnie zu ihrer Mutter sagen: »Nicht im Traum hätte ich daran gedacht, auf was ich mich da einlasse. Glaub mir, Ma, ich wollte nur eine Weile mit ihm zusammensein – nur ein paar Monate. Dann wollte ich nach Hause zurückkehren und ihn vergessen. Doch bevor ich ans Heimkommen denken konnte, war der Rückweg versperrt und wir beide standen auf der Fahndungsliste. Es gab keinen Ausweg mehr für uns – alles war vorgezeichnet, unser Leben und dass wir zusammenbleiben – was wir auch tun, am Ende wird immer der Tod stehen. Ich hab's einfach zu spät begriffen, Ma, ich hab's zu spät begriffen.«[122] Ihre späte Einsicht nimmt ihr allerdings nicht einmal die eigene Mutter ab: »Ich glaube nicht, dass Bonnie tief in ihrem Herzen wirklich je darüber nachgedacht hat, wieder nach Hause zurückzukommen. Selbst wenn Clyde kein Mörder geworden wäre. Sie liebte ihn so sehr, so ohne Sinn und Verstand, dass sie bei ihm geblieben wäre, was auch immer geschehen wäre.«[123]

Vom 6. August 1932 an ist Bonnie zusammen mit Clyde und Raymond Hamilton auf der Flucht. Bonnies Loyalität zu Clyde wird niemals ins Wanken geraten. Loyalität ist eine ihrer herausragenden Charaktereigenschaften, das durfte schon ihr erster Mann erfahren. Es gibt nun kein Zurück mehr. Bonnie gehört zu Clyde und Clyde gehört zu Bonnie. Der 6. August 1932 wird der Beginn der Legende von Bonnie und Clyde.

Während die drei sich noch Gedanken machen, wohin die Flucht gehen soll, dreht sich in Dallas gerade alles um eine ganz andere Person. Soeben sind die Olympischen Spiele in Los Angeles zu Ende gegangen und eine Texanerin hat Sportgeschichte geschrieben: Mildred »Babe« Didrikson Zaharias, eine der größten Sportlerinnen des 20. Jahrhunderts. Behängt mit zwei Goldmedaillen und einer Silbermedaille kehrt sie nach Hause zurück. Die Menschen sind völlig aus dem Häuschen. Was für eine Freude in dieser trostlosen Zeit. Die 21-jährige Ausnahmesportlerin, die bei den Brooklyn Dodgers in einem männlichen Baseballteam spielt, wird aufgrund ihrer Leistungen »Babe« gerufen, in Anlehnung an Baseballheld Babe Ruth. Sie erzielt im Lauf ihrer Karriere in so verschiedenen Sportarten wie Basketball, Billard, Bowling, Golf, Fechten, Schießen, Tennis, Reiten und Eisschnelllauf hervorragende Ergebnisse und gilt heute als eine der herausragendsten Athletinnen des 20. Jahrhunderts. Für die Olympischen Spiele 1932 hat sie sich für alle fünf Leichtathletikwettbewerbe qualifiziert, darf aber gemäß dem Reglement nur in drei Disziplinen an den Start gehen. Souverän siegt sie im Speerwerfen, im 80-Meter-Hürdenlauf und im Hochsprung. Da ihre Teamkollegin Jean Shiley jedoch gleich hoch springt, wird Babe Zaharias aufgrund ihrer ungewöhnlichen Sprungtechnik nur die Silbermedaille zuerkannt. Nach Ende ihrer Karriere als Leichathletin wird sie eine der berühmtesten Golferinnen der USA werden und dreimal die US Open gewinnen. Für kurze Zeit verdrängt Babe Zaharias nun Clyde Barrow aus den Gedanken der Bewohner von Texas.

Dem ist das nur recht. Er ist auf dem Weg nach New Mexico. Hier wird nicht nach ihm gefahndet. Bonnie hat dennoch sein Haar rot gefärbt, um sein Aussehen zu verändern. Sie wollen zu Bonnies Tante Millie Stamp, die in der Nähe von Carlsbad, New Mexico, mit ihrem Mann Melvin eine Farm besitzt. Diese hat ihre Nichte lange nicht gesehen. Dallas ist 736 km weit entfernt von Carlsbad und die Verbindung zwischen Tante und Nichte ist in einer Zeit, in der die Telekommunikation in den Kinderschuhen steckt, nicht sehr eng. Um so überraschter ist Millie, als Bonnie am 13. August 1932 in Begleitung ihres Ehemanns James White und dessen Freundes Jack Smith plötzlich vor der Tür steht. Tante Millie ahnt nichts von den Wirrungen, die das Leben ihrer Nichte genommen hat, und lädt die drei, die sich als Flitterwöchner samt Trauzeuge ausgeben, herzlich ein zu bleiben. Es sind freundliche und höfliche junge Leute, aber der teure Wagen und die Schießübungen, die sie hinter dem Haus veranstalten, gefallen ihr gar nicht. Und als sie schließlich unter der Matratze ihrer Nichte ganze Bündel mit Geld findet, informiert Millie Stamp mithilfe ihres Nachbarn Bill Cobb den Sheriff. Als der am anderen Morgen in aller Herrgottsfrühe vor der Tür steht, öffnet ihm Bonnie, da ihre Tante gerade im Garten ist. Deputy Joe Johns fragt nach den beiden jungen Männern und Bonnie bittet ihn zu warten, bis die beiden sich angezogen hätten. Johns nutzt die Wartezeit, um den Wagen der Fremden zu inspizieren. Dabei entdeckt er die Waffen, die die drei vorsorglich im Auto gelassen haben. Noch bevor er reagieren kann, hält Clyde ihm ein altes Jagdgewehr, das er im Haus entdeckt hat, an den Kopf und zwingt ihn einzusteigen. Dann brüllt er nach Hamilton und Bonnie und startet den Wagen. Nur eine Staubwolke bleibt von den Flitterwöchnern zurück. Mit ihrer Geisel rasen sie 725 km zurück nach San Antonio, Texas. Clyde fährt ohne Pause in höchster Konzentration über Schotterpisten und Sandstraßen. Obwohl sie sich nur auf Nebenstraßen fortbewegen, erreichen sie gegen Abend die Stadt. »Dies war wieder einmal ein Beispiel für seine außergewöhnlichen Fahrkünste, für die Clyde später so berühmt wurde«, meint Emma Parker. »Tausend Meilen am Tag waren absolut nichts Besonderes für Clyde. Bald hatte er alle Straßen von Texas, Oklahoma, Louisiana, Arkansas, New Mexico und Missouri im Kopf. Nicht nur die Hauptstraßen, nein auch die Nebenstraßen und sogar die kleinen Feldwege. Er hatte ein fotografisches Gedächtnis und wusste ganz genau, welche Straße er nehmen musste, um auf Nimmerwiedersehen zu verschwinden.«[124] Ja, was das Fahren anbelangt, kann Clyde niemand etwas vormachen. Um seinen Fahrstil zu perfektionieren, übt er tagelang. Bald fährt weit und breit niemand so schnell wie er, niemand schafft es, eine Kurve in solchem Tempo zu nehmen oder das Auto im richtigen Moment so schnell und sicher zu wenden.

Die Fahndung nach den Flüchtenden läuft auf Hochtouren. Zwei Trucker haben in der Nähe von El Paso, Texas, eine kopflose Leiche gefunden. Der Verdacht kommt auf, dass es sich dabei um Deputy Johns handeln könnte. Wer die Entführer sind, ist längst bekannt, und dank der Aussage von Tante Millie ist auch Bonnie als Teil des Trios identifiziert. Deputy Johns durchlebt derweil Todesängste: »Es ist schwer, das Gefühl zu beschreiben, wenn du glaubst, dein letztes Stündlein hat geschlagen. Ich war nicht nervös, ich war fast schon bereit mich damit abzufinden, aber zugleich schwor ich mir, jede Chance wahrzunehmen, die sich mir bot, und um mein Leben zu kämpfen.«[125] Dazu wird es nicht kommen. 25 km außerhalb von San Antonio lassen die drei ihn laufen. In seiner gesamten Laufbahn wird Clyde Barrow niemals eine Geisel töten. W. D. Jones, der später lange mit Bonnie und Clyde reisen wird, erklärt Jahrzehnte später in einem Interview: »Er wollte niemanden töten. Er nahm Polizisten immer als Geiseln, anstatt sie zu töten. Aber er tötete, ohne zu zögern, wenn er sich dazu gezwungen sah. Er wollte sich einfach nie wieder einsperren lassen.«[126] Clyde wird niemals aus Mordlust töten, aber immer, wenn es eng wird. Bis Deputy Johns an ein Telefon gelangt, mit dem er die Polizei von New Mexico darüber informieren kann, dass er noch lebt, sind Bonnie, Clyde und Raymond Hamilton längst über alle Berge. In Victoria, Texas, 193 km von San Antonio entfernt, stiehlt Clyde einen nagelneuen Ford V 8. Gemeinsam mit Bonnie nimmt er darin Platz, während Raymond Hamilton im alten Auto weiterfährt. Mit Bonnie und Clyde an der Spitze soll es nun über Houston zurück nach Dallas gehen. Doch in

Wharton, Texas, an der Brücke über den Colorado River, erwartet man sie bereits. Deputy Seibricht und City Marshal Pitman haben auf der Brücke, über die Highway 12 verläuft, eine Straßensperre errichtet, in der korrekten Annahme, die Flüchtenden würden versuchen, nach Dallas zurückzukehren. Allerdings gehen sie nur von einem Auto aus. Als Clyde die Straßensperre entdeckt, reißt er das Steuer herum und schafft es mithilfe eines waghalsigen Manövers den Wagen zu wenden. Hamilton gelingt sein U-Turn zwar nicht in einem Zug, doch auch ihm glückt die Flucht. Die Polizisten können nur hilflos hinterherfeuern. Kugeln aus ihren einfachen Waffen sind für die Karosserie eines Fords V 8 keine Gefahr. Am nächsten Tag füllen die Flüchtigen alle Titelseiten – diesmal fällt auch Bonnies Name. Ihre Mutter, die sie noch immer in Wichita Falls wähnt, fällt aus allen Wolken.

Die drei ziehen sich erneut in ihr Versteck in Grand Prairie, Texas, zurück. Von hier aus brechen sie nachts in ein Waffenlager der Nationalgarde in Fort Worth ein. In diesen Depots befinden sich die Waffen, nach denen Clyde auf der Suche ist: Browning Automatic Rifles, kurz BAR. Dieses leichte, nur 9 kg schwere Maschinengewehr wird Clydes Lieblingswaffe. Das Magazin umfasst 20 Patronen und kann innerhalb von 2,5 Sekunden leer geschossen werden. Einer, der so gut mit Waffen umgehen kann wie Clyde, schafft es, das Magazin in weniger als drei Sekunden nachzuladen. Er sägt den Lauf ab, um das Gewehr zu verkleinern und es so problemlos im Auto beim Fahren neben sich stellen oder unter seinem Mantel verbergen zu können. W. D. Jones berichtet, Clyde habe sich gar eine Wunderwaffe gebaut, indem er drei Magazine zusammenführte und so 56 Schuss abgeben konnte, ohne nachzuladen. Gefunden wird eine derartige Waffe nie und Experten bezweifeln, dass sie überhaupt funktioniert hätte. Doch Jones blieb dabei: »Clyde nannte sie seine Schrotflinte. (...) Manchmal hielt er einfach den Wagen an, sprang auf die Straße und feuerte auf einen Baum oder ein Straßenschild. Er war nie weiter als eine Armlänge von einer Waffe entfernt, nicht einmal im Bett.«[127] Kugeln aus einem BAR durchschlagen Autos, treffen Ziele in weiter Entfernung und machen aus Clyde Barrow eine militärische Kampfmaschine.

Raymond Hamilton kündigt an, nun auszusteigen. Er und Clyde sind eher eine Schicksalsgemeinschaft denn Freunde. Eastham hat für Hamilton keine Bedeutung und Clydes Aktionen als Bandenchef waren bisher nicht unbedingt von Erfolg gekrönt. Sie haben nur wenig

Geld, dafür werden sie wegen Polizistenmordes gesucht. Hamilton hat genug von Clyde »Champion« Barrow. Anfang September 1932 trennen sich ihre Wege. Hamilton will zurück nach Michigan zu seinem Vater. Da Bonnie und Clyde nichts Besseres vorhaben, begleiten sie ihn die knapp 2000 km nach Bay City, Michigan, um von dort mit unbestimmtem Ziel in Richtung Südwesten aufzubrechen. Ziellos fahren sie wochenlang zwischen Kansas und Missouri hin und her. Clyde begeht kleinere Einbrüche und Überfälle, um alles fürs tägliche Leben zu besorgen. Vor größeren Brüchen schreckt er zurück. Auch Banküberfälle begeht er keine. Ohne einen zweiten Mann, der Wache steht, notfalls den Weg freischießt oder das Fluchtauto fährt, erscheint ihm dies zu riskant. Noch will er nicht, dass Bonnie sich in Gefahr begibt. Sie war noch nie an einem Überfall beteiligt und gerade jetzt, da viele Banken aufgrund zunehmender Banküberfälle zusätzlich Wachleute einstellen, ist Bonnie nicht der richtige Partner. Die Einbrüche in die kleinen Läden bringen allerdings so wenig ein, dass er sich genötigt sieht, alle paar Tage einen neuen auszurauben. Selbst das Leben auf der Straße kostet Geld. Vor allem, wenn man leben will wie ein ganz normales junges Liebespaar: Hotelbetten, Restaurant, Kino. In den Herbsttagen 1932 leben Bonnie und Clyde das einzige Mal auf diese Weise. Die Briefe, von denen Nell Barrow später erzählt, zeugen von den wenigen unbeschwerten Momenten in ihrem Leben: »Die Kids fuhren nach Kansas City und vergnügten sich dort eine Weile, sie gingen ins Theater und aßen in den besten Restaurants. Bonnie ging zur Maniküre, kaufte neue Kleider und ließ sich eine Dauerwelle legen. (…) Wir erhielten eine Menge Briefe in dieser Zeit. Natürlich alle ohne Absender.«[128] In gestohlenen Wagen fahren sie durchs Land, im Radio begleitet sie Bonnies Lieblingssänger Jimmie Rodgers, Gottvater der Countrymusic und berühmtester Interpret des amerikanischen »Blue Yodeling«: »Bonnie hatte jede Platte, die er je gemacht hat. Sie liebte ihn mehr als jeden anderen Sänger, außer Clyde natürlich. Aber Clyde sang nicht so gern, er spielte lieber Saxofon«[129], weiß Billie Jean Parker, Bonnies Schwester. Noch heute ist Rodgers' Lied »T for Texas« die heimliche Nationalhymne des Staates und wurde von Musikgrößen wie Johnny Cash oder Lynyrd Skynyrd gecovert. Rodgers war der erste Superstar der Countrymusic, auf den sich bis heute alle Countrysänger beziehen. 1997 veröffentlicht Bob Dylan ein Tribute Album für den jodelnden Cowboy, dessen Songs hier Größen wie Bono, Van Morrison,

John Mellenkamp und Willie Nelson neu interpretieren. Auch Bonnies Lieblingssong befindet sich auf dem Album: »In the Jailhouse Now«.

Wenn die beiden Geld haben, quartieren sie sich am liebsten in einem der vielen Motels ein, die überall entlang der Straßen aus dem Boden schießen. Für Menschen ohne Zuhause sind sie ideal. Ausgestattet mit Annehmlichkeiten wie kleinen Küchenzeilen, Kaffee- und Waschmaschinen bieten sie ein Zuhause auf Zeit. Für einen Dollar pro Nacht erfüllt sich Bonnies Traum vom Leben als Paar.

Auf ihrer Fahrt durch den Mittleren Westen der USA erleben Bonnie und Clyde hautnah, was die Große Depression anrichtet. Sie begegnen den langen Trecks der Gestrandeten, die versuchen, mit dem wenigen, das ihnen geblieben ist, irgendwo ein besseres Leben zu beginnen. So viele fleißige Menschen. Was haben sie nun davon, dass sie ihr Lebtag versucht haben, die Gesetze zu achten? Manche sind mittlerweile so verarmt, dass sie ihre Kinder hungern lassen müssen. Es gibt Kinder, die von den Lehrern nach Hause geschickt werden, weil sie zu schwach sind, um sich auf den Beinen zu halten. Tausende von Schulen haben längst geschlossen; Lehrer können nicht mehr bezahlt werden, das Schulsystem steht kurz vor dem Kollaps. Die Lehrer, die bleiben, können dies nur, weil einzelne Familien sie aufnehmen. In den USA wächst eine neue Generation Analphabeten heran. Mehr als 200.000 Kinder leben auf der Straße. Je öfter Bonnie und Clyde mit all dem Elend konfrontiert werden, umso mehr wächst in ihnen die Erkenntnis, dass Ehrlichkeit und harte Arbeit keine Alternative zum Outlawdasein bieten.

Wenn die beiden knapp bei Kasse sind, dann bitten sie auf den Farmen, die am Weg liegen, um ein Nachtquartier. Sie bezahlen mit Geld, Lebensmitteln und manchmal auch mit einer Pistole. Niemand stellt Fragen. Es gibt zu viele Gestrandete, als dass das Warum noch wichtig wäre. Dass Bonnie und Clyde Schwierigkeiten mit dem Gesetz haben, wen interessiert das? Die Gesetze und der Staat haben zur Zeit nicht allzu viele Freunde. Während Dillinger & Co. angesichts einer verelendeten Bevölkerung zu Volkshelden werden, kann sich der Staat immer weniger auf seine Bürger verlassen. Für Bonnie und Clyde sind die Nächte, die sie bei Farmerfamilien verbringen, immer auch ein Ausbruch aus ihrer selbst gewählten Isolation. Kommunikation mit anderen ist selten geworden und daher eine schöne Abwechslung, und die eine oder andere wichtige Information lässt sich dabei auch aufschnappen.

Während Bonnie und Clyde ihr Leben außerhalb von Texas genießen, geschieht hier zeitgleich ein Verbrechen, an dem sich bis heute die Geister scheiden. Augenzeugen, Kriminalisten, Familie und Freunde, Historiker und Biografen sind uneins darüber, ob Clyde Barrow tatsächlich der Täter war.

Am 11. Oktober 1932 wird in Sherman, Texas, in der »Little Grocery« Metzger Howard Hall erschossen. Gegen halb sieben Uhr abends betritt ein junger Mann den Laden, in dem sich nur noch die Verkäufer Homer Glaze und Howard Hall aufhalten. Der Inhaber hat das Geschäft wenige Minuten zuvor verlassen, um die Tageseinnahmen zur Bank zu bringen. Der gut gekleidete, schmächtige junge Mann kauft Brot, ein paar Eier, etwas Schinken. Bezahlen will er mit einem größeren Geldschein. Homer Glaze, der ihn bedient, öffnet die Kasse, in der sich noch etwa 60 Dollar Wechselgeld befinden. Als er sich wieder umdreht, blickt er in die Mündung einer Pistole. Der Räuber verlangt die Herausgabe der Tageseinnahmen. Metzger Howard Hall, groß von Statur und gewiss nicht ängstlich, stürmt nach vorn, um den Täter zur Räson zu bringen: Diese jungen Leute heutzutage, denen muss man mal den Kopf zurechtrücken. Es kommt zu einem Streit, in dessen Verlauf der Räuber dreimal auf Hall schießt. Als dieser bereits verletzt am Boden liegt, zielt der Täter noch einmal auf ihn. Dann flieht er zu einem Wagen, der vor dem Laden parkt. Zeugen beobachten die Szene, die sich halb im Türrahmen abgespielt hat. Howard Hall stirbt eine Stunde später im St. Vincent Krankenhaus. Er ist 57 Jahre alt und hinterlässt seine Frau und einen Sohn.

Die Täterbeschreibung, die der völlig erschütterte Homer Glaze gibt, passt exakt auf Clyde Barrow – und Hundert andere junge Männer. Clydes Aussehen ist vollkommen durchschnittlich. Doch die Polizei hätte ihn gerne als Täter überführt. Sie fordert Fotos aus Dallas an, auf denen Glaze ihn eindeutig identifiziert. Auch anderen Augenzeugen wird Clydes Foto vorgelegt, wohlgemerkt nur Clydes Foto. Sie bestätigen Glaze' Aussage. Untermauert wird der Verdacht gegen Clyde durch den Deputy von Grayson County, Walter Enloe. Dieser will Clyde am Tag des Überfalls im Gefängnis von Sherman gesehen haben. Hier sitzt Clydes Bruder L. C. wegen Autodiebstahls. Clyde Barrow habe ihn am Nachmittag besuchen wollen. Warum er einen steckbrieflich gesuchten Polizistenmörder aus dem Gefängnis herein- und herausspazieren lässt, erklärt Enloe nicht. Amtliche Unterlagen lassen zudem darauf schließen, dass sich L. C. am 11. Oktober noch in Dallas im Gefängnis befand und erst später nach Sherman überstellt wurde. Es ist außerdem äußerst unwahrscheinlich, dass Clyde seine Verhaftung riskiert hätte, um seinen Bruder zu besuchen. Für gewöhnlich schickt er Mittelsmänner, um mit Inhaftierten Kontakt aufzunehmen. So geschehen bei Bonnie, Ralph Fults und Aubrey Scalley. Weitere Zeugenaussagen sprechen gegen eine Beteiligung Clydes. Einige wollen einen zweiten Mann im Auto gesehen haben. Da Raymond Hamilton sich schon vor einiger Zeit von den beiden verabschiedet hat, bleibt die Frage offen, wer der Mann war? Später, als Bonnie und Clyde als Gangsterpaar längst berühmt sind, wird in den Aussagen der Augenzeugen aus dem Mann eine Frau. In den nächsten Monaten wird Clyde in mehreren Staaten von Zeugen nahezu zeitgleich als Täter verschiedener Verbrechen benannt.

Noch mehr als die verwirrenden Aussagen der Zeugen sprechen jedoch zwei Dinge gegen Clydes Tatbeteiligung. Zum einen wandte Clyde tatsächlich bei seinen Überfällen niemals Gewalt an. Alle, die ihn erlebt haben, bestätigen, dass er nur schoss, wenn er sich bedroht fühlte. Niemals hat er einen Unbewaffneten erschossen. Übereinstimmend geben Zeugen in den folgenden zwei Jahren zu Protokoll, dass Clyde bei seinen Überfällen ausgesprochen höflich agierte. Um das Moment der Bedrohung hervorzuheben, wird Monate später kolportiert, Howard Hall hätte Clyde mit einem Fleischermesser angegriffen. Das weitaus wichtigere Argument ist jedoch, dass Clyde seiner Familie gegenüber jegliche Tatbeteiligung strikt von sich weist. In allen anderen Fällen, auch in denen, die ihm nicht zum Ruhm gereichen, gibt er seine Beteiligung immer zu. Während im ganzen Land neue Fahndungsplakate aufgehängt werden mit dem Hinweis: »Er ist ein sehr gefährlicher Mann und schreckt nicht davor zurück zu töten«[130], hält Clydes Familie das alles für ein schreckliches Missverständnis. Ihr zufolge erfährt Clyde erst bei seiner Rückkehr nach West Dallas am 31. Oktober 1932 von der Anschuldigung. Sie sind wieder da, weil Bonnie, wie Clyde seiner Schwester erzählt, vor Heimweh nach ihrer Mutter schier vergangen ist: »Sie fängt dann an zu weinen und überflutet fast das Auto, wenn sie zu ihrer Mutter will. Dann schlüpf ich halt in die Badehose und fahr sie heim. Die Bullen? Zur Hölle, nein, vor denen hab ich keine Angst, solange sie Bonnies Gesicht nicht sehen. Denn dann würden sie mich wahrscheinlich verhaften, weil ich ganz offensichtlich meine Frau schlage.«[131] Als sie in der Eagle Ford Road ankommen, fahren sie dicht an die Tankstelle heran und werfen eine leere Colaflasche aus dem Wagen, die eine Nachricht mit Ort und Zeitpunkt des Familientreffens enthält. Danach wird Cumie Barrow alle anrufen und erklären, es gebe »Red Beans« zum Abendessen. Der berühmte Südstaateneintopf aus roten Bohnen und Reis ist Bonnies Lieblingsgericht und das Codewort dafür, dass Bonnie und Clyde in der Stadt sind. Dies ist ihre übliche Verständigungsmethode, die die Polizei in all den Monaten niemals aufdecken wird. Als es dunkel ist, fahren sie zu Emma Parkers Haus. Das Wiedersehen ist kurz, beim Familientreffen mit den Barrows am nächsten Tag kann Emma Parker nicht dabei sein, sie muss arbeiten. Clyde erfährt von seiner Familie nun von den Ereignissen in Sherman. Er streitet alles ab: »Wir waren das nicht, wir waren die letzten drei Wochen in Kansas. Die beschuldigen uns einfach auf gut Glück. Aber was macht das jetzt noch für einen Unterschied? Irgendjemandem müssen sie's ja anhängen.«[132]

Die Barrows glauben ihm. Auch wenn er immer versucht sich zu rechtfertigen, wenn er geschossen hat, belogen hat er sie noch nie. Wahrscheinlich will die Polizei mit ihrem falschen Verdacht nur den Fahndungsdruck erhöhen. Davon ist auch Freund Ralph Fults überzeugt. Einzig Floyd Hamilton, Raymonds älterer Bruder, behauptet später, Clyde habe ihm gestanden, Hall getötet zu haben. Dieser habe ihm den Weg nach draußen versperrt und sei trotz mehrmaliger Aufforderung nicht zur Seite gegangen. Da habe er geschossen.[133] Die Familie tut alles, um Clydes Unschuld zu beweisen, ist der Mord an Hall doch ein weiterer Schritt hin zum elektrischen Stuhl. Clyde ist das egal. Ein Toter mehr oder weniger wird das Ende seines Lebens nicht mehr beeinflussen. Zudem gefällt ihm die plötzliche Berühmtheit, die er nun erfährt. Sein Gesicht ist auf den Titelseiten aller Zeitungen, jeder spricht über ihn. Dies schmeichelt seinem Ego und kommt seinem Geltungsbedürfnis sehr entgegen. Was macht es da schon, wenn er viele der ihm unterstellten Taten gar nicht begangen hat. Er beginnt die Zeitungsartikel über sich zu sammeln.

Zu seinem Unmut muss er sich die Titelseiten im November 1932 jedoch mit ein paar Leuten teilen. Die US-Präsidentschaftswahlen stehen bevor. Die Zustimmung für Präsident Hoover ist in den letzten

Monaten auf ein Minimum gesunken. Seine Niederlage scheint offensichtlich, und tatsächlich siegt sein Herausforderer Franklin Delano Roosevelt mit großem Vorsprung. Hoovers Zaudern und seine von großen Teilen der Bevölkerung empfundene Unwilligkeit, den Amerikanern in ihrer Not zu helfen, kostet ihn letztlich das Amt. Dabei war es keineswegs Hartherzigkeit, die ihn dazu trieb, falsche politische Entscheidungen zu treffen. Umfassende staatliche Unterstützungsmaßnahmen hätten allem widersprochen, woran Hoover glaubt. Seiner Ansicht nach ist es die herausragende Tugend des amerikanischen Volkes, sich durch Eigeninitiative aus jeder Situation zu retten. Diese Tugend hat das Land aufgebaut und zu dem gemacht, was es ist. Staatliche Unterstützung hätte in seinen Augen die Moral des Volkes untergraben und aus den Amerikanern für alle Zeiten Bittsteller gemacht. Eine Sichtweise, die sich während der 1930er Jahre vielerorts im Umgang mit Antragstellern auf Hilfsleistungen niederschlug. In manchen Bundesstaaten wurden Hilfsempfängern die Bürgerrechte beschnitten. So verloren sie zum Beispiel ihr Wahlrecht, manche Gemeinden schlossen Kinder von Bürgern, die ihre Steuern nicht mehr bezahlen konnten, vom Schulbesuch aus, die Kirche verweigerte Menschen, die im Verdacht standen, staatliche Hilfsmaßnahmen in Anspruch zu nehmen, die Teilnahme am Gottesdienst.[134] An dieser etwas merkwürdigen Art von Pioniergeist beißen sich bis heute alle Präsidenten die Zähne aus, die den Einfluss des Staates vermehren wollen. Auch Hoover wollte die Notleidenden unterstützt wissen, doch vor Ort und von lokalen Hilfsorganisationen, die sich aus Spenden finanzierten. Charity, so lautete sein Credo. Wer auf der Sonnenseite des Lebens steht, sei dazu verpflichtet, den anderen zu helfen. Auch dies eine ur-amerikanische Denkweise, durch die bis heute zahlreiche, eigentlich staatliche Aufgaben abgedeckt werden. Doch was in ruhigen Zeiten funktionieren mag, musste kapitulieren angesichts einer nationalen Katastrophe. Private Hilfsorganisationen konnten die Not nicht mehr auffangen. Dennoch verweigerte selbst das nationale Rote Kreuz eine zentrale Koordinierung der Hilfsmaßnahmen und verwies auf die Ortsgruppen. Hoover erkannte nicht, dass die Große Depression keine Phase war, die vorübergehen würde, wenn alle die Ärmel hochkrempelten, sondern eine internationale Krise, die nur durch Lenkungsmaßnahmen des Staates überwunden werden konnte. Jahrelang hatten verzweifelte Bürger Briefe nach Washington geschrieben und darum gebeten, sich vor Ort ein Bild der Situation zu machen. Man käme ohne staatlich koordinierte Hilfsmaßnahmen nicht mehr weiter. Das New Yorker Wohlfahrtsamt war im Januar 1932 nicht einmal mehr in der Lage gewesen, die Millionen von Dollars, die es gesammelt hatte, an die Bedürftigen zu übersenden, da es kein Geld mehr für Briefmarken hatte. In einzelnen Städten hatten Politiker zu verzweifelten Maßnahmen gegriffen. So hatte der Bürgermeister von Chicago, Tony Cermak, jeden einzelnen Steuerschuldner, der über 20.000 Dollar Schulden hatte, persönlich angerufen und gebeten, zumindest das zu bezahlen, was ihm möglich war. Frank Murphy, Bürgermeister von Detroit, hatte Monat für Monat 2 Millionen Dollar aus dem Etat entnommen, um die Hungernden seiner Stadt zu ernähren. Dann war die Stadt bankrott und die Hilfe musste eingestellt werden. Der Bürgermeister von Boston, James Curley, warnte Hoover, seine Politik würde eine Nation von Bettlern erschaffen.[135] Doch obwohl inzwischen sogar Unterweltboss Al Capone aus seiner Privatschatulle mit 300 Dollar am Tag eine Suppenküche in Chicago finanzierte, blieb Hoover in dieser Sache unbeweglich. »In diesem Land verhungert niemand«, sagte er.[136] Dabei waren in Pennsylvania begnadigte Strafgefangene gerade freiwillig ins Gefängnis zurückgekehrt, aus Angst, in der Freiheit zu verhungern.

Die Städte sind voller Menschen, die im Müll nach Essen suchen. Es gibt nun 13 Millionen Arbeitslose, in den Zentren der Schwerindustrie liegt die Arbeitslosenquote bei 80 Prozent. Als die UdSSR kürzlich Jobs für 6000 Facharbeiter offerierte, haben sich mehr als 100.000 Amerikaner gemeldet. 1932 haben zum ersten Mal in der Geschichte der USA mehr Menschen das Land verlassen, als gekommen sind. Die Angst vor dem Volkszorn wächst täglich. Oscar Ameringer, Staatsanwalt aus Oklahoma, warnt im Sommer 1932 vor einem Komitee des Repräsentantenhauses vor einer Revolution: »Ich behaupte nicht, dass wir in den nächsten ein oder zwei Jahren eine Revolution bekommen … Ich hoffe, sowas werden wir überhaupt nicht erleben müssen, aber die Gefahr besteht. So ist nun mal die Stimmung im Land. Die Massen haben das Gefühl, dass hier etwas ganz gewaltig falsch läuft. Die Leute brauchen dringend politische Führung. Sie sagen, das Einzige, was ihr in Washington tut, ist, den Armen das Geld aus der Tasche zu ziehen und es den Reichen in den Rachen zu stopfen. Sie sagen, diese Regierung ist eine Verschwörung gegen das Volk.«[137] Dennoch lässt

Hoover sich nicht von seiner politischen Linie abbringen. Dies ist für viele umso unverständlicher, als man sich an Hoovers Hilfsleistungen an die hungernde Sowjetunion nach dem Ersten Weltkrieg erinnert. Der Quäker Hoover war zu dieser Zeit Vorsitzender der American Relief Commission gewesen und hatte mithilfe verschiedener, vor allem von den Quäkern finanzierter Hilfsorganisationen Millionen Kinder in Europa und der UdSSR durch die sogenannte Hoover-Speisung vor dem sicheren Hungertod bewahrt. Eingedenk dessen hatte Senator Alben W. Barkley aus Kentucky, der unter Harry Truman von 1949 bis 1953 Vize-Präsident der USA sein wird, als Lösung für all die Probleme schließlich entnervt vorgeschlagen: »Der beste Weg, all die Arbeitslosen zu ernähren, wird es wohl sein, sie nach Russland oder China zu schicken.«[138]

Nachdem es ihm nicht gelungen ist, das Land aus seiner schlimmsten Krise herauszuführen, muss Hoover gehen. Der neue starke Mann heißt Franklin Delano Roosevelt, geboren am 30. Januar 1882 in eine der vornehmsten Familien der Ostküste. Er wird als einer der bedeutendsten Präsidenten der USA in die Geschichte eingehen. Kein Präsident wird jemals mehr Briefe erhalten als er. Es sind erschütternde Dokumente der Verzweiflung und der Hoffnungslosigkeit: »Lieber Mr. Präsident. (…) Seit mehr als drei Jahren hat niemand von uns Arbeit. (…) Im letzten Winter hatten wir keine Kohlen mehr und alle Leitungen sind geplatzt, weil wir nicht mehr heizen konnten. Seitdem haben wir kein fließendes Wasser mehr. Jetzt ist wieder Winter (…) und wir werden das Haus verlieren, weil ich die Raten nicht mehr zahlen kann. Ich bin Mutter von kleinen Kindern, sehr krank und wir sind insgesamt zu acht. (…) Wenn wir die Raten nicht bezahlen können, werfen sie uns auf die Straße. (…) Ich flehe Sie an, helfen Sie uns.«[139] Vor allem Mütter wenden sich an den neuen Mann: »Ich bin Mutter von sieben Kindern und mein Herz ist gebrochen, denn meine Kinder haben Hunger und ich habe nur mehr 65 Cent. Der Vater ist in LA auf der Suche nach Arbeit. Wir haben kein Fleisch, keine Milch und keinen Zucker mehr – das Mehl wird noch für zwei Brote reichen, dann war's das auch.«[140]

Dass die Amerikaner gerade in Roosevelt den Mann sehen, der sie aus ihrer Not erretten kann, ist in einem so sportbegeisterten und dem Körperkult frönenden Land durchaus ungewöhnlich, denn Roosevelt sitzt im Rollstuhl, seit er mit knapp 40 Jahren im Sommer 1921 an Kinderlähmung erkrankte. Seine verzweifelten Bemühungen zu gesunden hatten sich als sinnlos erwiesen und Roosevelt sich schließlich in sein Schicksal ergeben. Allerdings wird es während seiner Amtszeit kaum Aufnahmen geben, die ihn im Rollstuhl zeigen. Die Presse unterstützt den Präsidenten in seinem Wunsch, sich nicht als verletzlich und schwach zu präsentieren. Selbst in dem 1997 eröffneten 30.000 Quadratmeter großen Franklin Delano Roosevelt Memorial in Washington stellt eine Skulptur den Präsidenten nur auf einem Stuhl sitzend dar. Behindertenverbände sammelten daraufhin für eine weitere Skulptur, die 2001 am Eingang der Gedenkstätte aufgestellt wurde und Roosevelt im Rollstuhl zeigt. Während seiner Amtszeit gelang es dem ehemaligen Gouverneur von New York mit schier übermenschlicher Willenskraft und der Hilfe von Stahlschienen, die an seinen Beinen befestigt wurden, zu stehen und eventuell auch ein paar Schritte zu gehen. Roosevelt besaß ein unerschütterliches Selbstvertrauen und schaffte es mit seinem Enthusiasmus, eine ganze Nation mitzureißen. Obwohl seine Ehe am Beginn seiner Präsidentschaft nur noch auf dem Papier bestand, war an seiner Seite die wohl herausragendste Präsidentengattin aller Zeiten: Eleanor Roosevelt, eine Nichte seines Vorgängers Theodore Roosevelt. Sie galt als das linke Gewissen des Präsidenten und stand ihrem Mann an Selbstbewusstsein und Einsatzwillen in nichts nach. Auch sie erreichten in jenen Jahren Abertausende von Briefen: »Sehr geehrte gnädige Frau, ich bin Witwe und Mutter eines 14-jährigen Sohnes und ich brauche ganz dringend einen Wintermantel. Wenn Sie vielleicht einen aus der letzten Saison haben, den Sie nicht mehr tragen, würde ich mich sehr freuen, wenn Sie ihn mir schicken könnten. Ich würde auch die Versandkosten übernehmen. Ich trage Größe 36 oder 38.«[141] Die »Mantelbriefe«, die an sie gerichtet wurden, füllen ganze Regale. Sie ist die einzige Präsidentengattin der USA, der man je ein Denkmal errichtet hat.

Die politische Karriere des einstigen Anwalts Franklin Delano Roosevelt begann 1910 als Senator des Bundesstaates New York. Hier setzte er sich vor allem für unpopuläre Themen wie Naturschutz, Frauenrechte und die Rechte von Arbeitern ein. Im Gegensatz zu Hoover hatte sich Roosevelt sehr früh gegen einen ungehemmten Kapitalismus ausgesprochen und für staatliche Lenkungsmaßnahmen. 1928 zum Gouverneur des Bundesstaates New York gewählt, hatte er angesichts der Großen Depression 1931 Hilfsmaßnahmen eingeleitet, die in dieser Form neu waren. So erließ der Staat New York ein Hilfs-programm für Arbeitslose und erhöhte die Einkommenssteuer um 50 Prozent. In seinem Aktionismus stieß Roosevelt jedoch immer wie-der an Grenzen, die ihm klarmachten, dass nur die Regierung in Washington in der Lage war, wirklich wirksame Programme zu verab-schieden. Die Probleme waren zu vielfältig, als dass sie in den Bundes-staaten gelöst werden konnten. Roosevelt plädierte für ein umfassendes Hilfsprogramm zur Verbesserung der Situation der Farmer und trat für Reformen im Gesundheitssystem und im Bildungswesen ein. Staat-liche Hilfe war für ihn keine Wohlfahrt, sondern soziale Pflicht.[142]

Mit Roosevelt wählen die Amerikaner nun einen Mann ins Amt, der die Situation zu begreifen scheint. Dass er trotz seiner Krankheit einen so unerschütterlichen Optimismus ausstrahlt, gefällt den Men-schen, die Herbert Hoovers sauertöpfisches Gesicht nicht mehr sehen können. Roosevelt überzeugt die Amerikaner so sehr von seinen Fähig-keiten, dass er als einziger Präsident der Vereinigten Staaten viermal ins Amt gewählt wird. Ihm allein trauen sie später auch zu, die Welt von Hitlerdeutschland zu befreien.

Clyde Barrow ist egal, wer ins Weiße Haus einzieht. An seiner Situation ändert das nichts. Er macht sich daran, der Bedeutung, die ihm die Zeitungen verleihen, jetzt auch im realen Leben zu entspre-chen. Alle großen Verbrecher waren und sind immer Anführer einer Bande. Die Idee der Barrow Gang spukt ihm noch immer im Kopf herum. Auch wenn das Projekt bisher nicht allzu erfolgreich war, will er es nicht ad acta legen, sondern als großer Bandenchef in die Ge-schichte eingehen. Außerdem ist da immer noch die Sache mit East-ham. In West Dallas rekrutiert er zwei neue Mitglieder: Frank Hardy und Hollis Hale. Sie haben all die Storys über Clyde gelesen und sind begeistert davon, mit dem großen Barrow auf Raubzug zu gehen. Mit den neuen Bandenmitgliedern auf dem Rücksitz verlassen Bonnie und Clyde Texas in Richtung Missouri. In Texas und Oklahoma sind ein-fach zu viele Polizisten hinter ihnen her.

Die erste Aktion der neuen Barrow Gang ist ein Banküberfall. Lei-der sucht der selbsternannte Bandenchef eine Bank aus, die vor weni-gen Tagen pleitegegangen ist. Als Clyde vor dem entgeisterten Kassie-rer mit der Waffe herumfuchtelt, muss der alte Mann an sich halten, um nicht in schallendes Gelächter auszubrechen. Das nächste Ziel wählt Clyde mit mehr Bedacht aus, es wird die Farmers & Miners

Bank in Oronogo, Missouri. Bonnie erhält den Auftrag, die Bank aus-zuspionieren. Doch sie hat in einer Zeit, in der nur wenige Menschen ein Konto besitzen, noch nie zuvor eine Bank betreten und benimmt sich so verdächtig, dass die Angestellten auf sie aufmerksam werden und Vorsorge für den Notfall treffen. Am 30. November 1932 gegen halb zwölf Uhr mittags stürmen Clyde und Hardy die Bank, Hale war-tet als Fahrer im Wagen. Zur Überraschung der beiden Räuber steht der Kassierer jedoch hinter dickem Panzerglas, was Bonnie nicht er-wähnt hatte, und hält ihnen seinerseits eine Waffe entgegen. Hardy kann gerade noch ein paar Dollar greifen, die vor ihm auf dem Tisch liegen, dann rennen sie hinaus. Hale und Hardy, die beiden Möchte-gernbankräuber, sind schwer enttäuscht. Das sollen die Großtaten der Barrow Gang sein? Ganze 110 Dollar geteilt durch vier? So hatten sie sich das nicht vorgestellt. Bei der nächstbesten Gelegenheit verschwin-den sie auf Nimmerwiedersehen. Aus der Zeitung erfahren Bonnie und Clyde später, dass die Beute fast 500 Dollar betragen hatte. Ihre eigenen Bandenmitglieder haben sie übers Ohr gehauen.

Noch weniger Glück hat nur Raymond Hamilton. Zurück in Mi-chigan, hat er sich in eine Bedienung verliebt. Um Eindruck zu schin-den, hat er mit seiner kriminellen Karriere geprahlt und damit, ein Kumpan des berüchtigten Clyde Barrow zu sein. Er ahnt nicht, dass der Verlobte seiner Angebeteten Polizist ist. Ihm berichtet sie von dem merkwürdigen Gast, mit dem sie sich am 6. Dezember 1932 auf der Eis-laufbahn von Bay City verabredet hat. Noch auf Schlittschuhen wird Raymond Hamilton verhaftet. Bereits Mitte Dezember kommt es zur Gegenüberstellung mit Madora Bucher, die Hamilton nicht identifi-zieren kann. Im Gegenteil, sie sagt aus, dass Hamilton nicht bei dem Überfall auf ihren Mann dabei gewesen sei. Erst nachdem der Sheriff von Hill County, J. W. Freeland, sich noch einmal allein mit ihr be-spricht, ändert sie ihre Meinung. Bei einer zweiten Gegenüberstellung erkennt sie in Raymond Hamilton den Mörder ihres Mannes.[143]

Etwa zur selben Zeit tauchen Bonnie und Clyde wieder bei ihren Familien auf. Erneut ist Bonnie so unglücklich gewesen, dass Clyde sie trotz aller Gefahr zum Haus ihrer Mutter fährt, wo es ein kurzes, tränenreiches Wiedersehen gibt. Er fährt derweil mit dem Wagen ein paarmal um den Block. Diese Familientreffen gefährden Bonnie und Clyde aufs Höchste. Ihre Anhänglichkeit an ihre Familien ist ihr größ-ter Schwachpunkt, das wird irgendwann auch den Verfolgern klar.

Doch Bonnie und Clyde sind nicht nur nach Texas zurückgekehrt, um ihre Familien zu besuchen, vor allem wollen sie Ralph Fults befreien, der noch immer in McKinney im Gefängnis sitzt. Am 19. Dezember 1932 erhält Fults Besuch von seiner Cousine. Es ist Bonnie, die mit ihm Einzelheiten für die Flucht bespricht. Clydes Vorschlag, Fults solle sich die Schlüssel zu seiner Zelle beschaffen und einfach hinausspazieren, lehnt Fults ab. Die Zellenschlüssel seien in sicherer Verwahrung. Enttäuscht kehrt Bonnie zu Clyde zurück, am nächsten Morgen will sie mit einem neuen Plan wiederkommen. Doch als Bonnie am Tag darauf zum Gefängnis geht, ist Fults bereits auf dem Weg nach Huntsville.

In den letzten Tagen des Jahres 1932 stößt der 16-jährige William Daniel Jones, genannt W. D., zur Bande. Clyde kennt ihn noch als kleinen Jungen, als er mit seiner Familie neben den Barrows unter dem Oak Cliff Viaduct gelebt hatte. Schon damals hatte W. D. Clyde über alle Maßen bewundert. Geboren am 12. Mai 1916 in eine bettelarme Familie mit sechs Kindern, war er im Alter von sechs Jahren aus Henderson County, Texas, nach West Dallas gekommen. Kurz nach ihrer Ankunft waren der Vater und zwei Geschwister an Influenza verstorben. Um die Familie zu unterstützen, hatte der kleine W. D. Zeitungen verkauft. Weil er nicht lesen und schreiben konnte, musste er sich die jeweilige Schlagzeile vorlesen lassen, um sie verkünden zu können. Bisher hat er sich nichts zuschulden kommen lassen, doch als Clyde ihm anbietet, mit ihnen zu kommen, willigt W. D. sofort ein: »Ich ging mit. Heute weiß ich, dass es eine Dummheit war, aber damals schien es verlockend, mit zwei so berühmten Outlaws unterwegs zu sein. Ich nehme an, dass Clyde mich mitnahm, weil er mich kannte und weil er dachte, er könne sich auf mich verlassen.«[144] Am Heiligabend 1932 treffen die drei in Temple, Texas, 206 km südlich von Dallas ein. Sie übernachten in einem Motel, wie in den nächsten Monaten üblich, in einem Zimmer. Bonnie und Clyde nehmen das Doppelbett, W. D. schläft auf dem Fußboden. Als Clyde W. D. am nächsten Tag seine erste Waffe überreicht, platzt der fast vor Stolz. Clyde möchte, dass der Junge ihn zu einem Überfall begleitet. Schon bei seiner ersten Bewährungsprobe verliert W. D. die Nerven: »Nachdem wir den Laden betreten hatten, tätigte Clyde ein paar kleinere Einkäufe. Ich glaube, er kaufte Eier und Brot. Ich war nervös und ängstlich und schüttelte meinen Kopf, um ihm zu signalisieren, dass ich nicht mitmachen wollte.

Dann drehte ich mich um und verließ den Laden. Clyde folgte mir und wir gingen zum Wagen zurück. Auf der Fahrt war Clyde stinksauer auf mich, weil ich ihm nicht geholfen hatte, den Laden auszurauben. Er nannte mich einen Feigling und Bonnie lachte mich aus, weil ich solche Angst gehabt hatte. Clyde war so wütend, ich bin mir sicher, am liebsten hätte er mich umgebracht.«[145]

Und ob Clyde wütend ist. Der Junge ist für nichts zu gebrauchen. Doch vielleicht ist er geschickter als Autodieb denn als Räuber. Es wird Zeit, den Wagen zu wechseln. Auf der Suche nach dem passenden Gefährt entdeckt das Trio noch in Temple in der 13. Straße den schwarzen Ford A Roadster von Doyle Johnson, einem jungen Familienvater. Es ist der Nachmittag des 25. Dezember 1932, die Johnsons haben soeben das Weihnachtsmahl beendet und Doyle gönnt sich ein kleines Nickerchen. Niemand ist auf der Straße und Clyde weist W. D. an, den Wagen zu holen. Doch obwohl der Schlüssel steckt, schafft der Junge es nicht, den Wagen zu starten. Clyde muss ihm zu Hilfe kommen. Der Lärm des immer wieder absterbenden Motors alarmiert Doyle Johnson und seine Familie, die allesamt auf die Straße laufen. Johnson springt auf das Trittbrett seines Wagens, um die beiden Gangster am Wegfahren zu hindern. Alles brüllt und schreit wild durcheinander. Von ihrem Wagen aus beobachtet Bonnie wie erstarrt die ganze Szenerie. Endlich gelingt es Clyde, den Ford zu starten, aber Johnson hält ihn am Arm fest. Clyde versucht, den wütenden Mann vom Wagen zu schubsen, doch der lässt sich nicht abschütteln. Auch Clydes Drohung, zu schießen, kann ihn nicht dazu bewegen, sein Eigentum verloren zu geben. Da fallen plötzlich mehrere Schüsse. Doyle Johnson fällt wie ein Stein vom Wagen, der im Höllentempo davonbraust. Umgehend startet Bonnie ihren Wagen und rast hinterher. Erst ein paar Meilen außerhalb der Stadt halten sie an. Hier lassen sie Doyle Johnsons Ford zurück und fahren in Bonnies Wagens weiter. Ehe sie einsteigen, muss W. D. auf die Telefonmasten klettern und alle Leitungen kappen. Es hat einen Toten gegeben, sie brauchen Vorsprung. Bonnie ist kreidebleich. Heute hat sie zum ersten Mal mit eigenen Augen gesehen, wie ein Mensch zu Tode gekommen ist. Wer von den beiden Doyle Johnson erschossen hat, kann nie geklärt werden. W. D. gibt bei seiner Verhaftung später an, es sei Clyde gewesen. Jahre später erzählt er jedoch, Clyde sei völlig aus dem Häuschen gewesen und habe ihn angeschrien: »Du Vollidiot. Niemand hat dir gesagt, du sollst jemanden umbringen. Was zur Hölle hast du dir dabei gedacht?«[146] Keiner von beiden weiß, wer Johnson tatsächlich getroffen hat, geschossen haben beide. Doyle Johnson erliegt am nächsten Tag seinen schweren Verletzungen. Er wird nur 27 Jahre alt und hinterlässt eine Frau und ein Baby. Für seinen Tod werden später fälschlicherweise andere Männer vor Gericht gestellt. Erst W. D.s spätes Geständnis führt zur Aufklärung der Tat.

Ende des Jahres 1932 hat Clyde im Südwesten der USA eine Blutspur hinterlassen. Auch wenn er selbst nicht immer unmittelbar der Täter war, so war er doch in die Ereignisse verwickelt, die John N. Bucher, Deputy Eugene C. Moore, möglicherweise Howard Hall und ganz sicher Doyle Johnson das Leben gekostet haben.

Jener Weihnachtstag in Temple verändert das Leben von W. D. Jones für immer. Aus dem Abenteuer ist blutiger Ernst geworden. Clyde spricht aus, was W. D. schon ahnt: »Tja, mein Junge, nach Hause kannst du nun nicht mehr. Du bist zum Mörder geworden, genau wie ich. Jetzt gibt's kein Zurück mehr.«[147] Noch 30 Jahre später erinnert sich W. D. Jones an diesen schrecklichen Moment: »Er hatte recht. Ursprünglich hatten sie vorgehabt, mich an diesem Tag nach Dallas zurückzubringen. Er hatte es mir fest versprochen, aber nachdem Doyle Johnson getötet worden war, konnte ich nicht mehr nach Hause zurück. Genau wie Clyde gesagt hatte, wurde ich jetzt als Mörder gesucht. Ich war nun auch ein Outlaw, und so bin ich eben bei ihnen geblieben. Das Rauben und Morden hörte nie mehr auf.«[148]

Es ist mir egal, was die Leute sagen,
sie sind meine Jungs und ich liebe sie.
CUMIE BARROW [149]

»Robin Hood und Lady Marian«

VI. Verbrecher und Volkshelden

Das neue Jahr beginnt für die Polizei von Dallas mit einer personellen Veränderung. Richard A. Schmid, genannt Smoot, übernimmt zum 1. Januar 1933 sein Amt als neu gewählter Sheriff von Dallas County. Smoot Schmid ist ein energischer Mann mit einer etwas undurchsichtigen Vergangenheit. Raymond Hamilton behauptet steif und fest, er habe an Schmid, als dieser noch Besitzer eines Fahrradladens war, gestohlene Fahrräder verhökert. Gleichwohl trauen ihm die Bürger von Dallas zu, die überhandnehmende Kriminalität in den Griff zu bekommen. Unmittelbar nach seinem Amtsantritt stellt Schmid neue Deputys ein. Neben dem bekannten Scharfschützen Bob Alcorn ist auch Ted Hinton darunter, Bonnies alter Verehrer. Er hat bei der Post gekündigt, das Gehalt eines Hilfssheriffs ist besser.

Bereits in seinen ersten Amtstagen hat Sheriff Schmid einen Fahndungserfolg zu verzeichnen. Er fasst Les Stewart, der am 29. Dezember 1932 zusammen mit Odell Chambless die Home Bank in Grapevine, Texas, überfallen hatte. Stewart ist ein alter Freund von Raymond Hamilton: Er hat mit ihm einst eine Bank in Cedar Hill, Texas, ausgeraubt. Man kennt sich in diesen Kreisen. In der Hoffnung auf eine mildere Strafe bietet Les Stewart an, Odell Chambless ans Messer zu liefern. Er wisse, dass Chambless immer, wenn er in Dallas sei, Lillian McBride, Hamiltons Schwester, besucht. In deren Haus, County Avenue 507, könne man ihm eine Falle stellen. Am 6. Januar 1933 soll dieser Plan in die Tat umgesetzt werden.

Was niemand weiß: Auch Clyde Barrow hat Kontakt zu Lillian McBride. Nachdem er von Raymond Hamiltons Verhaftung erfahren hat, wendet er sich an sie, um mit ihr einen Fluchtplan für Raymond auszuarbeiten. Clyde lässt seine Freunde niemals im Stich. Unmittelbar nach Hamiltons Überstellung in das Gefängnis nach Hillsboro, Texas, hat Clyde an Lillian einen Radioapparat übergeben, in den eine Säge eingebaut ist. Lillian soll ihn bei ihrem nächsten Besuch an Raymond übergeben.

Am 6. Januar 1933 erhält Lillian Besuch von Deputy Ed Castor, der, obwohl er sie nach Raymond befragt, ganz offensichtlich die Örtlichkeit in Augenschein nehmen will. Sobald sie ihren ungebetenen Gast verabschiedet hat, verlässt Lillian das Haus. Wenig später tauchen Bonnie, Clyde, W. D. Jones und Bonnies jüngere Schwester Billie Jean auf. Clyde will wissen, ob bei der Übergabe des Radios alles glattgegangen ist. Doch sie treffen nur Lillians und Raymonds 18-jährige Schwester Maggie Fairris an, die ihnen vom Besuch der Polizei erzählt. Clyde kündigt an, spät nachts wiederzukommen. Maggie wird im Zimmer ihrer Kinder ein rotes Lämpchen brennen lassen, sollte die Luft nicht rein sein.

Es ist schon dunkel, als fünf Männer vor dem Haus vorfahren: Bezirksstaatsanwalt W. T. Evans, die Deputys Dusty Rhodes und Malcolm Davis, Special Ranger J. F. Van Noy und Dallas County Deputy Sheriff Fred Bradberry. Lillian ist noch immer nicht zurück, Maggie hat soeben die Kinder zu Bett gebracht. Die Männer kündigen an, hierzubleiben. Drei verstecken sich im Haus, zwei gehen hinter dem Haus in Deckung. Sie weisen Maggie an, alle Lichter zu löschen, doch diese bittet darum, im Kinderzimmer eine kleine rote Lampe brennen lassen zu dürfen, da sich die Kinder ängstigen würden. Es wird ihr gestattet. Gegen 23 Uhr nähert sich dem Haus ein Ford V 8 Coupé, dessen Lichter aus sind. Langsam fährt der Wagen am Haus vorbei. Der misstrauisch gewordene Deputy Sheriff Fred Bradberry befiehlt Maggie daraufhin, das rote Lämpchen zu löschen. Kurz darauf kehrt der Wagen zurück. Ein Mann steigt aus und geht, beide Hände in den Manteltaschen, auf die Veranda zu. In diesem Moment reißt Maggie die Haustür auf und schreit: »Bitte nicht schießen. Denkt an meine Kinder.«[150] Doch Clyde Barrow schießt sofort. Die Schüsse lassen die Scheiben im Erdgeschoss zerbersten. Die drei Männer im Wohnzimmer werfen sich auf den Boden. Als Clyde erneut feuern will, blockiert seine Waffe. Von den Schüssen alarmiert, laufen Malcolm Davis und Dusty Rhodes, die sich hinter dem Haus versteckt hatten, nach vorn. Clyde, dessen Waffe nun wieder funktioniert, empfängt sie mit einem Kugelhagel. Während Rhodes sich in Deckung bringen kann, wird Davis in die Brust getroffen. Clyde behauptet später, es sei so dunkel gewesen, dass er nicht gesehen habe, wohin er schießt. Aus dem Haus heraus wird nun ebenfalls geschossen. W. D. Jones, der Clyde helfen will, feuert unkontrolliert aus dem Auto. Bonnie ist in höchster Sorge, er könne Clyde treffen. Aus den umliegenden Häusern kommen die Nachbarn gelaufen. Alle schreien, manche schießen. Es herrscht ein furchtbares Durcheinander. Clyde nutzt das Chaos, um zu verschwinden. Bonnie startet den Wagen. An der nächsten Straßenecke springt Clyde ins Auto. In wenigen Sekunden sind die drei über alle Berge. Der schwer verwundete Malcolm Davis wird sofort ins nächstgelegene Krankenhaus eingeliefert, verstirbt aber noch in derselben Nacht. Als Lillian McBride gegen 3 Uhr morgens nach Hause kommt, wird sie sofort verhaftet.

Auf der wilden Flucht ist Clyde mit dem Wagen ein wenig außerhalb von Dallas auf einer der üblichen Schlammpisten stecken geblieben. Alles Schieben ist sinnlos. Zu Fuß laufen sie über die Felder zur nächstgelegenen Farm. Hier wecken sie den Farmer und bieten ihm 3 Dollar, wenn er sie mit seinen Mauleseln aus dem Dreck zieht. Anschließend fährt Clyde die Nacht durch. Als Bonnie am Morgen erwacht, sind sie schon tief in Oklahoma.

In Texas läuft die Fahndung nach den Flüchtenden auf Hochtouren. Noch sitzt die Polizei dem Irrtum auf, Odell Chambless sei der Mann auf der Terrasse gewesen. Maggie Fairris' Aussage lässt aber vermuten, dass der zweite Mann im Wagen wohl Clyde Barrow war. Auch Bonnie haben die Ermittler nun im Visier. Sheriff Schmid erklärt, sie sei eine ähnlich gefährliche Person wie Barrow. Konsequenzen hat der Vorfall auch für Raymond Hamilton, dessen Schwester verhört wird. Wärter filzen daraufhin am 8. Januar 1933 seine Zelle in Hillsboro, aus der seit Tagen laute Radiomusik dringt. Wieder einmal versucht er, die Sägegeräusche durch Musik zu überdecken. Diesmal hat es nicht geklappt.

Am 18. Januar 1933 stellt sich Odell Chambless in Pampa, Texas, der Polizei. Er gibt an, Dallas bereits am 4. Januar 1933 in Richtung Kalifornien verlassen zu haben. Zwei Tage später habe man ihn in Los Angeles wegen Raubes verhaftet. Dabei seien auch Fingerabdrücke genommen worden. Da er unschuldig war, sei er am 12. Januar 1933 entlassen worden. Wieder zurück in Texas, habe er nun erfahren, dass man ihn wegen Mordes an Malcolm Davis sucht. Die Polizei von Los Angeles bestätigt seine Geschichte. Wieder einmal hat man die falsche Person verdächtigt. Für Sheriff Schmid ist das Ganze eine riesige Blamage. Die Zeitungen spotten über diese Fahndungspanne: »Da Jesse James leider schon tot ist und deshalb wahrscheinlich als Mörder von Deputy Sheriff Malcolm Davis ausscheidet, konzentrierten die Fahnder am vergangenen Donnerstag all ihre detektivischen Fähigkeiten auf einen anderen berühmten Outlaw aus Oklahoma und brachten Pretty Boy Floyd in Zusammenhang mit der Schießerei in Dallas. Zur selben Zeit wurde bekannt, dass Floyd wegen eines Banküberfalls am 6. Januar 1933 in Cleveland gesucht wird. Cleveland ist eine Tagesreise von schlappen 435 km von Dallas entfernt.«[151] Smoot Schmid ist fuchsteufelswild. Er braucht unbedingt einen Fahndungserfolg. Er instruiert Ted Hinton und Bob Alcorn, beide aus West Dallas und sowohl mit den Barrows als auch mit den Parkers bekannt, ein Auge auf die Familien und ihre Umgebung zu haben. Dass Bonnie und Clyde regelmäßig nach Hause kommen, ist augenblicklich der einzig gesicherte Hinweis, den es gibt. Allerdings stoßen auch Hinton und Alcorn, obwohl sie aus West Dallas sind, auf eine Mauer des Schweigens. Die Bevölkerung von West Dallas kann Cops nun mal nicht ausstehen.

Von Januar bis März 1933 sind Bonnie, Clyde und W. D. in Oklahoma, Arkansas und Missouri unterwegs, Staaten, in denen sie noch nicht so berühmt-berüchtigt sind. Zumeist mieten sie sich in abgelegenen Motels ein, wie immer in einem einzigen Zimmer. Das führt später dazu, dass zwei widersprüchliche Gerüchte aufkommen. Dass Bonnie und Clyde ihre Sexualität ohne Trauschein ausleben, heizt die Fantasie der Menschen an. Es heißt, Bonnie habe mit beiden Männern geschlafen, und auch mit Raymond Hamilton. Ebenso hartnäckig hält sich bis heute auch das Gerücht, Clyde sei homosexuell gewesen, was W. D. Jones jedoch vehement bestritt.

Um sich über Wasser zu halten, überfallen sie hie und da kleine Geschäfte oder Tankstellen. Ziellos irren sie umher, einzig Autos und Nummernschilder tauschen sie regelmäßig aus. Im Wagen haben sie Schilder aus allen Bundesstaaten, da Wagen mit fremden Kennzeichen per se verdächtig sind. Ein neues Auto zu besorgen ist kein Problem, wesentlich gefährlicher ist es, das Gepäck umzuladen. Da die drei praktisch im Auto leben, müssen sie jedes Mal Koffer, Nummern-schilder, Waffen, Munition, Clydes Gitarre und Bonnies Schreibma-schine zum neuen Wagen schleppen. Irgendwann kauft Clyde für Bonnie eine Kodak-Kamera. Zum Spaß posieren die drei in Gangster-pose mit Knarre im Anschlag und Zigarre im Mund vor dem schicken Wagen. Bonnie macht sich einen Spaß daraus, sich als Gangsterbraut zu inszenieren. Sie schnappt sich Clydes Zigarre und stellt einen Fuß aufs Trittbrett des V 8, W. D. drückt auf den Auslöser. Es gefällt ihr, sich so verrucht zu geben. Dabei raucht sie gar keine Zigarren. Camel-Zigaretten, die qualmt sie Kette, aber Zigarre? Niemals. Dass es genau diese Bilder sein werden, die sie in den Augen der braven Bürger zum ruchlosen Flintenweib machen, ahnt sie nicht.

Dabei zeigen die Fotos vor allem eines: wie sehr die drei auf ihr Äußeres bedacht sind, selbst auf der Flucht. Bonnie würde auch jetzt das Haus niemals ohne Make-up verlassen, ihre Frisur sitzt immer. Am liebsten trägt sie lange Röcke und Mary Jane High Heels. Auch Clyde ist immer in Schale. Seine Anzüge sind aus feinstem Stoff und er ach-tet peinlichst darauf, sie sauber zu halten. Wann immer sie in eine Stadt kommen, bringen sie ihre Wäsche in die Reinigung. Nach etwa einer Woche kehren sie meist zurück, um sie abzuholen. Manchmal ist es aber auch zu gefährlich, und dann bleibt ihre Kleidung dort. Dann heißt es neue kaufen oder stehlen. Für W. D. Jones, der zuvor nicht einmal ein paar Schuhe besaß, sind seine schicken Anzüge ohnehin das Größte.

Ihre Mahlzeiten bestehen zumeist aus Sandwiches oder gekochten Bohnen. Nur in Ausnahmefällen erlauben sie sich einen Restaurant-besuch. Sie sind zu bekannt, und sie müssen sparen. Den Großteil des-sen, was sie erbeuten, liefern sie bei ihren Familien und Freunden ab, die sie mithilfe von Postkarten auf dem Laufenden halten. Obwohl sie auch mehrmals zu Besuch in West Dallas sind, können die Hilfssheriffs Bob Alcorn und Ted Hinton nie herausbekommen, wann und wo diese Treffen stattfinden. Auf die Idee, die Colaflasche, die ab und an vor dem Haus der Barrows liegt, könne etwas damit zu tun haben, kommen sie nicht. Emma Parker und Cumie Barrow sind mittlerweile beinahe so etwas wie Freundinnen geworden. Die Sorge um ihre Kin-der hat sie zusammengeschweißt. Beide sind entsetzt über die Vorfälle vom Januar im Haus von Raymonds Schwester. Clyde ist erst 22 Jahre alt und auf sein Konto gehen bereits eine ganze Menge Tote. Dass seine

Familie dennoch zu ihm hält ist, ist sein größtes Glück. Für sie ist Clyde in erster Linie der charmante, liebevolle Sohn und Bruder und nicht der kaltblütige Mörder. Um Bonnies Sehnsucht nach ihrer Familie etwas zu mildern, begleitet Schwester Billie Jean die drei mehrmals für einige Tage. Ihr Ehemann sitzt wegen Raubes im Gefängnis und Emma Parker erklärt sich bereit, auf ihre Kinder aufzupassen. Bonnie ist glücklich, nun hat sie für ein paar Tage jemanden, mit dem sie reden kann.

Am 26. Januar 1933 fahren Bonnie, Clyde und W.D. am frühen Morgen durch Springfield, Missouri. Sie sind auf der Suche nach einem neuen Wagen. Dabei fallen sie dem 26-jährigen Polizisten Thomas Persell auf, der gerade mit seinem Motorrad auf Streife ist. In letzter Zeit hat es hier viele Autodiebstähle gegeben und die drei in dem Ford V8 kommen ihm seltsam vor. Er folgt dem Wagen nach Downtown Springfield und gibt dem Fahrer kurz vor dem Benton Avenue Viaduct ein Zeichen zum Anhalten. Doch Clyde hält erst an, nachdem er die Brücke passiert hat. Brücken sind Nadelöhre und viel zu gefährlich, um davor anzuhalten. Als Persell sich dem Wagen nähert, erwarten Clyde und W.D. ihn schon mit gezückten Pistolen. Sie entwaffnen den verdutzten Polizisten und bitten ihn höflich, auf dem Rücksitz Platz zu nehmen. Die nächsten Stunden fahren sie kreuz und quer durchs Land, bis sie schließlich den Weg Richtung Joplin, Missouri, einschlagen. An einer Tankstelle muss Persell sich flach auf den Rücksitz legen. Bonnie wirft eine Decke über ihn und hält ihn mit der Pistole in Schach, während Clyde tankt. Persell gibt keinen Mucks von sich. Längst hat er die vielen Waffen hinter dem Rücksitz bemerkt: »Das ganze Auto war voller Waffen. Ein Waffenarsenal, größer als das von zwei Polizeistationen. Sie hatten ein paar abgesägte Schrotflinten, einige Gewehre. Ich kann nicht genau sagen, wie viele Pistolen, und dann diese Thompson Maschinenpistole. Darauf waren sie sehr stolz – fast wie Kinder auf ihr erstes Spielzeug.«[152]

Fünf lange Stunden sind sie bereits zu viert unterwegs, als die Batterie des Ford V8 ihren Geist aufgibt. Sie haben soeben Oronogo, Missouri, erreicht. W.D. soll mit Persells Hilfe in der Stadt eine neue Batterie besorgen. Gemeinsam bauen sie aus einem am Straßenrand parkenden Wagen eine passende aus und schleppen sie zum Auto zurück: ein 16-jähriger Gauner und ein gefangener Streifenpolizist gemeinsam auf Diebestour. Kurz darauf lassen sie Persell laufen: »Gegen halb eins haben sie mich freigelassen. Ich hab auf die Uhr gesehen. Als ich nach meiner Waffe gefragt habe, hat der Fahrer nur gesagt: ›Sei froh, dass du noch lebst.‹ Ich bin dann zirka 13 km gelaufen, wobei es mir schien, als sei ich 100 km unterwegs gewesen, ehe ich zur nächsten Siedlung kam. Vor dort aus habe ich dann die Polizei informiert.«[153]

Während die Polizei von Missouri wochenlang fieberhaft nach Bonnie und Clyde sucht, beginnt in Washington eine neue Ära. Am 4. März 1933 wird Franklin Delano Roosevelt als 32. Präsident der Vereinigten Staaten vereidigt. Sein Amtsantritt wird von einer Welle des Optimismus begleitet, für die es augenscheinlich keinen Grund gibt. Die Arbeitslosenzahl liegt jetzt bei 14 Millionen, wodurch hochgerechnet etwa 40 Millionen Amerikaner über kein gesichertes Einkommen verfügen. Waren 1932 noch 1456 Banken zusammengebrochen und hatten 175 Millionen Dollar Sparguthaben vernichtet, so sind allein in den ersten zwei Monaten des Jahres 1933 4004 Banken pleitegegangen und haben 3,6 Milliarden Spareinlagen mit sich gerissen.[154] Das Land ist in Aufruhr. Nicht nur die Arbeiter streiken, auch die Farmer radikalisieren sich zunehmend. Um der drohenden Versteigerung ihrer Farmen zu entgehen, greifen viele zur Selbsthilfe. Bei sogenannten Pennyauktionen bieten Nachbarn nur Pennybeträge, um die Farm für ihren jeweiligen Besitzer zu retten. Wer ein echtes Gebot abgibt, wird eingeschüchtert. Für zehn Dollar gehen ganze Farmen samt Tieren und Maschinen letztlich wieder an ihre Vorbesitzer.[155]

Roosevelts Amtsantritt gibt den geplagten Menschen neue Hoffnung. Gestützt auf seinen Sohn James leistet Roosevelt im Stehen seinen Amtseid. Die ganze Nation lauscht am Radio seiner Antrittsrede: »Diese große Nation wird weiterbestehen (…), wird wieder zu sich kommen, wird blühen! Lassen Sie mich also zuallerst meinem festen Glauben Ausdruck geben, dass wir nichts zu fürchten haben, außer der Furcht – der namenlosen, unvernünftigen, unberechtigten Furcht, die uns lähmt und daran hindert, (…) den Rückzug in einen Vormarsch zu verwandeln.«[156] Als der Präsident endet, ist den Menschen draußen an den Radioapparaten bewusst, dass sie einer historischen Stunde beigewohnt haben. Seit Abraham Lincolns zweiter Antrittsrede, in der er dazu aufrief, »die Wunden der Nation zu verbinden«,[157] hatte kein Präsident eine derart bedeutende Rede gehalten. Die USA stehen am Scheideweg. Roosevelt selbst wird später sagen, dass er, wäre der von ihm initiierte New Deal misslungen, nicht nur der schlechteste Präsident in der Geschichte Amerikas gewesen wäre, sondern auch der letzte. Was nun folgt, geht als die berühmten »100 Tage« in die Geschichte ein. Von März bis Juni 1933 billigt der Kongress mehr Gesetze als je zuvor. Die etwa 350 »New Dealer«, die Roosevelt um sich schart, machen die Vereinigten Staaten von Amerika zu einem riesigen Versuchslabor, von dem John Maynard Keynes schwärmt: »Hier, nicht in Moskau, befindet sich das Wirtschaftslaboratorium der Welt.«[158] Es sind Menschen verschiedener Herkunft, mit unterschiedlichen Ansichten, die sich zusammentun, um dem geschundenen Land und seinen Bürgern wieder auf die Beine zu helfen. Intellektuelle, Politiker, Bürokraten, Reformer, Planer, Analysten, Journalisten, Soziologen, Ökonomen und Gewerkschafter arbeiten von nun an Hand in Hand an dem, was Roosevelt mit »relief, recovery und reform« beschrieben hat: Hilfe für die notleidende Bevölkerung, Ankurbelung der Wirtschaft und eine langfristige Reform des Systems. Die Voraussetzungen für eine solche Politik sind nicht schlecht, denn zum ersten Mal seit Langem verfügen die Demokraten sowohl im Senat als auch im Repräsentantenhaus über eine sichere Mehrheit.

Als eine seiner ersten Amtshandlungen ordnet Roosevelt die Schließung aller Banken an. Er ergänzt damit auf nationaler Ebene eine Aktion, die zahlreiche Gouverneure in ihren Bundesstaaten bereits angeordnet haben. Als die Banken nach einer Woche wieder öffnen, hat der Kongress in Rekordgeschwindigkeit nicht nur ein Gesetz zur Bankenaufsicht verabschiedet, sondern auch die Spareinlagen der kleinen Sparer abgesichert.

Als Nächstes stellt die Regierung den Bundesstaaten Gelder zur Verfügung, um vor Ort die ärgste Not zu lindern. Vor den Auszahlungsstellen bilden sich lange Schlangen, manche campieren mehrere Nächte, bis sie an die Reihe kommen. Der Ansturm ist riesig. All denjenigen, die in dieser Maßnahme ein Fass ohne Boden sehen und die immer wieder erfolgende finanzielle Aufstockung des Programms kritisieren, entgegnet Harry L. Hopkins, einer der bedeutendsten New Dealer und verantwortlich für die »Federal Emergency Relief Administration« (FERA), die die Gelder verteilt, lakonisch: »Hunger ist nicht verhandelbar.«[159]

Doch viele genieren sich, Hilfe in Anspruch zu nehmen. Sie wollen Arbeit, keine Almosen. Auch Roosevelt sieht es als seine vordringlichste Aufgabe an, die Menschen wieder in Lohn und Brot zu bringen.

Nothilfe ohne Gegenleistung muss es geben – für die Schwachen. Alle anderen müssen mithelfen, das Land wieder aufzubauen. Die Regierung ruft diverse Arbeitsbeschaffungsprogramme ins Leben, die nicht nur den Menschen, sondern auch dem Land dienen sollen. Es werden Straßen gebaut, Eisenbahnschienen verlegt, Häfen, Flughäfen, Staudämme und Kraftwerke errichtet. Nach und nach werden nun auch die ländlichen Gegenden elektrifiziert, an denen die großen Stromanbieter bisher kaum Interesse gezeigt haben. Roosevelt, dem der Schutz der Natur ein großes Anliegen ist, bemüht sich in seinem Programm um deren Erhaltung. In den nächsten neun Jahren melden sich Millionen junger Arbeitsloser beim »Civilian Conservation Corps« (CCC). Sie pflanzen Bäume, beseitigen Erosionsschäden, legen Wanderwege in Nationalparks an, kämpfen gegen Waldbrände und bauen Bewässerungseinrichtungen für die Landwirtschaft. Mehr als 40.000 Analphabeten lernen in den Camps des CCC lesen und schreiben. Da Roosevelt trotz allem auf einen ausgeglichenen Haushalt setzt, finanziert er sein Milliardenprogramm durch Einsparungen bei Regierungsausgaben, bei den Gehältern der Staatsbeamten und durch Kürzungen im Militärhaushalt.

Auch die Landwirtschaft wird reformiert. Als Erstes werden Hilfsmaßnahmen eingeleitet, um den notleidenden Farmern zu helfen. Günstige Kredite sollen verhindern, dass noch mehr ihre Farmen verlieren. Um die Überproduktion zu stoppen, werden Subventionen für die Verkleinerung von Anbauflächen ausbezahlt. Unter Leitung der New Dealer setzen sich nun auch Arbeitgeber und Arbeitnehmer endlich an einen Tisch. Dumpinglöhne werden verboten, Arbeitszeitbegrenzungen und Arbeitschutzmaßnahmen festgelegt. Zum ersten Mal in der amerikanischen Geschichte erhalten die Gewerkschaften das Recht, Tarifverträge abzuschließen. 1935 wird die Regierung eine Sozialversicherung einführen, für die Arbeitnehmer und Arbeitgeber aufkommen. Daneben wird der Spitzensteuersatz angehoben und die Gewerbesteuer eingeführt. Der Verdienst der Superreichen sinkt, das Durchschnittseinkommen steigt in den nächsten Jahren hingegen deutlich an. All diese Maßnahmen entwickelt Roosevelt vor den Augen und Ohren der Bevölkerung. Er gibt unzählige Pressekonferenzen und hält ebenso viele Radioansprachen. Millionen Amerikaner haben das Gefühl, ihren Präsidenten persönlich zu kennen. Wo immer man ihm begegnet, verbreitet er einen Optimismus, wie ihn die Menschen lange vermisst haben. Die Menschen vertrauen ihm, auch wenn er trotz allem guten Willen nicht in der Lage ist, die Wirtschaftkrise zu beenden. Der ganz große Wirtschaftsaufschwung bleibt aus, bis zum Ausbruch des Zweiten Weltkrieges werden es nie weniger als 7 Millionen Arbeitslose sein. Einzig dem Gefühl nach verbessert sich die Situation. Als die Veteranen der »Bonus Armee« nach Roosevelts Amtsantritt erneut in Washington auftauchen, ist es der Präsident selbst, der Zelte, Decken und Lebensmittel an sie verteilen lässt. Und spätestens, als die First Lady an einem nasskalten Tag die Soldaten in ihrer Zeltstadt besucht, hat Roosevelt die Soldaten auf seiner Seite: »Hoover hat uns Panzer geschickt, Roosevelt seine Frau.«[160] Selbst als klar wird, dass auch Roosevelt das Geld nicht auszahlen wird, bleibt es ruhig.

Raymond Hamilton, der in Hillsboro, Texas, auf seinen Prozess wartet, lässt sich von der Euphorie, die das Land ergriffen hat, nicht anstecken. Am 13. März 1933 beginnt das Verfahren wegen Mordes an John N. Bucher. Raymonds Anwalt A. S. Baskett bietet verschiedene Zeugen auf, die beschwören, dass Hamilton zum Tatzeitpunkt bei seinem Vater in Michigan war. Darunter J. W. Ringo, einen Arbeitskollegen, und Raymonds 19-jährige Stiefmutter. Beide bezeugen seinen Aufenthalt in Michigan vom 14. April bis Ende Mai 1932. Doch die Anklage hält dagegen. Am schwersten wiegt die Aussage von Madora Bucher, die Raymond eindeutig als Mörder ihres Mannes identifiziert. Gleichwohl gibt es am Ende des Prozesses eine faustdicke Überraschung. Die Jury kann sich nicht auf ein Strafmaß einigen. Zwar sprechen die Geschworenen Raymond schuldig, können jedoch keine Einigkeit darüber erzielen, ob er ins Gefängnis oder auf den elektrischen Stuhl soll. Die Verhandlung wird auf Ende Mai 1933 vertagt.

Für die Familie Barrow hingegen ist der März 1933 ein Freudenmonat. Buck wird aus der Haft entlassen. Die Petitionseingaben von Cumie und Blanche waren endlich erfolgreich. Die neue Gouverneurin von Texas, Miriam A. Ferguson, genannt Ma Ferguson, will ihn tatsächlich begnadigen. Ma Ferguson ist 1925 schon einmal Gouverneurin von Texas gewesen und damit nach Nellie Tayloe Ross aus Wyoming die zweite Frau, die jemals ins Amt eines US-Gouverneurs gewählt worden ist. Damals hat sie anstelle ihres Mannes kandidiert, der als Gouverneur von Texas über einen Betrugsskandal gestolpert war. Ihre Amtszeit ist geprägt von außergewöhnlich vielen Begnadigungen. Mehr als 4000 Häftlinge wird sie freilassen – auch eine Methode, die Problematik der völlig überfüllten Haftanstalten zu lösen. Immer wieder gibt es allerdings Gerüchte, sie würde sich Begnadigungen gut bezahlen lassen. Nachweisen kann man ihr nichts. Ma Ferguson ist eine kämpferische, mutige Frau, die sich von niemandem ins Boxhorn jagen lässt. Ihr Kampf gegen die Kapuzenmänner des Ku-Klux-Klans ist legendär.

Während Buck seine Strafe abgesessen hat, ist sein kleiner Bruder zu einem der meistgesuchten Verbrecher von Texas geworden. Buck fühlt sich verantwortlich dafür, dass Clyde, der immer zu ihm aufgesehen hat, auf die schiefe Bahn geraten ist. In Huntsville gehörte es zu seinen Aufgaben, nach den Hinrichtungen die Todeszelle zu reinigen. Vor seinem geistigen Auge sah er Clyde stets auf dem elektrischen Stuhl. Er muss etwas unternehmen. Vielleicht schafft er es ja, Clyde zu überzeugen, sich zu stellen oder aus Texas wegzugehen. Zellengenossen wie Ralph Fults haben ihm allerdings dringend davon abgeraten, mit Clyde zu sprechen: »Triff dich nicht mit Clyde. Wenn du das tust, bist du verloren.«[161]

Doch Buck hat aufgrund der positiven Erfahrung, die er selbst mit der Justiz gemacht hat, als er sich stellte, die Hoffnung, dass Clyde, falls auch er sich stellen würde, ebenfalls auf Gnade hoffen und vielleicht dem elektrischen Stuhl entgehen könnte. Er weiß nicht, dass eine lebenslange Gefängnisstrafe für Clyde keine Alternative darstellt.

Buck ist nach seinem Gefängnisaufenthalt geläutert und verlässt Huntsville ohne Groll. Er freut sich auf ein friedliches Leben mit Blanche, seiner großen Liebe. Seine kriminelle Vergangenheit will er für immer hinter sich lassen. Die Tatsache, dass Ma Ferguson ihm »full pardon« gegeben hat, erleichtert dies. Er erhält alle Bürgerrechte zurück und kann noch einmal ganz von vorne anfangen. Am 22. März 1933 verlässt Buck Barrow Huntsville als freier Bürger. Nur zum Umziehen fährt er zu seinen Eltern nach West Dallas. Dann reist er weiter zu Blanche, die noch immer in Denison, Texas, lebt und bei seiner Schwester Artie im Schönheitssalon arbeitet. Blanche ist überglücklich, ihn endlich wieder in die Arme schließen zu können. Dass Buck unbedingt mit Clyde sprechen will, gefällt ihr weniger. Sie fürchtet um seine Sicherheit. Sich mit einem gesuchten Mörder zu treffen, ist nicht ohne Risiko, und Buck wurde gerade erst begnadigt. Doch Buck macht ihr klar, dass er erst dann ein neues Leben beginnen kann, wenn er Clyde vor dem elektrischen Stuhl bewahrt hat.

Bereits am nächsten Morgen machen sich Blanche und Buck auf den Weg, um Blanches Mutter und ihren Stiefvater zu besuchen, die auf einer kleinen Farm in der Nähe von Wilmer, 26 km außerhalb von Dallas, leben. Spät nachts klopft es plötzlich an der Tür. Draußen stehen Bonnie, Clyde und W. D. Jones. Cumie hat Clyde verraten, wo Blanche und Buck sich aufhalten. Die Wiedersehensfreude der Brüder ist riesengroß. So lange haben sie sich nicht gesehen. Blanche schläft noch, als alle vier in ihr Schlafzimmer stürmen. Clyde und W. D. sind schwer bewaffnet, Bonnie ist schwer betrunken. Das ist sie in letzter Zeit ziemlich oft. Selbst ihrer Mutter ist bereits aufgefallen, dass Bonnie zu viel trinkt. Doch Clyde nimmt sie gegen Kritik stets in Schutz: »Ich lasse sie ein- oder zweimal die Woche Alkohol trinken. Ihre Nerven halten den Stress einfach nicht durch. Sie ist nicht geschaffen für so ein Leben und ist einfach manchmal total fertig. Ich trinke kaum. Nicht aus moralischen Gründen, sondern aus Gründen des gesunden Menschenverstandes. Ich müsste ja verrückt sein zu trinken.«[162] Weil Bonnie nicht möchte, dass die Leute merken, wie viel sie trinkt, hat sie immer Zitronen bei sich, die sie nach jedem Whiskey für einen frischen Atem lutscht. Von nun an ist sie immer von einem Hauch Zitrone umgeben.

Betrunken und hundemüde kuschelt sie sich zu Blanche ins Bett. Sie sieht aus, als hätte sie nächtelang nicht geschlafen. Während W. D. ein Auge auf die Umgebung hat, weiht Clyde Buck in seinen Plan ein, Eastham zu überfallen. Er fordert ihn auf mitzumachen, doch Buck lehnt ab. So bittet Clyde Blanche und Buck, wenigstens mit ihnen nach Missouri zu kommen. Bonnie ist einsam und auch er sehnt sich nach Gesellschaft. Sie könnten in Joplin, das als ausgesprochen verbrecherfreundliche Stadt gilt, ein Haus mieten und für ein paar Wochen so tun, als seien sie ganz normale Bürger. Gerade Bonnie hat es längst satt, immer auf der Flucht zu sein. Clyde verspricht Blanche hoch und heilig, Buck in nichts Kriminelles zu verwickeln. Er bietet sogar an, die Waffen im Auto zu lassen, da er weiß, wie sehr Blanche Waffen verabscheut. Doch Blanche traut dem Frieden nicht und zudem will sie endlich ihr Leben mit Buck beginnen, auf das sie so lange gewartet hat. Sie lehnt ab. Als Bonnie, Clyde und W. D. abgefahren sind, gesteht Buck ihr jedoch, dass er Clyde versprochen hat, nach Missouri zu kommen. Es ist seine Chance, Clyde ins Gewissen zu reden. Er muss es einfach versuchen, es scheint ihm die einzige Möglichkeit, um Clydes Leben zu retten.

Ein paar Tage später treffen sich die Brüder samt Anhang an einer Tankstelle in Checotah, Oklahoma. Im Konvoi geht es weiter nach Joplin, Missouri. Blanche hat ihren kleinen Hund mitgenommen, einen Mischling namens Snow Ball. Am 1. April 1933 mieten Blanche und Buck unter dem Namen Calahan ein Apartment im 3347 Oak Ridge Drive. Es liegt über zwei geschlossenen Garagen, durch die man ins Haus gelangt, und ist perfekt geeignet für Menschen, die nicht gesehen werden wollen. Für 50 Dollar im Monat gibt es zwei Schlafzimmer, ein Wohnzimmer, eine Küchenzeile und ein Badezimmer. Die Gegend ist gutbürgerlich, ein privater Sicherheitsdienst achtet auf die Häuser und auch die Neuankömmlinge bitten ihn, ein Auge auf ihr Apartment zu werfen. Was tut man nicht alles, um nicht aufzufallen. Für die Kids aus den Slums von West Dallas ist das Leben in der schicken Wohnung ein unvorstellbarer Luxus. Es gibt fließendes warmes und kaltes Wasser und Snodgrass's Grocery Store liefert täglich all die Lebensmittel, die Blanche telefonisch bestellt. Ins Haus lassen sie Lieferjungen Herman Biggs allerdings nie. Bonnie und Blanche nehmen ihm die Sachen dankend schon an der Tür ab. Es gibt zu essen, was das Herz begehrt, und die Wäscherei bringt die Wäsche gewaschen und gebügelt direkt an die Haustür. Blanche und Bonnie lassen es sich nicht nehmen, zum ersten und einzigen Mal ein Heim einzurichten, wie Blanche später erzählt: »Ich glaube, Bonnie und ich, wir kauften Kress fast leer. Jedes Mal, wenn wir in die Stadt gingen, kamen wir schwer beladen zurück, mit Aschenbechern, kleinen Bilderrahmen und allen möglichen hübschen Sachen, die wir brauchten oder auch nicht. Einmal sahen wir 25-Cent-Ringe mit Glassteinen und den passenden Ohrringen dazu. Wir haben sie niemals getragen.«[163] Ab und an gehen sie auch ins Kino und ganz selten kommen auch die drei Männer mit in die Nachtvorstellung. Es geht ihnen so gut wie nie zuvor in ihrem Leben.

Blanche übernimmt das Kochen, unterstützt von Clyde, der ebenfalls gerne kocht. In ihren Memoiren hat sie diese unbeschwerten Tage festgehalten: »Buck und Bonnie liebten eingelegte Schweinefüße und Oliven. Clyde und ich haben nie verstanden, warum. Wir mochten das überhaupt nicht. Clyde mochte Pommes und Erbsen, gekocht mit viel Sahne und viel Pfeffer. Er hat das fast zu jeder Mahlzeit gegessen, außer zum Frühstück. W. D. hat alles gegessen. Es war schön Clyde, Bonnie und W. D. beim Essen zuzusehen. Sie taten mir leid, denn während ihrer Flucht hatten sie aus Angst vor der Polizei ihr Essen meist gar nicht genießen können. Ich hatte Spaß daran, ihnen alles zu kochen, was sie wollten, und ich hoffte, dass Buck und ich niemals so würden leben müssen.«[164] Abends spielen die drei Männer meist Poker, während Bonnie neue Gedichte schreibt. Blanche legt lieber Puzzle, was augenblicklich besonders beliebt ist in den USA. Mit ihrer Begeisterung steckt sie Clyde an, der zu einem fanatischen Puzzleleger wird. Manchmal spielt sie auch Solitaire oder sitzt nur ruhig auf Bucks Schoß und sieht den anderen beim Pokern zu. So schön das Leben hier auch ist, Blanche verspürt eine innere Unruhe: »Wir hatten eine Menge Spaß zusammen. Aber irgendwie schien immer ein Schatten über uns zu liegen, fast wie eine dunkle Wolke. Aber da die ganze Zeit nichts passierte, verdrängte ich diese Gedanken einfach. Ich dachte, es würde nichts bringen, sich unnütz Sorgen zu machen.«[165] Dennoch hofft sie, dass Buck seine Aufgabe, mit Clyde zu sprechen, bald erledigt hat und mit ihr nach Hause zurückkehrt.

Am 7. April 1933 feiern die fünf zusammen mit dem Rest von Amerika den Beginn vom Ende der Prohibition. Zum ersten Mal seit Jahren ist es erlaubt, legal Bier zu erwerben. Dass von nun an das Bier in Strömen fließt, missfällt Blanche allerdings. Sie mag es nicht, wenn Buck betrunken ist. Wie all der Luxus bezahlt wird, danach fragt keiner. Bald ist das Geld alle und Clyde sieht sich genötigt, das Versprechen, das er Blanche gegeben hat, zu brechen. Er muss Geld auftreiben und W. D. und Buck müssen ihm dabei helfen. Von nun an sind die drei nachts immer wieder für ein paar Stunden verschwunden. Blanche fragt nicht, wohin Buck geht, doch ihr ist bald klar, dass ihr Mann nur drei Wochen nach seiner Entlassung erneut in kriminelle Machenschaften verwickelt ist. Um zu retten, was noch zu retten ist, drängt Blanche auf die Abreise. Doch Buck sieht seine Aufgabe noch nicht als erledigt an. Clyde will sich nicht stellen. Er glaubt ganz fest daran, dass das Gesetz nur ein Ende für ihn bereithält: den elektrischen Stuhl. Seine Erfahrungen mit der Justiz sind gänzlich andere als die von Buck. Er hat kein Vertrauen mehr in die Gesetze und ihre Vertreter. Clyde Barrow wird nie mehr ins Gefängnis gehen.

Am 12. April 1933 stiehlt W. D. in Clydes Auftrag in Miami, Oklahoma, einen Ford V 8. Sie fahren schon zu lange mit ein- und demselben Auto herum, das kann gefährlich werden. Bonnie sieht das ganz anders. Sie hält den neuen Wagen für viel zu auffällig. Es kommt zu einem heftigen Streit zwischen Bonnie und Clyde, der es nicht schätzt, wenn seine Entscheidungen infrage gestellt werden. Blanche hört die beiden im Nebenzimmer streiten: »Sie stritten sich so lange, bis sie wütend genug waren, aufeinander einzuschlagen, was sie dann auch taten. Clyde hat sich dabei nicht zurückgenommen. Er hat sie ein paar Mal quer durchs Zimmer geprügelt, aber sie ist immer wieder aufgestanden und hat zurückgeschlagen. Die ganze Zeit über war Bonnie bemüht gewesen, jegliche Gefahr von uns fernzuhalten. Sie wollte nicht, dass Buck und ich in Schwierigkeiten gerieten und gezwungen wären, so ein Leben zu führen wie sie und Clyde.«[166]

Bonnies Angst vor dem Gerede der Nachbarn ist nicht ganz unbegründet. Erst gestern war Clyde beim Reinigen seines Maschinengewehrs ein Missgeschick passiert. Das laute »Tatatata« aus der Garage hatte sämtliche Nachbarn auf die Straße gebracht. Ohnehin finden die Anwohner die Mieter des Apartments äußerst seltsam. Nie sieht man die Männer auf der Straße, aktiv scheinen sie nur nachts zu sein. Es wird viel gefeiert dort drüben und die Vorhänge sind Tag und Nacht zugezogen. Nicht einmal die Lieferanten lassen sie ins Haus. Irgendetwas stimmt da nicht. Schließlich ruft einer der Nachbarn die Polizei.

In der Nacht, in der Bonnie und Clyde so lautstark streiten, setzt Blanche Buck das Messer auf die Brust. Entweder er fährt mit ihr zurück nach Dallas oder sie verlässt ihn. Da endlich willigt Buck ein, am nächsten Morgen abzureisen. Er muss sich eingestehen, dass Clyde nicht zu helfen ist. Sein kleiner Bruder wird den einmal eingeschlagenen Weg zu Ende gehen, mit allen Konsequenzen. Als Buck Clyde seine Entscheidung mitteilt, entschließt sich auch Clyde zum Aufbruch. Sie waren lange genug an einem Ort. Es wird Zeit, die Zelte abzubrechen. Morgen wird er zusammen mit W. D. noch etwas Geld besorgen und dann werden sie alle gemeinsam abreisen.

Nach dem Frühstück beginnt Buck damit, seinen Wagen für die lange Reise fit zu machen. Er füllt Wasser und Öl nach, überprüft den Reifendruck und tankt noch einmal voll. Die Straßenkarten liegen griffbereit, Blanche packt bereits die Koffer. Es ist der 13. April 1933. Gegen vier Uhr Nachmittag verschwinden Clyde und W. D. wie angekündigt, um Geld zu organisieren. Buck legt sich noch ein wenig aufs Ohr, um für die lange Strecke fit zu sein. Bonnie ist wie immer spät aufgestanden und sitzt noch im Nachthemd am Küchentisch. Als Blanche hereinkommt, schreibt sie gerade an ihren Gedichten. Blanche brät ihr ein Spiegelei. Da plötzlich hören sie Clydes Wagen. Der Motor des Fords macht Zicken, deshalb sind sie umgekehrt. W. D. öffnet die Garagentore. Clyde fährt hinein. Dann hören die beiden Frauen Clydes Schrei: »Die Bullen!«

In der Einfahrt steht ein Polizeiwagen, in dem Constable John Harryman und die Detectives Tom DeGraff und Harry McGinnis sitzen. Ein zweiter Polizeiwagen mit den State Troopers G. B. Kahler und W. E. Grammer hält soeben auf der Straße. Sie wollen dem Tipp der Nachbarn nachgehen und vermuten im Haus die üblichen Schnapsschmuggler. Die hochzunehmen ist mit den Jahren Routine geworden, mit großem Widerstand rechnet niemand. Sie sind nur mit den üblichen leichten Waffen ausgerüstet. Harryman will das offene Garagentor nutzen und springt aus dem Wagen. Clyde schießt sofort. Er trifft Harryman in Schulter und Hals. Der 41-Jährige verblutet innerhalb weniger Minuten. Auch er ist ein Verlierer der Großen Depression und hatte versucht, im Polizeidienst sein mageres Einkommen als Farmer aufzubessern.

Jetzt steigt Harry McGinnis aus dem Wagen. Da es W. D. zwischenzeitlich gelungen ist, das Garagentor zu schließen, feuert McGinnis durch das Garagenfenster und trifft W. D. in die Brust. Der Junge sinkt zusammen. Mit seinem Maschinengewehr schießt Clyde nun auf McGinnis, trifft ihn im Gesicht und trennt ihm den rechten Arm fast vollständig vom Körper. Der 53-Jährige bricht in der Einfahrt zusammen. Tom DeGraff hat den Wagen verlassen und ist neben der Garage in Deckung gegangen. Längst ist den Männern klar, dass es sich nicht um einfache Schnapsschmuggler handelt. G. B. Kahler geht hinter dem Polizeiauto in Stellung, W. E. Grammer erhält von Tom DeGraff die Anweisung, zum nächsten Telefon zu laufen und Verstärkung anzufordern. Von all dem Lärm ist Buck wach geworden. Er läuft die Treppe hinunter in die Garage, um Clyde beizustehen. Zusammen versuchen sie, Bucks Marmon, der in der Garage steht, zu starten. Der Ford mit dem stotternden Motor ist ihnen zu unsicher. W. D. schleppt sich schwer verwundet die Treppe hinauf zu Blanche und Bonnie. Er blutet stark. Vom Küchenfenster aus können die beiden Frauen sehen, was draußen vor sich geht. Später sagen die Polizisten aus, Bonnie habe aus dem Fenster auf sie geschossen. Dabei bestätigen alle, die sie kannten, W. D.s Worte: »Soweit ich weiß, hat Bonnie nie eine Waffe gehabt. Mag sein, dass sie beim Tragen geholfen hat, wenn wir die

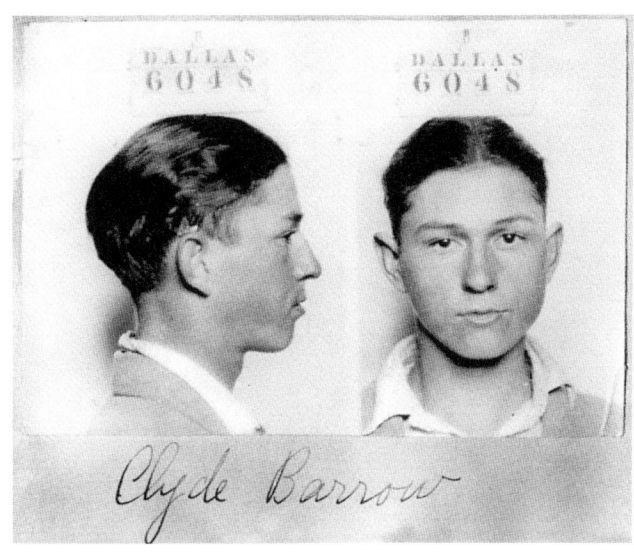

Das erste erkennungs-
dienstliche Foto von
CLYDE BARROW im
Dezember 1926.
Die Polizei von Dallas
verdächtigte den 17-Jährigen
des Autodiebstahls. [1]

BONNIE und CLYDE
als unsterbliches Liebespaar,
Frühling 1933 [2]

Hooverville im
New Yorker Central Park [3]

Apfelverkäufer in
Washington D.C. [4]

CLYDE posiert im Frühling 1933 mit seiner Waffe vor einem gestohlenen Wagen. Das Foto entstammt der Filmrolle, die die Polizei nach der Schießerei in Joplin, Missouri, am 13. April 1933 gefunden hatte. [5]

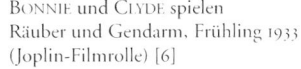

BONNIE und CLYDE spielen Räuber und Gendarm, Frühling 1933 (Joplin-Filmrolle) [6]

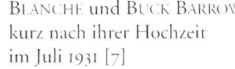

BLANCHE und BUCK BARROW kurz nach ihrer Hochzeit im Juli 1931 [7]

Frühling 1933:
BONNIE mit einem eleganten
W. D. JONES, der vor seiner Zeit
mit Bonnie und Clyde nicht
einmal Schuhe besessen hatte
(Joplin-Filmrolle) [8]

W. D. JONES mit dem
Waffenarsenal der Gang im
Frühling 1933 (Joplin-Filmrolle)
[rechts oben 9]

BONNIE im Frühling 1933 als
Gangsterbraut mit Waffe und
Zigarre. Sie hasste dieses als Spaß
gedachte Foto, denn es trug
maßgeblich zu ihrer Einschätzung
als Flintenweib bei
(Joplin-Filmrolle). [10]

Mit Sack und Pack auf der Flucht
vor den Staubstürmen [11]

Polizeifotos von Raymond Hamilton, Billie Jean Parker
und Buck Barrow [12]

24. Juli 1924: BLANCHE und BUCK BARROW werden in Dexfield Park, Iowa, verhaftet. Blanche trägt noch immer ihre geliebten Reiterhosen und eine Sonnenbrille, um ihre verletzten Augen zu schützen. [13]

WATCH FOR THESE MAD DOGS!

BABY FACE NELSON
Real name Lester M. Gillis. Wanted for killing a G-Man at Spider Lake, Wisconsin.

THESE CRIMINALS OPERATE THROUGH-OUT THE MID-WEST. Citizens—Be Alert!

JOHN DILLINGER: Wanted for Bank Robbery, Murder

PUBLIC ENEMY No. 1

CHARLES A. (PRETTY BOY) FLOYD
Wanted for murder of Chief of Police of Mc-Alester, Oklahoma.

NOTIFY AUTHORITIES IF YOU HAVE ANY INFORMATION.
Dated May 15, 1934

CLYDE BARROW: Wanted for Armed Robbery, Murder

BONNIE PARKER: Vicious Accomplice of Clyde Barrow

$1,000 to the Person Who Causes the Capture of Any of These

Warnung vor den Staatsfeinden Nr. 1: BABY FACE NELSON, PRETTY BOY FLOYD, CLYDE BARROW und BONNIE PARKER. In der Mitte der berühmteste von allen: JOHN DILLINGER. [14]

Polizeifoto des 20-jährigen
HENRY METHVIN, 1931
[links oben 15]

Gentlemen-Räuber:
Foto der Barrow Gang,
Februar 1934: CLYDE
BARROW, HENRY METHVIN
und RAYMOND HAMILTON
[16]

```
                    WANTED FOR MURDER        F.P.C.29 - MO. 9
                       JOPLIN, MISSOURI           26 U 00  6

CLYDE CHAMPION BARROW, age 24, 5'7", 130#, hair dark brown and
wavy, eyes hazel, light complexion, home West Dallas, Texas.
This man killed Detective Harry McGinnis and Constable
J.W. Harryman in this city, April 13, 1933.
```

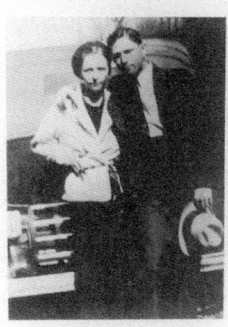

```
BONNIE PARKER  CLYDE BARROW          CLYDE BARROW
This man is dangerous and is known to have committed the following
murders: Howard Hall, Sherman, Texas; J.N. Bucher, Hillsboro, Texas;
a deputy sheriff at Atoka, Okla; deputy sheriff at West Dallas,
Texas; also a man at Belden, Texas.
       The above photos are kodaks taken by Barrow and his com-
panions in various poses, and we believe they are better for
identification than regular police pictures.
       Wire or write any information to the

                     Police Department.
```

Fahndungsplakat nach
BONNIE und CLYDE [17]

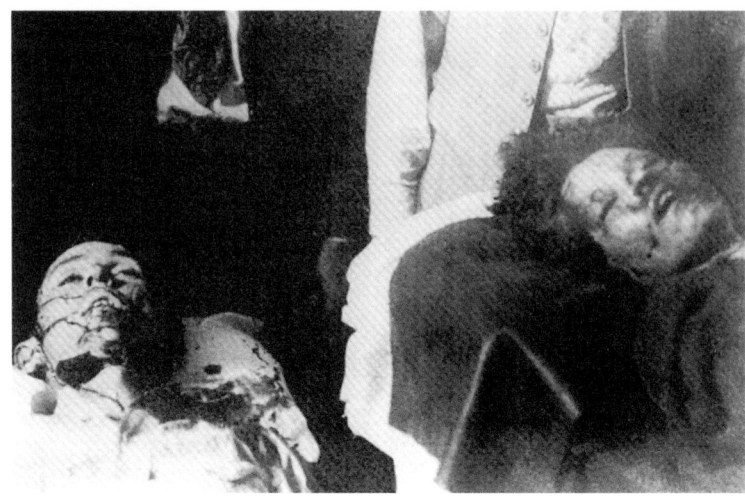

Die aufgebahrten Leichen von CLYDE und BONNIE im
Bestattungsinstitut in Arcadia, Louisiana, 23. Mai 1934 [18]

Frank Hamers Truppe. Stehend hinten von links: PRENTISS OAKLEY,
BOB ALCORN, TED HINTON, MANNY GAULT; kniend vorne von links:
FRANK HAMER, SHERIFF HENDERSON JORDAN [19]

Waffen vom Wagen ins Motel trugen … Aber bei all den Schießereien, die ich miterlebt habe, hat sie niemals geschossen. Aber ich sage euch, wenn's ums Nachladen ging, machte ihr keiner was vor.«[167]

Bonnie und Blanche helfen dem wimmernden W. D. in die Garage hinunter. In der Eile lassen sie alles zurück, auch ihre Dokumente. Als sie die Garagentore öffnen, sehen sie, dass nicht nur der in der Einfahrt liegende McGinnis, sondern auch das Polizeiauto ihnen den Fluchtweg versperrt. W. D. schleppt sich trotz seiner Verletzungen zum Polizeiwagen und löst die Handbremse. Blanche und Buck ziehen McGinnis aus der Einfahrt. Buck hatte sich strikt geweigert, den Mann zu überfahren. Bei seiner Rettungsaktion erhält Buck einen Streifschuss. Auch Clyde ist getroffen. Allerdings hat ein Knopf seines Mantels die Kugel abgebremst. Bonnie wird sie später mit einer Haarnadel entfernen können. Außer sich vor Wut will Clyde nach draußen stürmen, um den Mann zu töten, der ihn verletzt hat. Buck und Bonnie tun ihr Bestes, um den Tobenden zu beruhigen. Als sie endlich startklar sind, läuft Blanches Hund Snow Ball an ihnen vorbei auf die Straße. Jetzt verliert Blanche die Nerven. Schreiend läuft sie ihm hinterher. Die Schüsse, das Blut, die Toten, das alles ist zu viel für sie.

Clyde gibt Vollgas, rammt den Polizeiwagen in der Einfahrt und kann ihn dank der gelösten Handbremse tatsächlich zur Seite schieben. Die beiden Polizisten feuern dem Fluchtwagen hinterher. Ein paar Straßen weiter entdecken die vier eine völlig aufgelöste Blanche, die um ihr Leben läuft. Sie zerren sie ins Auto. Snow Ball bleibt verschwunden.

Die unbeschwerten Tage in Joplin haben das Leben von vier Menschen zerstört: das der beiden toten Polizisten und das von Blanche und Buck Barrow, die nun auf Gedeih und Verderben an Bonnie und Clyde gebunden sind. John Harryman hinterlässt eine Frau und fünf Kinder. Nach seinem Tod kann seine Familie die Farm nicht länger halten. Noch Jahrzehnte später erinnert sich sein Sohn Claude mit Verbitterung daran, was der Tod des Vaters für sie alle bedeutete: »Wir verkauften die Farm. Ich musste im Schlachthof arbeiten, für 1,50 Dollar am Tag. Meine Mutter nähte für die WPA [Works Progress Administration]. Erst als meine Geschwister erwachsen waren, konnte ich eigene Pläne machen, mich irgendwo niederlassen und heiraten.«[168] Harry McGinnis stirbt am nächsten Tag im St. John's Hospital in Joplin. In drei Wochen hatte der Witwer seine Verlobte heiraten wollen.

W. D. ist vor Schmerzen beinahe bewusstlos. Er braucht einen Arzt, doch das geht nicht. Um zu sehen, wo die Kugel steckt, bricht Clyde am Straßenrand von einer Ulme einen dünnen Ast ab. Er umwickelt ihn mit Mull und führt ihn vorsichtig in die Wunde in W. D.s Brust ein. Der Junge windet sich vor Schmerzen. Als die Spitze des Astes aus dem Loch im Rücken wieder herausschaut, wissen sie zumindest, dass die Kugel nicht mehr im Körper steckt. Sie träufeln etwas Alkohol in Ein- und Austrittloch und erstehen in einer Apotheke ein paar Aspirin gegen die Schmerzen. Mehr können sie nicht für W. D. tun. Jetzt heißt es beten.

Alles, was sie besaßen, inklusive ihrer Waffen, ist im Haus zurückgeblieben. Es ist eine Katastrophe. Nicht lange, dann wird die Polizei von Missouri wissen, wer sie sind. Damit ist der Bundesstaat Missouri von der Liste der sicheren Aufenthaltsorte gestrichen. Blanche ist das völlig egal. Sie steht unter Schock, denn sie hat begriffen, dass ihr Leben mit Buck zerstört ist: »Nicht lange, nachdem wir auf und davon waren, wurde mir plötzlich klar, in was für einem Schlamassel Buck und ich steckten. Ich bin total ausgerastet. All meine Hoffnungen und Träume stürzten wie ein Kartenhaus in sich zusammen. Mein Traum, mit dem Mann zu leben, den ich mehr liebte als sonst etwas auf dieser Welt, alle Träume von einem eigenen Zuhause, meine Hoffnungen, dass er für immer frei sein würde und wir zusammen glücklich werden könnten. Jetzt war die Freiheit verloren. Nach drei kurzen Wochen wurde sie uns innerhalb weniger Minuten geraubt. (...) Man würde uns als Mörder jagen, auch wenn wir nicht schuldig waren. Wir konnten es nicht beweisen und wenn wir blieben, würde man uns höchstwahrscheinlich hängen.«[169]

Niemand spricht ein Wort in dieser Nacht. Clyde fährt wie ein Wahnsinniger 1000 km zurück nach Texas. Wie immer, wenn er nicht mehr weiterweiß, zieht es ihn zurück in vertraute Gefilde. In Shamrock, Texas, machen sie in einem Motel Rast. Sie sind völlig am Ende, doch die Angst, entdeckt zu werden, treibt sie vorwärts. 150 km weiter in Amarillo, Texas, plündern Buck und Clyde ein Bekleidungsgeschäft, damit sie am nächsten Tag zumindest etwas zum Anziehen haben. Dann rast Clyde weiter, einfach immer weiter, quer durch New Mexico, Kansas, Nebraska, Iowa, Illinois, Arkansas, Oklahoma und Louisiana. Blanche verliert nach und nach die Orientierung: »Wir fuhren so schnell und durch so viele Städte und Staaten, dass ich das Gefühl für die Zeit verlor. Ich wusste manchmal nicht einmal, was für einen Tag wir hatten. Wir lebten Tag und Nacht im Auto, schliefen nur wenig und fuhren wie die Wahnsinnigen ohne Ziel durch die Gegend.«[170] Die Flucht zerrt an ihren Nerven. Fünf Menschen auf engstem Raum zusammengepfercht, immer wieder gibt es Streit. Das einzig Positive ist, dass W.D. sich langsam zu erholen scheint. Aus Angst, erkannt zu werden, übernachten sie im Auto oder im Freien. Dabei hat Bonnie schreckliche Angst vor Schlangen, und die gibt es überall. Die Nächte sind kühl, doch ein Feuer zu machen ist viel zu gefährlich. Nicht einmal Kartoffeln können sie sich rösten. Die Mahlzeiten beschränken sich auf kalte Bohnen aus der Dose und Sandwiches. Statt heiße Schokolade mit Sahne und gegrillten Marshmallows, die Clyde so liebt, trinken sie jetzt Quellwasser. Wer Bonnie und Clyde elegant gekleidet auf der Straße sieht, ahnt nicht, dass sie sich in eiskalten Bächen waschen und rasieren. Statt ihre Kleider zur Reinigung zu geben, muss Bonnie sie nun im kalten Fluss behelfsmäßig ausdrücken. Ihre Stimmung ist am Nullpunkt, ihr Alkoholkonsum steigt.

Die Polizei von Joplin hat das Apartment inzwischen auseinandergenommen. Die Waffen, die dabei zum Vorschein kamen, hätten jedem Armeewaffenlager zur Ehre gereicht. Im Schlafzimmer von Blanche und Buck haben die Fahnder deren Heiratsurkunde, mitsamt dem von Ma Ferguson unterzeichneten Gnadenerlass für Buck gefunden. Bei Bonnies Gedichten, die auf dem Küchentisch zurückgeblieben sind, lag auch der Fotoapparat sowie zwei nicht entwickelte Filmrollen. Als diese entwickelt sind, identifizieren Ted Hinton und Bob Alcorn, die aus Dallas angefordert wurden, die Personen auf den Fotos als die Brüder Barrow mit ihren Frauen. Auch der dritte Mann, der mit Bonnie und Clyde reist, hat nun endlich ein Gesicht, wenn auch noch immer keinen Namen. Auf Clyde und Buck wird ein Kopfgeld von jeweils 600 Dollar ausgesetzt. Die Polizei übergibt sowohl die Fotos als auch die Gedichte der Presse. Die Leute sollen sehen, mit wem sie es zu tun haben. Und die braven Bürger staunen nicht schlecht. Am Freitag, dem 15. April 1932, veröffentlicht der *Joplin Globe* die allerersten Fotos der Flüchtenden auf seinem Titelblatt. Es sind Bilder, die heute zu den berühmtesten Fotografien des 20. Jahrhunderts zählen. In den nächsten Tagen werden sie von Zeitungen im ganzen Land nachgedruckt und machen Bonnie und Clyde mit einem Schlag berühmt. Vor allem das Foto, das Bonnie mit Zigarre im Mund zeigt, erregt ungeheure

Aufmerksamkeit. Eine Frau mit einer Zigarre ist ein weitaus größerer Skandal als eine Frau mit einer Waffe. Ohne Bonnie wäre Clyde wohl nur ein weiterer Gangster aus dem südlichen Mittleren Westen geblieben. Es ist Bonnie, die dem Ganzen nun den nötigen Sexappeal verleiht. Erst sie macht aus einer Geschichte, die eigentlich nur Verlierer kennt, eine Story von Sex & Crime. Ein mordendes Liebespaar, jung, hübsch und, wie den Gedichten zu entnehmen ist, auch noch klug. Das übertrifft alles bisher Dagewesene, stiehlt fast Dillinger & Co. die Schau. Von nun an berichten Zeitungen, Rundfunk und Wochenschauen regelmäßig über die beiden Outlaws. Das Land hat zwei neue Superstars. Dass die meisten Geschichten jeglichen Wahrheitsgehalt entbehren, interessiert niemanden. Kamerateams und Journalisten schwärmen zu Tatorten aus, befragen Familienmitglieder und Freunde, nehmen jede noch so kleine Regung der beiden begeistert zur Kenntnis. Bonnie und Clyde sind nun das, was sie immer sein wollten: berühmt. Ja, mehr noch, sie sind auf dem besten Wege, das berühmteste Gangsterpärchen der Geschichte zu werden. Als publik wird, aus welch ärmlichen Verhältnissen sie stammen, solidarisieren sich viele mit ihnen. Vor allem die Verlierer des amerikanischen Traums können nachvollziehen, was die beiden antreibt. All diejenigen, die es nicht wagen aufzubegehren gegen ein System, das sie ohnmächtig und wütend macht, interpretieren Bonnies und Clydes Kampf gegen das Gesetz als eine Art Stellvertreterkrieg. So viele haben ihr Hab und Gut an die Banken verloren, dass sie es längst nicht mehr als ein Verbrechen ansehen, eine Bank auszurauben. Es ist kaum überraschend, dass sich beim kleinen Mann klammheimliche Schadenfreude breitmacht, wenn Bonnie und Clyde die Banken um ihr Geld erleichtern. Die beiden Liebenden avancieren in ihren Kreisen zu heimlichen Helden. Und als die Öffentlichkeit auch noch erfährt, dass sie das geraubte Geld an Familie und Freunde verteilen, werden sie endgültig zu modernen Robin Hoods aus Texas erklärt.

Am 27. April 1933 sitzt Dillard Darby auf der Terrasse von Brooks Privatpension in Ruston, Louisiana. Er ist Bestatter und arbeitet im nahegelegenen McClure Beerdigungsinstitut. Soeben hat er sein Mittagsmahl beendet und genießt nun den schönen Tag. Neben ihm sitzt Sophia Stone, Vertreterin für Küchengeräte. Vor dem Haus parkt Darbys nagelneuer Chevrolet. Plötzlich biegt ein Ford V 8 in die Straße ein, aus dem ein junger Mann herausspringt. Er läuft zu Darbys

Chevrolet, steigt ein und fährt davon. Als sie den ersten Schock überwunden haben, nehmen Sophia Stone und Dillard Darby in Stones Ford geistesgegenwärtig die Verfolgung auf. Der Ford V 8 folgt ihnen. Der Autodieb ist niemand anderer als W. D., der wieder einigermaßen auf den Beinen ist. Im zweiten Wagen sitzen die Barrows samt Bonnie. Obwohl sie sich alle Mühe geben, verlieren Darby und Stone den Chevy bald aus den Augen. Auch Clyde kann W. D. trotz intensiver Suche nirgends mehr entdecken. Darby und Stone fahren zur Pension zurück, um die Polizei zu rufen. Dort angekommen, werden sie von einem Mann angehalten. Es ist Clyde. Darby, der nicht ahnt, in welcher Verbindung der Mann zum Dieb seines Autos steht, erklärt aufgeregt, was vorgefallen ist. Da zieht Clyde plötzlich eine Waffe und schlägt Darby nieder. Dann zwingt er ihn und Sophia Stone, in seinen Ford einzusteigen. Sie müssen sich vorne neben Bonnie setzen. Im Fond sitzen Blanche und Buck neben einem Haufen neuer Waffen, die sie irgendwo gestohlen haben. Mit Vollgas geht es Richtung Arkansas. Die Geiselnehmer machen auf Darby und Stone keinen guten Eindruck. Sie seien verwahrlost gewesen und hätten gestunken und ganz und gar nicht ihrem in der Öffentlichkeit gepflegten Image entsprochen, berichten sie später. Dass Clyde und Buck lautstark darüber nachdenken, die Geiseln zu erschießen, jagt den beiden schreckliche Angst ein. Sie haben keine Ahnung, wer ihre Entführer sind, und wissen nicht, dass Clyde niemals Geiseln erschießt. Stattdessen kündigt er an, sie unbeschadet laufen zu lassen, wenn sie keine Dummheiten machten. Darby, der aus der Wunde, die ihm Clydes Pistole zugefügt hat, stark blutet, denkt nicht im Traum daran, den Helden zu spielen. Da ihr Foto ohnehin in jeder Zeitung ist, sehen Bonnie und Clyde kein Problem darin, sich zu erkennen zu geben. Bonnie unterhält sich sehr ausführlich mit den Geiseln. Als sie erfährt, dass Darby Bestatter ist, nimmt sie ihm lachend das Versprechen ab, sie zu bestatten, wenn es dereinst so weit sein sollte. Clyde findet das ganz und gar nicht komisch. Als Sophia Stone Bonnie auf deren Drängen sogar einige Kochrezepte verrät, wird die Stimmung beinahe freundschaftlich. Etwas außerhalb der Kleinstadt Waldo, Arkansas, lässt Clyde die beiden laufen. Zuvor händigt er Darby noch eine Fünf-Dollar-Note für die Rückreise aus. Nur Blanche sieht durch das Rückfenster, wie Darby sich die Nummer des Wagens notiert. Drei Tage später gibt Sophia Stone ein Interview über die Stunden, die sie in den Händen der Barrow Gang verbracht hat: »Sie sind mit uns herumgefahren. Mir kam es wie eine Ewigkeit vor. Irgendwann landeten wir in Arkansas. Sie haben dauernd Witze über sich selbst gemacht. Manchmal waren sie ganz freundlich, aber dann haben sie uns wieder Angst eingejagt. So gegen zwei Uhr Nachmittag waren wir uns dann sicher, dass sie uns töten würden. Aber nach all dem Herumgefahre und dem Terror waren Mr. Darby und ich mittlerweile so erschöpft, dass es uns ganz gleich war, ob sie uns umbringen würden oder nicht.«[171]

Auf ihrer Weiterfahrt kommen die Barrows auch durch die Stadt Hope in Arkansas. Hier entdecken sie im Rückspiegel plötzlich ein Polizeiauto, das ihnen zu folgen scheint. Sie lassen das Auto näher kommen. Als der Beifahrer mit gezückter Waffe auf gleicher Höhe ist, zieht Buck seine Maschinenpistole. Obwohl er den Polizisten damit ohne Weiteres erschießen könnte, tut er es nicht. Stattdessen gibt Clyde Gas. Noch einen toten Polizisten können sie wirklich nicht gebrauchen.

Von den vieren hat in diesen Wochen nur noch eine die reelle Chance auf ein normales Leben: Blanche. Sie könnte gehen und tatsächlich mit Milde rechnen, wenn sie erklärt, was geschehen ist. Doch so sehr sie das Leben auf der Flucht auch hasst, sie bleibt an Bucks Seite, verzweifelt, aber tapfer: »Ich will nie mehr wieder im Leben eine Waffe sehen. Wir konnten nicht einmal richtig sitzen, weil das ganze Auto voller Waffen war – Waffen, wohin man auch blickte. Die anderen zogen mich auf, weil ich Waffen so verabscheute. Bevor wir in all das verwickelt wurden, hatte ich nie ein Problem mit Waffen, aber ich wusste, dass diese Waffen mir eines Tages Buck rauben würden. (…) Ich habe Höllenqualen gelitten und bin Tausend Tode gestorben. Tag und Nacht war ich voller Angst, Buck zu verlieren. Manchmal, wenn mir das Herz so wehtat, dass ich Angst hatte, es müsste zerspringen, habe ich daran gedacht, mich umzubringen.«[172]

W. D. Jones bleibt verschwunden. Darbys gestohlenen Chevrolet findet die Polizei ein paar Tage später am Straßenrand. Da sie keinen Treffpunkt vereinbart haben, kehren die Barrows und Bonnie nach West Dallas zurück. Vielleicht hat sich W. D. bis hierher durchgeschlagen und wartet nun auf sie. Vielleicht hat er aber auch einfach nur genug von all dem Töten und ist nach Hause, um sich von seiner Mutter gesund pflegen zu lassen. Beim Wiedersehen mit der Familie fleht Cumie Barrow Buck an, sich zu stellen. Für Clyde ist es zu spät, aber Buck hat vielleicht noch eine Chance, wenn er erklärt, was geschehen ist. Clyde bietet an zu bezeugen, dass Blanche und Buck unschuldig sind, doch der winkt ab: »Niemand würde mir glauben. Vielleicht, wenn ich nicht schon einmal im Gefängnis gesessen hätte, aber so nicht. Es hat keinen Sinn, Clyde. Auch ich werde auf dem elektrischen Stuhl landen. Ich muss jetzt bei dir bleiben – wir vier bleiben zusammen, bis sie uns schnappen.«[173] Seine gute Absicht, Clyde zur Umkehr zu bewegen, hat in einer persönlichen Katastrophe geendet. Ehe sie abreisen, hinterlassen sie noch eine Nachricht für W. D. Er solle in West Dallas bleiben, sie würden kommen, um ihn zu holen. Dann geht die Reise weiter über Oklahoma nach Kansas, Missouri, Illinois, Indiana, Wisconsin, Minnesota und über Iowa, Nebraska, Kansas, Oklahoma, Arkansas, Louisiana, Mississippi, Tennessee und Kentucky zurück nach Indiana. Mit kleineren Überfällen beschaffen sie sich das nötige Reisegeld. Blanche beteiligt sich aus Protest an keinerlei kriminellen Aktivitäten. Mitte Mai wagen sie sich zum ersten Mal wieder an ein größeres Ding.

Am 12. Mai 1933 versuchen Clyde und Buck die Lucerne State Bank in Lucerne, Indiana, auszurauben. Nachdem sie die Örtlichkeiten ausgekundschaftet haben, lassen sie sich eines Nachts von Bonnie und Blanche vor der Bank absetzen. Sie dringen in die Bank ein und verstecken sich bis zum andern Morgen. Wenn die Angestellten erscheinen, wollen sie diese zwingen, den Safe zu öffnen. Soweit die Theorie. Gegen 7.30 Uhr betreten Kassier Everett Gregg und Buchhalter Lawson Selders die Bank. Was die Diebe nicht ahnen ist, dass die beiden Bankangestellten, aufgrund der vermehrten Banküberfälle der letzten Zeit, bewaffnet sind. Es kommt zu einer wilden Schießerei, bei der wie durch ein Wunder niemand verletzt wird. Als Bonnie und Blanche mit dem Wagen auftauchen, laufen ihnen Buck und Clyde bereits entgegen – ohne Geld. Clyde übernimmt das Steuer, doch die Schüsse haben die halbe Stadt auf die Beine gebracht. Beherzte Bürger versuchen, die Bankräuber aufzuhalten, Barrikaden werden errichtet, Schüsse fallen. Zwei junge Frauen werden leicht verletzt. Bonnie weigert sich strikt, einen alten Mann zu erschießen, der auf das Trittbrett des Wagens springt. Zu guter Letzt rast Clyde ungebremst in eine Gruppe Schweine, die soeben die Straße überquert. Zwei Schweine verenden, die Diebe entkommen unverletzt.

Nur eine knappe Woche später versuchen sie ihr Glück erneut. Am 18. Mai 1933 verstecken sich Clyde und Buck über Nacht in der First

State Bank von Okabena, Minnesota. Diesmal sind die Bankangestellten nicht bewaffnet. Mit knapp 1500 Dollar gelingt der Barrow Gang die Flucht.

Wenige Tage nach dem Überfall sitzt Blanche mit 400 Dollar in der Tasche im Bus nach Dallas. Sie soll ein Familientreffen organisieren, das kurz darauf in der Nähe von Commerce, östlich von Dallas, stattfindet. Cumie Barrow hat feine Sachen für ein großes Picknick mitgebracht, beinahe alle Familienmitglieder sind gekommen. Trotz der eher traurigen Umstände ist die Stimmung heiter. Es wird viel gelacht. Gerade Blanche, die eigentlich unter der Situation am meisten leidet, schafft es, die anderen durch ihre lustigen Geschichten aufzuheitern. Voller Stolz trägt sie ein Paar neue Reiterhosen samt passender gelber Reiterstiefel, die sie vor Kurzem gekauft hat. Zur Freude ihres Mannes macht sie eine kleine Modenschau. Doch alle Fröhlichkeit ist nur oberflächlich. Angst und Sorge sitzen mit am Tisch. Auch das Leben der übrigen Familienmitglieder wird immer komplizierter. Sie stehen unter ständiger Beobachtung, werden immer wieder zu Verhören einbestellt. So sehr sie Clydes Methoden, Geld zu besorgen, auch missbilligen, so sehr sind sie mittlerweile darauf angewiesen. Die Tankstelle läuft schlecht, immer mehr Bürger meiden es, dort zu tanken, um nicht selbst ins Visier der Polizei zu geraten. Dazu kommt die ständige Angst um Bonnie, Clyde, Blanche und Buck: »Wir lebten in einem Zustand der andauernden Katastrophe. Nachts plagten uns Albträume, wie sie unter irgendwelchen grauenhaften Umständen ums Leben kamen. Meine Mutter alterte vor meinen Augen«, berichet Nell. »Man gewöhnt sich schon nach einer Weile an das Leiden. Aber ich wurde nie so abgebrüht, als dass mich der Schrei ›Extrablatt!‹ nachts nicht aus dem Schlaf gerissen hätte, zitternd und mit kalten Schweißausbrüchen.«[174]

Sie ist es auch, die Clyde an diesem Tag beiseite nimmt und ihn danach fragt, wie er sich gefühlt habe, nachdem er die beiden Männer in Joplin erschossen hatte: »So, wie ich mich dabei immer fühle – schlecht – schlecht und krank und schwach – und mit dem unbestimmten Wunsch, niemals geboren worden zu sein. Weißt du, Schwesterchen, es ist schwer, dir das begreifbar zu machen, weil du nie in einer solchen Situation warst. Aber das geht alles so schnell und passiert innerhalb eines Augenblicks – du bist da und sie sind da – sie haben ihre Waffen und du hast deine – und du weißt, es werden entweder sie sein oder du, und da ist keine Zeit für Überlegungen. Du beißt die Zähne zusammen und wehrst dich – und sie tun dasselbe, bis du sie besiegt hast oder sie dich. In dem Fall werden sie die Geschichte am nächsten Tag erzählen und nicht du. Dann ist es irgendwann vorbei und es gibt kein Zurück mehr – du hast einen Menschen getötet – du siehst ihn da liegen, wenn es hell ist und du noch Zeit hast, ihn zu betrachten. Das Leben ist aus ihm gewichen – du hast es ihm genommen – er wird nie wieder leben und atmen und lachen. Aber wenn er dich besiegt, wirst du dort liegen. Es ist so verwirrend und so sinnlos – sie töten dich – du tötest sie – du fragst dich, warum du geboren wurdest – warum überhaupt jemand geboren wurde – warum Gott sich mit dieser ganzen Scheiße überhaupt befassen sollte. Und du fühlst dich so hilflos, so völlig außerstande, etwas dagegen zu machen – und dann läufst du weg, fühlst dich schlecht und das ist dann alles.«[175]

Auch Bonnie wird beiseite genommen – von ihrer Mutter. Zum letzten Mal versucht Emma Parker ihre Tochter davon zu überzeugen aufzugeben: »Liebling, bitte verlass Clyde und stell dich. Eine Gefängnisstrafe ist allemal besser als das, was bei Clyde auf dich wartet: der sichere Tod.«[176] Doch Bonnie bleibt bei Clyde: »Mama, ich weiß, dass Clyde früher oder später getötet werden wird, weil er niemals aufgeben wird. Aber ich liebe ihn und ich werde bei ihm bleiben bis zum Ende. Wenn er tot ist, möchte ich ohnehin nicht mehr leben. Sei nicht traurig. (...) Es klingt vielleicht verrückt, aber ich bin glücklich, wenn ich nur bei Clyde sein kann, egal was auch kommen mag.«[177]

Als sie sich voneinander verabschieden, ist die Stimmung gedrückt. Bonnie, Clyde, Blanche und Buck wollen einen Ausflug in den Süden machen. Irgendwohin, wo sie niemand verfolgt, ein paar Tage Frieden und Ruhe. Ob und wann sie sich alle wiedersehen werden, ist ungewiss. Schon zu oft ist alles anders gekommen als geplant. Noch im März hatte Buck seiner kleinen Schwester lachend erklärt: »Hör zu Schwesterchen – ich bin ja kein Idiot –, ich würde mit Clyde nicht mal mehr um den Block fahren. Ich weiß doch, was das bedeuten kann. Aber ich habe ihn jetzt zwei Jahre lang nicht gesehen und ich möchte ihn gern besuchen. Das ist alles, was ich vorhabe – ihn zu besuchen. Du brauchst dir absolut keine Sorgen machen, Schwesterchen. Ich werde schon bald gesund und munter wieder zurück sein.«[178]

Und nun? Nell ahnt Schlimmstes. Und sie wird recht behalten. Als sie Buck das nächste Mal begegnet, sieht er nicht besonders gesund und munter aus: Er liegt in einem Sarg.

Ich bleibe bei dir,
ganz egal, ob sie dich niederschießen
und anschließend hängen.
Ich bleibe bei dir, solange ich lebe.
BLANCHE ZU BUCK BARROW[179]

»Ich werde dich immer lieben«

VII. Blanche und Buck

Am 30. Mai 1933 steht Raymond Hamilton erneut wegen Mordes an John Bucher vor Gericht. Dass er zwischenzeitlich einen mehr als kläglichen Fluchtversuch unternommen hat, verschafft ihm wahrlich keinen Vorteil. Ganze eineinhalb Stunden hatte seine Freiheit gedauert, nachdem er zusammen mit zwei Zellenkumpanen am 23. März 1933 aus dem Gefängnis ausgebrochen war. Noch schwerer wiegt allerdings, dass einen Tag vor Verhandlungsbeginn Mark Kitchen, einer der Hauptbelastungszeugen, von zwei Unbekannten verschleppt und brutal zusammengeschlagen wird. Kitchen war Angestellter in Buchers Laden und zugegen, als die Gangster an jenem Nachmittag nach den teuren Uhren gefragt hatten. Während die Polizei überzeugt ist, dass es sich bei einem der beiden Männer, die Kitchen überfallen und eingeschüchtert haben, um Clyde handelt, beharrt Kitchen darauf, Clyde sei nicht dabei gewesen. Am 1. Juni 1933 fällt die Jury endlich ihr Urteil. Raymond Hamilton wird des Mordes an John Bucher schuldig gesprochen und zu einer Freiheitsstrafe von 99 Jahren verurteilt. Rechnet man all seine Strafen zusammen, wird Raymond Hamilton die nächsten 263 Jahre im Gefängnis verbringen. Der wahre Täter, Ted Rogers, verhält sich still. Nur für den Fall, dass Hamilton die Todesstrafe droht, wollte er mit der Wahrheit herausrücken. Bei einer Gesamtstrafe von 263 Jahren erscheint ihm das als verschwendete Liebesmüh, Hamilton wird ohnehin den Rest seines Lebens im Gefängnis verbringen. Am 8. August 1933 wird er, gekettet an einen Autodieb, nach Huntsville überstellt. Angst hat er keine, wie seine Schwester Lillian McBride berichtet, die gekommen ist, um sich zu verabschieden: »Mach dir keine Sorgen, Schwesterchen. Diese Typen können mich nicht festhalten. Weihnachten bin ich wieder da.«[180] Clyde wird es schon richten.

Der ist nach einigen erholsamen Tagen im Süden mit Bonnie nach West Dallas zurückgekehrt, um W. D. Jones aufzusammeln. Dem reicht es eigentlich, aber er sieht sich außerstande, Nein zu sagen: »Sie haben mir gesagt, ich soll in den Wagen steigen, und das tat ich dann auch. Zwar haben sie mich vorher gefragt, ob ich nochmal mit ihnen kommen will, und ich sagte nein, das will ich nicht, aber Clyde sagte, das mache nichts, ich würde trotzdem mitkommen, und das tat ich dann auch.«[181]

Blanche und Buck sind zu dieser Zeit in Goodwater, Oklahoma, bei Blanches Vater. Matt Caldwell hat seine Farm nicht mehr halten können und ist zu Verwandten gezogen. Nun hilft er auf deren Feldern und lebt ansonsten von dem Geld, das Blanche ihm schickt. Als Mann der Kirche ist er entsetzt über die Ereignisse, auch wenn Blanche ihm schwört, dass sie und Buck schuldlos daran seien: »So gut es ging, versuchte ich ihm zu erklären, was mit Buck und mir geschehen war. Wir waren unschuldig und konnten doch nicht zurück. Wir mussten jetzt einfach so weitermachen und darauf hoffen, dass sich eines Tages unsere Unschuld erweisen und wir frei sein würden. Aber eigentlich haben wir uns nur etwas vorgemacht. Tief in unserem Inneren wussten wir genau, dass wir niemals wieder frei sein würden. Früher oder später würde man uns töten.«[182] Am 10. Juni 1933 wollen sie mit Bonnie, Clyde und W. D. an einer Brücke zwischen Sayre und Erick, Oklahoma, wieder zusammentreffen und gemeinsam weiterfahren.

Bereits am Abend zuvor machen sich die drei auf den Weg von Texas nach Oklahoma. Von Wellington, einer Kleinstadt in Texas, aus geht es flott wie immer in Richtung Staatsgrenze. Bonnie döst auf dem Beifahrersitz, W. D. schläft auf dem Rücksitz. Der neue Highway 4, der von Wellington aus Richtung Norden führt, verträgt nach Clydes Auffassung locker 110 Stundenkilometer. Dass es bereits dunkel ist und die Sichtverhältnisse durch umherfliegende Baumwolle von den Feldern zusätzlich beeinträchtigt sind, kümmert ihn nicht. Er fährt gerne schnell. Was er allerdings nicht weiß, ist, dass die neue Straße noch nicht ganz fertiggestellt ist. Die Brücke über den Salt Fork Red River fehlt. Wenige hundert Meter vor dem Fluss werden alle Autofahrer auf die alte Straße, die zur alten Brücke führt, umgeleitet. Clyde aber übersieht das Umleitungsschild. Erst als der Wagen mit voller Wucht die Absperrung durchbricht, wird ihm klar, dass die Straße hier endet. Doch es ist zu spät, um noch zu reagieren. Der Ford schießt in hohem Bogen durch die Luft und landet im Flussbett, das zwar im Sommer kaum Wasser enthält, aber sehr tief ist. Der Wagen überschlägt sich mehrmals, ehe er schließlich auf der Seite liegen bleibt. Bis auf ein paar Schrammen und eine gebrochene Nase bleibt Clyde wie durch ein Wunder unverletzt. W. D. klettert blutend und verstört aus dem Wagen. Sie beginnen schon damit, die Gewehre zu bergen, als ihnen plötzlich bewusst wird, dass Bonnie nicht aussteigt. Erst jetzt sehen sie voller Entsetzen, dass sie unter dem Wagen begraben ist. Panisch versuchen Clyde und W. D. den Wagen hochzuheben und sie herauszuziehen, doch der Ford ist viel zu schwer. Fieberhaft überlegen sie, wie sie Bonnie aus ihrer misslichen Lage befreien sollen, als diese plötzlich fürchterlich zu brüllen anfängt. Ihre Beine brennen wie Feuer. W. D. berichtet später, das ausgelaufene Benzin habe sich entzündet und Bonnies Beine verbrannt. Eine andere Augenzeugin hingegen erklärt, es sei Batteriesäure ausgelaufen und habe Bonnies Beine verätzt. Dem Wahnsinn nahe rüttelt Clyde an der Karosserie des Wagens. Bonnie, die vor Schmerzen kaum noch ein und aus weiß, fleht ihn an, sie zu töten. Da kommen aus der Dunkelheit plötzlich zwei Männer gelaufen: Jack Pritchard und sein Schwager Alonzo Cartwright. Ihre Farm ist nur wenige Meter vom Fluss entfernt. Sie haben das fürchterliche Krachen gehört, als Clydes Auto die Absperrung durchbrochen hat. Verzweifelt bittet Clyde die beiden um Hilfe. Und tatsächlich gelingt es den vier Männern mit vereinten Kräften, das Wrack hochzuheben und Bonnie zu bergen. Die hat längst das Bewusstsein verloren. Die Haut ihres rechten Beines ist verschwunden, das Fleisch liegt offen da, einzelne Knochen sind zu sehen. Gesicht und Arme sind von den zerborstenen Fensterscheiben zerschnitten. Sie blutet aus mehreren offenen Wunden. Jack Pritchard nimmt die nahezu Leblose hoch und trägt sie zum Haus. Sallie Pritchard, Jacks Mutter, und seine Schwester Gladys, Alonzos Frau, tun ihr Möglichstes, um die Wunden zu säubern. Noch Jahre später hat Gladys jenen schrecklichen Abend bildlich vor Augen: »Mutter und ich badeten Bonnie. Ihr Gesicht und ihre Haare waren voller Dreck und Sand und ihr Bein war vor allem am

Knie von Brandblasen übersät – es war die Batterie, die sie verbrannt hat – das Auto hat nicht Feuer gefangen. Wir hatten aber nur etwas Salbe, um sie zu behandeln.«[183] Bonnie wird den beiden immer dankbar sein: »Sie waren so nett zu mir. So unglaublich nett. Ich hatte solche Schmerzen und wollte zu meiner Mutter. Und ich hatte solche Angst.«[184] Mrs. Pritchard rät Clyde dringend, einen Arzt zu holen, ansonsten würde Bonnie sterben. Doch Clyde kann keinen Arzt holen. Das würde bedeuten, sich der Polizei auszuliefern. Er ist kurz vorm Durchdrehen. Bonnie wird sterben und es ist seine Schuld. Da wird ihm plötzlich klar, dass er unbewaffnet ist. Er läuft zum Wrack zurück, um die Waffen zu holen. Den Pritchards kommen die ungebetenen Gäste immer merkwürdiger vor. Ihre strikte Weigerung, einen Arzt für die schwerverletzte Frau zu holen, irritiert sie ebenso wie die vielen Waffen, die neben dem Auto lagen. Irgendetwas stimmt mit den dreien nicht. In einem unbeobachteten Augenblick stiehlt sich Alonzo Cartwright davon und fährt in die Stadt, um einen Arzt für Bonnie zu holen – und den Sheriff zu informieren. George T. Corry, Sheriff von Collingsworth County, und Paul Hardy, City Marshal von Wellington, machen sich umgehend auf den Weg zur Pritchard Farm. Hier ist es zwischenzeitlich zu einem ernsten Zwischenfall gekommen. Der von der Situation völlig überforderte W. D. hat die Nerven verloren, als er Alonzos Abwesenheit bemerkt hat, und mit einer Schrotflinte auf Gladys Cartwright geschossen. Er verletzt sie schwer an der Hand, einige Kugeln durchschlagen die Fensterscheibe. Das zwei Monate alte Baby John wird von herumfliegenden Glassplittern am Kopf getroffen.

Clyde und W. D. suchen gerade die Umgebung ab, als der Chevrolet der Polizei auftaucht. Versteckt in den Büschen beobachten sie, wie Corry und Hardy ins Haus gehen, und folgen ihnen unbemerkt. Ehe die Polizisten es sich versehen, sind sie Geiseln der beiden Gangster. Die drängen sie zurück zu ihrem Chevy, wo sie auf dem Rücksitz Platz nehmen müssen. Dann holt Clyde Bonnie. Behutsam trägt er sie aus dem Haus und bettet die Schwerverletzte den beiden verblüfften Gesetzeshütern auf den Schoß. W. D. klettert auf den Beifahrersitz und hält die Gefangenen mit seiner Pistole in Schach. Dann fährt Clyde los. Es bleibt nur noch wenig Zeit, den mit Blanche und Buck verabredeten Treffpunkt zu erreichen. Die Straße, die Clyde entlangrast, ist holprig und voller Schlaglöcher. Jedes einzelne davon verursacht Bonnie Höllenqualen. Corry und Hardy tun ihr Bestes, die

Stöße mit ihren Händen abzufedern. Das blutende Bündel Mensch, das wimmernd auf ihren Knien liegt, tut ihnen schrecklich leid. Clyde, dem die Situation längst entglitten ist, versucht seine Überlegenheit zurückzugewinnen. Bei einem Gespräch mit den Polizisten gibt er sich unumwunden als der berüchtigte Clyde Barrow zu erkennen. Doch all seine Prahlerei ist sinnlos, in Zeiten rudimentärer Kommunikation haben die beiden Polizisten noch nie etwas von ihm gehört. Jetzt allerdings werden sie sich nicht nur seinen Namen merken, sondern ihren Kollegen auch berichten können, dass Bonnie Parker so schwer verletzt ist, dass Barrow in den nächsten Tagen sicherlich einen Arzt oder ein Krankenhaus aufsuchen wird. Erst weit nach Mitternacht erreichen sie die Brücke, an der Blanche und Buck schon seit Stunden warten. Clyde berichtet, was vorgefallen ist. Blanche ist von Bonnies Anblick schockiert: »Bonnies Gesicht, ihr rechter Arm und ihr Bein waren über und über voller Brandwunden und Schnitte. Manche waren so tief, dass sie bis auf die Knochen gingen. Ihr Brustkorb war verletzt, auch wenn keine Rippen gebrochen waren. Sie weinte und jammerte, als würde sie gleich sterben. Dazwischen verlor sie immer wieder das Bewusstsein. Wir waren uns alle sicher, dass sie die Nacht nicht überleben würde.«[185]

Vorsichtig heben sie die Regungslose aus dem Auto und betten sie in Bucks Wagen auf den Rücksitz. Blanche hat den Sitz mit ihren Kleidern ausgelegt, damit Bonnie es bequem hat. Aber was soll mit den Geiseln geschehen? Sobald sie frei sind, werden sie umgehend die Polizei informieren. Vielleicht wäre es besser, sie zum Schweigen zu bringen? Doch Clyde Barrrow tötet keine Geiseln. Zudem hat er deutlich vor Augen, wie besorgt die beiden während der Fahrt um Bonnie waren. Er weist W. D. und Buck an, Corry und Hardy an einen Baum zu binden. Mangels eines Seils kappen sie den Stacheldraht des nächstgelegenen Zaunes und fixieren die beiden damit. Blanche, die darin zurecht ein grausames Unterfangen sieht, ist erst beruhigt, als Buck ihr zuflüstert, er habe sie nur lose angebunden, um sie nicht zu verletzen. Selbst Clyde hat Gewissensbisse, die beiden Männer mit Stacheldraht zu fesseln. Menschen zu quälen liegt ihm ganz und gar nicht. Dann verschwinden die fünf in die Nacht.[186]

Eine halbe Stunde später hat sich Corry befreit und kann auch Hardy losbinden. Ein paar Meilen die Straße entlang entdecken sie ihren Chevrolet, den Clyde zurückgelassen hat. Mit ihm fahren sie nach Wellington zurück. Die Ereignisse der vergangenen Nacht machen landesweit Schlagzeilen. Sogar die *New York Times* berichtet darüber: »Nachdem sie mit ihrem Wagen eine Straßensperrung durchbrochen hatten, haben zwei schwerbewaffnete Autofahrer heute eine Farmerfamilie terrorisiert und zwei junge Polizisten gekidnappt. Zusammen mit ihrer schwerverletzten Komplizin gelang ihnen die Flucht. (…) Sie wurden als Clyde Barrow, Dallas, und sein Bruder identifiziert.«[187] Unmittelbar nach Bekanntwerden der Vorfälle pilgern die ersten Souvenirjäger zum Unfallort. Alles, was nicht niet- und nagelfest ist, wird abgeschraubt, ausgebaut und mitgenommen. Bonnies Handschuh findet schließlich seinen Weg ins Museum von Collingsworth County in Wellington, wo man ihn noch heute besichtigen kann.

Die Verfolger nehmen nun alle Krankenhäuser und Arztpraxen der Umgebung ins Visier. Irgendwann müssen die Barrows dort auftauchen. Doch die sind weiter auf der Flucht, in zwei Wagen quer durch Oklahoma und Kansas. Bonnie geht es sehr schlecht. Ihre Verletzungen müssten dringend medizinisch versorgt werden. Doch das ist zu gefährlich. So halten sie nur hin und wieder an, um Bonnies Wunden auszuwaschen und neu zu verbinden. Aus Furcht, entdeckt zu werden, wechseln sie immer wieder die Autos. Doch selbst mit seinem heißgeliebten Ford V 8 kommt Clyde nun nicht mehr so schnell voran. Aus Rücksicht auf Bonnies Zustand muss er langsam fahren und sehr viele Pausen einlegen. In jeder Stadt, durch die sie kommen, kauft Blanche Brandsalbe und Mullbinden. Das ist alles, was sie augenblicklich für Bonnie tun können. Ihr Zustand ist besorgniserregend. Sie kann vor Schmerzen weder sitzen noch schlafen.

Am 15. Juni 1933 erreichen sie Fort Smith in Arkansas. Nach all den Tagen und Nächten im Auto und im Wald will Clyde Bonnie etwas Ruhe gönnen. Im Twin Cities Tourist Camp von Sid und Ida Dennis mieten sie zwei Häuschen an. Jetzt endlich bitten sie darum, einen Arzt zu ihnen zu schicken. Ida Dennis erklären sie, Bonnie hätte sich bei einer Explosion am Herd verbrannt. Nachdem Dr. Walter Eberle Bonnie eingehend untersucht hat, rät auch er dringend dazu, sie sofort in ein Krankenhaus zu bringen. Clyde lehnt ab. Da schlägt Dr. Eberle vor, zumindest eine Krankenschwester einzustellen, die sich um Bonnies Verletzungen kümmert. Clyde, der schon Dr. Eberles Visite für ein unkalkulierbares Risiko hält, ringt mit sich. Erst als Hazel, die Tochter der Familie Dennis, die als ehemalige Krankenschwester auch

Erfahrung mit Brandopfern hat, anbietet, sich um Bonnie zu kümmern, willigt er ein. Bonnie ist längst so schwach, dass die Männer sie zur Toilette tragen müssen. Clyde wacht rund um die Uhr an ihrem Bett, wie Nell Barrow später zu berichten weiß: »Er wich Tag und Nacht nicht von ihrer Seite. Immer hielt er ihre Hand, sprach mit ihr und bat sie inständig, weiterzuleben. Dann schüttelte er ihr Kissen auf, damit sie es bequem hatte, verabreichte ihr Medizin und half ihr, sich aufzusetzen und hinzulegen, ganz so, als ob sie ein Baby wäre. Bonnie lag im Delirium und rief die ganze Zeit nach ihrer Mutter. Clyde wurde fast verrückt davon. Und dann eines Morgens sagte der Doktor zu ihm: ›Es ist besser, sie holen ihre Mutter. Es könnte sonst sein, dass sie ihre Tochter nicht mehr lebend wiedersieht.‹«[188]

Am Morgen des 18. Juni 1933 rast Clyde nach Dallas. Hier weiß man bereits von den Ereignissen in Wellington. Die Polizei rechnet stündlich damit, dass Bonnie und Clyde bei ihren Familien auftauchen. Dennoch schafft es Clyde unerkannt zum Haus der Parkers. Hier warten beide Mütter auf ihn. Emma Parker will sofort zu ihrem Kind. Doch Clyde weigert sich strikt, sie mitzunehmen: »Wenn sie dich erwischen, werden sie dich einsperren. Ich habe wirklich eine Menge auf dem Kerbholz, aber niemand wird je von mir sagen können, dass ich meine eigene Mutter oder Bonnies Mutter in Gefahr gebracht habe. Vielleicht schaffen es ja Billie Jean und ich unbemerkt aus der Stadt hinaus, und wenn Bonnie tatsächlich sterben sollte, dann ist zumindest ihre Schwester bei ihr. Aber sie wird nicht sterben – oh lieber Gott, sie darf nicht sterben – sie darf einfach nicht sterben!«[189]

Als Billie Jean aus dem Kino zurückkommt, steigt sie ohne zu zögern in Clydes Wagen. Auf dem Weg aus der Stadt begegnen sie Ted Hinton, der ihnen nur überrascht nachschauen kann: »Ich sah jemanden, der aussah wie Clyde – es war Clyde. Ich gab Gas. Aber ich verlor sie aus den Augen. Bis ich das Büro des Sheriffs informieren konnte, waren sie über alle Berge.«[190]

In Fort Smith ist die Stimmung schlecht. Alles hängt an Blanche. Sie hat es übernommen, für alle zu kochen, zu waschen und zu putzen. Während Clydes Abwesenheit nun auch die Krankenpflege. Doch Bonnie ist eine schwierige Patientin. Vor allem, wenn die Wirkung des Amytal, eines Barbiturats, das Dr. Eberle ihr verschrieben hat, nachlässt, wird es bedenklich. Die rasenden Schmerzen machen aus Bonnie einen anderen Menschen, der Blanche beschimpft, sie würde sie nicht gut versorgen und auch ansonsten sei sie nur eine Last, da sie viel zu feige für das Leben auf der Straße sei. Buck hört lange zu, doch irgendwann reicht es ihm, macht er sich doch ohnehin die größten Vorwürfe, seine Frau in diese Situation gebracht zu haben: »Mag sein, dass sie Angst davor hat, Polizisten einfach so abzuknallen. Aber sie hat keine Angst davor, fair zu kämpfen. (…) Sie erträgt bloß den Gedanken nicht, mir nichts dir nichts ein Menschenleben auszulöschen. Sie wurde nicht dazu erzogen, eine Kriminelle zu werden und ein Tunichtgut, so wie du einer bist. Wenn ich auf sie gehört hätte, dann würden wir jetzt nicht in dieser Scheiße stecken. Und wenn Clyde auf sie gehört hätte, ehe er das Gefängnis verließ, würdet ihr jetzt nicht so sein, wie ihr seid. Ich bin stolz auf sie, weil sie die Dinge, die ich tun muss, nicht tun will. (…) Sie hasst dieses Leben und ich hasse es auch. Ich weigere mich, manche Dinge zu tun, nicht weil ich Angst davor habe, sie zu tun, sondern weil ich versuche, das bisschen Verstand zu benutzen, das ich noch habe. Blanche und ich, wir sind nicht zwei komplett Durchgeknallte, so wie du und Clyde! Du musst doch begreifen, dass ihr nicht gewinnen könnt. Irgendwann werden sie euch schnappen oder töten. Also leg dich jetzt hin und halt endlich den Mund!«[191] Als Bonnie nach dieser Wutrede empört aufspringt, brechen ihre Wunden erneut auf und sie fällt nahezu ohnmächtig zurück aufs Bett. Die nächsten Tage verbringt Bonnie im Delirium. Nach Billie Jeans Ankunft dauert es drei Tage, bis sie die Schwester erkennt. Vom Amytal, das einen hohen Suchtfaktor aufweist, wird Clyde sie später nur mit viel Mühe fernhalten können.

Am 23. Juni 1933 verlassen Buck und W. D. gegen Mittag Fort Smith in Clydes Ford V 8. Arzt und Medikamente haben alles Geld aufgebraucht. Ihr Ziel ist das 90 km entfernte Städtchen Fayetteville, Arkansas. Beim Ausspähen eines lohnenden Ziels benehmen sie sich jedoch so auffällig, dass ein aufmerksamer Bürger ihr Kennzeichen notiert. Gegen 17.30 Uhr haben sie sich endlich für Brown's Grocery in der Lafayette Street entschieden. Buck wartet einen Block entfernt im Wagen, während W. D. den Laden überfällt. Ein lohnendes Unterfangen ist es nicht. Ganze 20 Dollar erbeutet er, die beiden Diamantringe, die Mrs. Brown am Finger trägt, übersieht er. Dafür entdeckt er vor der Tür den Lieferwagen der Browns. Eingedenk der Tatsache, dass sie mit Billie Jean nun zu sechst sind und Bonnie in einem Lieferwagen bequemer liegen könnte, beschließt er kurzerhand, ihn zu stehlen.

Dass ein Lieferwagen mit Firmenbeschriftung ein sehr auffälliges Fluchtfahrzeug ist, wird ihm erst einen Block weiter bewusst. Er lässt den Lieferwagen stehen und läuft zurück zu Buck. Gemeinsam fliehen die beiden aus der Stadt. W.D.s unüberlegte Handlung hat den Browns genug Zeit verschafft, die Polizei zu informieren. Versehen mit einer exakten Täterbeschreibung sowie dem Kennzeichen des Fluchtwagens geht die Fahndung an alle umliegenden Polizeistationen raus. Auch City Marshal Henry Humphrey aus Alma, Arkansas, 16 km nordöstlich von Fort Smith, erhält die Nachricht. Nur einen Tag zuvor war die Commercial Bank in Alma ausgeraubt und Humphrey von den beiden Tätern als Geisel genommen worden. Hilflos hatte er mit ansehen müssen, wie die Gangster mit 3600 Dollar verschwanden. Sollte es sich bei den Flüchtigen um dieselben Männer handeln? Humphrey beschließt in Aktion zu treten. Er ist noch neu in seinem Metier. Erst vor einem Monat ist der beliebte 51-Jährige zum City Marshal gewählt worden. Er hat eine kleine Farm und arbeitet als Hausmeister in der örtlichen High School, um seine Familie zu versorgen. Gemeinsam mit Hilfssheriff Red Saylers, einem Elektriker, macht er sich Richtung Fayetteville auf. Auf der Fahrt begegnen sie dem Automechaniker Webber Wilson, der in südlicher Richtung mit seinem blauen Chevrolet unterwegs ist. Beide Wagen drosseln ihr Tempo für einen kurzen Plausch. Es ist kurz vor 17.30 Uhr. Dann fahren sie weiter. Sekunden später vernehmen die Polizisten einen dumpfen Knall. Ein Ford V8 ist mit hoher Geschwindigkeit in Wilsons Chevy gekracht. Saylers wendet den Wagen und fährt zurück. Beide Unfallwagen sind schwer beschädigt. Ein wütender Webber Wilson springt aus dem Auto, greift nach einem Stein und ist gerade im Begriff, auf den im Wagen sitzenden Unfallverursacher loszugehen, als er plötzlich in den Lauf zweier Waffen blickt. Geschockt lässt Wilson den Stein fallen und rennt weg. Humphrey und Saylers, die das Kennzeichen erkannt haben, steigen mit gezückten Waffen aus ihrem Wagen. Buck und W.D. tun es ihnen gleich. Diesmal verliert Buck die Nerven. Obwohl sie den Polizisten waffentechnisch haushoch überlegen sind und es ein Leichtes wäre, sie zu entwaffnen, schießt er. Saylers bringt sich mit einem Hechtsprung hinter seinem Auto in Deckung und versucht mit seinem Gewehr, das nur sieben Schuss im Magazin hat, zurückzuschießen. W.D. antwortet mit einer Maschinengewehrsalve. Zu Saylers Glück ist er jedoch ein so schlechter Schütze, dass er das Auto verfehlt anstatt es zu durchsieben. Als W. D. nachladen muss, kann sich Saylers in ein Farmhaus an der Straße flüchten. Buck schießt nicht mehr. Er hat Humphrey getroffen, der schwer verletzt am Boden liegt. W. D. und Buck laufen zu Saylers altem Ford Maroon, die Waffen, die in ihrem unbrauchbar gewordenen Ford V 8 liegen, vergessen sie in der Eile. Im Vorbeifahren will W. D. dem schwer verletzten Humphrey noch die Waffe abnehmen. Als er sich aus dem Wagenfenster beugt, um nach ihr zu greifen, schießt Saylers aus seinem sicheren Versteck W. D. zwei Fingerkuppen ab. Henry Humphrey stirbt drei Tage später im St. John's Hospital in Fort Smith. Er hinterlässt eine Frau und drei erwachsene Kinder.

Buck und W. D. lassen den Maroon bald am Straßenrand zurück. Sie setzen die Flucht in einem neuen Wagen fort, bis dieser eine Reifenpanne hat und sie schließlich zu Fuß weitermüssen. Angesichts der vielen Straßensperren sicher die bessere Entscheidung. Später werden sie beschuldigt, auf ihrer Flucht die 26-jährige Clara Rogers aus Winslow, Arkansas, vergewaltigt zu haben. Die junge Frau wird am frühen Samstagmorgen in ihrer Küche von zwei Männern missbraucht, die ihr Auto stehlen wollen. Für die Polizei sind die Täter Buck und Clyde. W. D.s Name ist noch immer unbekannt. Doch sowohl Buck als auch W. D. schwören Stein und Bein, diese Tat, die tatsächlich völlig aus dem Tatprofil der Barrows herausfallen würde, nicht begangen zu haben. Zudem liegt Winslow von Alma aus exakt in der entgegengesetzten Richtung von Fort Smith, wohin die beiden so schnell als möglich zurück wollen. Gleichwohl erscheint einen Tag später ein neues Fahndungsplakat, auf dem die Barrow-Brüder wegen Mordes und Vergewaltigung gesucht werden.

Samstagnacht gegen 22 Uhr erreichen Buck und W. D. endlich Fort Smith. Als sie erzählen, was geschehen ist, ist allen klar, dass sie sofort wegmüssen. Doch sie sind zu sechst und das einzige Auto, das sie haben, ist Bucks kleines Ford Coupé, mit dem man unmöglich sechs Personen samt Gepäck transportieren kann. So wird beschlossen, dass Clyde zuerst die Frauen in Sicherheit bringen und dann W. D. und Buck mit dem Gepäck holen soll. Buck ist mit den Nerven völlig am Ende: »Ich glaube, ich hab einen Mann getötet. (...) Ich dachte immer, ich würde niemals die Schuld eines Mordes auf mich laden. Aber ich schätze, nun hab ich es doch getan.«[192] In aller Eile raffen sie alles zusammen. Billie Jean erinnert sich, dass Clyde für Bonnie unbedingt ein einigermaßen bequemes Lager errichten wollte: »Clyde nahm die Bettdecke und frische Laken und ließ 10 Dollar auf dem Tisch liegen, mit denen er bezahlen wollte.«[193] Die Familie Dennis ist so freundlich zu ihnen gewesen, dass er sie in keinem Fall bestehlen will. Jahrzehnte später beichtet der Sohn der Familie, dass seine Eltern durchaus gewusst hätten, wer ihre Gäste gewesen seien. Dennoch hätten sie ihnen leid getan.[194]

Auf dem Weg in ein sicheres Versteck muss Clyde in dieser Nacht dreimal einen platten Reifen flicken. Er tut es, ohne zu murren. Das Einzige, was sie jetzt noch retten kann, ist ein klarer Kopf. Das weiß er nur zu gut. In einer Lichtung im Wald lädt er die Frauen ab. Blanche und Billie Jean versuchen Bonnie einigermaßen bequem zu betten. Die Umgebung ist furchteinflößend. Es ist stockdunkel, man sieht kaum die Hand vor Augen. Doch ein Feuer zu entfachen ist viel zu gefährlich. Klaglos ertragen die drei Frauen Schwärme von Moskitos und die Schlangen, die sie auf dem Waldboden zischeln hören. Sie haben Angst und sind mehr als froh, als die drei Männer endlich zurückkommen. Trotz aller Bemühungen haben sie kein anderes Auto aufgetrieben. Nun müssen sie sich doch alle in Bucks Ford quetschen. Dafür bleibt der Großteil des Gepäcks zurück. Und Billie Jean soll zurück nach West Dallas. Die würde gerne bleiben, denn W. D. Jones und sie haben sich ineinander verliebt. Doch die anderen lassen nicht mit sich reden. Es soll nicht noch ein Familienmitglied unglücklich werden. Die Gefahr, verhaftet oder getötet zu werden, steigt mit jedem Tag, ebenso das auf sie ausgesetzte Kopfgeld, das in Zeiten, in denen Menschen hungern, sicher irgendwann einen Verräter locken wird. Da sie nicht genug Geld haben, um Billie Jean die Eisenbahnfahrt von Arkansas nach West Dallas zu bezahlen, fährt Clyde sie bis Sherman, Texas, und setzt sie am Montag, dem 26. Juni 1933, in den Zug nach Hause. Emma Parker ist überglücklich, Billie Jean wohlbehalten in die Arme schließen zu können. Zudem wartet sie begierig auf Nachricht von Bonnie. Reporter, Polizei und wohlmeinende Freunde haben ihr, wie Ted Hinton verärgert erzählt, in den letzten Wochen arg zugesetzt: »Die Zeitungen ebenso wie die Nachbarn mutmaßten, dass Clyde Bonnie erschießen und sie irgendwo auf einer einsamen Landstraße aussetzen würde. Er könne es sich einfach nicht leisten, eine Frau bei sich zu haben, die nicht einmal in der Lage sei zu gehen. Ich habe Mrs. Parker gesagt, sie solle diesen Unsinn ganz schnell vergessen – das würde sicher nicht passieren. Es gab überhaupt keinen Grund, ihr das Leben noch schwerer zu machen, als es ohnehin schon war. Guter Gott, die Frau ging durch die Hölle, auch ohne diese Horrorgeschichten. Die weiteren Ereignisse zeigten ja dann auch, dass alle Zweifel an Clydes Loyalität gegenüber Bonnie unberechtigt waren.«[195]

Die fünf Flüchtenden sind derweil auf dem Weg nach Great Bend, Kansas. Auf der Fahrt spielt ihnen der Zufall Medikamente und Verbandszeug in die Hände. Am 28. Juni 1933 meldet die *Enid Morning News,* dass das Auto von Dr. Julian Field aus Enid, Oklahoma, gefunden worden sei. Der gestohlene Wagen sei unbeschädigt, es fehle jedoch die Arzttasche, die der Doktor auf dem Rücksitz stehen hatte.[196] Einen Tag später quartieren sich fünf Menschen in einem Motel in Great Bend ein. Darunter eine schwer verletzte Frau. Das Morphium, das sie in Dr. Fields Tasche gefunden haben, hilft Bonnie, die nächsten Tage zu überstehen. Während Blanche und W. D. auf Bonnie achten, fahren Buck und Clyde am 7. Juli 1933 zurück nach Enid und rauben das Waffendepot der Nationalgarde auf dem Campus der Phillips-Universität aus. Bis an die Zähne bewaffnet geht es nun erneut kreuz und quer durchs Land: Oklahoma, Texas, New Mexico, Colorado, Nebraska, South Dakota, Minnesota, Wisconsin, Illinois, Indiana, Ohio, Kentucky, Tennessee, Alabama, Mississippi, Louisiana, Arkansas, Kansas, Iowa und schließlich zurück nach Missouri.

Die meiste Zeit campieren sie aus Furcht vor Entdeckung im Wald. Tagsüber testen Buck, Clyde und W. D. die neuen Waffen und machen ein paar Schießübungen. Nachts hält Blanche Wache: »Ich habe viele Nächte mit einem Fernglas verbracht, um zu wachen, wenn die anderen schliefen. Clyde pflegte zu sagen, das sei alles, wofür ich zu gebrauchen sei: aufzubleiben und aufzupassen. Er wusste, dass er sich auf mich verlassen konnte: Ich würde nicht einschlafen, egal wie müde ich auch war. Manchmal habe ich mein Gesicht mit Alkohol abgerieben, um wachzubleiben. Ich saß immer auf dem Dach des Autos, weil ich von dort aus einen viel besseren Blick auf die Umgebung hatte. Wenn ich nichts Verdächtiges entdecken konnte, dann betrachtete ich durch mein Fernglas den Mond und die Sterne. Manchmal saß ich so lange in einer Position, dass meine Beine einschliefen und ich runterspringen und ein paarmal ums Auto herumgehen musste.«[197]

Die besorgten Familien erhalten viele Postkarten, in denen immer wieder auch Bonnies Zustand thematisiert wird. Zwar entzündet sich ihr Bein immer wieder aufs Neue – aber Bonnie lebt. Ganz gesund wird sie allerdings nicht. Nie mehr wieder wird sie richtig laufen, das Knie durchdrücken oder Gewicht auf das verletzte Bein bringen können. Für den Rest ihres Lebens wird sie mehr hüpfen als gehen. Die meiste Zeit wird Clyde Bonnie tragen. Er hat seine große Liebe zum Krüppel gemacht, trotzdem bleibt Bonnie bei ihm. Kaum ein Gericht würde sie jetzt noch verurteilen, doch sie verpasst auch ihre letzte Chance auszusteigen. Niemals hört Clyde einen Vorwurf, dass er seine Freiheit über ihr Leben gestellt hat. Auch sie selbst denkt keine Sekunde daran, ihn zu verlassen, um medizinische Hilfe in Anspruch zu nehmen. Tod oder Freiheit, das ist ihrer beider Losung.

Am 18. Juli 1933 überfällt die Barrow Gang in Fort Dodge, Iowa, drei Tankstellen hintereinander, um sich etwas Reisegeld zu verschaffen. Wie der *Fort Dodge Messenger & Chronicle* in seiner Abendausgabe berichtet, erbeuten sie dabei lediglich 150 Dollar.[198] Dann geht es weiter Richtung Süden. Gegen 18 Uhr kommen sie durch Kansas City, Missouri. Hier hält Clyde an, denn Bonnie braucht dringend eine Pause. Doch Buck ist nicht wohl bei der Sache.

Kansas City galt lange als sichere Stadt für Kriminelle aus dem Mittleren Westen. Wie in Joplin, Missouri, oder Saint Paul, Minnesota, konnten sich Kriminelle hier relativ frei bewegen. Im Gegenzug dazu verschonten sie diese Städte mit allzu schwerer Kriminalität, worauf die ortsansässigen Gesetzeshüter sehr stolz waren. Doch seit einem Monat ist das anders. Am 17. Juni 1933 hatte eine Gangsterbande versucht, Safeknacker und Ausbrecherkönig Frank Nash zu befreien, der wenige Tage zuvor nach einem erneuten Ausbruch in Hot Springs, Arkansas, festgenommen worden war. Bewacht von Polizisten und FBI-Agenten, sollte Nash an der Union Station in Kansas City in ein Auto steigen, das ihn ins Bundesgefängnis nach Leavenworth, Kansas, zurückbringen sollte. Dabei war die Gruppe von mindestens drei Männern mit Maschinenpistolen beschossen worden. Drei Polizisten, ein FBI-Spezialagent sowie Nash selbst waren bei der Schießerei ums Leben gekommen. Nie konnte genau geklärt werden, ob die Befreiung tatsächlich schiefgegangen war oder ob man Nash nur zum Schweigen hatte bringen wollen. Das Union-Station-Massaker veränderte die Einstellung der Bevölkerung zu der immer weiter um sich greifenden Kriminalität entscheidend und wurde zum Wendepunkt im sogenannten Krieg gegen das Verbrechen. Das FBI lieferte ziemlich rasch die Namen der Täter, darunter auch den von Pretty Boy Floyd, dessen Beteiligung bis heute umstritten ist. Der Behörde diente das Geschehen als Vorwand, eine konzertierte Aktion gegen die berühmt-berüchtigten Gangsterbanden des Mittleren Westens zu starten. Die Ereignisse in Kansas City mündeten im Sommer 1934 schließlich in einer Gesetzesänderung, die dem FBI umfassende Macht im Kampf gegen das Verbrechen gewährte.[199]

Weil es seit dem 17. Juni 1933 in Kansas City nur so wimmelt vor Polizisten, will Buck so schnell als möglich weiter. Es kommt zu einer heftigen Auseinandersetzung zwischen den Brüdern: »Nein, ich habe keine Angst vor der Polizei. Aber ich weiß zufällig, dass Kansas City für Leute wie uns einer der gefährlichsten Orte im Mittleren Westen ist. Was ist, wenn wir uns irgendwo in der Nähe einquartieren und die Polizei kommt vorbei, auf der Suche nach jemand ganz anderem, nach irgendwelchen Betrunkenen oder Dieben? Dann würden wir ihnen unwissentlich direkt in die Arme laufen.«[200]

Nur widerwillig gibt Clyde nach. 30 km nördlich von Kansas City liegt Platte City, Missouri. Wenige Kilometer hinter dem Ort, an der Kreuzung zwischen Highway 59 und Highway 71, liegt eine Art Rasthof, bestehend aus einer Tankstelle mit Café und Laden, genannt Slim's Castle, und dem Restaurant Red Crown Tavern, das auch Übernachtungsmöglichkeiten für Reisende anbietet. Obwohl relativ nahe an Kansas City, findet Clyde die Lage ideal, bietet sie doch viele Möglichkeiten zur Flucht. Er hält an. Das Motel der Red Crown Tavern besteht aus zwei Backsteinhäusern, die auf der gegenüberliegenden Straßenseite stehen und jeweils im Ganzen vermietet werden. Zwischen den beiden Häusern befinden sich zwei Garagen, die jede für sich mit einem großen Tor zu schließen ist. Die Häuser können sowohl durch die Haustür als auch über die Garage betreten werden. Zwischen den beiden Garagen gibt es keine Verbindungstür. Buck und W. D. verstecken sich auf dem Wagenboden, während Blanche in der Red Crown Tavern beide Häuser anmietet: das eine für sich und das andere für ein junges Ehepaar. Dem Manager der Red Crown Tavern sticht ihre attraktive Erscheinung ebenso ins Auge wie ihre extravagante Kleidung. Blanche trägt ihre Reiterhosen, auf die sie so stolz ist. In Hosen läuft auf dem Land keine Frau herum. Noch seltsamer aber ist, dass die Frau die 4 Dollar für die Übernachtung in lauter kleinen Münzen bezahlt. Es ist das Geld, das sie bei den Tankstellenüberfällen erbeutet haben. Neugierig geworden, blickt Manager Neal Houser den neuen Gästen hinterher, als sie in die Garage fahren. Wenig später sieht er einen zweiten Mann aus der Garage kommen und zusammen mit der attraktiven Rothaarigen im linken Haus verschwinden. Dann schließen sich die Garagentore, sodass Houser nicht mehr sehen kann, wie Bonnie, Clyde und W. D. das rechte Haus beziehen. Gegen Abend kommt die schöne Rothaarige in die Red Crown Tavern und bezahlt wiederum in Münzen fünf Mahlzeiten inklusive Getränke. Housers Misstrauen wächst. Warum haben die seltsamen Gäste die Fenster mit Zeitungspapier verhängt? Und warum brauchen drei Leute fünf Mahlzeiten und so eine Menge Bier? Und wer ist überhaupt der zweite Mann und warum wurde er nicht ordentlich angemeldet? Bevor sie gegangen ist, hat Blanche Clyde gewarnt, so viel Essen zu ordern, doch der hatte nicht auf sie hören wollen. Er fühlt sich absolut sicher. Nicht einmal, als Houser vor der Tür steht und darum bittet, das Kennzeichen ihres Wagens für die Anmeldung notieren zu dürfen, schöpft er Verdacht. Das Kennzeichen ist ohnehin gestohlen. Als Buck, noch immer unruhig aufgrund der Nähe zu Kansas City, am nächsten Morgen zum Aufbruch drängt, entscheidet Clyde als Bandenboss, eine weitere Nacht hier zu verbringen. Auch die Highway Patrouille, die die Red Crown Taverne aufgrund ihrer Lage und des guten Essens wegen frequentiert, verunsichert ihn nicht. Blanche wird beauftragt, die Häuser für eine weitere Nacht zu mieten und Essen zu besorgen.

Als sie wieder weg ist, benachrichtigt Houser den Sheriff von Platte County, Holt Coffey. Bei dem keimt sofort der Verdacht auf, es könne sich um die Barrow Gang handeln. Sollte dem so sein, dürfe man auf keinen Fall unvorbereitet gegen sie vorgehen, denn wahrscheinlich sind sie bis an die Zähne bewaffnet. Dass sie skrupellos sind, haben sie mehr als einmal bewiesen. Coffey und seine Männer haben nur Schrotflinten und Selbstladepistolen, keine Maschinengewehre. Deshalb fordern sie bei Sheriff Tom Bash, dessen großes Jackson County Department die Jurisdiktion für das gesamte Gebiet innehat, Unterstützung an. Bashs Männer sind besser bewaffnet und mit schnellen Wagen ausgerüstet. Doch Bash verweigert zunächst jegliche Hilfe: »Ich habe langsam die Nase voll von all diesen Dorfsheriffs, die hierher kommen und mir erklären, sie hätten da ein paar ganz gefährliche Desperados aufgetan und bräuchten dringend meine Hilfe. Es tut mir leid, aber ich kann nichts für euch tun.«[201] Erst als das Kennzeichen des Wagens als das des gestohlenen Fords von Dr. Field aus Enid, Oklahoma, identifiziert wird, erklärt sich Bash bereit, zumindest zwei Männer und einen gepanzerten Wagen für die Operation bereitzustellen. Dass aus dem Wagen die Arzttasche entwendet worden ist, hat deutlich in Richtung Barrow Gang gewiesen. Und dass exakt dieses Kennzeichen am Wagen der Gäste in der Red Crown Tavern angebracht ist, erscheint mehr als verdächtig. Als Blanche am späten Nachmittag in Slim's Castle Aspirin und Verbandszeug kauft, sind sich die Beamten nahezu sicher, es mit den Barrows zu tun zu haben. Nach eingehender Beratung mit dem Besitzer der Red Crown Tavern, der seine Gäste nicht gefährden will, wird die Operation in die Nacht verlegt. Es ist der 19. Juli 1933.

An diesem Abend führen Blanche und Buck ein langes Gespräch, während Buck Blanches Reiterstiefel wienert. Sie kommen überein, die drei anderen zu verlassen und sich nach Kanada abzusetzen. Sie haben genug von diesem Leben auf der Flucht, von einer Situation, die Tag für Tag schlimmer wird. Buck nimmt Blanche in dieser Nacht das Versprechen ab, sich nicht umzubringen, falls ihm etwas zustoßen sollte. Nur widerwillig lässt sie sich darauf ein. Ihr Platz ist bei Buck, im Leben wie im Tod. Entschlossen, am nächsten Morgen ganz früh aufzubrechen, packen sie alles zusammen. Dann marschiert Blanche noch einmal zu Slim's Castle, um Seife zu kaufen. Wieder im Haus, erzählt sie Buck, wie bei ihrem Anblick schlagartig alle Gespräche verstummt seien: »Ich fand, wir sollten sofort aufbrechen, ehe es zu spät ist. (…) Buck meinte, ich solle zu Clyde gehen und hören, wie er darüber denkt. Das tat ich auch, aber Clyde war der Ansicht, wir würden bis zum Morgen sicher sein. ›Gut‹, sagte ich. ›Wenn wir heute Nacht sterben, dann kannst du zumindest nicht behaupten, ich hätte dich nicht gewarnt.‹ Ich ging zurück zu Buck und erzählte ihm, was Clyde gesagt hatte. ›Nun gut, Baby‹, antwortete er. ›Vielleicht ist ja doch alles in Ordnung. Und wenn wir schon hierbleiben müssen, dann können wir uns ebenso gut aufs Ohr legen und eine Runde schlafen.«[202]

Und so schlafen sie tief und fest, als sich gegen halb zwölf Uhr nachts 13 Polizisten den beiden Häusern nähern. Einige sind mit Maschinengewehren ausgestattet, andere tragen Metallschilde vor sich her, um sich gegen Kugeln zu schützen. An allen strategischen Punkten rund um die Häuser werden Polizisten verteilt. Zwei Männer klettern auf das Dach der Red Crown Tavern, zwei weitere gehen neben dem

Highway in Stellung, um den Fluchtweg abzuschneiden. Ein gepanzertes Fahrzeug blockiert die Garagenausfahrt. Sheriff Coffey übernimmt die Vorhut. Geschützt mit einem Metallschild, macht er sich auf den Weg zu dem linken Haus, dem von Blanche und Buck. Als er höflich an die Tür klopft und bittet zu öffnen, richtet der Panzerwagen seinen Scheinwerfer genau auf die Haustür. Blanche ist sofort wach. Geistesgegenwärtig bittet sie Coffey zu warten, bis sie sich angezogen hat. Das verschafft ihnen Zeit, sich zu bewaffnen. Die Antwort an den Sheriff schreit sie so laut, dass Clyde sie hören muss. Und tatsächlich, er erwacht und läuft zum Fenster. Als Coffey Blanche erneut auffordert, die Tür zu öffnen, sonst würden seine Männer das Haus stürmen, ruft sie voller Verzweiflung: »Sie sind nicht hier. Sie sind in dem anderen Haus.«[203]

In diesem Moment beginnt Clyde zu schießen. Ein Streifschuss trifft Coffey im Nacken. Allerdings sind es seine eigenen Männer, die ihn anschießen.[204]

Coffeys Sohn Clarence, der auf der Veranda der Red Crown Tavern postiert ist, läuft zu seinem verletzten Vater, um ihm zu helfen. Dabei wird er von einer Kugel in den Arm getroffen. Er schafft es zwar zurück ins Haus, ist jedoch lebensgefährlich verwundet. Es ist stockdunkel, die Scheinwerfer des gepanzerten Wagens, die noch immer auf die Tür des Hauses gerichtet sind, in dem Blanche und Buck sich befinden, sind die einzige Lichtquelle. W. D. und Clyde feuern aus allen Rohren und auch Buck schießt mittlerweile aus dem Fenster seines Hauses. Bonnie humpelt die Treppe zur Garage hinunter. Für jemanden, der seit Wochen nicht laufen kann, gelingt ihr das erstaunlich schnell. Clyde befiehlt W. D., ihr zu folgen und den Wagen zu starten. Als der Motor läuft und Bonnie im Wagen ist, versuchen die beiden Männer, die Garagentore zu öffnen. Ein Kugelhagel erwartet sie. Doch das ist nicht das Schlimmste: Der gepanzerte Wagen versperrt die Auffahrt! Clyde feuert eine Maschinengewehrsalve auf das Auto, welche die Panzerung durchschlägt und den Fahrer schwer an den Beinen verletzt. Ein Schuss trifft die Sirene, die mit ohrenbetäubendem Lärm losheult. Völlig geschockt tritt der Fahrer des Polizeiwagens aufs Gas und gibt den Weg frei. Damit ermöglicht er den Barrows die Flucht. Doch während Bonnie, W. D. und Clyde durch das Haus in die Garage und zum Wagen gelangt sind, sehen sich Blanche und Buck vor die schier unmögliche Aufgabe gestellt, das Haus durch die Vordertür zu verlassen, um in Clydes Garage zu kommen. Als die Sirene losheult, entsteht ein Moment der völligen Verwirrung, den Blanche und Buck nutzen, um loszurennen. Sie sind kaum aus der Tür, da wird Buck von einer Kugel in den Kopf getroffen. Er bricht zusammen. Die zierliche Blanche, die in der rechten Hand eine Tasche mit Kleidung trägt, fasst ihn unter und schleppt ihn inmitten des Kugelhagels zur Garage: »Ich war wie gelähmt. Mein ganzer Körper war taub. Als ich ihn hochgehievt hatte, konnte ich nicht einmal mehr sein Gewicht spüren. Keine Ahnung, wie ich ihn ganz allein zum Wagen bringen konnte. Und in der rechten Hand trug ich immer noch die Tasche.«[205] Gemeinsam mit Clyde verfrachtet sie Buck ins Auto. In diesem Moment landet eine Rakete mit Tränengas mitten in der Garage. Alles ist sofort voll beißendem Qualm. Als der Wagen aus der Garage rollt, schlagen ringsum Kugeln ein. Blanche wirft sich mit ihrem Körper über Buck, der auf dem Rücksitz liegt, um ihn zu schützen. Die ersten Kugeln durchschlagen die Scheiben, Glasscherben fliegen durch den Wagen, eine Armada von Splittern trifft Blanches Augen: »Plötzlich wurde um mich herum alles dunkel. Ich dachte, meine Augen seien wohl durch Kugeln und Glas verletzt worden, aber ich fühlte keinen Schmerz. Ich war schon darüber hinweg, Schmerz zu empfinden. Als mir das Blut übers Gesicht lief, dachte ich zunächst, es wäre Wasser aus meinen zerstörten Augen. ›Sie haben meine Augen getroffen!‹, sagte ich. ›Ich bin blind!‹«[206]

Irgendwie schafft es Clyde, den Wagen an den schießenden Polizisten vorbei in Richtung Highway zu lenken. Mit zusammengebissenen Zähnen hält er das Steuerrad fest umklammert. Was für ein Fiasko! Vor der Red Crown Tavern sammeln sich die Polizisten. Die meisten haben nur leichte Verletzungen, einzig um Clarence Coffey steht es schlecht. Als ihn der Krankenwagen abholt, weiß niemand, ob er durchkommen wird. In den Häusern der Geflüchteten entdecken die Männer jede Menge Betäubungsmittel. Die Zeitungen verbreiten daraufhin das Gerücht, die Barrow Gang sei ein Haufen drogensüchtiger Kids.

Die flieht derweil über die Landstraßen. Buck hat längst das Bewusstsein verloren. Blanche versucht trotz ihrer eigenen Schmerzen, mit den Fingern seine Wunden zuzuhalten und den enormen Blutverlust zu stoppen. Bucks Anblick ist grauenvoll. Ihm fehlt ein Teil des Schädels. Der Wagenboden ist voller Blut. Nell Barrow berichtet, was in jenen Stunden nach der Schießerei passierte: »Buck fragte dauernd nach Wasser … Er fantasierte und sein Flehen und Bitten machten

Blanche schier wahnsinnig. Sie erzählte mir, sie wusste genau, dass Buck sterben würde, wenn er nicht zu einem Arzt gebracht würde, und sie wollte das unbedingt. Clyde versuchte ihr zu erklären, dass es Bucks sicherer Tod sein würde, wenn sie ihn zum Arzt brächten – er würde dann nämlich hingerichtet werden. Wenn sie aber weiterfuhren, dann bestünde zumindest noch die winzige Chance, dass er überlebt. Mitten in diesem Disput erlangte Buck das Bewusstsein wieder und flüsterte seiner verängstigten Frau zu: ›Wir geben nicht auf, Liebling. Wir fahren weiter.‹«[207]

Als sie an einer Tankstelle rasten, brüllt Buck vor Schmerzen wie ein Tier. Der Tankwart weicht entsetzt vom Wagen zurück. Da das Auto zudem mit Einschusslöchern übersät ist, bleibt ihnen nur die rasche Flucht, ehe er die Polizei informieren kann. In der nächsten Stadt kauft Clyde Aspirin, Verbandszeug, ein Antiseptikum, Wasserstoffperoxid und eine dunkle Sonnenbrille, um Blanches verletzte Augen vor der Sonne zu schützen. Das ist alles, was er für die vielen Schwerverletzten in seinem Wagen tun kann. Der Mythos von der unverwundbaren Barrow Gang hat sich in Luft aufgelöst. Das Zeitfenster, in dem Clyde Barrow aufgrund seiner technischen Überlegenheit dem Gegner immer einen Schritt voraus war, ist dabei, sich zu schließen.

Alle paar Stunden halten sie an, um Bucks und Bonnies Wunden neu zu verbinden. Das gebrauchte Verbandszeug lassen sie achtlos am Straßenrand liegen. Bald zieht sich eine Spur blutiger Mullbinden einem Ariadnefaden gleich durchs Land. Mit der Hilfe aufmerksamer Autofahrer rückt die Polizei den Flüchtenden Stück für Stück näher. Als Clyde Bucks Wunden mit Wasserstoffperoxid auswäscht, wird dieser vor Schmerzen ohnmächtig. Blanche fleht Clyde auf Knien an, ihren Mann in ein Krankenhaus zu bringen. Doch Clyde fährt weiter, ohne anzuhalten. Stunde um Stunde, Meile für Meile.

Am Abend des 20. Juli 1933 erreichen sie Dexfield Park in der Nähe von Dexter, Iowa. Hier halten sie an. Clyde kann nicht mehr. Er ist fast 24 Stunden am Steuer gesessen. Er braucht eine Pause, von den Verletzten in seinem Wagen gar nicht zu reden. Dexfield Park ist ein ehemaliger Vergnügungspark mitten im Wald, der der Großen Depression zum Opfer gefallen ist. Einst hat es hier ein Schwimmbad gegeben, eine Tanzhalle und einen Zoo, der jedes Wochenende Tausende von Besuchern anzog. Jetzt ist alles verlassen, die Natur hat viele der Anlagen bereits überwuchert. Außer einigen Liebespaaren verirrt sich nur selten jemand hierher. Für Clyde und die Seinen ist der Platz ideal. An einer gut geschützten Lichtung schlagen sie ihr Lager auf. In der Nähe verläuft sogar ein Fluss, an dem sie Wasser holen und sich waschen können. Blanche und W. D. betten Buck auf Kleider und Kissen und reißen Streifen von ihrer Kleidung ab, um seinen blutenden Kopf neu zu verbinden. Verbände und Medikamente sind längst aufgebraucht. Clyde kundschaftet in der Zwischenzeit eventuelle Fluchtmöglichkeiten aus. Als er zurückkehrt, findet er seine Mitfahrer um Buck herum versammelt. In Blanches rechtem Auge stecken immer noch große Glassplitter. Alle Versuche, sie herauszuziehen, scheitern. Sie braucht dringend einen Arzt, sonst wird sie ihr Augenlicht verlieren. Leise weint sie vor sich hin. Sie weint nicht wegen der Schmerzen, sie weint um Buck. W. D. und Clyde beginnen schweigend damit, ein Grab auszuheben.

Wider Erwarten übersteht Buck die Nacht. Clyde beschließt, nach Dexter zu fahren, um Essen, Kleidung und Medikamente zu besorgen. Bonnie nimmt er mit. Bevor er losfährt, verschmiert er die Einschusslöcher am Wagen mit Dreck.

W. D. bleibt bei den beiden Verletzten zurück. Er ist am Ende und will nur noch nach Hause zu seiner Mutter. Blanche und Buck bestärken den 17-Jährigen: »Wir sagten ihm, er hätte vielleicht eine Chance, wenn er jetzt sofort ging und irgendwo anfing zu arbeiten. Noch wusste keiner, dass er bei uns war, sie hatten ja nicht einmal Fingerabdrücke von ihm. Er war jung. Wenn er sich bemühte, konnte er noch etwas aus seinem Leben machen. Und er hatte genug von diesem Leben mitbekommen, um zu wissen, dass es ein Spiel war, das man nicht gewinnen konnte. Am Ende verlor man immer. Wenn man nicht durch die Kugel eines Polizisten starb, dann würde man den Rest seines Lebens im Gefängnis verbringen oder auf dem elektrischen Stuhl landen. Was immer auch passierte, am Ende war man entweder tot oder im Gefängnis.«[208] Tatsächlich ist dieser Moment allein mit Blanche und Buck W. D.s einzige Möglichkeit zu fliehen. Nachts bindet Clyde ihn mit einem Seil an sich, offiziell, um zu verhindern, dass er bei der Nachtwache einschläft. Niemand verlässt Clyde Barrow gegen seinen Willen: »Clyde dominierte uns alle, sogar seinen älteren Bruder Buck«, wird W. D. später bei der Polizei zu Protokoll geben: »Ich gehorchte ihm, so wie alle anderen, die jemals mit ihm reisten.«[209]

In Dexter besorgt Clyde als Erstes in Myron William's Clothing

Store Wäsche, Kleidung und Schuhe für alle. Dann bestellt er in Blohm's Restaurant fünf Mahlzeiten zum Mitnehmen sowie einen Block Eis, mit dem er verhindern will, dass Bucks Gehirn weiter anschwillt. Besitzerin Martha Blohm ist recht angetan von dem ruhigen, gutaussehenden jungen Mann, der sie höflich bittet, ihm doch auch Silberbesteck und Porzellan zu leihen. Er werde es bestimmt zurückbringen. Auch wenn sie seinen Auftritt etwas merkwürdig findet, meldet sie ihn nicht. In der Apotheke ersteht Clyde noch Verbandszeug, Brandsalbe und Schmerzmittel, dann fährt er mit Bonnie zurück nach Dexfield Park. Auch die nächsten Tage fährt er nach Dexter, um Essen zu holen. Geschirr und Besteck bringt er stets zurück.

Doch obwohl Clyde alles tut, um seinem Bruder die Schmerzen zu erleichtern, wird Buck von Tag zu Tag schwächer. Mit Entsetzen erinnert sich Blanche an die Zeit in Dexfield Park: »Die nächsten paar Tage waren die Hölle. Ich wollte nicht einmal mehr schlafen vor lauter Angst, Buck könnte in der Zwischenzeit sterben. Ganz langsam entglitt er mir und ich konnte überhaupt nichts dagegen tun. Wir lebten wie verwundete Tiere in einer Falle im Wald, ohne medizinische Hilfe und ohne ein Bett, auf dem wir uns hätten ausruhen können.«[210]

Am 23. Juli 1933 stehlen W. D. und Clyde in Perry, Iowa, ein Auto. Der Wagen mit den Einschusslöchern ist nicht in der Lage, das durchzuhalten, was Clyde vorhat. Er hat sich entschlossen, Buck zum Sterben nach Hause zu bringen. Das hatten sie ihrer Mutter einst versprochen. Nun ist es für Buck so weit. Am nächsten Morgen wollen sie aufbrechen. Es ist ohnehin ein Wunder, dass man sie noch nicht entdeckt hat.

Doch das ist ein Irrtum. Man hat sie entdeckt. Farmer Henry Nye hat beim Beerensammeln Überreste von blutigen Binden gefunden, die Clyde verbrannt hat. Eingedenk der Radiomeldungen über die Barrow Gang informiert Nye Hilfssheriff John Love in Dexter. Dieser entdeckt auf einer Lichtung im Dexfield Park fünf Menschen, die ihm nicht geheuer vorkommen. Drei davon scheinen verletzt zu sein, einer gar schwer. Love informiert seinen Vorgesetzten, Sheriff Clint Knee, der sich daraufhin ein wenig in Dexter umhört. Als ihm Mrs. Blohm von ihrem neuen Kunden erzählt, der doch so »ruhig, höflich und sehr gutaussehend«[211] sei, besteht für ihn kein Zweifel, dass die Leute da draußen im Park die Barrows sind. Er alarmiert umgehend sämtliche Polizeieinheiten der Gegend. Als sich die Neuigkeiten über Funk auch in der Stadt verbreiten, melden sich Dutzende von Freiwilligen, die bei der Jagd auf die Barrows dabei sein wollen. Die Schlinge zieht sich zu.

Für die Flüchtenden bricht die letzte Nacht in Dexfield Park an. Doch wie Blanche sich erinnert, finden sie keine Ruhe: »In dieser Nacht waren wir sehr nervös. Alles zerrte an unseren Nerven. Die Schwalben riefen und ein Käutzchen kam ganz nahe ans Auto heran und schrie. Ich hätte schreien können, als ich es hörte. Wir wagten nicht zu schießen, vor lauter Angst, jemand könnte uns entdecken. Clyde versuchte, es zu vertreiben, aber es kam immer wieder zurück. Ich hatte das Gefühl, als würde sich uns irgendetwas ganz langsam nähern. Und ich glaube, den anderen ging es ähnlich. Jedes Mal, wenn wir einen Zweig knacken oder Blätter rauschen hörten, griffen sie nach ihren Waffen.«[212]

Am 24. Juli 1933 gegen fünf Uhr morgens bringen sich die Angreifer in Stellung. Es sind mehr als 50 Mann, bewaffnet mit Schrotflinten, Pistolen und manche auch mit Maschinengewehren. Mehrere Wagen blockieren die Brücke, die zum Park führt. Hier sind schon alle wach. W. D. brät auf einem Feuer Würstchen fürs Frühstück. Bonnie und Clyde sitzen beim alten Wagen, Blanche und Buck sind im neuen Ford A. Plötzlich hört Bonnie ein Rascheln im Unterholz. Gleich darauf sieht sie einen Menschen. Es ist nur ein Schrei: »Die Bullen«, dann schießt Clyde. Doch diesmal schießen die Verfolger zurück und diesmal treffen sie. Schon die ersten Schüsse verletzen Clyde und W. D. schwer. Eine Kugel hat Clyde in den rechten Arm getroffen, er kann sein Gewehr nicht mehr halten und muss nun mit links schießen. W. D. ist von Schrotkugeln ins Gesicht getroffen worden, über das jetzt Blut rinnt. Noch während er versucht, sich zu säubern, trifft ihn ein Schuss in die kaum verheilte Brust. Bonnie hat sich zu Blanche und Buck in den Ford A geflüchtet. Blanche hat sich erneut auf Buck geworfen, um ihn mit ihrem Körper zu schützen. Clyde und W. D. klettern in den Wagen. Zwar gelingt es Clyde auch diesmal, ihn zu starten, doch die Kugeln der Verfolger treffen die Reifen und machen das Fahrzeug unkontrollierbar. Clyde fährt gegen einen Baumstumpf, an dem der Wagen liegenbleibt. Der Versuch, zu dem anderen Wagen zu gelangen, wird abrupt gestoppt, als die Polizisten auch dessen Reifen zerschießen. Schrotkugeln treffen Bonnie in den Rücken. Ihr Nachthemd färbt sich rot. Sie versuchen nun zu Fuß zu entkommen.

Clyde zeigt auf den Wald in Richtung Norden. Den Hügel hoch und dann durch den Fluss, das ist ihre einzige Chance. Der South Raccoon River führt nur wenig Wasser. Blanche zieht Buck mehr, als dass er selbstständig geht. Noch ehe sie die ersten Bäume erreichen, wird er ohnmächtig. Verzweifelt ruft Blanche nach Clyde: »Clyde, komm zurück, hilf uns!«[213] Er läuft zurück und sagt ihr, sie solle sich mit Buck im Wald verstecken. Er würde einen Wagen organisieren und zurückkommen. Dann rennt er Bonnie und W. D. hinterher. Blanche geht neben ihrem Mann auf die Knie: »Ich erwartete mir keine Hilfe mehr von ihm«, sagt sie später bitter über ihren Schwager. »Ich wusste, wir waren von nun an auf uns allein gestellt.«[214] Als Buck wieder zu sich kommt, fleht er sie an, sich in Sicherheit zu bringen. Ihm kann sie nicht mehr helfen. Doch Blanche bleibt und so rappelt sich Buck wieder hoch. Sie schaffen es, hinter einem Holzstapel in Deckung zu gehen. Als die Polizisten diesen unter Feuer nehmen, schießt Buck zurück, bis er, von mehreren Kugeln getroffen, zu Boden sinkt. Da endlich gibt er auf. Blanche, in Todesangst, ruft den Polizisten zu: »Hört auf zu schießen. Er stirbt doch schon. Ihr müsst nicht mehr weiterschießen.«[215] Weil die Polizisten darauf bestehen, dass Buck mit erhobenen Händen herauskommt, hievt Blanche ihn ein letztes Mal hoch, dann ergeben sie sich. Sofort reißt man Buck von ihr weg. Verzweifelt versucht sie zu ihm zu kommen. Noch während sie mit ihren Bewachern kämpft, taucht Herb Schwartz, Fotograf des *De Moines Register,* auf. Er macht jenes berühmte Bild, das Blanche Barrow bei ihrer Verhaftung zeigt. Sie trägt die Reiterhosen, auf die sie einst so stolz gewesen ist. Als die nahezu blinde Blanche der Blitz des Fotoapparates trifft, hält sie das Licht für Mündungsfeuer. Im Glauben, Buck werde exekutiert, bricht sie schreiend zusammen. Man verfrachtet sie in getrennte Autos. Noch beim Einsteigen ruft Blanche Buck zu: »Daddy, du darfst nicht sterben – du darfst nicht sterben – du darfst nicht sterben!«[216]

Bonnie, Clyde und W. D. haben es trotz ihrer Verletzungen den Hügel hinauf geschafft. Oben angekommen, befiehlt Clyde den beiden, sich zu verstecken, während er den besten Weg zum Fluss herausfinden will. Kurz nachdem er sie verlassen hat, fallen in der Nähe plötzlich Schüsse. Dann ist es totenstill. Bonnie ist wie erstarrt. Sie ist sicher, dass Clyde tot ist. Sie fleht W. D. an, sie zu töten, ganz so, wie sie und Clyde dies vor langer Zeit in ihrem Selbstmordpakt beschlossen haben. Wenn einem von beiden etwas passiert, wird ihm der andere in den Tod folgen. Da plötzlich taucht Clyde aus dem Unterholz auf. Überglücklich schließt Bonnie ihn in die Arme: »Er sank neben mir nieder, legte seinen gesunden Arm unter meinen Kopf und küsste mich. Wir lagen eng umschlungen da und lange Zeit sagte keiner ein Wort. Es war der glücklichste Moment meines Lebens. Nichts war mehr von Bedeutung. Wir waren wieder zusammen«, erzählt sie später Nell Barrow.[217]

Mit Hilfe von W. D. und Clyde schafft Bonnie es schließlich bis zum Fluss. Gemeinsam waten sie durch das hüfthohe Wasser. In der Ferne können sie die Lichter einer Farm erkennen. W. D. und Bonnie verbergen sich erneut in den Büschen, während Clyde mit gezückter Pistole auf das Haus zuläuft. Der 19-jährige Marvelle Feller melkt gerade die Kühe, als Clyde völlig durchnässt auftaucht und ihn mit vorgehaltener Pistole mehr oder weniger freundlich um Hilfe bittet. Gemeinsam mit seinem Vater trägt er die halb ohnmächtige Bonnie ins Haus. Hier warten verstört und ängstlich Mutter und Schwester. Clyde verlangt die Schlüssel für den Plymouth der Familie. Die können sie ihm geben, aber kein Benzin. Dafür ist schon lange kein Geld mehr da. Alles, was sie ihm anbieten können, ist Kerosin. Vielleicht geht's ja damit. Nachdem sie das Kerosin in den Tank geschüttet haben, verfrachten sie Bonnie auf den Rücksitz. Obwohl Clyde seinen rechten Arm nicht mehr gebrauchen kann, übernimmt er auch diesmal das Steuer. Weit kommt er nicht. Am nächsten Tag findet eine Polizeistreife 45 km nördlich den Plymouth der Fellers an einem Telefonmasten. Während die Polizei mit Flugzeugen die Gegend absucht, sind die drei längst in einem gestohlenen Ford V 8 unterwegs. W. D., mit seinem Brustschuss noch am wenigsten verletzt, sitzt am Steuer. Bonnie und Clyde liegen bewusstlos auf dem Rücksitz. Es ist eine Reise ins Nirgendwo.

Noch auf der Polizeistation in Dexter werden Blanche und Buck von einem Arzt untersucht. Der empfiehlt Bucks sofortige Verlegung ins King's Daughters Hospital nach Perry, Iowa. Bevor er dorthin gebracht wird, darf Blanche noch einmal zu ihm. Er bittet sie um eine letzte Zigarette: »Ich habe seine geliebte Stimme nie mehr wieder gehört. Ein Arzt wollte meine Augen untersuchen und hat mich in einen anderen Raum geführt. Bevor ich ging, küsste ich Buck. Ich habe nie erfahren, ob er wütend auf mich war, weil ich mich ergeben hatte.

Aber ich hatte es doch nur getan, damit er in einem sauberen, bequemen Bett sterben konnte.«[218]

Die schlechten Nachrichten haben inzwischen auch West Dallas erreicht. Cumie und L. C. Barrow machen sich in Begleitung von Emma und Billie Jean Parker sowie May Turner, einer Freundin von Blanche, auf den Weg nach Iowa. Die Reise bezahlt das Büro von Sheriff Smoot Schmid. Dieser gibt Cumie einen Brief für die Behörden in Iowa mit, der ihr den Zugang zu Buck erleichtern soll. Das Leid der Familie lässt niemanden kalt.

Im Krankenhaus von Perry wird Buck mehrmals operiert. Obwohl sein Zustand gleichbleibend schlecht ist, erlangt er immer wieder das Bewusstsein, sodass er vernommen werden kann. Ohne zu zögern gesteht er den Mord an Henry Humphrey, besteht aber darauf, dass Clyde nicht der zweite Mann war. Wer der andere Mann tatsächlich war, darüber schweigt er sich aus. Auch Henry Barrow, der zu Hause in West Dallas nach dem ominösen dritten Mann befragt wird, gibt sich ahnungslos.

Als die Familie drei Tage später in Iowa eintrifft, hat sich Bucks Zustand rapide verschlechtert. Perry ist zum Sperrgebiet erklärt worden. Die ganze Stadt ist abgeriegelt, das King's Daughters Hospital gleicht einer Festung. Bei den Bürgern geht die Angst um. Man befürchtet, Clyde würde seinen Bruder befreien. Emma Parker kann kaum glauben, welche Sicherheitsmaßnahmen ergriffen werden, um den schwerverletzten Clyde von seinem sterbenden Bruder fernzuhalten. Nur nach gründlicher Durchsuchung dürfen sie überhaupt ins Krankenzimmer: »Der Ort sah aus wie eine Kaserne. Überall schwere Waffen. (…) Die Eingangstüren zum Krankenhaus waren verbarrikadiert, Bucks Tür hatte ein Sicherheitsschloss und nur Krankenschwestern und Ärzte durften rein und raus. An den Türen zum Krankenhaus standen Wachen, Wachen patrouillierten auf den Gängen und vor der Tür saß ebenfalls ein Wachmann. (…) Sie glaubten tatsächlich, die anderen würden zurückkommen, um Buck zu retten. Wovor? Vor dem Grab?«[219]

Als Buck eine Lungenentzündung bekommt, fällt er ins Delirium. In seinen letzten Stunden ruft er immer wieder nach Clyde und Blanche. Billie Jean, die bis zuletzt seine Hand hält, hält er irgendwann für seine Frau. Noch im Fieberwahn bittet er seine Mutter inständig, Blanche mit nach Hause zu nehmen. Am Donnerstag, dem 27. Juli

1933, fällt Buck ins Koma. Zwei Tage später stirbt er mit nur 31 Jahren. Noch in seiner Todesstunde ruft er nach Blanche, die im Gefängnis von Platte City einsitzt und spürt, dass es mit ihrem Mann zu Ende geht: »In der Nacht, in der Buck starb, wachte ich gegen zwei Uhr morgens auf. Ich glaubte, ich hätte ihn nach mir rufen hören. Es war ein Zeichen von Buck. Ich weinte die ganze Nacht, denn ich wusste, er war tot.«[220]

Cumie Barrow lässt die Leiche ihres Sohnes nach West Dallas überführen. Hier wird er am darauffolgenden Montag auf dem Western Heights Cemetery zu Grabe getragen. Der Friedhof ist von Polizei umstellt. Alle rechnen damit, dass Clyde zur Beisetzung seines Bruders kommen wird. Später geht das Gerücht, er habe in Frauenkleidern an der Beerdigung teilgenommen. Am Grab steht auch Ted Hinton, Freund der Familie und einer der Polizisten, die Bonnie und Clyde jagen: »Ich fühlte mich nicht wohl bei dem Gedanken, was mit Buck passiert war. Und jetzt wurde er auch noch beerdigt, ohne dass Blanche unter den Trauernden war. Seine Eltern, Henry und Cumie Barrow, taten mir entsetzlich leid, ebenso der kleine L. C. Dann wurde Erde auf Bucks Grab geworfen und es war vorbei.«[221]

Blanche sitzt im Gefängnis und hat mit dem Leben abgeschlossen. Bei ihrer Festnahme hat sie nur noch 37 Kilo gewogen, knapp 14 Kilo weniger als an dem Tag, an dem Buck aus dem Gefängnis freikam. Auf dem linken Auge ist sie vollständig erblindet, das rechte Auge besitzt nur mehr eingeschränkte Sehkraft. Die Ärzte haben eine Menge feiner Splitter aus ihren Augen herausgeholt. Sie hat unvorstellbare Schmerzen. Doch all das ist ohne Bedeutung. Buck ist tot, das ist alles, was zählt. Als einzig verhaftetes Mitglied der Barrow Gang wird sie Tag und Nacht verhört.[222] Was sie erzählt, klingt in den Ohren der Polizisten wenig glaubhaft: »Niemand schien zu verstehen, dass ich bei meinem Mann geblieben bin, aus dem einfachen Grund, weil ich ihn viel zu sehr liebte, um zuzulassen, dass er ohne mich irgendwohin ging. Selbst wenn dies Tod oder Gefängnis für mich bedeutete.«[223] Sie beteuert allerdings, niemals selbst kriminell gewesen zu sein oder geschossen zu haben.

Während für Blanche und Buck die Flucht zu Ende ist, sind die drei anderen noch immer unterwegs. Wo sie genau sind, weiß niemand, manchmal, wie Bonnie später ihrer Schwester erzählt, nicht einmal sie selbst: »Ich erinnere mich nicht mehr daran, wo wir überall waren. Wir lebten in Schluchten irgendwo im Wald (…). Wir waren so krank, dass die Zeit einfach verstrich, ohne dass wir es registrierten. Wir verloren jegliches Zeitgefühl.«[224] Von Bucks Tod erfahren sie aus der Zeitung: »Marvin (Buck) Barrow, 31, einer der Anführer der Barrow Gang, einer Gruppe von Desperados aus Texas, erlag heute am frühen Morgen im Krankenhaus von Perry seinen Verletzungen, die er sich bei zwei Schießereien zugezogen hatte. Er starb an einer Infektion seiner Kopfverletzung. Barrow war bereits am Donnerstag ins Koma gefallen und hat das Bewusstsein nicht mehr wiedererlangt.«[225] Clyde weint drei Tage um den toten Bruder.

W.D. Jones pflegt Bonnie und Clyde, trotz seiner eigenen Verletzungen, so lange, bis Clyde wieder selbst das Steuer übernehmen kann. Am 20. August 1933 überfällt er zusammen mit Clyde noch ein Waffenlager der Nationalgarde in Plattville, Illinois, um die Waffen zu ersetzen, die bei der Flucht aus Dexfield Park liegen geblieben sind. Dann geht er nach Hause. Es ist acht Monate her, seit er zu seinem Abenteuer mit Bonnie und Clyde aufgebrochen ist: »Ich verließ Bonnie und Clyde, als sie gesund genug waren, um ohne mich klarzukommen. (…) Eines Nachts fuhr ich einfach auf die Landstraße, machte die Lichter aus und hoffte, sie würden mich nicht entdecken. Ich fuhr noch ein Stück, dann stieg ich aus und ließ den Wagen zurück. Ich warf die Pistole, die ich bei mir hatte, weg und rannte quer übers Feld. (…) Ich hatte genug vom Blut und von der Hölle.«[226]

Ich würde mein Leben dafür geben,
wenn ich Bonnie zu dir zurückbringen könnte,
so wie ich sie dir einst genommen habe,
jung und sorgenfrei –
und ohne, dass ein Preis auf ihren Kopf ausgesetzt ist.
CLYDE BARROW ZU EMMA PARKER [227]

»Wir sterben nicht, wir werden zäher«

VIII. Revanche und Rache

Diesmal gelingt es W. D. Jones unterzutauchen. Bonnie und Clyde folgen ihm nicht. Auch Blanche verrät ihn nicht. Der Polizei gegenüber gibt sie Hubert Bleigh, einen Kleinkriminellen aus Dallas, als den dritten Mann an, der mit ihnen gereist ist. Bleigh wird festgenommen, kann aber mithilfe von Sheriff Corry, der ehemaligen Geisel aus Wellington, Texas, beweisen, nicht der Gesuchte zu sein. [228] Aufgrund verschiedener anderer Delikte bleibt er dennoch in Haft.

Blanche ist eine so wichtige Zeugin, dass FBI-Chef J. Edgar Hoover persönlich aus Washington anreist, um sie zu verhören. Seine Behörde hat Bonnie und Clyde seit Ende letzten Jahres auf dem Schirm. Im Dezember 1932 war in Pawhuska, Oklahoma, ein Ford entdeckt worden, der ein paar Wochen zuvor in Effingham, Illinois, gestohlen worden war. Es handelt sich um den Wagen, den Clyde zurückließ, als er Raymond Hamilton zu seinem Vater nach Bay City, Michigan, gefahren hat. Damit ist er ins Visier des FBI geraten. Fallen Raub und Mord in den Zuständigkeitsbereich der Bundesstaaten, bricht der Grenzübertritt in einem gestohlenen Wagen Bundesrecht. Der »National Motor Vehicle Theft Act« macht das Überführen von gestohlenen Autos von einem Bundesstaat in den anderen zu einer bundespolizeilichen Angelegenheit. Der Kongress hatte dieses Gesetz erlassen, um den Gangstern des Mittleren Westens zumindest die Flucht zu erschweren, hatten ihnen doch schnelle Wagen lange Zeit eine bis dato nicht gekannte Mobilität garantiert: denn vor Verfolgung konnten sie sich jederzeit in einen anderen Staat in Sicherheit bringen.

Bei der Durchsuchung des Fahrzeugs war außer einigen Frauenkleidern auch ein leeres Medizinfläschchen gefunden worden. Neben einer Registrierungsnummer trug es die Aufschrift »Nacogdoches, Texas«. Die Polizei von Nacogdoches fand rasch heraus, welcher Apotheker das Fläschchen ausgegeben hatte. Der Mann konnte anhand seiner Unterlagen schließlich feststellen, für wen er die Medizin zubereitet hatte: Mrs. Jim Muckelroy, aus Martinsville, Texas. Während die Polizei den Fall nach einer kurzen Befragung von Mrs. Muckelroy schon zu den Akten legen wollte, fand FBI-Agent Charles Winstead heraus, dass Mrs. Muckelroy niemand anderes war als Cumie Barrows Schwester, Clyde Barrows Tante. Als er die Muckelroys damit konfrontierte, sangen beide wie Kanarienvögel – als hätten sie längst genug von ihrer kriminellen Verwandtschaft. Bei einem Familienbesuch, bei dem auch Bonnie und Clyde dabei waren, war L. C. an einer schweren Grippe erkrankt und Mrs. Muckelroy überließ ihm ihr Medizinfläschchen. So kam es in Clydes Wagen. Ein kleines Fläschchen und ein Freundschaftsdienst bringen Bonnie und Clyde jetzt in große Bedrängnis. Anfang März 1933 konnte Charles Winstead in einem Bericht nach Washington melden, dass sich Jim Muckelroy bereit erklärt hatte, mit den Behörden zusammenzuarbeiten.[229]

Am 21. Mai 1933 veröffentlicht der United States Commissioner von Dallas das erste Fahndungsplakat, auf dem Bonnie und Clyde wegen Überführung eines in Illinois gestohlenen Wagens von Texas nach Oklahoma gesucht werden.[230] Es ist der Startschuss für die Jagd des FBI nach den beiden. Wie Hunderte von Aktennotizen belegen, kommt ihnen das FBI in den nächsten Wochen sehr nah. Dutzende von Zeugen werden verhört, darunter auch Dr. Walter Eberle, der Bonnie in Platte City, Missouri, behandelt hat: »Dr. Eberle gab an, dass er die Frau gefragt habe, wie es zu diesen Verletzungen gekommen sei. Sie habe gesagt, ein Campingkocher sei explodiert. (...) Dr. Eberle sagte zudem aus, dass er die Frau, während er sie verarztet habe, nach ihrem Namen gefragt habe und woher sie sei. Sie wollte gerade antworten, da habe ihr eine der anderen Frauen den Mund zugehalten. (...) Er gab noch zu Protokoll, dass ihm auf dem verbrannten rechten Bein der Frau eine Tätowierung aufgefallen sei, ein Herz mit einem Pfeil und darunter der Name Roy oder Ray.«[231] Auch die vergewaltigte Mrs. Rogers aus Winslow, Arkansas, erhält Besuch vom FBI: »Der Agent konnte Mrs. Rogers nicht befragen. Sie ist noch immer im General Hospital in Forth Smith. Ihr Zustand ist sehr schlecht und der behandelnde Arzt D. Everett riet dem Agenten davon ab, sie zu verhören, da dies in ihrer momentanen Verfassung schwerwiegende Folgen haben könnte. Sie hat einen Nervenzusammenbruch erlitten sowie schwere innere Verletzungen.«[232]

Die umfangreiche Akte zeigt, wie überaus genau das FBI zu jener Zeit bereits arbeitet. Das ist durchaus verwunderlich, galt die bundespolizeiliche Ermittlungsbehörde doch lange als eine sehr ineffiziente Einheit des Justizministeriums. Bei seiner Gründung 1870 hatte das Justizministerium vom Kongress die Aufgabe erhalten, kriminelle Vergehen gegen den Staat aufzudecken und strafrechtlich zu verfolgen. Dafür wurde zunächst keine eigene Organisation geschaffen, sondern auf die berühmteste Privatdetektei des Landes zurückgegriffen, die Agentur Pinkerton. Deren Detektive waren bekannt dafür, nicht zimperlich zu sein. Besonders Unternehmer schwörten auf Allan Pinkertons Männer, wenn es darum ging, Arbeitskämpfe zu verhindern oder zu beenden. Immer wieder kam es bei Einsätzen von Pinkerton zu Todesfällen, wodurch die Agentur bald mehr berüchtigt als berühmt war. Auch dass Allan Pinkerton auf mehr Männer zurückgreifen konnte als das stehende Heer der Vereinigten Staaten Soldaten hatte, gefiel nicht jedem. 1892 forderte der Kongress das Justizministerium auf, die Zusammenarbeit mit Pinkerton zu beenden. Doch erst 1908, als die USA sich durch diverse anarchistische Terrorakte massiv bedroht fühlten, wurde innerhalb des Justizministeriums eine eigene Untersuchungsbehörde, das »Bureau of Investigation« (BOI) geschaffen, dessen Spezialagenten den Feind im Innern bekämpfen sollten. Darunter fielen Amerikaner und Ausländer, die auch nur entfernt im Ruf standen, Anarchisten, Sozialisten und Gewerkschafter zu sein. Die Bedrohung, die angeblich von diesen Gruppierungen ausging, ängstigte die Amerikaner so sehr, dass während des Ersten Weltkrieges innerhalb des BOI die Sondereinheit »General Intelligence Division«, bekannt auch als »Radical Division« eingeführt wurde.

Am 1. August 1919 übernimmt der 24-jährige Jurist J. Edgar Hoover aus Washington die Leitung dieser Spezialeinheit. Verbissen bekämpft er die radikalen Kräfte im Innern und lässt Ende 1919 die weltberühmten Anarchistenführer Emma Goldman und Alexander Berkman als unerwünschte Ausländer in die UdSSR deportieren.[233] Auf dem

Höhepunkt der »Roten Angst« lässt Hoover in Abstimmung mit Justizminister Alexander Palmer während der sogenannten Palmer Raids 10.000 Mitglieder und Sympathisanten der Kommunistischen Partei verhaften. Es ist dies die größte Massenverhaftung in der amerikanischen Geschichte, die Palmer, als die vielbeschworene kommunistische Revolution ausbleibt, letztlich das Amt kostet. 1921 wird Hoover zum Vizedirektor des BOI ernannt. Zu dieser Zeit hat die Behörde 650 Mitarbeiter und muss sich mit Korruptionsgerüchten herumschlagen. Dies ändert sich schlagartig, als Hoover drei Jahre später an die Spitze des BOI berufen wird. Bis zu seinem Tod 1972 wird er diesen Posten innehaben und zuletzt Herr über 8400 Agenten und 10.000 Mitarbeiter sein. 1935 erhält das BOI seinen bis heute gültigen Namen »Federal Bureau of Investigation«, FBI. Unter Hoover wird das FBI die einflussreichste Polizeimacht der Welt. In seinem Bestreben, aus der Behörde die amerikanische Entsprechung zum britischen Scotland Yard zu formen, krempelt Hoover das FBI völlig um und stellt neue Standards für polizeiliche Professionalität auf. Es dauert nur wenige Jahre, bis seine Agenten tatsächlich einen tadellosen Ruf genießen. Sie gelten als korrekt und absolut unbestechlich, was nicht nur einem harten Auswahl- und Ausbildungsverfahren zu verdanken ist, sondern vor allem auch einer überdurchschnittlich guten Bezahlung. An einer neu ins Leben gerufenen Akademie werden die künftigen Eliteagenten, die man im Volksmund bald G-Men (Government Men), nennt, ausgebildet. Diesen Spitznamen verdanken sie laut Legende dem Gangster Machine Gun Kelly, der im September 1933 FBI-Agenten, die ihn in seinem Haus in Tennessee verhaften wollten, zugerufen hatte: »Nicht schießen, G-Men!« 1935 kommt der Film *G-Men* mit James Cagney in die amerikanischen Kinos. Das Drehbuch dazu hat Hoover persönlich gegengelesen, beim Dreh fungierten FBI-Agenten als Experten.

Über die Jahre optimiert Hoover nicht nur seine Männer, sondern auch die Methoden. Das FBI zieht neueste wissenschaftliche Erkenntnisse zur Fahndung heran und verfügt ab 1925 über eine zentrale Datei für Fingerabdrücke. Auch das neu errichtete kriminaltechnische Labor entspricht den allerneuesten technischen Anforderungen. So ausgestattet kann J. Edgar Hoovers Jagd auf amerikanische Staatsfeinde beginnen. Und die stehen für ihn vor allem links. Neben Anarchisten und Sozialisten sind es in erster Linie Intellektuelle, die in sein Visier geraten. Hoovers Behörde ist nach dem Zweiten Weltkrieg wichtigster

Zulieferer von Informationen für Senator Joseph McCarthys Kommunistenhatz und befördert damit eines der dunkelsten Kapitel in der politischen Geschichte der Vereinigten Staaten. Hoover höchstpersönlich sorgt dafür, dass Ethel und Julius Rosenberg wegen Spionage hingerichtet werden. Dass die halbe Welt dagegen protestiert und er mit der Hinrichtung einer unschuldigen Frau zwei kleine Jungen zu Vollwaisen macht, kümmert ihn nicht. In den 1960er Jahren erweitert er sein Portfolio um Bürgerrechtler und Studenten. Sein unbändiger Hass auf Dr. Martin Luther King kostet ihn jedoch viele Sympathien. Dass er King im Schlafzimmer bespitzeln lässt, um die Ergebnisse anschließend Journalisten vorzuführen, geht den meisten zu weit. Als der beratungsresistente Direktor auf Lebenszeit 1972 stirbt, hat er sein eigenes Denkmal und das Ansehen seiner Behörde bereits demontiert.

Heute gilt Hoover den meisten Amerikanern als das personifizierte Böse und als Vater einer Form von amerikanischem Faschismus. Hoover machte aus der Strafverfolgungsbehörde des Justizministeriums eine unkontrollierbare Macht im Staat. In Stasimanier ließ er Bürger und Politiker abhören und bespitzeln. Die Millionen von Geheimdossiers, die er erstellen ließ und die unter anderem Informationen über moralische Verfehlungen oder sexuelle Orientierungen auch von Spitzenpolitikern enthielten, waren mit einem geheimen Buchstabencode verschlüsselt, der außer ihm selbst nur einigen wenigen Vertrauten innerhalb des FBIs bekannt war. Seine Dossiers ermöglichten es Hoover, Entscheidungsträger zu erpressen und zu manipulieren. Mächtigster Mann im Staat war lange Jahre nicht der US-Präsident, sondern J. Edgar Hoover.

In den 1930er Jahren war Hoover jedoch ein sehr angesehener Mann. Dies verdankte er nicht zuletzt seinem Kampf gegen die organisierte Kriminalität, die mehr und mehr zum Problem geworden war. Zwar veröffentlichte das FBI erst ab 1950 seine berühmte Liste mit den zehn meistgesuchten Verbrechern der USA, doch schon in den 1930er Jahren gab es Personen, die zu Staatsfeinden erklärt wurden. Ganz vorn auf der Liste befanden sich Al Capone und John Dillinger, die sich in der Presse den Titel Staatsfeind Nr. 1 teilen durften. Damit hatte der Umgang mit dem Verbrechen eine neue Dimension erreicht. Verbrecher waren nicht länger Kriminelle, sondern Staatsfeinde. In der überhandnehmenden Kriminalität wurde eine Gefährdung der öffentlichen Sicherheit erkannt. Im August 1933 hatte Justizminister Homer S.

Cummings bei einer Rede vor dem Frauenverein *Daughters of the Revolution* erklärt, dass die USA im Krieg seien: »Wir befinden uns in einem Krieg, der die Sicherheit unseres Landes bedroht, wir kämpfen gegen die Truppen des organisierten Verbrechens.«[234]

Genau wie Hoover war Cummings der Ansicht, dass angesichts der Tatsache, dass das Verbrechen nicht an den Grenzen der Bundesstaaten haltmachte, auch die Verbrechensbekämpfung nicht an den Grenzen haltmachen durfte. Solange Raub und Mord kein Verstoß gegen Bundesgesetz waren, konnten sich Verbrecher in Sicherheit wähnen, wenn sie es über die Staatsgrenze schafften. Dem konnten die Bundesstaaten zwar kaum widersprechen, dennoch wollten sie sich nur ungern in ihren Kompetenzen beschneiden lassen. Cummings und Hoover waren allerdings geschickt genug, die Rechte der Einzelstaaten formal nicht zu beschneiden, während durch diverse vom Kongress in der Folgezeit verabschiedete neue Bundesgesetze zur Verbrechensbekämpfung mehr und mehr Rechte an die Bundesbehörden übergingen. So war das FBI de facto nun für Banküberfälle zuständig, da es sich um alle Überfälle kümmern sollte, die auf Banken verübt wurden, die die Spareinlagen ihrer Kunden über den Einlagensicherungsfond der USA abgesichert hatten. FBI-Agenten durften nun Waffen tragen, Hausdurchsuchungen vornehmen und Verdächtige festnehmen. Ein derart umfangreiches Gesetzgebungspaket erschien Cummings schon allein deshalb nötig, um den »Safe Cities«, wie Joplin, Missouri, St. Paul, Minnesota, oder Hot Springs, Arkansas, in denen sich Verbrecher dank einer korrupten Lokalpolizei unbehelligt bewegen konnten, das Wasser abzugraben.

In diese Zeit des nationalen Krieges gegen das Verbrechen fiel auch die Errichtung des wohl berühmtesten Gefängnisses der USA, der Festung Alcatraz. Mit der Steigerung der Kriminalitätsrate häuften sich nicht nur Inhaftierungen, sondern aufgrund der vollkommen überfüllten Gefängnisse auch Ausbrüche. Auf der Suche nach einem Hochsicherheitsgefängnis für Schwerverbrecher wurde Cummings in der Bucht von San Francisco fündig. Das ehemalige Fort aus dem Sezessionskrieg auf der Insel Alcatraz erschien ideal. Das eiskalte Wasser und die tückischen Strudel machten eine Flucht völlig unmöglich. Nach kurzer Umbauphase trafen im August 1934 die ersten Häftlinge dort ein. Offiziell gelang keinem Häftling bis zur Schließung des Gefängnisses 1963 die Flucht. Ob Frank Morris und die Anglin-Brüder, deren Fluchtversuch zur Vorlage des Hollywoodfilms *Flucht aus Alcatraz* mit

Clint Eastwood in der Hauptrolle wurde, tatsächlich in den Fluten ertranken oder unbehelligt nach Südamerika entkamen, konnte nie geklärt werden. Ihre Leichen wurden nie gefunden.

Während Cummings im Krieg gegen das Verbrechen stets im Hintergrund blieb, stilisierte sich Hoover zum Kämpfer an vorderster Front. Er verstand es meisterhaft, Ängste zu schüren, um den Einfluss seiner Behörde zu vergrößern. Vor dem amerikanischen Kongress stellte er gar die ungeheuerliche Behauptung auf, dass 4,3 Millionen Amerikaner sich »dem stehenden Herr von Kriminellen« angeschlossen hätten. Dies hätte in letzter Konsequenz bedeutet, dass einer von 30 Männern, Frauen und Kindern ein gefährlicher Krimineller war.[235]

Dass ein Fanatiker wie Hoover Blanche Barrow, die eine Klappe über ihrem blinden Auge trägt, im Verhör damit droht, ihr auch das andere Auge zu zerstören, sollte sie sich weigern, mit den Behörden zu kooperieren, klingt durchaus glaubhaft. Doch Blanche kann nichts weiter aussagen und Hoover glaubt ihr schließlich. Am 4. September 1933 beginnt in Platte City, Missouri, der Prozess gegen Blanche wegen versuchten Mordes an Sheriff Coffey. Das Gebäude ist von schwerbewaffneten Sicherheitskräften umstellt, die Angst vor Clyde sitzt tief. Blanche hat auf einen Anwalt verzichtet. Sie bekennt sich schuldig, obwohl sie während der Schießerei bei der Red Crown Tavern keinen einzigen Schuss abgegeben hat. Ihr Fehler ist es gewesen, sich in Buck Barrow zu verlieben. Jetzt, da Buck tot ist, hat Blanche keine Kraft mehr zu kämpfen. Sie wird zu zehn Jahren Haft im Frauengefängnis Jefferson City, Missouri, verurteilt. Aus Blanche Barrow wird Gefangene Nr. 43454.

Am 7. September 1933 besuchen Bonnie und Clyde nach langer Zeit wieder einmal ihre Familien. Emma Parker ist außer sich vor Freude, ihre Tochter wiederzusehen. Doch als Clyde die Beifahrertür für Bonnie öffnet, erschrickt sie: »Bonnie konnte noch immer nicht ohne Hilfe gehen. Sie war schrecklich dünn und sie sah alt aus. Sie zog das Bein nach und ihr ganzer Körper war voller Narben. Auch Clyde war deutlich anzusehen, wie viel er durchgemacht hatte. Aber sie versuchten so zu tun, als wäre alles in Ordnung. Clyde legte eine Decke auf den Boden und hob Bonnie aus dem Wagen.«[236] Emma Parker bricht es das Herz, ihr Kind so zu sehen. Von der hübschen jungen Frau ist nicht mehr viel übrig. Was die Verletzungen nicht angerichtet haben, hat der Alkohol besorgt. Ein letztes Mal fleht sie Bonnie an, sich zu stellen. Sie verweist dabei auf Blanche, die trotz allem mit einer zehnjährigen Haftstrafe davongekommen ist. Eine Frau landet nicht so schnell auf dem elektrischen Stuhl. Doch Bonnie will nichts davon wissen, bittet nur um Decken und Kissen. Da sie nun dauerhaft im Wagen leben, wollen sie es sich zumindest einigermaßen bequem machen. Decken, Verbandszeug, Brandsalben und Schmerztabletten, das ist alles, was Emma für ihre Tochter tun kann. Die Fröhlichkeit, die ihre Familientreffen aller Bedrängnis zum Trotz immer begleitet hat, ist verschwunden. Bucks Tod hat alles verändert. Es scheint nur noch eine Frage der Zeit zu sein, bis Bonnie und Clyde ihm nachfolgen. Pragmatisch, wie sie sind, klären die Barrows Clyde darüber auf, dass sie mit der Errichtung eines Grabsteins für Buck noch warten wollen, bis Clyde ebenfalls in diesem Grab liegt. Das Geld ist knapp und es ist nichts Zynisches daran, der Realität ins Auge zu sehen. Clyde sieht das ebenso und schlägt als Inschrift vor: »Gegangen, aber nicht vergessen«. Ihm gefällt die Idee, im Tod bei Buck zu sein.

Die nächsten Wochen halten sich Bonnie und Clyde in der Nähe von West Dallas auf. Sie schlafen im Auto oder in verlassenen Farmhäusern. Das nahe Ende, das durch Bucks Tod überdeutlich geworden ist, schweißt die Familien noch enger zusammen. Clyde fährt sogar mit Cumie und seinen Schwestern zu Verwandten auf Besuch. Dass sie trotzdem der örtlichen Polizei nicht ins Netz gehen, erscheint in der Rückschau fast unglaublich. Doch noch hält die Mauer des Schweigens, welche die Bewohner der Slums von West Dallas um Bonnie und Clyde errichtet haben. Noch sind der Sheriff und seine Männer der Feind und die beiden Flüchtenden Teil einer Gemeinschaft von Elenden und Ausgestoßenen. Noch kann niemand diesen Sperrgürtel der Solidarität durchbrechen. Zudem ist die Fahndung trotz Bundespolizei nicht so umfassend, wie man annehmen möchte. Die Telefone der Familien werden nicht überwacht, auch wenn diese fest damit rechnen und aus lauter Vorsicht von Bonnie und Clyde nur als Mr. und Mrs. Howard sprechen. Mr. Howard war das Pseudonym von Clydes großem Helden, dem Outlaw Jesse James.

Im Herbst 1933 versucht Clyde noch einmal eine Gang zusammenzustellen. Seit W. D. fort ist, ist es schwierig geworden, Geld zu beschaffen. Bonnie ist zu schwer verletzt, um ihm bei Überfällen zu assistieren. Clydes Wahl fällt auf Henry Massingale und Dock Potter, zwei entflohene Häftlinge. Den geplanten Raubüberfall auf ein Geschäft in Enid, Oklahoma, müssen sie allerdings abblasen, da es dort nach einem Gefängnisausbruch von Polizei nur so wimmelt. Bei der Rückfahrt nach West Dallas bleibt auch noch ihr Wagen im Schlamm stecken. Als sie einer alten Dame, die mit gleichaltrigen Freundinnen im Garten Krocket spielt, das Auto stehlen wollen, ziehen ihnen die resoluten Damen mit dem Krocketschläger eins über. Massingale wird noch an Ort und Stelle verhaftet. Clyde und Potter fahren per Anhalter nach West Dallas zurück und trennen sich dort für immer.

Während Clydes Ambitionen, als Gangsterboss in die Geschichte einzugehen, erneut scheitern, widerfährt den Parkers eine schreckliche Tragödie. Am 13. Oktober 1933 stirbt Billie Jeans zwei Jahre alte Tochter Jackie nach kurzer Krankheit im Krankenhaus. Ein paar Tage später erkrankt der vierjährige Buddy. Auch für ihn kommt jede Hilfe zu spät. Die Familie ist am Boden zerstört: »Billie Jean zerbrach fast an dieser doppelten Tragödie. Mit dem Tod der Kinder wurde unser Haus zu einem freudlosen Ort. Addierten wir noch dazu, was uns in den letzten Jahren widerfahren war, dann erschien uns das Leben wahrlich nicht mehr lebenswert«, berichtet Emma Parker.[237] Bonnie, die mit zärtlicher Hingabe an den beiden Kleinen hängt, ist so geschockt, dass sie erneut zu trinken beginnt.

Am 8. November 1933 wird bei Arp, Texas, die McMurrey Ölraffinerie überfallen. Die Beute beträgt annähernd 2500 Dollar. Firmenchef Jim McMurrey und sein Werkleiter Ray Hall geben an, bei den Räubern habe es sich um zwei junge Männer und eine Frau gehandelt. Ted Hinton reist nach Arp und legt den Zeugen ein Foto von Bonnie und Clyde vor. Ohne zu zögern identifiziert McMurrey die Frau auf dem Foto als Täterin. Doch als Hinton ihm ihre Identität enthüllt, zieht McMurrey seine Aussage zurück: »Nein, Mr. Hinton – vergessen Sie, was ich gesagt habe. Er würde zurückkommen und mich töten. Nein – ich werde jetzt einfach stillhalten und mich wieder um meine Geschäfte kümmern.«[238] Obwohl auch Emma Parker in ihren Erinnerungen von diesem Überfall berichtet, wird von manchen Historikern bezweifelt, dass es sich bei den Tätern um die Barrow Gang handelt. William »Whitey« Walker, seine Frau Dolores und Irvin »Blackie« Thompson gelten als die wahren Schuldigen.[239]

W. D. Jones hat West Dallas inzwischen verlassen und ist zu seiner Mutter nach Houston gezogen. Hier arbeitet er als Baumwollpflücker und verkauft auf dem Markt das Gemüse, das seine Mutter anbaut. Erst Mitte November 1933 bekommt die Polizei von Dallas bei ihrer Suche nach dem dritten Mann der Barrow Gang einen heißen Tipp. Am 16. November 1933 nehmen Ted Hinton und Bob Alcorn W.D. Jones in einer Wohnung in der Franklin Street Nr. 519 in Houston fest. Unbemerkt von der Öffentlichkeit bringen sie ihn nach Dallas zurück. Sheriff Schmid will ihn erst nach ausführlichem Verhör der Öffentlichkeit präsentieren. Vielleicht kann er aus Jones ja herausbringen, wo Clyde sich aufhält. Der Arzt, der W.D. im Gefängnis untersucht, stellt folgende Verletzungen fest: »Eine Schusswunde 15 cm unterhalb der rechten Schulter. Die Kugel ging durch den Körper hindurch und trat am Rücken etwa 2,5 cm rechts der Wirbelsäule wieder aus. (...) Narbe einer Schussverletzung etwa 7,6 cm oberhalb der rechten Brustwarze. Schrotkugeln unter der Haut etwa 3,8 cm links von der rechten Brustwarze. Schrotkugeln im kleinen Finger der rechten Hand zwischen dem ersten und zweiten Glied. Narbe über dem zweiten Glied des rechten Ringfingers. Narbe am Mittelfinger der linken Hand. Tiefe Schnittwunde an der Innenseite des rechten Daumens. Alle Verletzungen der rechten Hand rühren von einer Schießerei in Dexter, Iowa. Eine kleine runde Wunde am linken Unterschenkel gleich über dem Knöchel. Eine kleine Narbe am Fuß, eine Schrotkugel unter der Haut auf der linken Seite der Unterlippe. Eine kleine Narbe über dem Mund, eine kleine Narbe, die von Glassplittern herrührt, im linken Augenlid. Eine Brandnarbe auf der Rückseite des rechten Oberschenkels, 15 cm lang und 5 cm breit, zugezogen bei einem Verkehrsunfall in der Nähe von Wellington.«[240]

Im Verhör macht W.D. Jones bereitwillig Angaben, spielt dabei aber seine eigene Rolle so weit als möglich herunter. Es geht das Gerücht, Clyde habe ihm zu dieser Strategie geraten. Wenn es um seine eigene Tatbeteiligung geht, verblüfft W.D. durch erstaunlich große Gedächtnislücken und die Aussage, er selbst habe niemals getötet. Bei der Ermordung von Henry Humphrey erlitt er angeblich einen völligen Blackout: »Ich wurde ohnmächtig und kann mich nicht mehr an Einzelheiten erinnern. Als ich wieder zu mir kam, stand ich mitten auf der Straße und hielt Bucks Waffe in den Händen. Ich hatte den goldenen Ring verloren, den ich am Finger trug. Ich begann den Ring überall zu suchen. (...) Während ich damit beschäftigt war, bemerkte ich, dass um mich herum geschossen wurde. (...) Ich habe an diesem Tag keinen einzigen Schuss abgegeben.«[241]

Ted Hinton, der bei den Verhören zugegen ist, glaubt dem 17-Jährigen kein Wort: »Er sagte, er sei gezwungen worden, bei all diesen Verbrechen mitzumachen. Immer wenn er versucht habe zu fliehen, hätten sie ihn wieder eingefangen und bedroht. (...) Ich glaubte kein einziges Wort davon, aber ich war mir sicher, die Geschworenen würden sich davon überzeugen lassen.«[242]

Für seine Kooperation hat Sheriff Schmid W. D. Jones versprochen, dass er nur in Texas für den Mord an Malcolm Davis im Januar 1933 vor Gericht gestellt wird und nicht auch noch in Arkansas für den Mord an Henry Humphrey im Juni 1933. Dass Buck bereits die volle Verantwortung für den Tod Humphreys übernommen hat, weiß der Junge nicht. Gerade im Fall Doyle Johnson ist W. D.s Aussage von enormer Bedeutung. Gerade jetzt steht ein Unschuldiger für den Mord vom Weihnachtstag 1932 vor Gericht. Wieder einmal haben die Ermittlungsbehörden den Falschen erwischt. W. D.s Aussage rettet dem Mann das Leben und lastet Clyde einen weiteren Mord an.

Am Dienstag, dem 21. November 1933, feiert Cumie Barrow ihren 59. Geburtstag. Die ganze Familie trifft sich in der Nähe von Sowers, einer kleinen Gemeinde nordwestlich von Dallas. Es ist ein sonniger Tag, bei dem einige schöne Aufnahmen fürs Familienalbum entstehen. Am Abend fällt es allen schwer auseinanderzugehen, und so macht Clyde ganz entgegen seiner Gewohnheit den Vorschlag, sich am nächsten Tag noch einmal zu treffen, und zwar am selben Ort. Dabei hat die Gruppe längst das Misstrauen der Nachbarn erweckt. Charlie Stovall, dessen Farm in Sichtweite des Treffpunkts liegt, hat Smoot Schmid informiert. Als dieser ankommt, sind die Familien jedoch längst weg. Normalerweise würde Smoot Schmid am nächsten Tag nicht wiederkommen. Alle Welt weiß, wie vorsichtig Clyde ist. Die Auswahl der Treffpunkte folgt keinem Muster und ist deshalb bisher nicht zu durchschauen gewesen. Dennoch wird Schmid mit seinen Männern am nächsten Tag hier auf Bonnie und Clyde warten. Bis heute ist umstritten, wer ihm den Tipp gegeben hat. Einzig, dass er aus dem unmittelbaren Umfeld von Bonnie und Clyde gekommen sein muss, gilt als gesichert. In Verdacht stehen Joe Bill Francis, Marie Barrows Verlobter, und Billie Jean, von der man annimmt, sie hätte alles getan, um Bonnie zu retten. Wenn ihr jemand versprochen hätte, Bonnie zu schonen, würde sie im Gegenzug vielleicht sogar Clyde ans Messer geliefert haben.

Am 22. November 1933, gegen 18.30 Uhr, biegt ein Wagen nahe Sowers vom Highway 15 auf eine kleine Nebenstraße ab. Er wird gelenkt von Joe Bill Francis. Cumie Barrow sitzt auf dem Beifahrersitz, hinten befinden sich Marie Barrow, Emma und Billie Jean Parker. Am Treffpunkt angekommen, bleiben alle im Wagen sitzen, ohne das Auto zu bemerken, das ganz in der Nähe hinter einem Zaun parkt. Hier hat sich Sheriff Schmid zusammen mit Ted Hinton, Bob Alcorn und Ed Caster auf die Lauer gelegt. Die Männer sind gut bewaffnet, Bob Alcorn hat sogar ein BAR, Clydes Lieblingsgewehr, dabei. Schmid glaubt allerdings nicht an einen Schusswechsel. Er setzt auf das Überraschungsmoment: Wenn Clyde sich einer so geballten Polizeimacht gegenübersieht, wird er sich ergeben. Davon ist Schmid im Gegensatz zu Hinton und Alcorn fest überzeugt. Die wissen es aufgrund ihrer Erfahrung besser. Man kann Clyde niederschießen, aber nicht festnehmen: »Ohne Zweifel wollte Sheriff Schmid nichts auf der Welt so sehr wie die Festnahme von Clyde Barrow und Bonnie Parker. Er wollte sie auf der Hauptstraße von Dallas vor sich hertreiben und aller Welt zeigen, was für ein Teufelskerl er war. Wenn ihm das gelingen würde – woran Alcorn und ich berechtigte Zweifel hegten – wäre seine Wiederwahl gesichert, davon war er überzeugt. Zur Hölle, wahrscheinlich wäre er sogar Gouverneur geworden, wenn ihm das tatsächlich gelungen wäre, aber der Mann war ein Träumer. Er weigerte sich beharrlich uns zu glauben, dass Clyde niemals aufgegeben würde, ganz egal wie viele Männer ihn auch umstellten.«[243] Das Angebot des FBI, ihm mit Rat und Tat zur Seite zu stehen, hat Schmid bereits im Vorfeld der Aktion abgelehnt, wie ein internes FBI-Memorandum vom 6. November 1933 zeigt: »Sheriff Schmid wies unsere Unterstützung zurück und erklärte, er sei Barrow bereits dicht auf den Fersen. Beim momentanen Stand der Dinge wäre eine Zusammenarbeit mit dem Büro in Dallas eher hinderlich. Vielleicht würde das in zwei Wochen anders aussehen, aber momentan ziehe er es vor, allein zu arbeiten.«[244]

Die Männer in ihrem Versteck müssen nicht allzu lange warten. Nach gut 15 Minuten tauchen Bonnie und Clyde auf. Doch diesmal lässt Clyde sein Gespür für Gefahr nicht im Stich. Noch während er sich dem Wagen seiner Familie nähert, überkommt ihn ein mulmiges Gefühl. Langsam fährt er an das Auto heran, tritt dann plötzlich aufs Gas und macht eine 180-Grad-Wendung. Schmid springt aus dem Versteck und versucht, Clyde mit Rufen zum Anhalten zu bewegen, dann schießt er. Ob er vor dem ersten Schuss tatsächlich eine Warnung ausgesprochen hat, wird von Emma Parker vehement bestritten. Die Kugeln der Polizisten treffen Clydes Ford V8, die meisten prallen jedoch einfach ab. Trotz durchschossener Reifen schafft es Clyde, den Wagen auf der Straße zu halten. Die Scheiben splittern. Die Familie, die unerwartet in die Schusslinie geraten ist, wirft sich in Todesangst auf den Wagenboden. Clyde versucht mit einer Hand den Wagen zu lenken und mit der anderen zu schießen. Ted Hinton wird am Arm verletzt. Ein Querschläger trifft Mrs. Stovall, die mit ihrem Mann Charles in angemessener Entfernung das Spektakel beobachtet. Bonnie klettert auf den Rücksitz, wild entschlossen, durchs Rückfenster zu schießen. Doch aus Angst, die Familie zu treffen, lässt sie es bleiben und klettert zurück zu Clyde. In diesem Augenblick durchschlagen die Kugeln aus Alcorns BAR die Karosserie des Fords. Clyde und Bonnie werden beide schwer an den Beinen verletzt. Dennoch gelingt ihnen auch diesmal die Flucht. Bis die Polizisten an ein Telefon gelangen, um die Fahndung nach Bonnie und Clyde einzuleiten, sind diese längst über alle Berge.

Doch es hat sie böse erwischt. Beide bluten stark. Gleichwohl müssen sie den Wagen mit den platten Reifen gegen ein fahrtüchtiges Fahrzeug eintauschen. In der Nähe von Hersley Field, Texas, stoppen sie ein Ford Coupé. Sie zwingen Anwalt Thomas R. James und seinen Beifahrer Paul Reich, ihnen den Wagen zu überlassen. Humpelnd und blutend laden sie die Waffen ins Auto. Decken, Verbandszeug, Kleidung und Lebensmittel lassen sie in der Eile zurück. Dann rasen sie weiter in Richtung Oklahoma. An einer abgelegenen Landstraße kommen sie an ein geschlossenes Viehgatter. Als Clyde aussteigt, um es zu öffnen, bricht er bewusstlos vor dem Wagen zusammen. Bonnie, die ihm zu Hilfe eilt, bleibt schwer verletzt neben ihm liegen. Wie und wann sie wieder ins Auto steigen, um weiterzufahren, wissen sie später nicht mehr. Ihr Ziel ist Vinita, Oklahoma. Hier leben Verwandte von Oklahomas berühmtestem Gangster Pretty Boy Floyd, die sie um Hilfe bitten wollen. Dabei hält Pretty Boy nicht allzu viel von den beiden. In seinen Augen sind Bonnie und Clyde nichts weiter als zwei schießwütige Teenager. Dennoch hilft ihnen Pretty Boys Cousine. Hattie Crawford, eine junge Krankenschwester aus Miami, Oklahoma, wird engagiert, um die beiden zu verarzten. Dafür erhält sie 75 Dollar und die strikte Anweisung, nichts zu fragen und nichts zu sagen. An Letzteres hält sie sich nicht.

Die Polizei hat in der Zwischenzeit den zerschossenen Wagen gefunden. Die örtliche Presse berichtet am nächsten Tag: »In Barrows Wagen, der sich nun in der Obhut des Sheriffs befindet, sind 13 Einschusslöcher auf der Fahrerseite und einige Löcher in den Fenstern, die zeigen, dass vom Auto aus gefeuert wurde. Auf dem Boden ist eine Menge Blut, auch auf den Sitzen und überall sonst. Das beweist, dass der Sheriff und seine Männer die Flüchtenden bei der Schießerei in der Nähe von Sowers ernstlich verletzt haben. Die Einschusslöcher in der Autotüre und am Dach sind in einer Höhe, die die Vermutung zulässt, dass die Insassen wirklich schwer verletzt sind.«[245] Das Foto neben dem Artikel zeigt Sheriff Schmid mit seinen Männern vor einem Haufen Autokennzeichen und dem zurückgebliebenen Reisegepäck. Sie blicken grimmig in die Kamera. Ted Hinton schwört, sich nun ebenfalls mit einem BAR zu bewaffnen. Schmid hat seinen Plan, Clyde Barrow lebend zu fangen, ad acta gelegt. Von nun an wird ohne jegliche Vorwarnung geschossen.

Als Bonnie und Clyde wieder einigermaßen hergestellt sind, verlassen sie Pretty Boy Floyds Verwandte, bleiben jedoch in Oklahoma. Nachts parken sie in den Einfahrten anderer Leute, um nicht der Polizei in die Hände zu fallen. Beim Morgengrauen verschwinden sie so leise, wie sie gekommen sind. Tagsüber reihen sie sich auf der Route 66 in den Treck der Entwurzelten ein, der sich auf den Straßen Oklahomas fortbewegt und den John Steinbeck so eindringlich beschrieben hat: »Die Route 66 ist die Straße eines Volkes auf der Flucht, die Straße derer, die vor dem Staub flüchten, vor dem Donner der Traktoren, vor dem schrumpfenden Land, vor dem langsamen Einbruch des Ödlandes von Norden, vor den Wirbelwinden, die aus Texas gestürmt kommen, vor den Überschwemmungen, die dem Land keinen Reichtum bringen und ihm das bisschen Reichtum, das es besitzt, noch stehlen. Vor all dem sind die Menschen auf der Flucht, und sie kommen aus den Seitenstraßen, aus den furchigen Landwegen und Wagenstraßen auf die Route 66. Sie ist die Mutterstraße, die Straße der Flucht. (…) Zweihundertfünfzigtausend Menschen auf der Straße. Fünfzigtausend alte Wagen – dampfend und halb kaputt. Autowracks am Rande der Straße. Stehen gelassen. Was ist passiert? Und was ist aus den Leuten geworden, denen der Wagen gehörte? Sind sie gelaufen? Wo sind sie?«[246]

Hier interessiert sich niemand für ein Gangsterpärchen auf der Flucht. Die Menschen haben andere Sorgen. Zur Wirtschaftskrise hat sich in großen Teilen der Great Plains, der Kornkammer der USA, eine der schlimmsten ökologischen Katastrophen des 20. Jahrhunderts gesellt. Die Great Plains sind eine Lößbodenlandschaft, bestehend aus

Schluff, Ton und Feinsand. Aufgrund seines hohen Mineralgehaltes ist dieser Boden besonders fruchtbar und lässt sich gut beackern, da er kaum Steine enthält. Allerdings verfügt er nur über geringe Bindekräfte und neigt ohne eine schützende Grasdecke dazu zu erodieren. Über Jahrtausende hinweg hatte eine dicke Grasdecke den Lößboden der Great Plains geschützt. Darüberziehende Büffelherden hatten den Boden gedüngt und stetig verbessert. Die ersten Siedler konnten den Böden nichts anhaben. Erst John Deere und die Entwicklung des Stahlpflugs halfen ab 1838, die Great Plains urbar zu machen. Dass der Boden in diesem trockenen Gebiet nun einfach davongeweht wurde, kümmerte niemanden, denn das Land war riesig. Mit der Eroberung des Westens wurden immer größere Ackerflächen bestellt. Nachdem die Preise für Weizen und Baumwolle Anfang des Jahrhunderts stetig gestiegen waren, hatten viele Rancher ihr Weideland in Felder umfunktioniert. Auf dem Höhepunkt der landwirtschaftlichen Entwicklung, als immer mehr Farmen entstanden, wurde mehr und mehr Präriegras abgetragen. Möglich machte dies erneut die Technik. Ende des Ersten Weltkrieges waren bereits 85.000 Traktoren im Einsatz. Die Überbeanspruchung der Felder und die Überweidung der Wiesen schädigte die Vegetationsbedeckung, die jahrtausendelang die Böden vor Erosion bewahrt hatte. Warnungen von Experten, dass die ausgedehnte Urbarmachung des Landes Probleme mit sich bringen würde, verhalten ungehört. Musste man Ackerland aufgrund von Erosionsschäden stilllegen, wurde eben Neuland urbar gemacht. 1928 legten Experten im ersten nationalen Bericht zur Bewertung von Bodenerosion dar, dass sich der Abtrag von Oberboden auf fünf Milliarden Tonnen pro Jahr belief. Der Boden wurde zehnmal so schnell abgetragen, wie sich neuer Boden bilden konnte. Auch in früheren Jahren war im Rahmen des natürlichen Abtrags Boden verloren gegangen, doch neuer hatte sich schneller bilden können, als alter verschwand. Nun jedoch war die Erosionsrate dramatisch gestiegen, während die Bodenbildungsrate konstant geblieben war. Als mit den 1930er Jahren eine große Trockenperiode begann, trockneten die schutzlosen Böden aus, was zusammen mit starken Winden zu gewaltigen Staubstürmen führte, die in manchen Gebieten innerhalb eines Tages den gesamten Oberboden mit sich rissen.

Aus einem Teil der Great Plains und ihrer Umgebung wird die »Dust Bowl«, die Staubschüssel. Betroffen sind vor allem Oklahoma, Texas, New Mexico, Colorado, Arkansas, South Dakota und Kansas.

Anfangs glauben viele, es handle sich um eine einmalige Laune der Natur. Doch die Stürme nehmen zu, immer öfter taucht am Horizont eine riesige Staubwolke auf, die innerhalb weniger Minuten das Land und seine Menschen einhüllt. Diese versuchen sich und ihr Hab und Gut so gut es geht zu schützen. Die Regierung empfiehlt, Fenster mit nassen Tüchern zu verhängen. Doch der feine Staub dringt durch die Ritzen in die Häuser ein, alle Möbel sind fortwährend mit einer feinen Staubschicht bedeckt. Die Staubkörner reiben die Farbe von den Häusern ab, machen Maschinen unbenutzbar und führen dazu, dass Tiere erblinden. Die Menschen tragen Tücher vor dem Mund und setzen Brillen auf, doch der Staub lagert sich in Ohren und Nasenlöchern ab. Man glaubt zu ersticken, bekommt keine Luft mehr. Der Staub ist so fein, dass er sogar in die Lunge gelangt. Die Anzahl der Bronchitis-, Asthma- und Tuberkulosepatienten steigt. Und es kommt eine bis dato unbekannte Krankheit hinzu: »Staublungenentzündung«.[247]

Was es bedeutet, wenn ein Staubsturm kommt, schildert ein Reporter der *Saturday Evening Post*: »Am Vormittag kam ein kalter stürmischer Wind auf. Es wurde duster. Am Nachmittag war hier schwärzeste Nacht. Als der Wind endlich nachließ und die Sonne zurückkam, befanden wir uns in einer anderen Welt. Es gab keine Felder mehr, nur noch Sanddünen. (…) Auf der Farm waren Zäune, Maschinen und Bäume verschwunden, beerdigt unter Tonnen von Sand. Die Dächer der Scheunen ragten aus mannshohen Sandverwehungen heraus.«[248] Wo früher einmal fruchtbares Ackerland war, jagen nun dürre Büsche über den Boden. Wanderdünen verändern ganze Landschaften. Der Mensch hat innerhalb weniger Jahre aus der Prärie eine Wüste gemacht. An manchen Tagen wird es erst gar nicht mehr hell. Ernie Pyle, eine Reporterin aus Garden City, Kansas, schreibt in einem Artikel: »Wenn Sie möchten, dass Ihr Herz bricht, dann kommen Sie hierher. Das ist das Land der Staubstürme. Es ist das traurigste Land, das ich jemals gesehen habe.«[249] Eine Farmersfrau aus Concordia, Kansas, notiert in ihr Tagebuch: »Das ist die Apokalypse. So muss es sein, wenn das Ende der Welt nahe ist.«[250]

Am 11. November 1933 gibt es in South Dakota einen riesigen Staubsturm, der den Lößboden in eine Höhe von drei Kilometern hochreißt. Am 9. Mai 1934 wird ein gigantischer Staubsturm von Montana aus 350 Millionen Tonnen Staub Tausende von Meilen vor sich herblasen. Er wird ganz Chicago mit Staub bedecken, in Washington gehen am helllichten Tag die Straßenlaternen an. Im darauffolgenden Winter wird in Maine roter Schnee zur Erde fallen.

Die Stürme lösen eine der größten Migrationsbewegungen in der Geschichte der USA aus und treiben geschätzte 2,5 Millionen Menschen in die Flucht. Allein Oklahoma verliert 15 Prozent seiner Einwohner. Dass man ihre Geschichte nicht vergisst, verdanken sie vor allem John Steinbeck, der ihnen in seinem Roman *Früchte des Zorns* ein literarisches Denkmal gesetzt hat: »Du und ich – wir sind so, wie wir immer gewesen. Der Ärger eines Augenblicks, die tausend Bilder – das sind wir. Das Land, dieses rote Land, sind wir. Und die Jahre der Überschwemmung und die Jahre des Staubes und die Jahre der Trockenheit sind wir. (…) Und als die Landbesitzer uns befahlen, zu gehen, das sind wir. Und wie der Traktor unser Haus gerammt hat, das sind wir – bis wir tot sind. Nach Kalifornien oder irgendwohin – jeder ein Trommelmajor, der eine Schmerzensparade anführt, die marschiert, marschiert mit unserer Bitterkeit. Und eines Tages werden die Armeen der Bitterkeit alle in derselben Richtung gehen. Und sie werden alle zusammen marschieren, und dann wird es Tod und Schrecken geben.«[251] Die große Dokumentarfotografin Dorothea Lange hält diesen Massenexodus mit ihrer Kamera fest. Ihre Bilder der halb verhungerten Menschen, allen voran die berühmte Aufnahme »Migrant Mother«, gehen um die Welt und zählen bis heute zu einmaligen Dokumenten der Großen Depression. Es sind nicht zuletzt diese Fotos, die die amerikanische Regierung veranlassen, Lebensmittel und Hilfsgüter in die Region zu entsenden und ein landesweites Bodenschutzprogramm zu initiieren. Die Regierung Roosevelt untersagt eine weitere Expansion der Landwirtschaft und unterstützt in den Folgejahren alles, was der Bodenerhaltung und Diversifizierung der Anbaukulturen dient. Allerdings werden die Subventionen, die zum Abbau von Überproduktion gedacht sind, von vielen Farmern in die Anschaffung neuer Traktoren gesteckt, mit der Folge, das Tausenden von Pächtern, deren Arbeitskraft nicht mehr vonnöten ist, gekündigt wird. Sie reihen sich ein in den Treck der Flüchtlinge. Die meisten von ihnen siedeln in den Nachbarstaaten der Great Plains. Etwa 460.000 schlagen sich an die Ostküste durch und verdingen sich bei den großen staatlichen Bauvorhaben, die Roosevelt initiiert hat. Mehr als 300.000 gehen nach Kalifornien, wo sie, egal woher sie auch kommen, nur »Okies« genannt werden. Sie alle folgen wie Steinbecks Familie Joad, die zum

Symbol für die zerstörten Hoffnungen der Flüchtlinge wird, den Werbeplakaten, die Arbeit und Wohlstand versprechen. Allein 100.000 Flüchtlinge erreichen in diesen Jahren die Stadt der Engel: Los Angeles. Doch hier sind sie nicht willkommen, die Stadt fühlt sich dem Ansturm nicht gewachsen. Im Februar 1936 wird der Polizeichef von Los Angeles 125 Polizisten an die Grenzen zu Arizona und Oregon entsenden, die die Hungerflüchtlinge wenn nötig auch mit Gewalt aufhalten sollen. Wer es dennoch schafft, ins Land zu kommen, muss, sofern er überhaupt Arbeit findet, für einen Hungerlohn wie ein Sklave schuften. Die meisten »Okies« leben in Flüchtlingscamps, die von feindseligen Nachbarn immer wieder angegriffen und zerstört werden. Die Ausbeutung der verzweifelten Menschen nimmt derartige Formen an, dass Folksänger Woody Guthrie, der mit seinen Dust-Bowl-Balladen »Dust Pneumonia Blues«, »Dust Can't Kill Me«, »Dust Bowl Refugee« oder »Dusty Old Dust« weltberühmt wird, ihnen rät umzukehren, falls sie nicht genug »Do Re Mi«, sprich Geld, mit sich brächten:

Oh, if you ain't got the do re mi, folks,
If you ain't got the do re me
Why, you better go back to beautiful Texas,
Oklahoma, Kansas, Georgia, Tennessee.
California is a garden of Eden,
A paradise to live in or see;
But believe it or not, you won't find it so hot
If you ain't got the do re me.[252]

Auch für Sheriff Smoot Schmid ist das Leben augenblicklich kein Zuckerschlecken. Die Zeitungen überschlagen sich vor Häme, dass es ihm auch diesmal nicht gelungen ist, Bonnie und Clyde zu fassen. Seinen fast schüchternen Einwurf, dass diesmal zumindest niemand ums Leben gekommen sei, lassen sie nicht gelten. Um seinen Ruf zu retten, zaubert Schmid sein letztes Ass aus dem Ärmel. Am 25. November 1933 präsentiert er W. D. Jones als den dritten Mann der Barrow Gang und liefert den Reportern damit eine Titelgeschichte: »Jones' Bericht über die kriminellen Umtriebe der Barrow Gang ist spannender als jeder Roman und aufregender als alle Geschichten über Outlaws im frühen Wilden Westen.«[253] Auf dem offiziellen Pressefoto sieht man einen ungläubig dreinblickenden 17-Jährigen, der kaum zu begreifen scheint, was um ihn herum geschieht. Am 19. Dezember 1933 wird W. D. Jones zu der relativ milden Strafe von 15 Jahren Haft verurteilt.

Bonnie und Clyde sind in der Zwischenzeit nach Dallas zurückgekehrt. Clyde will Rache an Sheriff Schmid nehmen: »Es wäre überhaupt kein Problem gewesen, wenn er uns allein erwischt hätte. Das ist sein gutes Recht. Darauf sind wir vorbereitet. Früher oder später wird es so weit sein. Aber eine Schießerei anzuzetteln, wenn unsere Mütter direkt in der Schusslinie sitzen. Auf mich zu schießen, wenn ich nur drei Meter von ihnen entfernt bin. Das wird er mir büßen. Er hätte sie beide umbringen können, und dafür kauf ich ihn mir.«[254] In Frauenkleidern und einer blonden Perücke kundschaftet Clyde die Gegend um Sheriff Schmids Wohnung aus. Nell wird später erzählen, sie habe ihn schließlich von seinem Plan abgebracht, indem sie ihm erklärte, er könne unmöglich vorsätzlich einen Menschen töten, der nur seine Pflicht erfüllt habe. Das Verhältnis zwischen den Familien von Bonnie und Clyde und den Polizisten vor Ort ist überraschend gut. Dies zeigt sich auch, als einmal die Tankstelle der Barrows von Unbekannten beschossen wird. Als Ted Hinton davon erfährt, händigt er Henry Barrow kurzerhand eine Waffe aus: »Henry, du und ich, wir sind die Einzigen, die wissen, woher du diese Waffe hast. Wenn's Probleme gibt, ruf mich an. Aber sollte ich nicht rechtzeitig hier sein, dann blas dem Typen das Licht aus. Ich komme dann vorbei, nehme einen Bericht auf und sage, er sei gerade erst verstorben.«[255] Obwohl Hinton einer der eifrigsten Verfolger von Bonnie und Clyde ist, bleibt er der Familie Barrow eng verbunden. Nicht zuletzt deshalb rät er Henry Barrow mehrmals, Clyde davon zu überzeugen, sich zu stellen: »Henry schüttelte dann nur den Kopf und Cumie schluchzte leise. Er sagte, er habe das alles schon mehrmals mit Clyde durchgekaut, und er war sehr traurig darüber, dass Clyde keinen anderen Ausweg für sich sah, obwohl er wusste, was er dadurch seiner Mutter antat. Nicht einmal jetzt, als sie schon Buck beerdigt hatten.«[256]

Den Weihnachtsabend 1933 verbringen Bonnie und Clyde in einem Café in Niles City, Texas. Sie essen Truthahn und kaufen Feuerwerksraketen, die sie auf freiem Feld in die Luft steigen lassen. Einmal möchten sie leben wie Menschen und nicht wie gehetzte Tiere. Am 29. Dezember 1933 besuchen sie ihre Familien mit Körben voller Nüsse, Süßigkeiten und Obst. Bonnie geht es nicht gut, sie hat einen schweren Rheumaschub. Die Kälte setzt ihr zu. Das Leben auf der Flucht hinterlässt mehr und mehr Spuren.

Am 12. Januar 1934 erhalten Bonnie und Clyde Besuch von Floyd Hamilton, Raymonds Bruder. Er hat Nachricht von Raymond, es geht um seine Befreiung aus Eastham. Da Clyde entgegen seinen Versprechungen nichts unternommen hat, um Raymond zu befreien, hat dieser die Sache nun selbst in die Hand genommen. Er hat genug vom Baumwollpflücken. Gemeinsam mit Clydes altem Kumpel Ralph Fults und dem 30-jährigen Joe Palmer will er fliehen. Palmer, der aufgrund eines Asthmaleidens die harte Arbeit kaum bewältigt, wird von den Aufsehern, besonders von Major Joseph Crowson, einem der »High Rider« zu Pferd, so gequält, dass er sich den beiden angeschlossen hat. Als James Mullen, ein Mithäftling, am 10. Januar 1934 freigelassen wird, schicken sie ihn mit einem Ring, der ihn als Boten ausweist, zu Floyd Hamilton. 1000 Dollar hat Raymond Mullen versprochen, wenn er hilft, den Ausbruch zu arrangieren.[257] Am Nachmittag des 13. Januars 1933 treffen sich James Mullen und Floyd Hamilton mit Bonnie und Clyde an einem geheimen Ort außerhalb von Dallas. Dort unterbreitet Mullen ihnen Raymonds Plan. Unmittelbar neben der Straße, in einem abgelegenen Teil der Gefängnisfarm, finden gerade Waldarbeiten statt. Clyde soll unter einer Brücke in der Nähe zwei geladene Pistolen deponieren. Fred Yost, den Clyde aus West Dallas kennt, arbeitet momentan in Eastham und hat sich bereit erklärt, die Waffen zu holen und Raymond Hamilton zu übergeben. Am nächsten Morgen wollen Raymond, Joe Palmer und Ralph Fults bei der Waldarbeit die Wachen überwältigen und türmen. Clyde soll mit einem Auto bei der Brücke warten und die Flüchtenden in Sicherheit bringen. Dem behagt der Plan überhaupt nicht: »Ihr müsst verrückt sein, wenn ihr glaubt, man könne in der Nähe von Eastham so einfach Waffen verstecken. Die haben dort bewaffnete High Rider und Hunde, die sie auf dich hetzen, wenn sie dich nicht gleich erschießen. Ihr dürft nicht vergessen, dass das Ganze im Wald liegt und es nur eine einzige Straße hin und zurück gibt.«[258] Als versierter Fluchtwagenlenker weiß er, dass ein Fluchtplan nicht auf einer einzigen Straße aufgebaut werden darf. Abgesehen davon hält er Raymond Hamilton nicht für schlau genug, einen wirklich guten Fluchtplan zu entwickeln. Schon allein, dass er einem unzuverlässigen Junkie wie James Mullen traut, beweist ihm das. Da erinnert ihn Floyd Hamilton an sein Versprechen, Raymond zu helfen. Schließlich sitzt der auch für ein Verbrechen, an dem nicht er, sondern Clyde beteiligt war. Auch Bonnie setzt sich für

Raymond ein. Zum ersten Mal ist sie nicht auf Clydes Seite, was später das Gerücht befeuert, sie habe mit Raymond ihren alten Liebhaber freibekommen wollen. Da Clyde in Raymonds Befreiung auch die Chance für seine Rache am texanischen Staat sieht, lässt er sich schließlich breitschlagen. Allerdings weigert er sich, die Waffen unter der Brücke zu verstecken. Das müssen Floyd Hamilton und James Mullen selbst übernehmen. Er steht nur als Fahrer zur Verfügung.

Am nächsten Tag platzieren James Mullen und Floyd Hamilton unbemerkt zwei 45er Automatik unter der Brücke nahe der Farm. Zur Tarnung verstecken sie die Waffen in einem aufgeschlitzten Reifen. Dann absolviert Floyd seinen üblichen Sonntagnachmittagsbesuch bei Raymond. Er hat gute Neuigkeiten: Am Dienstagmorgen zwischen 6.30 Uhr und 7 Uhr wird Clyde mit einem Wagen auf der Straße nach Eastham auf ihn warten.

Am Montag, dem 15. Januar 1933, holt Fred Yost wie vereinbart die Waffen aus dem Versteck und schmuggelt sie zu Joe Palmer, der, einen Asthmaanfall vortäuschend, den Tag im Schlafsaal verbringen darf. Der versteckt sie in seinem Bett. Am Vorabend der Flucht wird Ralph Fults überraschend in eine andere Abteilung verlegt. Da es für ihn nun unmöglich ist mitzukommen, bittet er Raymond, stattdessen Hilton Bybee, seinen alten Zellenkumpan aus Wichita Falls, mitzunehmen.

In der Nacht zum Dienstag brechen Bonnie und Clyde in Richtung Eastham auf. Sie haben James Mullen dabei, dem Clyde so wenig traut, dass er ihn genötigt hat mitzukommen, damit Mullen keine Chance hat, ihn an die Polizei zu verraten. Ihr Wagen ist diesmal ein Ford V 8 Coupé, das auch ohne Mullen für all die Ausbrecher zu klein ist. Clydes Laune ist denkbar schlecht. Entgegen seinen Plänen hat er Aubrey Scalley, in dessen Schuld er seit dem Mord an Ed Crowder steht, nicht von der Flucht in Kenntnis setzen können und so wird Scalley nicht unter den Männern sein, denen er zur Flucht verhilft. Sie parken den Wagen an der Calhoun Ferry Road in unmittelbarer Nähe der Stelle, an der Raymond ausbrechen will. Jetzt heißt es warten. Erst als der Morgen graut, steigen Mullen und Clyde aus. Sie sind schwer bewaffnet. Bonnie bleibt im Auto. Schon bald vernehmen sie die schlurfenden Schritte der Gefangenen, die zur Waldarbeit gebracht werden. Sehen können sie nichts, es herrscht dichter Nebel. Und sie ahnen auch nicht, dass es ein unvorhersehbares Problem gibt. Die Arbeiter werden immer in zwei Gruppen eingeteilt, und nur eine Gruppe arbeitet näher an der

Straße. Während Joe Palmer und Hilton Bybee wie immer zu dieser Gruppe gehören, wurde Raymond Hamilton an diesem Morgen für die Gruppe eingeteilt, die ein anderes, weiter entferntes Waldstück bearbeiten soll. Um seinen Fluchtplan nicht zu gefährden, tauscht er mit einem Gefangenen die Gruppe, doch Olin Bozeman, der Aufseher von Gruppe 1, entdeckt den Wechsel. Er winkt High Rider Joseph Crowson zu sich, der die Gefangenen aus dem Hintergrund beobachten soll, um bei Problemen sofort zu schießen. Entgegen seiner ausdrücklichen Order, niemals so nahe an die Gefangenen heranzukommen, dass diese ihm gefährlich werden können, reitet er heran. Ehe Crowson und Bozeman allerdings etwas gegen die renitenten Gefangenen unternehmen können, dreht Joe Palmer sich um und jagt dem verhassten Crowson eine Kugel in den Bauch. Schwer verletzt stürzt er vom Pferd. Auch Raymond Hamilton schießt nun und trifft Bozeman in die Hüfte. Hamilton und Palmer laufen zur Straße, Hilton Bybee rennt hinterher. Das nun herrschende Durcheinander nutzen zwei weitere Gefangene zur Flucht: Henry Methvin und J. B. French.

Auch die Wartenden haben die Schüsse vernommen. Clyde schießt ein paar Salven in die Luft, um die Aufseher einzuschüchtern. Im dichten Nebel glauben diese nun, sie hätten es mit einer ganzen Armee zu tun. Bonnie betätigt derweil dauerhaft die Hupe des V 8, um den Flüchtenden den Weg zu weisen. Als die Gefangenen aus dem Nebel auftauchen, sieht Clyde sofort, dass es viel zu viele sind, um in das Coupé zu passen. James Mullen weigert sich, Methvin, Bybee und French mitzunehmen, die nicht vorgesehen waren. Einzig Hamilton und Palmer sollen einsteigen. Doch Clyde lässt niemanden hier zurück: »Halt dein verdammtes Maul, Mullen. Das ist mein Wagen und ich regle das.«[259] Dies ist seine Stunde. Auch wenn die Gefangenenbefreiung von Eastham etwas anders verlaufen ist, als er sie einst geplant hatte, seine Rache am System steht und fällt mit der Anzahl derer, die er befreit. Keiner wird zurückbleiben, zur Not müssen eben zwei in den Kofferraum. Als er alle im Wagen verstaut hat, schwingt er sich auf den Fahrersitz und gibt Gas. Erst kurz vor Dallas hält er an. Hilton Bybee und J. B. French trennen sich hier von den anderen. Clyde überlässt ihnen noch eine Waffe: »Das ist alles, was wir für euch tun können«, sagt er.[260] Allzulange können sie ihre Freiheit nicht genießen. Hilton Bybee wird bereits am 30. Januar 1934, in der Nähe von Amarillo, Texas, bei einem Autodiebstahl verhaftet. Nur wenig später wird

J. B. French von einem Hausbesitzer überrascht, in dessen Haus er eingestiegen ist. Am nächsten Morgen ist er wieder in Huntsville.

Die Übrigen fahren weiter nach Rhome, Texas. Hier treffen sie mit Floyd Hamilton und L. C. Barrow zusammen, die Zivilkleidung für die Geflohenen im Gepäck haben. Raymond Hamilton, Henry Methvin und Joe Palmer entscheiden sich, bei Bonnie und Clyde zu bleiben. Die Gefangenenbefreiung hat aus Clyde endlich den Chef einer Gang gemacht. James Mullen fährt mit L. C. und Floyd Hamilton zurück nach West Dallas.

In Eastham sind die beiden verletzten Aufseher mittlerweile ins Krankenhaus gebracht worden. Vor allem Major Crowson geht es schlecht. Lee Simmons ist außer sich. Fünf Gefangene sind entwischt und zwei seiner Leute schwer verletzt. Die Sicherheitsstandards texanischer Gefängnisse werden nun öffentlich infrage gestellt. Simmons sieht sich schwerer Kritik ausgesetzt. Wie konnte das nur geschehen? Wer für den Ausbruch verantwortlich ist, daran lässt die Presse keinen Zweifel: »Clyde Barrow, berüchtigter Desperado aus Dallas, hat heute seine großspurige Ankündigung wahr gemacht, dass sein Kumpel Raymond Hamilton, der zu zweimal lebenslänglich plus 25 Jahren verurteilt ist, nicht lange auf einer texanischen Gefängnisfarm bleiben werde. Barrow befreite Hamilton und vier andere zu langen Haftstrafen verurteilte Sträflinge. Zwei Wächter wurden dabei niedergeschossen. Simmons erklärte, er sei überzeugt davon, dass Barrow hinter der Befreiung von Hamilton steckt. (…) Als Hamilton vor einem Jahr im Gefängnis ankam, brüstete er sich vor den Wachen: ›Ich werde hier nicht allzu lange bleiben. Clyde wird mich nicht in einer Gefängnisfarm schmoren lassen.‹«[261]

Für die Klatschpresse gibt es auch noch eine Story hinter der Story: »Hinter all dem steckt die Tatsache, dass Bonnie einmal sehr verliebt in Hamilton war. Vielleicht hat sie sich an die Tage und Nächte, die sie mit Ray verbracht hat, erinnert und es nicht ertragen, dass er hinter Gittern war, nichts um ihn herum als vier Wände. Womöglich hat ihre Eitelkeit ihr vorgegaukelt, sie könne sowohl Ray als auch Clyde haben.«[262]

Am 27. Januar 1934 erliegt Major Crowson mit knapp 24 Jahren seinen Verletzungen. Simmons, der ihn im Krankenhaus besucht hat, hat ihm das feierliche Versprechen gegeben, Joe Palmer und Raymond Hamilton auf den elektrischen Stuhl zu bringen: »Ich hatte das Gefühl, dass die Zeit gekommen war, der Unterwelt und der Öffentlichkeit zu zeigen, dass das Leben eines Wachmanns genauso viel wert war wie das Leben jedes anderen Bürgers. Bis zu diesem Moment hatte keiner der Häftlinge, die einen Wärter umgebracht hatten – und davon gab es eine ganze Menge – jemals mit dem Tod für dieses Verbrechen bezahlt, das zweifellos Mord war. Die Geschworenen hatten ihm immer nur eine weitere lebenslange Haftstrafe aufgebrummt, zusätzlich zu der, die er ohnehin zu verbüßen hatte. Im Prinzip bekam ein Häftling also für den Mord an einem Wärter gar keine Strafe.«[263]

Als Crowsons Vater auf der Beerdigung mahnt, dieses Versprechen zu halten, kann Simmons das garantieren, ja er ist entschlossen, noch viel weiter zu gehen. Er will auch Clyde Barrow fassen, der seit nunmehr fast zwei Jahren mordend durchs Land zieht und die Behörden narrt. Simmons schwört feierlich, Clyde und seine Gang zur Strecke zu bringen. Mit Simmons hat sich Clyde einen mächtigen Gegner geschaffen. Er hat das System angegriffen und dieses hat sich wider Erwarten verletzbar gezeigt. Dieses eine Mal hat Clyde gewonnen. Doch von nun an ist die Sache eine persönliche Auseinandersetzung zwischen Lee Simmons und Clyde Barrow. Hätte Clyde geahnt, wie tief er den texanischen Staat und seine Vertreter mit seiner Aktion getroffen hat, wäre er wohl selbst überrascht gewesen. Seine Rache am texanischen Justizsystem ist voll und ganz aufgegangen.

Simmons nimmt die Jagd nach Bonnie und Clyde nun selbst in die Hand: »Ich dachte nur noch daran, wie ich sie zur Strecke bringen konnte. Nachts lag ich wach, bis ich endlich einen Plan fasste, der erfolgversprechend schien.«[264] Nichts soll mehr dem Zufall überlassen bleiben. Von heute an soll nicht länger darauf gewartet werden, dass Bonnie und Clyde irgendwo auftauchen, von nun an werden sie gnadenlos gejagt. In Absprache mit der texanischen Gouverneurin Miriam Ferguson ruft er den Posten eines »Special Escape Investigator for the Texas Prison System« ins Leben, dessen einzige Aufgabe die Jagd nach Bonnie und Clyde sein soll. Mit Unterstützung der Behörden soll er unerkannt über die Staatsgrenzen hinweg agieren. Der Mann, an den er dabei denkt, ist einer, mit dem Gouverneurin Ferguson so ihre Probleme hat: der ehemalige Texas Ranger Frank Hamer. Dennoch stimmt sie zu und auch die von Simmons geforderte Straffreiheit für Kumpane von Bonnie und Clyde, die Hamer wichtige Informationen liefern, gewährt sie. Simmons ist zufrieden: »Wer auch immer Clyde

Barrow aufhalten wollte, riskierte sein Leben. Jeder wusste, dass Barrow entschlossen war, sich niemals lebend einfangen zu lassen, und dass Bonnie Parker dazu verdammt war, mit ihm unterzugehen. Das war das Spiel, auf das wir uns einließen; es war meine Aufgabe, jemanden zu finden, der damit umgehen konnte.«[265] Frank Hamer scheint genau der Richtige dafür zu sein. Er ist der legendärste einer ohnehin legendären Truppe.

1823 von Stephen F. Austin, Gründer des Staates Texas und Namenspatron von dessen Hauptstadt, zum Schutz der Siedler vor Indianerüberfällen ins Leben gerufen, sind die Texas Ranger seit 1835 als Sondereinheit direkt dem Gouverneur unterstellt. Anfangs bestand die Truppe lediglich aus 56 ausgewählten Männern, die nicht nur gegen Indianer, sondern auch als Grenzschützer eingesetzt wurden. Im Krieg gegen Mexiko (1846–1848) erwarben sie sich angesichts ihres Mutes einen sagenhaften Ruf. Ab Mitte der 1870er Jahre bekämpften sie vor allem die zahlreichen mexikanischen und indianischen Banden, die die Gegend um den Rio Grande heimsuchten. Vor der Jahrhundertwende lag ihre Aufgabe verstärkt in der Verbrechensbekämpfung. Dabei brachten sie zahlreiche berühmte Outlaws zur Strecke. Mit den Jahren schwand ihr Einfluss jedoch. Erst als mit der mexikanischen Revolution 1910 und dem Ersten Weltkrieg die Grenzen zwischen Texas und Mexiko erneut zu einem problematischen Gebiet wurden, übernahmen sie wieder die Sicherung der Grenzen und verhinderten die illegale Einreise über den Rio Grande. Ihr Ruf war über die Jahre hinweg durchaus ambivalent. Zwar erledigten sie die ihnen übertragenen Aufgaben stets mit äußerster Effizienz, doch auch mit eiserner Härte, wenn nicht gar Grausamkeit. Während der Großen Depression wurden viele Einheiten der Texas Ranger aufgelöst. Heute gibt es etwa 100 Texas Ranger.

Frank Hamer war und ist einer ihrer größten Helden. Zu Lebzeiten genießt Hamer auch in anderen Bundesstaaten so hohes Ansehen, dass ihm niemand die Unterstützung verweigert. 1,90 groß und 90 kg schwer, ist er ein Baum von einem Mann. Der 1884 in Fairview, Texas, geborene Hamer gilt als einer der besten Schützen des Landes. Drei seiner Brüder sind ebenfalls Texas Ranger. 1906 hat er seinen Dienst bei der Truppe begonnen, ihn aber in den nächsten Jahren immer wieder quittiert, um andere Aufgaben wahrzunehmen. So hat er 1908 als City Marshal in der texanischen Stadt Navasota, in der es von Gesetzlosen nur so wimmelte, aufgeräumt. Später hat er als Special Agent in

Houston gearbeitet und war bei Brownsville, Texas, gegen mexikanische Banditen und Schnapsschmuggler vorgegangen. Während des Ölbooms in Texas hat er in den Ölstädten für Ruhe und Ordnung gesorgt und sich über die Jahre einen sagenhaften Ruf als eiserner Gesetzeshüter erarbeitet. Hollywoods Westernstar Tom Mix ist so begeistert von ihm, dass er ihn nicht nur zum Vorbild seiner Figuren macht, sondern ihm auch anbietet, nach Hollywood zu kommen und einen Film mit ihm zu drehen. Doch Hamer will nicht Filmstar werden. Er sieht seine Aufgabe darin, dem Gesetz zu seinem Recht zu verhelfen, egal mit welchen Mitteln. Hamer scheut nie davor zurück zu schießen, sein ständiger Begleiter ist ein Colt Single Action Army, Kaliber .45, den er zärtlich »Old Lucky« nennt. Es heißt, Hamer habe 33 Männer erschossen und in gewalttätigen Auseinandersetzungen über 17 schwere Verwundungen davongetragen. Ruhig, schweigsam und furchteinflößend, umgibt ihn eine Aura der Unnahbarkeit. Ruhe, Ordnung und Gesetzestreue gehen ihm über alles. Er gilt als absolut unbestechlich und weigert sich strikt, für korrupte Politiker zu arbeiten. Aus diesem Grund hat er den Dienst quittiert, als Miriam Ferguson ins Amt gekommen ist. Die Korruptionsvorwürfe, die es von Anfang an gegen sie und ihren Gatten gegeben hat, widern Hamer an.

Am 10. Februar 1934 erhält Hamer Besuch von Lee Simmons. Zunächst ist der 50-Jährige nicht allzu begeistert von Simmons Vorschlag. Als Sicherheitschef einer Ölfirma verdient er 500 Dollar im Monat, während Simmons ihm nur ein Gehalt von 180 Dollar anbieten kann. Allerdings sagt Simmons ihm zu, alles, was er bei Bonnie und Clyde findet, behalten und veräußern zu dürfen. Schon jetzt zahlen Souvenirjäger stattliche Summen für Devotionalien von den beiden Outlaws. Nach einem langen Gespräch, in dem Simmons an Hamers Verantwortung für Texas appelliert, sagt dieser schließlich zu. Allzu rasche Ergebnisse darf Simmons allerdings nicht erwarten. Hamer arbeitet gründlich, er studiert sein Gegenüber genau, bevor er zuschlägt. Die Jagd kann Monate dauern und sie wird wahrscheinlich mit dem Tod von Clyde Barrow enden. In seinen Notizen vermerkt Hamer: »Am 10. Februar 1934 nahm ich die Spur auf und folgte ihr exakt 102 Tage lang.«[266]

Einen Tag nach seinem Gespräch mit Lee Simmons fährt Frank Hamer nach Dallas. In den nächsten Wochen wird er leben wie Clyde Barrow, reden wie Clyde Barrow, denken wie Clyde Barrow. An dem Tag, an dem er fühlt wie Clyde Barrow, wird er ihn haben.

*Sie hatten gegen die Gebote Gottes
und die Gesetze der Menschen verstoßen.
Und an einem Morgen im Mai kam der Tod über sie.*
EMMA PARKER [267]

»Die Quelle gilt als zuverlässig«

IX. Verraten und verkauft

Während unbemerkt von der Öffentlichkeit die Jagd nach Bonnie und Clyde ihrem Höhepunkt entgegengeht, haben die Gesuchten mit ihren neuen Partnern am 23. Januar 1934 die First National Bank in Rembrandt, Iowa, überfallen und 3800 Dollar erbeutet. Drei Tage später rauben sie in Poteau, Oklahoma, die Central National Bank aus und gelangen an weitere 1500 Dollar. Mit seinem Anteil kann Raymond Hamilton die versprochenen 1000 Dollar an James Mullen für dessen Vermittlungsdienste auszahlen. Damit sind sie quitt. Allerdings passt es Raymond nicht, dass Clyde auch Joe Palmer an der Beute beteiligen will. Der war während des Bankraubs in Poteau mit einem Asthmaanfall hustend und keuchend auf dem Rücksitz des Wagens gelegen, den Clyde außerhalb der Stadt geparkt hatte. Für Hamilton ist Palmer eine Belastung, die er schnell loswerden will. Auch wenn sie in Eastham eine Schicksalsgemeinschaft gebildet haben, in Wahrheit können sie einander nicht ausstehen. Es kommt zu einer heftigen verbalen Auseinandersetzung zwischen den beiden, in deren Verlauf Palmer Hamilton beleidigt. Dies bleibt nicht ohne Folgen, wie Palmer nach seiner Verhaftung zu Protokoll geben wird: »Ich schlief eingehüllt in Decken auf dem Wagenboden und da hat Raymond versucht mich zu töten, weil ich ihn ein mieses Plappermaul und einen Angeber genannt habe. Clyde hat ihn geschlagen und beschimpft und dabei ist er in den Graben gefahren und das linke Rad vom Wagen ist kaputtgegangen.«[268] Tatsächlich kann Clyde nur in letzter Sekunde verhindern, dass Raymond Hamilton den schlafenden Joe Palmer erschießt. Dem ist nun angst und bang und als sie am 30. Januar 1934 Joplin, Missouri, erreichen, verabschiedet er sich, um seine Schwester zu besuchen. Ein wenig Abstand wird allen guttun. In einem Monat wollen sie sich wieder treffen.

Während die verbliebene Gang am 1. Februar 1934 beim Überfall auf die State Savings Bank in Knierim, Iowa, nur 300 Dollar erbeutet, verbreitet die Presse eine Meldung, die Clyde, dem großen Bandenchef, nicht gefällt: »Es ist kein Geheimnis, dass Bonnie die treibende Kraft hinter Barrows Rücksichtslosigkeit und seinen mörderischen Eskapaden ist. Sie entwirft die Pläne und Clyde führt sie aus, während Bonnie an der Seite steht und zusieht, wie seine Opfer vor Angst schlottern oder sich vor Schmerzen im Staub winden.«[269] Dass Bonnie laut Augenzeugen nie an einem der Überfälle der Barrow Gang beteiligt ist, stört die Reporter nicht.

Beim nächsten Familientreffen am 3. Februar 1934 haben Bonnie und Clyde die Taschen voller Geld. So haben sie sich das immer vorgestellt. Endlich können sie ihren Lieben eine größere Summe überlassen. Während Raymond Hamilton die Gruppe in Amarillo, Texas, verlassen hat, ist Henry Methvin beim Familientreffen dabei. Clyde hat den 22-Jährigen rasch ins Herz geschlossen. Aufgewachsen in einer kinderreichen, aber armen Familie in Lousiana, war Henry Methvin auf der Suche nach Arbeit 1930 auf den Ölfeldern von New Mexico gelandet. Nach einem Besuch zu Hause war er in Texas von einem Autofahrer mitgenommen worden, der ihn nach seiner Aussage sexuell belästigt hatte. Vor Gericht sagte Henry aus, er habe in Notwehr ein Messer gezogen und den Mann am Hals verletzt. Dann habe er ihn in Panik aus dem Wagen geschubst und sei davongefahren. Weder die Polizei noch das Gericht glaubten ihm. Henry Methvin wurde wegen Autodiebstahls und versuchten Mordes zu zehn Jahren Haft verurteilt, die er in Eastham absitzen sollte. Seine Eltern, die von der Unschuld ihres Sohnes überzeugt sind, haben in den letzten Jahren alles Menschenmögliche getan, um ihn aus dem Gefängnis zu holen. Sie haben diverse Gnadengesuche eingereicht und sind mehrere Male persönlich nach Texas gereist, um einzelne Politiker um Unterstützung zu bitten. Unter größten Schwierigkeiten ist es ihnen gelungen, die 100 Dollar zusammenzubringen, die nötig sind, damit ein Anwalt die Freilassung vorantreiben kann. Anfang 1934 waren sie kurz davor gewesen, Henry freizubekommen. Doch der wollte nicht länger warten und schloss sich den Flüchtenden von Eastham an. Seine Angelegenheiten selbst in die Hand zu nehmen, passt zu Henry Methvin. Schon in Eastham war er für seine Entschiedenheit und seine Kaltblütigkeit bekannt gewesen. Dass der stattliche, ruhige junge Mann anders als Raymond Hamilton Clydes Befehle niemals infrage stellt, schätzt dieser sehr. Ähnlich schweigsam wie Clyde, hat der in Methvin einen Seelenverwandten entdeckt, dessen Art sich von Raymond Hamiltons Großspurigkeit wohltuend abhebt. Entgegen seiner üblichen Vorsicht vertraut er Henry Methvin bereits nach zwei Wochen bedingungslos. Er ahnt nicht, dass er seinem Judas begegnet ist.

Genau wie Bonnie und Clyde hängt auch Henry Methvin sehr an seiner Familie. Und so bringen die beiden Henry Anfang Februar nach Bienville Parish, Louisiana. Parish bedeutet Landkreis und ist die nur im Bundesstaat Louisiana verwendete Entsprechung zum ansonsten in den USA geltenden Begriff County. Hier lebt verstreut die Großfamilie Methvin: Henrys Eltern Ivy und Ava, seine Brüder Terrell und Cecil mit ihren Frauen Emma und Clemmie. Auch Henrys Onkel leben mit ihren Familien hier. Beliebt sind sie nicht, da sie vor allem durch schlechtes Benehmen und zu viel Alkohol von sich reden machen. Während der Prohibition hat Ivy Methvin seine Familie als Schnapsschmuggler durchgebracht.

Ava und Ivy freuen sich sehr ihren Sohn wiederzusehen, doch über die Umstände sind sie nicht glücklich. Nur noch ein paar Wochen, dann hätte Henry das Gefängnis als freier Mann verlassen können. Nun aber ist er ein entflohener Häftling, der sich in Begleitung des meistgesuchten Mannes von Texas befindet. Und dass der ihren Sohn ebenfalls in Verbrechen verwickeln wird, steht für die beiden außer Frage. Henry läuft Gefahr, getötet zu werden. Ava und Ivy Methvin sind fest entschlossen, dies zu verhindern. Fürs Erste jedoch heißen sie Bonnie und Clyde als Henrys Freunde in ihrem Haus willkommen.

Nach ein paar Tagen kehren die drei zurück nach Texas, um Raymond Hamilton aufzugabeln. Der wartet mit einer Überraschung auf. Er hat eine Frau an seiner Seite: Mary O'Dare, die kleine Schwester von Odell Chambless, mit dem Clyde schon das eine oder andere Ding gedreht hat. Sie war der Grund für seinen Aufenthalt in Amarillo. Mary ist die Exfrau seines ehemaligen Partners Gene O'Dare, der eine 99-jährige Gefängnisstrafe verbüßt. Die 19-Jährige ist kein Kind von

Traurigkeit, die Barrows halten sie für eine Prostituierte. Nachdem Gene O'Dare eingesperrt worden war, hatte sie sich scheiden lassen und den Schneider Barney Pitts geheiratet. Raymond, der schon immer eine Schwäche für sie hatte, ist nun vor ein paar Tagen bei ihr aufgetaucht und hat sie gebeten, mit ihm zu kommen. Mary hat Pitts daraufhin Knall auf Fall verlassen und ist mit Raymond gegangen. Während Raymond, der bis über beide Ohren in Mary verliebt ist, über diese Entscheidung überglücklich ist, sind die anderen wenig begeistert. Mary ist sehr sexy und sich ihrer Wirkung auf Männer durchaus bewusst. Vom ersten Moment an versucht sie mit Henry Methvin zu flirten. Clyde sieht große Probleme auf die Gang zukommen. Außerdem traut er Mary nicht. Doch er braucht Raymond und erklärt sich deshalb bereit, Mary mitzunehmen. Bonnie ist noch immer viel zu schwach, um sich an den Überfällen zu beteiligen, und Henry hat einfach zu wenig Erfahrung. Raymond hingegen ist ein Profi, was Banküberfälle anbelangt. Seit er dabei ist, gibt es weniger Probleme und mehr Geld. Auch wenn er ein schrecklicher Aufschneider ist, muss Clyde anerkennen, dass Raymond ganz ohne Zweifel der bessere Bankräuber ist: gelassen und mit einem sicheren Gespür für lohnende Objekte. Dennoch wird Clyde ein wachsames Auge auf Mary haben. Bonnie oder er werden sich stets in Marys Nähe aufhalten. Für beide steht außer Frage, dass Mary sie ohne mit der Wimper zu zucken verraten würde.

Am 12. Februar 1934 entkommt die Barrow Gang in Reeds Spring, Missouri, nur knapp der Polizei. Zwei Tage zuvor haben sie in Springfield, Missouri, ein Auto gestohlen und waren dann mit zwei Wagen in Richtung Süden unterwegs. Einen der Wagen findet die Polizei zwei Meilen östlich von Galena, Missouri. Auf dem Highway werden Straßensperren errichtet. Clyde, der darum auf Nebenstraßen ausgewichen ist, verfährt sich hoffnungslos. In Ermangelung einer Straßenkarte kidnappen sie Joe Gunn, der gerade in die Stadt geht, um seinen wöchentlichen Einkauf zu erledigen: »Sie hielten mich in der Nähe von Fred Tolbert's Farm an. Sie sagten, sie hätten sich verfahren, und zwangen mich, in den grünen, viertürigen Chevy zu steigen und ihnen den Weg nach Arkansas zu zeigen. Das ganze Auto war voller Waffen.«[270] Unglücklicherweise lotst Gunn sie auf den Highway zurück und damit direkt in eine der Straßensperren. Es kommt zu einer wilden Schießerei mit der Polizei. Joe Gunn sieht sein letztes Stündlein geschlagen, doch dank Clydes phänomenaler Fahrkünste gelingt es der

Gang, in Richtung Arkansas zu entkommen. Gunn ist froh, als sie heil dort ankommen: »Wir waren schon fast in Berryville, Arkansas, da hielten sie an, drückten mir 10 Dollar in die Hand und sagten mir, ich solle aussteigen. Sie haben mir nichts getan.«[271] Die fünf setzen ihre Fahrt fort. Solch kleine Zwischenfälle bringen sie nicht mehr aus der Ruhe. Derartiges gehört schon beinahe zu ihrem Alltag.

Vielleicht wären sie etwas besorgter, wüssten sie, wie nahe ihnen Frank Hamer bereits ist. Nachdem er den Fall übernommen hat, hat er sich nach Dallas begeben, um mit Sheriff Schmid zu sprechen. Er bittet Schmid, ihm jedes noch so unwichtig erscheinende Detail über Bonnie und Clyde zu erzählen. Alles könnte wichtig sein. Hamer erfährt, dass Clyde zwar häufig in Dallas gesichtet wird, es ihm aber aufgrund seiner Fahrkünste jedes Mal gelingt zu entkommen. Genau wie Bonnie hänge er unheimlich an seiner Mutter. Sie allein wisse den Treffpunkt, an dem die Familie das nächste Mal zusammenkommt. Einzig ihr vertraute er. Bei den anderen Familienangehörigen habe er teilweise ein ungutes Gefühl. Und das trügt ihn nicht. Bonnies Bruder Buster, der nicht will, dass seine Schwester zusammen mit Clyde erschossen wird, hat dem FBI bereits zugesichert, die Polizei zu informieren, sollte es ihm gelingen, Bonnie und Clyde zu separieren.[272] Hamer will alles wissen: welche Art von Kleidung Bonnie und Clyde tragen, welche Musik sie hören, welche Zigarettenmarke sie rauchen, welchen Whiskey sie bevorzugen und was sie am liebsten essen. Als Hamer Schmid bittet, ihm einen Mann zur Seite zu stellen, der Bonnie und Clyde persönlich kennt, wählt Schmid Bob Alcorn aus. Nach West Dallas fährt Hamer nicht. Hier würde er nichts erfahren, das weiß er. Die Anwesenheit eines Texas Rangers würde nur Unruhe stiften und Clyde warnen. Stattdessen reist Hamer auf den Spuren von Bonnie und Clyde durchs Land. Er besucht die Orte, an denen sie sich aufgehalten haben, Geschäfte, in denen sie eingekauft haben, und Restaurants, in denen sie gegessen haben. Besonders dort, wo es Tote gegeben hat, gibt man ihm bereitwillig Auskunft. Vielen ist daran gelegen, Bonnie und Clyde unschädlich zu machen. Bald kennt Hamer ihre Konfektionsgröße und ihre Lieblingsfarben, weiß um ihre Vorlieben und Abneigungen.[273] Besonders beeindrucken ihn die Erzählungen über Clydes Fahrkünste und die oft geäußerte Vermutung, er müsse sämtliche Straßenkarten des Mittleren Westens im Kopf haben. Akribisch trägt Hamer alle Orte zusammen, an denen Hinweise auf den

Verbleib von Bonnie und Clyde gefunden wurden. Er versucht das Muster auszumachen, nach dem die beiden vorgehen: »Ich lernte, dass Barrow sich niemals lange an einem Ort aufhielt. Er war immer unterwegs und konnte an einem Tag mehr Kilometer zurücklegen als jeder andere Flüchtige, den ich jemals verfolgt habe. 1500 km am Stück zu fahren, machte ihm überhaupt nichts aus. Barrow war zudem ein ausgewiesener Experte, was Nebenstraßen anbelangte, und das machte es so schwer, seine nächsten Schritte richtig einzuschätzen.«[274] Doch mithilfe des Bewegungsprofils, das Hamer erstellt, findet er heraus, dass Clyde auch bevorzugte Strecken hat. Von Dallas aus fährt er stets entweder Richtung Norden nach Oklahoma oder nordwestlich nach Arkansas oder Missouri. Dann geht es weiter in den Süden nach Louisiana und von dort aus zurück nach Dallas. Obwohl es auch vereinzelte Abstecher nach Kansas, Iowa und Minnesota gibt, halten sich die Flüchtigen dennoch die meiste Zeit in diesen fünf Bundesstaaten auf. Dass Clyde diese ungeheuren Entfernungen oftmals tatsächlich ohne Pause bewältigt, nötigt Hamer durchaus Respekt ab. Meile für Meile reist er ihm hinterher, versucht die Strecke in exakt derselben Zeit zu schaffen wie Clyde. Um sich in den Autofanatiker Clyde Barrow hineinzuversetzen, hat Hamer sich ebenfalls einen Ford V 8 besorgt. Genau wie Bonnie und Clyde schläft er auf freiem Feld im Auto, ernährt sich von Sandwich und Konserven und wäscht sich im Fluss: »Ein Polizist muss die Gewohnheiten des Verbrechers genau studieren, wie er denkt und wie er sich in verschiedenen Situationen verhalten wird. Als ich begann, Clyde Barrows Gedankenwelt zu verstehen, merkte ich, dass ich Fortschritte machte.«[275] Am Ende jeder Woche schickt er eine akribische Spesenabrechnung samt Zwischenbericht an Lee Simmons.

Die Barrow Gang bleibt in der Zwischenzeit nicht untätig. Am 19. Februar 1934 rauben sie in einem Waffendepot der Nationalgarde in Ranger, Texas, Waffen für weitere Raubzüge. Es sind so viele, dass Raymonds Bruder Floyd sie in einem sicheren Versteck zwischenlagern muss.

Mary O'Dare hat da schon wieder genug vom Leben auf der Straße. Was als Abenteuer begann, ist ihr bald lästig. Was nutzt all dass Geld, wenn man es nicht ausgeben kann? Wenn man anstatt in feinen Hotels immer nur im Auto schlafen muss? Mary will ausgehen, schöne Kleider tragen, tanzen und feiern. Stattdessen ist sie auf der Flucht und wird jeden Tag missmutiger. Ihre schlechte Laune lässt sie an den anderen aus. Bonnie und Clyde haben sie längst satt und malen sich insgeheim aus, wie sie Mary um die Ecke bringen. Doch Raymond steht unbeirrt auf Marys Seite. Die Spannungen wachsen. Am 27. Februar 1934 überfallen Clyde, Raymond und Henry am helllichten Tag die R. P. Henry & Sons Bank in Lancaster, einem Vorort von Dallas. Sie zwingen die Anwesenden, sich auf den Boden zu legen, und verlangen vom Schalterbeamten alles Bargeld. Unter den Geiseln ist auch Olin Worley, ein einfacher Arbeiter, der soeben seinen Gehaltsscheck einzahlen will. Er hat lange für diese 27 Dollar geschuftet. Einer der Bankräuber reißt ihm den Scheck aus den Händen. Schon an der Tür dreht der Mann, den Worley später als Clyde Barrow identifiziert, um und kommt zu ihm zurück. »Du hast wohl sehr lange für dieses Geld gearbeitet, was? Wir rauben Banken aus, keine Arbeiter.« Er gibt Worley den Scheck zurück.[276] Draußen springen die drei in einen Chevrolet und rasen vor die Stadt, wo Bonnie und Mary in einem Ford V 8 auf sie warten. Mit 4138 Dollar ist die Beute höher denn je. Davon hat Raymond Hamilton immer geträumt. Ein richtig lohnenswerter Coup, nicht immer nur Tankstellen und Tante-Emma-Läden, wie Clyde sie bevorzugt. Während Clyde nur dann ein Ding dreht, wenn das Geld knapp wird, würde Raymond gern an das ganz große Geld kommen. Olin Worley aber erinnert sich später nicht nur an Clydes noble Geste, sondern auch an etwas anderes, was dem texanischen Robin Hood nicht zur Ehre gereicht: »Das Gewehr, das er auf uns gerichtet hatte, schwankte nicht eine Sekunde hin und her. So wie er uns ansah, gab es keinen Zweifel, dass er sofort schießen würde, wenn es ihm notwendig erschien.«[277]

Die Räuber flüchten Richtung Indiana. Noch im Wagen gibt es Streit. Es geht wieder einmal um die Verteilung der Beute. Clyde will die Beute wie immer zwischen Raymond, Henry, Bonnie und sich selbst aufteilen. Doch auch Mary verlangt nun ihren Anteil. Raymond unterstützt sie dabei. Wenn sie leer ausgeht, dann soll auch Bonnie nichts bekommen. Die war schließlich am Überfall genauso wenig beteiligt wie Mary. Clyde will davon nichts wissen. Bonnie hat ihren Anteil immer erhalten und so wird es auch diesmal sein. Kurz nach Ende der Debatte sieht Clyde im Rückspiegel, wie Raymond, der mit Mary auf der Rückbank sitzt, heimlich Geld aus der Beute in seine Taschen steckt. Wutentbrannt hält er an und springt aus dem Auto. Bei Raymonds Durchsuchung entdeckt er ganze 600 Dollar. Er nimmt das Geld an sich und teilt die Beute schweigend zwischen sich, Bonnie,

Henry und Raymond auf. Dann geht die Fahrt weiter nach Terre Haute, Indiana. Überraschenderweise trennen sich ihre Wege nach diesem Ereignis nicht. Im Gegenteil, in Terre Haute scheinen sich alle prächtig zu amüsieren. Als Erstes kleiden sie sich neu ein. Jeder der Herren ersteht mehrere maßgeschneiderte Anzüge und einen eleganten Mantel. Die Damen kaufen schicke Kleider samt passenden Hüten und Schuhen. Abends gehen sie ins Restaurant und ins Theater. Doch all dieses Amüsement kann nicht darüber hinwegtäuschen, dass Spannungen in der Luft liegen. Auch Bonnie und Clyde beginnen nun zu streiten. Nach einer besonders heftigen Meinungsverschiedenheit droht Clyde Bonnie damit, sie zu ihrer Mutter zurückzubringen. Nachdem er wutentbrannt die Tür hinter sich zugeworfen hat, nimmt Mary O'Dare Bonnie beiseite und bestärkt sie darin, sich dieses Verhalten nicht länger bieten zu lassen. Sie schlägt ihr vor, Clyde mit K.O.-Tropfen außer Gefecht zu setzen, sein Geld zu nehmen und zusammen mit ihr und Raymond zu fliehen. Sie könnten doch zu dritt eine neue Bande gründen. Bonnie ist fassungslos und berichtet Clyde umgehend von Marys Vorschlag. Der stellt Raymond Hamilton zur Rede und macht ihm klar, dass es Zeit ist, sich zu trennen, ehe es Mord und Totschlag gibt. Am 6. März 1934 fahren Mary und Raymond zurück nach Texas, während Bonnie, Clyde und Henry sich auf den Weg nach Louisiana zu Henrys Eltern machen. Sie werden sich nicht wiedersehen.

Während Henry bei seinen Eltern unterkommt, finden Bonnie und Clyde mit Ivy Methvins Hilfe ein verlassenes Farmhaus, in dem sie ihre Tage verbringen. Die früheren Bewohner sind an TBC verstorben, weshalb das Haus von den Einheimischen gemieden wird. Es ist komplett möbliert und nachdem der gröbste Schmutz beseitigt ist, wird Cole House für Bonnie und Clyde zum einzigen Zuhause, das sie jemals haben werden. Nachts allerdings ziehen sie es weiterhin vor, im Wald zu übernachten. Sie wollen der Polizei keine Gelegenheit geben, sie im Schlaf zu überraschen. Sicher ist sicher.

Zu dieser Zeit hat sich die Familie Methvin längst entschlossen, Bonnie und Clyde ans Messer zu liefern, um den eigenen Sohn zu retten. Ob Henry von Anfang an in diesen Plan eingeweiht war oder ob die Initialzündung gar von ihm kam, konnte nie geklärt werden.

Bereits Ende Februar hatte John Joyner aus Castor, Louisiana, den Sheriff des Bienville Parish, Henderson Jordan, um ein Treffen gebeten.

Dabei gab er sich als Mittelsmann eines Bürgers zu erkennen, der bereit sei, mit der Polizei zusammenzuarbeiten, um Bonnie und Clyde zu fassen. Obwohl Henderson Jordan sich nicht so recht vorstellen konnte, was Joyner ihm Wichtiges berichten könnte, traf er ihn zusammen mit seinem Deputy Prentiss Oakley am 1. März 1934 in der Nähe von Gibsland, Louisiana, auf einer abgelegenen Landstraße. 1958 erzählt er seinem Neffen, dem Geschichtsprofessor Glenn Jordan, von diesem Gespräch: »Im Frühling 1934 wurde mir zugetragen, dass Ivy Methvin, der im südlichen Teil unseres Landkreises lebte, mit mir sprechen wolle. Man teilte mir mit, dass Methvin mich persönlich treffen wolle und dass ich niemandem ein Wort von diesem Treffen sagen dürfe.«[278]

Joyner klärte die beiden Gesetzeshüter darüber auf, dass Ivy Methvins Sohn mit Bonnie und Clyde unterwegs sei und die beiden immer wieder im Bienville Parish auftauchten. Ivy Methvin sei bereit, Bonnie und Clyde zu verraten, wenn sein Sohn, der einer der geflüchteten Häftlinge aus Eastham ist, dafür einen Straferlass erhalten würde. Sobald ihm dieser Straferlass schriftlich vorliege, würde er weitere Details preisgeben. Zwar konnte Henderson Jordan nichts versprechen, doch die Spur erschien so vielversprechend, dass er umgehend FBI Special Agent Lester Kendale informierte.

Doch so sehr das FBI auch darauf erpicht ist, Bonnie und Clyde zu fangen, einen Straferlass kann es nicht garantieren. Da Henry Methvin in Texas straffällig geworden und aus einem texanischen Gefängnis geflohen ist, fällt dies in den Zuständigkeitsbereich der dortigen Behörden. Mitte März erhält Frank Hamer einen Anruf aus Louisiana. Gemeinsam mit Bob Alcorn reist er ins Bienville Parish und trifft nahe Castor mit Joyner und Methvin zusammen. Auch Henderson Jordan und FBI-Agent Kendale sind bei dem Treffen anwesend. Henderson Jordan, der das Verfahren abkürzen will, rät dem besorgten Vater, Henry solle sich freiwillig stellen: »Methvin wollte davon nichts wissen. Er sagte, wenn Henry sich ergeben würde, dann würden Bonnie und Clyde ihn und seine Frau umbringen. Methvin sagte, der einzige Weg für die gesamte Familie Methvin, vor Bonnie und Clyde sicher zu sein, wäre der Tod von Bonnie und Clyde. Er sagte weiterhin, er sei bereit, mit uns zusammenzuarbeiten, wenn eine Vereinbarung getroffen würde, dass sein Sohn nicht mehr ins Gefängnis zurückmüsse und sein Vorstrafenregister gelöscht würde.«[279]

Hamer verspricht, den von Methvin geforderten Straferlass zu arrangieren. Er informiert Lee Simmons, der sich umgehend mit Gouverneurin Ferguson in Verbindung setzt. Diese unterzeichnet ein Schreiben, in dem sie Henry Methvin Straferlass zusagt. Allerdings bezieht sich das nur auf bereits begangene Straftaten und gilt ausschließlich für den Staat Texas. Weiter reichen ihre Befugnisse nicht. Beim nächsten Treffen legt Hamer Methvin diese schriftliche Bestätigung vor. Sie beruhigt Ivy Methvin nur marginal. Wie Henderson Jordan berichtet, hat er schreckliche Angst vor Bonnie und Clyde: »Ich machte mir Sorgen um Methvin, denn er hatte wirklich Todesangst. Er fürchtete sich so sehr vor Bonnie und Clyde, dass er Angst hatte, bei uns zu sein, wenn wir sie fassten. Immer wieder wiederholte er, dass wir keine Ahnung hätten, auf was wir uns da einließen. Er betonte, dass das menschliche Leben für die beiden absolut ohne Bedeutung sei. Wenn wir versuchen würden, sie zu fangen, würden sie uns alle töten.«[280]

Während sich die Schlinge um ihren Hals enger zieht, sind Bonnie und Clyde mit Henry Methvin auf dem Weg zurück nach Texas. Irgendwo in Missouri stößt Joe Palmer wieder zu ihnen. Gemeinsam fahren sie weiter nach Lancaster, Texas, wo für den 10. März 1934 ein großes Familientreffen auf einem Friedhof anberaumt ist. Diesmal ist es Clyde, der versucht, Bonnie dazu zu bewegen, bei ihrer Mutter zu bleiben. Ob er den nahen Tod fühlt oder der gesunde Menschenverstand ihm sagt, dass es nicht ewig so weitergehen kann – er weiß, dass er sein Glück über Gebühr strapaziert hat. Er wird bald sterben, doch Bonnie soll leben. Bucks Tod hat ihn verändert. Er will nicht noch einen geliebten Menschen in den Tod treiben. Doch erneut weist Bonnie alle Argumente weit von sich. Es ist beschlossene Sache: Sie wird bleiben bis zum bitteren Ende. Clydes Melancholie lässt ihn in den nächsten Wochen noch enger Kontakt zur Familie halten. Sie sehen sich fast täglich. Erst am 27. März 1934 verabschieden sich Bonnie und Clyde für ein paar Tage. Am 1. April 1934, dem Ostersonntag, wollen sie wieder zurück sein.

Mary O'Dare und Raymond Hamilton sind inzwischen ebenfalls nach West Dallas zurückgekehrt. Raymond hat seine eigene Gang gegründet, zu der neben seinem Bruder Floyd auch ein arbeitsloser Trucker namens John Basden gehören. Am 19. März 1934 überfallen die drei die Grand Prairie State Bank in Grand Prairie, Texas, und erbeuten 1500 Dollar. Am 31. März 1934 raubt Raymond mit Marys

Hilfe die State National Bank in West, Texas, aus und ergattert weitere 1900 Dollar. Mary lenkt den Fluchtwagen, doch sie ist kein Profi. Ein paar Meilen außerhalb von West kommt sie von der Straße ab. Bei dem Unfall bricht Raymond sich die Nase, Mary wird aus dem Wagen geschleudert, bleibt aber unverletzt. Mrs. Cameron Gunter aus Thelma, Texas, die gerade mit ihrem vierjährigen Sohn Jolly vorbeikommt, hält an, um zu helfen. Mit Hilfe eines Abschleppseils, das sie an ihrem Auto befestigt, versucht sie, den Unfallwagen aus dem Graben zu ziehen. Raymond dankt ihr die Hilfsbereitschaft schlecht. Als das Seil reißt, zwingt er Mrs. Gunter mit vorgehaltener Waffe, ihr Kind aus dem Auto zu nehmen. Dann muss sie einsteigen und die beiden Räuber mit ihrem eigenen Wagen in Sicherheit bringen. A. P. Mattox und James Bennett, die als Augenzeugen hinzukommen, kümmern sich um den völlig verstörten Jungen und rufen die Polizei. Mrs. Gunter fährt Mary und Raymond nach Houston. Hier übernachten alle drei in einem Hotel. Am nächsten Morgen, dem Ostersonntag 1934, entlässt Raymond die junge Frau mit ein paar Dollar für die Rückreise und einer Entschuldigung.

Zur selben Zeit befinden sich Bonnie, Clyde, Henry Methvin und Joe Palmer in der Nähe von Grapevine, etwa 35 km außerhalb von Dallas. Sie wollen ihre Familien treffen, doch an den Feiertagen wagen sie sich nicht nach West Dallas hinein. Joe Palmer soll per Anhalter in die Stadt fahren und die Familien herbringen. Die anderen wollen derweilen an der Dove Road, einige Meter vom Highway 114 entfernt, warten. Bonnie verkürzt sich die Wartezeit, indem sie mit einem kleinen weißen Hasen spielt, den sie »Sonny Boy« getauft hat. Es ist ihr Ostergeschenk für ihre Mutter. Nebenbei leert sie gemeinsam mit Henry Methvin eine Flasche Whiskey. Clyde trinkt nicht. Man weiß nie, wofür man seine sieben Sinne noch braucht. Nach einer Weile legen sich Bonnie und Clyde ins Auto und dösen.

Gegen 14.30 Uhr fährt eine Motorradstreife der Texas Highway Patrol den Highway 114 in nördlicher Richtung ab. Sie besteht aus Senior Officer Polk Ivy, der vorneweg fährt, gefolgt von Edward Bryan Wheeler und Holloway Daniel Murphy. Es ist Murphys erster Tag als Motorradpolizist. Während Officer Ivy an dem einige hundert Meter vom Highway entfernt geparkten Ford V 8 achtlos vorbeifährt, erregt der Wagen Wheelers Aufmerksamkeit. Er gibt Murphy ein Zeichen ihm zu folgen und biegt in Richtung Dove Road ab. Hier stellen sie ihre Motorräder ab und nähern sich dem Wagen zu Fuß. Ihre Waffen stecken im Halfter, Murphy hat seine Waffe nicht einmal geladen, aus Angst, jemanden damit zu verletzen. Bonnie hört sie kommen. Sie ist es, die Clyde warnt. Der greift nach seiner Waffe, um wieder einmal zwei Polizisten als Geiseln zu nehmen. Aus der Ruhe bringt ihn das nicht mehr, mittlerweile hat er Routine darin. Henry Methvin ruft er lachend zu: »Los, die schnappen wir uns.« Doch der missversteht ihn. Woher soll er auch wissen, dass Clyde in so einer Situation nicht schießt, sondern Geiseln nimmt. Er hat so etwas noch nie miterlebt. Für Henry Methvin sind Clydes Worte nichts anderes als die Auffor-derung, die beiden Polizisten zu erschießen. Er schießt Wheeler in den Bauch. Der schießt zurück. Murphy versucht noch seine Waffe zu laden, da trifft ihn bereits ein Schuss. Jetzt schießt auch Clyde. Henry Methvin läuft zu Murphy und schießt aus nächster Nähe mehrmals auf den schwer verletzt am Boden liegenden Mann. Just in diesem Moment erreichen Mary und Fred Giggal, zwei Sonntagsausflügler aus Dallas, den Highway 114 auf Höhe des Tatorts. Später geben sie voller Entsetzen bei der Polizei eine Schilderung des Tathergangs zu Proto-koll. Allerdings gibt es noch einen weiteren Augenzeugen, der den Ab-lauf des Geschehens völlig anders schildert. William Schieffer, dessen Farm einige hundert Meter vom Tatort entfernt liegt, berichtet, dass eine Frau und ein Mann auf die beiden Polizisten geschossen hätten. Ein dritter Mann sei nur daneben gestanden. Die Frau habe sich über den am Boden liegenden Polizisten gebeugt, ein Bein auf seinen Brust-korb gestellt und mehrmals auf ihn gefeuert. Dabei hätte sie laut ge-lacht. Eine Geschichte, die die Presse umgehend übernimmt: »Getötet, ehe sie nach ihren Waffen greifen konnten. Die Highway-Polizisten E.B. Wheeler und H.D. Murphy aus Fort Worth wurden am Sonn-tagnachmittag in der Nähe von Grapevine grausam ermordet. Die Polizei vermutet, dass es sich bei den Tätern um Clyde Barrow, Texas Staatsfeind Nr. 1, und seine Freundin Bonnie Parker handelt. (...) Ein Augenzeuge berichtet, die Frau habe den am Boden liegenden Murphy umgedreht, um ihm weitere Kugeln in den Körper zu jagen. (...) Die Beschreibung des Mannes passt exakt auf Barrow. Neben den Reifen-abdrücken, die sich an der Stelle zeigen, an der der Wagen geparkt war, hat die Polizei einen Zigarettenstummel mit den Abdrücken kleiner Zähne darauf gefunden. Bonnie Parker ist bekannt dafür, dass sie gern raucht.«[281] Nun ist Bonnie für die Öffentlichkeit nicht mehr länger

Clydes Gangsterliebchen, sondern eine eiskalte Mörderin. Dass die Giggals, die wesentlich näher am Geschehen waren als Schieffer, die Szenerie völlig anders beschreiben, ändert daran ebenso wenig wie die Tatsache, dass Schieffer seine Aussage wenige Wochen später zurückzieht.

Nachdem sie auf die beiden Polizisten geschossen haben, flüchten die drei vom Tatort. Als ihnen nach wenigen Kilometern L. C. und Marie Barrow entgegenkommen, die zum Familientreffen wollen, bleibt gerade noch Zeit, sie zu warnen. Dann rast Clyde davon.

Polk Ivy, der auf der Suche nach seinen Kollegen umgekehrt ist, findet die beiden neben ihren Motorrädern. Für den 26-jährigen Wheeler, seit acht Monaten verheiratet, kommt jede Hilfe zu spät. Noch am Morgen hatte er mit seiner Frau Doris über die Bedeutung von Ostern und den Tod gesprochen, den man so oft aus seinem Leben verdränge. Im April 2003 wird Doris Wheeler-Edwards 92-jährig der *Dallas Morning News* ein Interview geben, in dem sie sich der allgemeinen Begeisterung für Bonnie und Clyde gegenüber fassungslos zeigt: »Ich kam damals von einem Besuch bei meiner Mutter in unsere Wohnung zurück. Da wartete der Bestatter auf mich. Er sagte: »Mrs. Wheeler, ich habe schlimme Nachrichten für Sie.« Heute versuche sie nicht mehr an damals zu denken: »Ich musste es aus meinen Gedanken verdrängen. Ich konnte nicht mein ganzes Leben lang trauern. Das hätte nichts geändert.«[282]

Officer Murphy lebt noch. Er wird in die Praxis von Dr. J. A. Ellison nach Grapevine gebracht. Doch als er dort eintrifft, kann Dr. Ellison nur noch seinen Tod feststellen. Am Tatort entdecken die Ermittler eine leere Whiskeyflasche, auf der verschiedene Fingerabdrücke festzustellen sind. Zunächst werden sie fälschlicherweise Clyde zugeordnet. Später stellen sie sich eindeutig als die von Henry Methvin heraus. Die vielen Zitronenschalen, die überall herumliegen, werden als Hinweis auf Bonnie gedeutet, die damit seit Langem versucht, ihr Alkoholproblem zu kaschieren.

Die Täter fliehen über die Staatsgrenze nach Oklahoma. Im Autoradio hören sie im Minutentakt Fahndungsaufrufe. Das Programm wird unterbrochen. Hunderte schwerbewaffneter Polizisten sind auf der Suche nach den dreien. Aus der Zeitung erfahren sie später, dass beide Polizisten tot sind. Und sie erfahren mehr über die Männer, die sie getötet haben, als ihnen lieb ist. Der 24 Jahre alte Murphy hatte geplant, am 13. April 1934 in seiner Heimatstadt die 22-jährige Marie Tullis zu heiraten. Im Sarg trägt er seinen Hochzeitsanzug. Marie erscheint in ihrem Brautkleid zum Begräbnis.

Nun kippt die Stimmung in der Bevölkerung vollends. Banken auszurauben ist eine Sache, harmlose Dorfpolizisten zu ermorden, die nur ihre Arbeit tun, eine völlig andere. Die Fotos von der Braut bei der Beerdigung werden im ganzen Land verbreitet. Die Ermordung der beiden Motorradpolizisten wird in einem Kurzfilm nachgestellt, der in allen Kinos des Landes gezeigt wird. Auch Bonnies und Clydes Familien sind erschüttert über das Geschehen. Cumie Barrow greift nun immer öfter selbst zur Flasche.

Der Chef der Highway Patrol, Captain L. G. Phares, zu dessen Truppe die Ermordeten gehörten, lobt ein Kopfgeld von 1000 Dollar auf die Mörder von Grapevine aus. Als durchsickert, dass Frank Hamer auf der Jagd nach Bonnie und Clyde ist, will Phares sich unbedingt mit einem seiner Männer daran beteiligen: »Frank, du musst mir gestatten, dir einen meiner Männer zur Seite zu stellen. Diese Mistkerle haben kaltblütig zwei meiner jungen Polizisten ermordet.«[283] Nach Rücksprache mit Lee Simmons entscheidet sich Hamer für den 48-jährigen Ben »Manny« Gault. Gault ist ein ehemaliger Texas Ranger und Hamer gut bekannt. Bob Alcorn, der gern im Team arbeitet, schlägt vor, noch einen weiteren Mann aufzunehmen, der Bonnie und Clyde ebenfalls persönlich kennt: Ted Hinton. Anfang April stößt er zur Truppe. Gouverneurin Ferguson setzt zusätzlich 500 Dollar für die Ergreifung der Killer aus. Zum ersten Mal gibt es nun auch für Bonnies Kopf einen Preis.

Am 3. April 1934 fahren zwei Wagen, besetzt mit Frank Hamer und Manny Gault sowie Bob Alcorn und Ted Hinton, in Richtung Oklahoma. Hamer hat Clyde so genau studiert, dass er fast sicher ist, dass Clyde hierher flüchten wird. Anhand der Befragung diverser Tankwarte auf der Strecke wissen sie bald, dass sie tatsächlich auf der richtigen Fährte sind.

Während sie die Flüchtenden verfolgen, erhält die *Houston Press* einen anonymen Brief mit einer Straßenkarte, auf der der Fundort einer Leiche eingezeichnet ist. Der Karte liegt ein Schreiben bei, das den Toten als grausamen Vergewaltiger beschreibt, der noch vor Kurzem Häftling in Eastham gewesen sei. Dort habe er unter stiller Duldung der Aufseher Häftlinge gequält. Dass der Brief gerade bei der

Houston Press eingeht, ist nicht weiter verwunderlich. Hier schreibt Harry McCormick, der nicht müde wird, die verheerenden Zustände in den texanischen Strafanstalten anzuprangern. Reporter Dick Vaughan findet die Leiche wenige Stunden später in einem Waldstück bei Waskom, Texas.[284] Bei dem Toten handelt sich um Wade McNabb, der am 24. Februar 1934 einen sechswöchigen Hafturlaub erhalten hatte, um seinen kranken Vater zu besuchen. Seine Schwester Cleo gibt an, er sei am 29. März 1934 spurlos aus Gladewater, Texas, verschwunden. Vermutlich haben Joe Palmer, Clyde Barrow und Henry Methvin ihn an diesem Tag gekidnappt. Während seiner Haft war Joe Palmer genau wie Clyde Jahre zuvor zum Opfer geworden. Nun hat er seine unverhoffte Freiheit genutzt, um sich zu rächen. Mit seinem Anteil aus der Beute der Raubüberfälle hat er einen Anwalt bezahlt, der für McNabb Freigang erwirkt. Als man McNabbs Leiche findet, weist sie einen zertrümmerten Schädel und mehrere Einschusslöcher auf.[285]

Am 4. April 1934 begegnen Ted Hinton und Bob Alcorn Bonnie, Clyde und Henry Methvin auf einer Autofahrt durch Durant, Oklahoma. Hinton erkennt sie sofort: »Klar hätten wir auf sie schießen können – aber dann hätten sie gewusst, dass wir ihnen auf der Spur sind. Ich sah zu Alcorn hinüber und der schüttelte den Kopf. Wir hatten für diesen Fall genaue Anweisungen von Sheriff Schmid: Unter allen Umständen sollten wir eine Schießerei mit Bonnie und Clyde in einer bewohnten Gegend vermeiden.«[286] Sie versuchen, dem Wagen unauffällig zu folgen, doch nach wenigen Kilometern verlieren sie ihn aus den Augen. Allerdings wissen sie nun, dass sie Clyde bedenklich nahegekommen sind.

Einen Tag später erreichen die Flüchtenden Commerce, Oklahoma. Nachdem das Land monatelang von Staubstürmen gepeinigt war, regnet es nun sintflutartig. Die ungeteerten Straßen haben sich in Matschpisten verwandelt. Bei Nacht ist es nahezu unmöglich, nicht von der Straße abzukommen. Clyde ist hundemüde und völlig kaputt. Er braucht dringend eine Pause. Südwestlich der Stadt gibt es zwei alte Minen, »Lost Trail« und »Crab Apple«. Hier wollen sie die Nacht verbringen. Als sie am Morgen des 6. Aprils 1934 erwachen, ist das Wetter kaum besser. Statt sofort weiterzufahren, beratschlagen sie in aller Ruhe, wie es weitergehen soll. Sie ahnen nicht, dass man sie entdeckt hat. Ein Autofahrer hat der örtlichen Polizei gemeldet, dass bei den Minen ein Auto steht, in dem Leute schlafen. Gegen 9 Uhr treffen der 35-jährige Percy Boyd, Polizeichef von Commerce, und der 60-jährige Town Constable, William Calvin Campbell, bei der Mine ein, um nach dem Rechten zu sehen. Sie gehen davon aus, dass es sich wie üblich um betrunkene Jugendliche handelt, die ihren Rausch ausschlafen. Clyde, der eine weitere blutige Auseinandersetzung vermeiden will, startet den Wagen. Doch der steckt im Schlamm fest. Als die Polizisten auf den Wagen zugehen, zieht Campbell plötzlich die Pistole. Ob er eine Bewegung im Wageninneren gesehen oder die vielen Waffen entdeckt hat, kann später niemand mehr sagen. Im selben Moment öffnen sich die Wagentüren. Zwei Männer schießen ohne zu zögern mit Maschinenpistolen. Campbell fällt an der Aorta getroffen zu Boden. Boyd wird von einer Kugel am Kopf verletzt. Er stürzt, bleibt aber bei Bewusstsein. Clyde befiehlt Henry, die beiden Männer ins Auto zu laden. Aus der Entfernung sieht er Neugierige herankommen, die die Schüsse gehört haben. Um heil hier herauszukommen, müssen sie die beiden Polizisten als Geiseln nehmen. Henry beschränkt sich auf Boyd, den halbtoten Campbell lässt er liegen. Die Schaulustigen werden von Clyde mit vorgehaltener Waffe gezwungen, den Wagen aus dem Dreck zu schieben. Doch der sitzt so fest, dass erst Charlie Dodson mit seinem Lastwagen das Auto nach mehr als einer halben Stunde aus dem Schlamm ziehen kann. Bonnie rutscht auf den Beifahrersitz, Clyde übernimmt wie immer das Steuer. Henry und die blutüberströmte Geisel sitzen auf der Rückbank. Während sie davonrasen, stirbt Campbell noch am Tatort. Der Witwer, der während der Großen Depression alles verloren hat, hinterlässt fünf Kinder.

Wenige Kilometer hinter Commerce blockieren zwei Wagen die Straße, die ebenfalls im Schlamm steckengeblieben sind. Clyde springt aus dem Auto und bedroht die Brüder A. N. und John Butterfield mit vorgehaltener Waffe mit dem Tod, falls sie die Straße nicht schleunigst freimachen. Doch alle Drohungen sind vergebens, erst als Clyde und Henry selbst mit anpacken und schieben, bekommen sie das Auto von der Straße. Sein neuer Anzug ist zwischenzeitlich völlig ruiniert, dabei hasst Clyde nichts mehr als Schmutz. Boyd, von Bonnie mit einer Pistole in Schach gehalten, beobachtet die Szenerie. Er hat starke Schmerzen und große Angst. Um seine Kidnapper gnädig zu stimmen, beginnt er auf der Weiterfahrt eine unverfängliche Unterhaltung. Bonnie, die es liebt, sich mit Fremden zu unterhalten, geht sofort darauf ein. Sogar Clyde taut irgendwann auf und berichtet voller Stolz über sein Leben als Anführer der Barrow Gang. Schließlich bittet Bonnie Clyde anzuhalten, damit sie Boyds Wunde säubern und verbinden kann. Wenig später sehen sie ein Flugzeug am Himmel. Sie bringen den Wagen im Unterholz in Sicherheit. Tatsächlich hat die Polizei von Miami, Oklahoma, Pilot Andy Walker gebeten, bei der Suche zu helfen. Nach einer schier endlosen Fahrt hält Clyde an, um Lunch zu kaufen, auch für Boyd. Die 25 Dollar, die dieser bei sich hat, rührt er nicht an. Ehe sie ihn in der Nähe von Fort Scott, Kansas, freilassen, geben sie ihm noch ein frisches Hemd, da seines voller Blut ist. Der Anzug, den Clyde ihm anbietet, ist Boyd zu klein. Als er sie beim Abschied fragt, ob sie eine Nachricht für die Presse hätten, bittet ihn Bonnie um Folgendes: »Bonnie bat mich, die Öffentlichkeit davon zu unterrichten, dass sie keine Zigarren raucht. Sie sagte, dass all diese Gerüchte über sie, dass sie Zigarren rauche, absoluter Unsinn seien. Die Fotos von ihr, die sie mit einer Zigarre im Mund zeigen, seien nur ein Scherz gewesen. Sie habe sich dafür Clydes Zigarre ausgeliehen.«[287] Ihre Außenwirkung ist nach mehr als einem Dutzend Toten Bonnies größte Sorge. Boyd hält Wort und übergibt ihre Information der Presse. Bonnie ist darüber höchst erfreut: »Es war in allen Zeitungen in ganz Oklahoma.«[288] Des Weiteren weiß Boyd zu berichten, dass Clyde energisch bestritten hat, etwas mit dem Tod der beiden Motorradpolizisten zu tun zu haben. Er sei gar nicht am Tatort gewesen, sondern habe von den Ereignissen aus der Zeitung erfahren. Boyd erzählt, Clyde sei nach dem Mord an Campbell niemals nervös oder panisch gewesen: »Sie befürchten nicht, dass man sie fassen könnte. Sie glauben, sie seien viel zu schlau, als dass das passieren könnte. Sie sagten, es tue ihnen wirklich leid, dass sie Campbell erschießen mussten, aber sie machten auch die ganze Zeit Witze darüber.«[289] Den dritten Mann im Auto habe er nicht gekannt, doch obwohl sein Name nie gefallen sei, gehe er davon aus, dass es sich um Clydes alten Freund Raymond Hamilton handle.

Dieser ist völlig entgeistert, als er davon hört. Sollten die Behörden ihn tatsächlich für den dritten Mann der Barrow Gang halten, dann halten sie ihn auch für einen mehrfachen Mörder. In Panik schreibt Raymond Hamilton an seinen Anwalt Albert Baskett in Dallas. Der Brief, datiert vom 8. April 1934, stammt aus New Orleans: »Ich habe Clyde Barrow seit dem Bankraub in Lancaster nicht mehr gesehen. Ich übersende Ihnen hiermit 100 Dollar und möchte, dass Sie dies sofort öffentlich machen und dafür Beweise finden. Weiterhin möchte ich, dass Sie der Öffentlichkeit und der ganzen Welt mitteilen, dass ich nicht mit Clyde Barrow reise und nichts mit seinen Verbrechen zu tun habe. Ich bin ein Einzelgänger und habe vor, es zu bleiben.«[290] So tief wie Clyde würde er niemals sinken. Dem Brief ist eine Hotelrechnung des Lavayette Hotels in New Orleans beigelegt, die beweisen soll, dass er seit dem 5. April 1934 hier ist. Das Hotelmanagement bestätigt später Hamiltons Aussage. Baskett, der davon überzeugt ist, dass sein Mandant zwar ein Bankräuber, aber kein Killer ist, übergibt den Brief der *Dallas Morning News,* die ihn abdruckt. Einen weiteren Brief richtet Hamilton an Governeurin Ferguson, in dem er darum bittet, nicht fälschlicherweise für die Morde an den Motorradpolizisten verantwortlich gemacht zu werden.[291]

Als Clyde davon erfährt, ist er so wütend, dass er beschließt, seinen alten Freund zu töten. Er bittet Joe Palmer, Hamilton aufzuspüren. Obwohl er vorgibt, nur mit ihm reden zu wollen, durchschaut Palmer seine wahren Absichten und setzt sich ab. Auch wenn er Hamilton nicht leiden kann, damit will er nichts zu tun haben.

Auch Clyde schreibt in diesen Tagen einen Brief, dessen Echtheit bis heute umstritten ist. Sollte es sich um eine Fälschung handeln, so ist sie zumindest ein guter Gag, denn der Brief, adressiert an Henry Ford, wird noch heute im Henry Ford Museum in Dearborn, Michigan, ausgestellt:

»Sehr geehrter Mr. Ford,
solange ich noch atmen kann, will ich die Gelegenheit nutzen Ihnen mitzuteilen, was für großartige Autos Sie bauen. Wenn ich die Wahl habe, fahre ich ausschließlich Ford. Was Ausdauer, Geschwindigkeit und Zuverlässigkeit anbelangt, ist Ford einfach unschlagbar. Es schadet gar nichts, Ihnen mal zu sagen, was für ein wunderbares Auto Ihnen mit dem V 8 gelungen ist.
Hochachtungsvoll
Ihr
Clyde Champion Barrow«[292]

Geschäftstüchtig, wie er ist, lässt Henry Ford den Brief in einer Anzeige abdrucken. Das Dankesschreiben, das er von seiner Sekretärin am 16. April 1934 aufsetzen lässt, erreicht Clyde nicht. An diesem Tag überfällt er mit Henry die First National Bank in Stuart, Iowa, und erbeutet dabei 1500 Dollar. Mit dem Geld in der Tasche kehren sie zurück nach Texas. Endlich kann Bonnie ihrer Mutter den weißen Hasen schenken, von dem Clyde bereits schwer genervt ist. Am 17. April 1934 treffen sich alle in der Nähe von Mount Pleasant, Texas. Die Atmosphäre ist angespannt, der Schock über die drei neuen Toten sitzt tief. Vor allem der Tod des jungen Bräutigams erregt die Gemüter. Die Familie will, dass Bonnie und Clyde sich nach Mexiko absetzen, damit dies alles endlich ein Ende hat: »Wir beschworen Bonnie und Clyde, das Land zu verlassen«, berichtet Clydes Schwester Nell. »Diesen Horror noch länger zu ertragen, ging über unsere Kräfte und wir konnten uns beim besten Willen nicht vorstellen, dass die beiden das noch lange aushalten würden. Die dauernde Anspannung zehrte an ihnen und uns brachte sie fast um. Das Ende war unausweichlich. Sie hatten keine Chance, überhaupt keine. Der Tod kam immer näher. Er war ihnen auf den Fersen. Wir flehten sie an, über die Grenze zu gehen und drüben ein neues Leben zu beginnen.«[293] Doch Clyde winkt ab. Ein Leben ohne seine Familie kommt für ihn nicht infrage: »Euch zu sehen, ist die einzige Freude, die Bonnie und ich im Leben noch haben. Abgesehen von unserer Liebe ist das alles, wofür wir noch leben. Wenn wir irgendwo hingehen müssten, wo wir euch nicht mehr sehen könnten, könnten wir genauso gut sterben. Solange wir leben, werden wir in eurer Nähe bleiben und herkommen, so oft es geht.«[294]

Er hat ganz andere Pläne und die legt er nun offen. Clyde spielt mit dem Gedanken, Coles Farm in Louisiana zu erwerben. Es ist schön dort und noch schöner wäre es, wenn auch ihre Familien dort leben würden. Da das Leben in West Dallas unerträglich ist, könnte dies für alle ein Neuanfang sein. Sie lassen ihm seinen Traum, obwohl sie wissen, dass es für Clyde innerhalb der USA längst keinen Ort mehr gibt, an dem er in Freiheit leben könnte. In den nächsten Wochen pendeln Bonnie, Clyde und Henry Methvin zwischen ihren Familien in West Dallas und Louisiana hin und her. Bei einem seiner Besuche nimmt Ivy Methvin seinen Sohn beiseite, um ihn über den Deal mit den Behörden zu informieren. Damit Henry nicht zu Schaden kommt, wenn die Polizei zuschlägt, muss er sich so schnell als möglich von den beiden absetzen. Erst dann kann Ivy Methvin den Behörden den entscheidenden Tipp geben.

Frank Hamer ist in der Zwischenzeit nicht untätig gewesen. Um vorbereitet zu sein, hat er BARs aus dem Depot der Nationalgarde angefordert. Da die Waffen der Nationalgarde ausschließlich für den Verteidigungsfall bereitstehen, benötigt er dazu die Hilfe des texanischen Kongressabgeordneten Hatton Sumners, der die zuständigen Stellen im Namen der nationalen Sicherheit von der Notwendigkeit dieser Maßnahme überzeugt.

Sheriff Schmid, der um seine Wiederwahl im Herbst 1934 fürchtet, sieht Hamers Aktivismus mit Sorge. So lange schon ist er hinter Bonnie und Clyde her und nun soll er diesem Texas Ranger den ganzen Ruhm überlassen? Die beiden Outlaws fallen doch eigentlich in seinen Zuständigkeitsbereich. Am 18. April 1934 lässt Schmid die Telefone der Familien anzapfen. Der Informationsgehalt seiner Aktion tendiert gegen Null. Beide Familien gehen längst davon aus, abgehört zu werden, und halten sich am Telefon mehr als bedeckt. Dass Cumie Barrow ziemlich oft Bohneneintopf kocht, irritiert die Lauscher nicht weiter. Das Einzige, was sie wirklich erfahren, ist die Abneigung Cumie Barrows gegen Raymonds Freundin Mary O'Dare: »Als sie bei ihnen war, hat sie alles dafür getan, dass man die Kinder fasst. (…) Es wäre besser für sie, sich hier nicht blicken zu lassen, wenn sie gesund und am Leben bleiben will. (…) Ich habe ein schweres Bügeleisen und wenn sie auch nur einen Fuß in mein Haus setzt, dann hau ich ihr damit auf den Kopf. Ich werde diesem verdammten Flittchen nicht erlauben, mein Haus zu betreten.«[295]

Auch die erneute Einbestellung von Bonnies und Clydes nächsten Verwandten zum Verhör bringt keine neuen Ergebnisse. Mehrfach werden die Geschwister über Tage hinweg auf dem Revier festgehalten, ohne dass sie jemanden sehen oder mit einem Anwalt telefonieren dürfen. In letzter Verzweiflung lässt Sheriff Schmid Cumie Barrow festnehmen. Doch seine Hoffnung, Clyde dadurch zu einem unüberlegten Schritt zu provozieren, läuft ins Leere. Nach wenigen Stunden lässt er sie entnervt laufen. Selbst das Abfangen der Post bringt ihn nicht weiter. Einer seiner Männer bringt es auf den Punkt: »Ich bin herumgefahren, herumgerannt und hab ihn gejagt, bis ich fast nicht mehr konnte. Wir waren überall und haben alles getan, was wir konnten, und dennoch haben wir nicht geringste Ahnung, wo er ist. Er könnte in Dallas sein oder irgendwo im Umkreis von 10 Meilen, aber auch genauso gut 1000 Meilen entfernt.«[296]

Während Bonnie und Clyde in Missouri Joe Palmer wieder auflesen, verlässt Raymond Hamilton das Glück. Mary und er haben beschlossen, sich nach Kalifornien abzusetzen. Um die Reisekasse aufzubessern, überfällt Raymond zusammen mit einem Ganoven namens Ted Brooks am 25. April 1934 in Lewisville, Texas, die First National Bank. Sie erbeuten 1000 Dollar, werden aber auf der Flucht von der Polizei geschnappt. Ohne Gegenwehr lassen sie sich festnehmen. Mary ist da bereits in Haft, man hat sie in Amarillo, Texas, festgenommen. Welche Rolle sie bei Raymonds Verhaftung spielt, bleibt unklar. An die Öffentlichkeit gelangt nur, dass sie beim Verhör angeblich aussagt, sie habe Raymond nie geliebt und sei einzig und allein des Geldes wegen bei ihm geblieben. Jetzt wolle sie zu ihrem Mann zurückkehren und ihm eine brave Ehefrau sein. Als Hamilton von Journalisten mit diesen Aussagen konfrontiert wird, kämpft er mit den Tränen. Der Wahrheitsgehalt dieser Nachricht ist zweifelhaft, denn kurz vor seinem Prozess verkündet Mary, sie ließe sich scheiden, um Raymond zu heiraten.

Als Clyde von Raymonds Verhaftung erfährt, schreibt er ihm, wahrscheinlich mit Bonnies Hilfe, voller Schadenfreude aus Memphis, Tennessee, einen langen Brief ins Gefängnis: »Raymond, es tut mir leid, von deiner Verhaftung zu hören, aber angesichts der Tatsache, dass du keinerlei Widerstand geleistet hast, hält sich meine Sympathie in Grenzen. Nun, ich hoffe, du entgehst zumindest dem elektrischen Stuhl. (…) Jetzt, da du in Dallas im Gefängnis bist, kannst du dich ja an W. D. Jones halten. Sicher kannst du von ihm lernen, wie man Menschen davon überzeugt, dass man völlig unschuldig ist, oder auch, wie man gezwungen wird, ein Mitglied der ruchlosen Barrow Gang zu werden. Vielleicht hast du ja so viel Glück wie er und schaffst es, dass man dir glaubt, ich hätte dich gefesselt und angebunden. (…) Nachdem du diesen Brief geschrieben hast, in dem du erklärt hast, du würdest niemals so tief sinken, Tankstellen zu überfallen, habe ich nach dir gesucht. Und wenn ich dich gefunden hätte, hättest du keine Chance mehr gehabt aufzugeben. (…) Ich behaupte nicht von mir, dass ich klüger bin. Ich weiß, dass sie mich eines Tages erwischen, aber ich werde nicht kampflos aufgeben. Du hast deine Waffe doch nur aus reiner Angeberei mit dir herumgetragen. Oder um Frauen und kleine Kinder zu kidnappen. (…) Da, wo du jetzt bist, hat dich dein großes Mundwerk hingebracht. Vielleicht kannst du dich ja vom elektrischen Stuhl herunterreden, du könntest ja weitere Briefe schreiben. Ich hoffe, dieser Brief erfüllt seinen Zweck, dich wissen zu lassen, dass du von mir nicht die mindeste Sympathie oder Hilfe zu erwarten hast. So long.«[297]

Zwei Tage nach seinem Wutausbruch stiehlt Clyde in Topeka, Kansas, sein letztes Auto. Es ist der Wagen von Jesse und Ruth Warren, ein nagelneuer Ford V 8 Model 40, eine viertürige Limousine. Ein Luxusmodell in der Lackierung »Cordoba Gray« mit diversen Zusatzausstattungen innen und außen. Während Clyde sich vor allem über die technischen Raffinessen freut, ist Bonnie sehr angetan von den edlen Sitzbezügen aus olivfarbenem Mohair.

Am 3. Mai 1934 überfällt die Gang die Farmers Trust and Savings Bank in Everly, Iowa. Mit 700 Dollar in der Tasche machen sie sich auf den Weg zu Henry Methvins Familie. Joe Palmer, der nach Raymond Hamiltons Verhaftung wieder aufgetaucht ist, will nicht mit. Er verabschiedet sich in Richtung Chicago zur Weltausstellung. Das rettet ihm vorläufig das Leben.

Bonnie und Clyde fühlen sich bei den Methvins absolut sicher. In der Kleinstadt Gibsland besuchen sie mehrmals Ma Canfield's Café und fahren Kinder in ihrem Auto herum. Für die ist der schicke Wagen ein Heidenspaß. Jedermann begegnet ihnen hier mit Respekt. Doch die Grenze zwischen Unterstützung und purer Angst ist längst verschwommen. Carrol Rich, eine Historikerin aus Gibsland, schildert die Stimmung dieser Tage: »Die Kinder auf dem Land zitterten, wenn sie die Alten darüber spekulieren hörten, wer sich da im Wald wohl versteckt hielt. Nachts, wenn die Familien auf der Veranda saßen, dann schauten sie übers Kornfeld – und fragten sich, wessen Autolichter sich da unter den Bäumen bewegten. Bis spät in die Nacht hinein erzählten sich die Kinder Geschichten von Bonnie und Clyde. Geschichten von Polizisten, denen mitten ins Gesicht geschossen worden war, und fetten Sheriffs, die gefesselt und blutend um Gnade winselten.«[298]

Am 6. Mai 1934 reisen Bonnie und Clyde ohne Henry Methvin zurück nach West Dallas. Bonnie will mit ihrer Mutter Vorkehrungen für das Ende treffen: »Ma, bitte reg dich nicht auf. Warum sollten wir nicht darüber sprechen? Es wird so kommen, du weißt es und ich weiß es. Wenn ich sterben sollte, dann bring mich heim. Es ist so lange her, seit ich daheim war. Ich möchte in dem vorderen Zimmer liegen und du und Billie Jean und Buster, ihr sollt neben mir sitzen. Eine einzige kühle, friedliche Nacht zusammen, bevor ich euch für immer verlasse. Das wäre schön und tröstlich.«[299]

Sie nimmt ihrer Mutter zudem das Versprechen ab, später niemals ein böses Wirt über Clyde zu verlieren. Beide Zusagen wird Emma

Parker nicht einhalten. Bevor Bonnie sie verlässt, übergibt sie ihr ein Gedicht. Nach ihrem Tod wird Emma Parker es an die Presse weiterleiten. Unter dem Namen »Die Geschichte von Bonnie und Clyde« wird es die beiden unsterblich machen. Es ist Bonnies Sicht der Dinge und das einzige Mal zu ihren Lebzeiten, dass Bonnies Name vor Clydes genannt wird. Obwohl dies einzig dem Reim geschuldet ist, wird diese Reihenfolge in die Geschichte eingehen.

Hunderte von Hinweisen auf die Flüchtigen gehen in diesen Wochen bei den Behörden ein. Die allermeisten verlaufen im Sand, da ihre Absender zwar die hohe Belohnung wollen, konkret aber keine brauchbaren Hinweise liefern können. Immer mehr Menschen sind bereit, die beiden ans Messer zu liefern. Bonnie und Clyde haben in der letzten Zeit viel Sympathie verspielt. Zudem sind die Zeiten noch immer schlecht, und irgendwie ist sich doch jeder selbst der Nächste. Als das FBI Clydes Exfreundinnen Eleanor Bee Williams und Grace Donegan aufsucht, erklären sich beide zur Zusammenarbeit bereit. Dabei messen sie sich allerdings eine Bedeutung für Clyde bei, die durch nichts zu belegen ist. Grace Donegan, längst den Drogen verfallen, gibt an, sie könne Clyde jederzeit kontaktieren, da er immer noch verrückt nach ihr sei. Allerdings erwarte sie dafür eine angemessene Entlohnung.[300]

Auch einer seiner ehemaligen Arbeitgeber, Patrick H. McCray, Besitzer der United Glass & Mirrow Company in Dallas, dient sich dem FBI an. Clyde hätte ein paarmal angerufen und nach Raymond gefragt. Sollte er je wieder von ihm hören, würde er sofort die Behörden informieren.[301] Sogar Aubrey Scalley, der in Eastham Clydes ersten Mord auf sich genommen hat, ist bereit ihn zu verraten, wenn der Preis passt. Er ist ziemlich verstimmt darüber, dass Clyde ihn nicht wie versprochen aus Eastham befreit hat. Seine Befragung durch Hamer und FBI-Agent C. B. Winstead bringt jedoch nichts wirklich Neues zutage. Beide gehen nicht davon aus, dass Scalley Clydes Aufenthaltsort tatsächlich herausfinden kann.[302]

Die FBI-Akten im Fall Bonnie und Clyde enthüllen, dass es neben Mr. und Mrs. Muckelroy und Buster Parker viele weitere Informanten aus dem unmittelbaren Umfeld der Familien gegeben hat: Freunde, Nachbarn, Familienangehörige, die Familie konnte sich nirgendwo sicher fühlen. Clydes Cousin Bailey Tynes aus Waco, der oft bei den Barrows zu Gast ist, berichtet über Monate hinweg seitenlang detailliert über Gespräche, die in seiner Anwesenheit stattfinden. Dafür erhält er 4 Dollar am Tag plus Spesen. Er gilt dem FBI als besonders zuverlässige Quelle.[303] G. C. Stevens, ein enger Freund von Cumie und Henry Barrow, erklärt sich gegen eine kleine Aufwandsentschädigung und einen neuen Anzug bereit, seine alten Freunde zu bespitzeln.[304] Obwohl weder die Barrows noch die Parkers von den Verrätern in den eigenen Reihen wissen, glauben sie nicht, dass es noch allzu lange dauern wird. Henry Barrow sucht den Bestatter auf, der bereits Buck beerdigt hat: »Wir rechnen jeden Moment damit, dass Clyde getötet wird, und wir möchten, dass Sie sich schon mal darauf einstellen, sich dann auch um Clyde zu kümmern.«[305]

Clydes Eltern gehen davon aus, dass Raymond und Floyd Hamilton Clyde verraten werden. Um seine eigene Haut zu retten, wird Raymond Clyde ans Messer liefern, da sind sie sich ganz sicher. Der böse Verdacht zerstört die Freundschaft der beiden Familien, die so lange Zeit eine Schicksalsgemeinschaft gebildet haben. Ironie des Schicksals, gehören allerdings gerade Raymond und Floyd Hamilton zu denen, die sich strikt weigern, mit den Behörden zu kooperieren. Da ihn ein Augenzeuge als Mörder von Grapevine identifiziert haben will, hat die Polizei Floyd Hamilton verhaftet. Und das, obwohl sie genau weiß, dass er nicht der Täter ist. Seit mehreren Wochen sitzt er bereits in Florrisville, Texas, im Gefängnis, ohne Kontakt zu seinem Anwalt oder der Familie aufnehmen zu dürfen. Die weiß nicht einmal, wo er abgeblieben ist. Man bietet ihm an, dass für den Fall, dass er Hinweise auf Clydes Verbleib liefert, nicht nur alle Anklagepunkte gegen ihn fallen gelassen werden, sondern er zusätzlich 5000 Dollar erhalten werde. Floyds Antwort könnte eindeutiger nicht sein: »Mir ist euer Blutgeld scheißegal. Ich würde sie niemals verraten, weil ich weiß, dass ihr sie töten werdet.«[306] Und auch Raymond ergreift seine vielleicht einzige Chance auf Straferleichterung nicht, obwohl er und Clyde sich mittlerweile bis aufs Blut hassen. FBI Special Agent Winstead notiert nach Raymonds Verhör: »Raymond erklärte, dass er Clyde ohne Zögern töten werde, wenn sich die Gelegenheit dazu ergibt, und dass er natürlich wisse, wie man Clyde kontaktieren könne. Aber er würde diese Informationen niemals an die Polizei weitergeben – nicht einmal, um sich selbst vor dem elektrischen Stuhl zu retten.«[307]

Dabei hätte Raymond Hamilton tatsächlich allen Grund, mit den Behörden zusammenzuarbeiten. Distriktstaatsanwalt Robert L. Hurt will sich diesmal nicht mit einer weiteren Gefängnisstrafe zufrieden geben: »Wir fordern die Todesstrafe für Hamilton. Ihn zurück ins Gefängnis zu schicken wäre, als ob man einen Eimer Wasser in den Lake Dallas schütten würde. Er hat bereits eine Haftstrafe von 263 Jahren auf dem Buckel und damit ist er ganz bequem durchs Land gereist und hat in Lancaster, Grand Prairie und Lewisville Banken überfallen.«[308]

Unterstützung erhält die Staatsanwaltschaft ausgerechnet von Clyde, der Raymond für seinen Judas hält. Am 15. Mai 1934 erreicht den Assistenten des Staatsanwalts Winter King folgendes Telegramm: »So, Raymond hat also niemals irgendjemanden getötet? Wenn er das der Jury wirklich vermitteln kann, komme ich sofort und stelle mich auch. Warum fragen Sie Ray nicht nach den beiden Polizisten, die in der Nähe von Grapevine ermordet wurden? (…) Und fragen Sie ihn auch nach seiner Flucht aus Eastham, als der Wächter getötet wurde. Ich wette, er behauptet, er weiß nichts darüber. (…) Er hat seinem Anwalt geschrieben, dass er zu gut für mich gewesen sei und niemals so weit sinken würde wie ich. Nun, es macht mich krank zu sehen, dass ein feiger Dreckskerl wie er sich als Unschuldslamm gebärdet und die Geschworenen dazu bringt, Mitleid mit ihm zu haben. Wenn er nur halb so schlau gewesen wäre wie ich, dann hätte ihn die Polizei niemals geschnappt.«[309] Unterzeichnet ist das Telegramm mit »Clyde« und einem Daumenabdruck.

Obwohl Clyde in diesem Brief Raymond Hamilton des Mordes an den beiden Motorradpolizisten in Grapevine beschuldigt, erklären nach seinem Tod mehrere Familienmitglieder, dass Clyde ihnen den Mord gestanden habe. Henry Methvin habe seinen Befehl missverstanden, was Methvin selbst gegenüber Emma Parker bei einem Familientreffen bestätigt. Raymond Hamilton hatte am Vorabend des Tattages zusammen mit Mary O'Dare und der jungen Mutter Mrs. Gunter, die er als Geisel genommen hatte, in Houston übernachtet. Am Tattag hatte er sie gegen 9.30 Uhr freigelassen. Heute wird die Fahrtzeit für die 420 km zwischen Houston und Grapevine mit 4 Stunden 15 Minuten berechnet. Eingedenk der damaligen Straßenverhältnisse und der zur Verfügung stehenden Fahrzeuge könnte Raymond Hamilton also theoretisch dort gewesen sein, praktisch erscheint dies eher unwahrscheinlich. In seinem Brief weist Clyde darauf hin, dass Raymond an diesem Tag einen Wagen mit gelben Radkappen gefahren hätte, ähnlich jenem, der am Tatort gesichtet worden sei. Tatsächlich hat Floyd Hamilton seinem Bruder wenige Stunden nach den Geschehnissen bei Grapevine voller Entsetzen geraten, umgehend die Räder seines Wagens zu wechseln – sie sähen aus wie die von Clydes. Der Staatsanwalt allerdings geht diesem Verdacht niemals nach.

Die ersten Maiwochen verbringen Bonnie und Clyde überwiegend mit der Großfamilie von Henry Methvin. Es sind fröhliche Tage mit Picknicks, Abendeinladungen und langen Gesprächen. Dass Bonnie dabei zumeist betrunken ist, stört niemanden. Clyde lässt sie gewähren, er weiß, dass sie das Leben anders nicht mehr erträgt. Wenn sie zu betrunken ist, um zu laufen, trägt er sie eben. Einzig Clemmie Methvin, Henrys schwangere Schwägerin, hat Angst. Ihrer Ansicht nach ist es nur eine Frage der Zeit, bis die Polizei auftaucht.

Obwohl Bonnie und Clyde fast immer hier sind, ergibt sich für Ivy Methvin keine Gelegenheit, Sheriff Henderson Jordan zu informieren. Solange sich die beiden in der Nähe seiner Familie aufhalten, sind ihm die Hände gebunden. Fahren sie weg, haben sie meist Henry im Auto. Und wenn sie doch einmal allein sind, dann kennt Ivy ihren Aufenthaltsort nicht. Auch jetzt wechseln sie jeden Abend ihr Nachtquartier.

Am 19. Mai 1934 wird Raymond Hamilton entgegen dem Antrag der Staatsanwaltschaft zu weiteren 99 Jahren Gefängnis verurteilt. Noch am selben Tag verhaftet die Polizei von Fort Worth Bonnies Schwester Billie Jean. Sie hat nach dem tragischen Tod ihrer Kinder West Dallas verlassen, um in Fort Worth ein neues Leben zu beginnen. William Shieffer, der Augenzeuge aus Grapevine, der gesehen haben will, wie eine Frau auf Motorradpolizist Murphy geschossen hat, hat Billie Jean als Täterin identifiziert. Auch wenn die Polizei weiß, dass das nicht stimmt, steckt sie die 20-Jährige ins Gefängnis, um wenigstens irgendeinen Fahndungserfolg zu vermelden. Provoziert durch die allgemeine Hysterie, werden Bonnie und Clyde nun schier überall gesichtet. Allein Mitte Mai rufen zeitgleich drei Geschäftsinhaber aus Oklahoma, Texas und Indiana die Polizei, weil sie soeben von Bonnie und Clyde überfallen worden seien. In Oklahoma werden zwei Männer und eine Frau bei der Eichhörnchenjagd verhaftet. Zwei Texas Ranger und ihre weibliche Begleitung werden auf ihrer Fahrt von Austin nach Dallas sage und schreibe sechs Mal angehalten und durchsucht. Aus dem Radio ertönt jede Stunde dieselbe Durchsage: »Bleiben Sie im Haus, bis Sie weitere Informationen erhalten. Halten

Sie Fenster und Türen sicher verschlossen. Bonnie und Clyde sind noch immer auf freiem Fuß.«[310]

Einen Tag nach Billie Jeans Verhaftung taucht Clyde überraschend in West Dallas auf. Er will seine Mutter sprechen, doch Cumie ist nicht da. Henry Barrow erzählt später, dass Clyde seiner Mutter einige Papiere übergeben wollte, die wahrscheinlich im Zusammenhang mit dem Erwerb eines Grundstücks in Louisiana standen. Allerdings finden sich weder im Grundbuch noch sonst irgendwo Eintragungen, die dies beweisen. Da Clyde keinen Stift zur Hand hat, um die Papiere zu unterzeichnen, packt er alles zurück ins Auto und verspricht, in ein paar Tagen wiederzukommen: »Das war das letzte Mal, dass ich meinen Jungen lebend gesehen habe«, berichtet ein verzweifelter Vater wenig später der Presse.[311]

Clyde kehrt zurück nach Louisiana, wo er bereits erwartet wird. Ivy Methvin hat Sheriff Henderson Jordan darüber informiert, dass Bonnie und Clyde in den nächsten Tagen hier sein werden und dass sein Sohn versuchen wird, sich von ihnen zu trennen. Sobald dies erfolgt sei, werde er Bescheid geben. In jedem Fall sollten sich die Männer bereithalten. Hamer, Alcorn, Hinton und Gault beziehen im Inn Hotel im benachbarten Shreveport, Louisiana, Quartier.

Am Abend des 21. Mai 1934 sind Bonnie und Clyde bei Henry und seinen Eltern zum Abendessen eingeladen. In einem unbeobachteten Moment flüstert Henry seinem Vater zu, dass er morgen Vormittag mit Bonnie und Clyde nach Shreveport fahren wird. Dort wird er versuchen, sich abzusetzen. Auf der Suche nach ihm werden Bonnie und Clyde ganz gewiss hierher zur Farm zurückkehren. Vor langer Zeit schon haben sie dies als Treffpunkt vereinbart, für den Fall, dass sie getrennt werden. Wenn sie kommen, um ihn zu holen, kann die Falle zuschnappen.

Am nächsten Morgen fahren die drei wie angekündigt nach Shreveport. Zunächst holen sie ihre Wäsche aus der Reinigung, dann parken sie den Wagen vor dem Majestic Café in der Milam Street. Henry geht hinein und gibt eine Bestellung auf, während Bonnie und Clyde im Wagen warten. Als plötzlich ein Polizeiauto vorbeifährt, reagiert Clyde ungewöhnlich nervös und fährt davon. Henry nutzt diesen Moment, um zu verschwinden. Zurück lässt er einige unbezahlte Sandwiches und eine verblüffte Bedienung. In einem geklauten Wagen taucht er bei seinem Cousin Willie im Bienville Parish unter.

Als Frank Hamer an diesem Morgen den Polizeichef von Shreveport, Dennis Bazer, darüber informieren will, dass Gesetzeshüter aus einem anderen Bundesstaat in seinem Gebiet tätig sind, erfährt er von dem Vorfall im Café. Als er der Bedienung kurz darauf verschiedene Fahndungsfotos vorlegt, kann diese Henry einwandfrei identifizieren. Hamer und seine Männer fahren umgehend nach Arcadia, wo der Sheriff des Bienville Parish stationiert ist, um mit Henderson Jordan das weitere Vorgehen zu besprechen. Zu Ivy Methvins Farm führt nur eine Straße, der Louisiana State Highway 154. 13 km südlich von Gibsland gibt es eine kleine Anhöhe, von der aus man die Straße in jede Richtung mehr als einen Kilometer weit einsehen kann. Rechts und links der Straße sind die Bäume und Büsche so dicht, dass es unmöglich ist, entdeckt zu werden. Hier wollen sie sich auf die Lauer legen, sobald Ivy Methvin das Zeichen gibt. Als Bonnie und Clyde am Nachmittag bei Ivy Methvin erscheinen, um Henry abzuholen, ist dieser nicht aufzufinden. Ivy schlägt ihnen vor, am nächsten Morgen um 9 Uhr wiederzukommen. Dann informiert er den Sheriff.

Einer der letzten Menschen, der mit Bonnie und Clyde in diesen Stunden noch Kontakt hat, ist der 15-jährige Robert Brunson. Er ist mit seinem Vater auf Eichhörnchenjagd, auch arme Leute müssen essen. Es ist sein Hund, der das Paar entdeckt, das auf einer Lichtung im Wald auf einer Decke vor seinem Auto sitzt. Sie winken den Jungen zu sich heran. Erst jetzt sieht er die vielen Waffen, die sie vor sich ausgebreitet haben. Clyde stellt sich dem erschrockenen Robert mit den Worten vor, die heute auf T-Shirts und Tassen gedruckt werden: »Das ist Miss Bonnie Parker. Ich bin Clyde Barrow. Wir rauben Banken aus.«[312] Doch zu seiner Überraschung kann Robert Brunson mit seinem Namen überhaupt nichts anfangen. Er weiß, wer Dillinger ist, aber Bonnie und Clyde? Eifrig kramt Clyde Zeitungsartikel hervor, die von ihren Untaten berichten und seine Bedeutung herausstellen sollen. Robert Brunson ist sichtlich eingeschüchtert, was aber weniger Clydes Größe als seiner Grausamkeit geschuldet ist. An diesem Abend aber ist Clyde freundlich und gesprächig. Die beiden lassen sich mit dem Jungen zusammen fotografieren. In seinem Übermut bietet Clyde Robert sogar an, ihm beizubringen, wie man Banken überfällt. Der winkt ab, ebenso wie er das Geld ablehnt, das Clyde ihm aufdrängen will. Nicht einmal eine Waffe will er annehmen. Allerdings gibt er den beiden seine Adresse, da sie ihm versprechen, Abzüge der Bilder zu schicken. Auch wenn er Angst vor ihnen hat, das Gangsterpärchen beeindruckt ihn zutiefst.[313]

Es wird Bonnies und Clydes letzte Nacht sein. Noch während die beiden friedlich schlummern, beginnt wenige Meilen von ihnen entfernt die Aktion, die sie letztlich zur Strecke bringen wird. Am 23. Mai 1934, gegen 2 Uhr morgens, nehmen Frank Hamer, Bob Alcorn, Ted Hinton, Manny Gault, Sheriff Henderson Jordan und Deputy Prentiss Oakley ihre Plätze am Highway 154 ein. Sie positionieren sich auf der linken Seite der Straße und tarnen sich mit Büschen und Sträuchern. Ganz vorn geht Bob Alcorn in Deckung. Da er Bonnie und Clyde persönlich kennt, soll er sie identifizieren, wenn sie des Weges kommen. Dann heißt es zu warten, Moskitos abzuwehren und wach zu bleiben.

Ganz früh am Morgen rumpelt Ivy Methvin mit seinem kleinen Lastwagen heran. Ihm haben die sechs Männer eine tragende Rolle zugewiesen. Da es schwierig ist, Bonnie und Clyde in einem fahrenden Auto zu erschießen, soll Clyde gezwungen werden, anzuhalten. Ivy soll seinen Lastwagen am Straßenrand parken und eine Panne vortäuschen. Große Begeisterung löst dies bei ihm nicht aus. Die Gefahr, dabei erschossen zu werden, ist durchaus real. Die Frage, wie freiwillig Ivy bei diesem Komplott mitmacht, kann nie eindeutig geklärt werden. Er selbst beharrt später im Prozess auf seiner bereitwilligen Teilnahme am Hinterhalt für Bonnie und Clyde. Ivy stellt den Wagen zur Hälfte auf die Straße, sodass Clyde in jedem Fall die Geschwindigkeit drosseln muss. Dann montiert er das rechte Vorderrad ab. Die Stunden verrinnen. Immer, wenn er einen Wagen in der Ferne sieht, läuft Ivy zu seinem Lastwagen. Doch es sind nur freundliche Nachbarn, die ihm helfen wollen. In einem leichten Anfall von Panik lehnt Ivy dankend jegliche Hilfe ab und bittet sie, einfach weiterzufahren. Die Männer im Gebüsch werden langsam nervös. Wo bleibt Clyde? Was, wenn er just in dem Moment auftaucht, in dem andere Fahrer bei Ivys Lastwagen stehen? Dann können sie nicht schießen und die Aktion wird scheitern. Es ist den sechs Männern ohnehin nicht wohl dabei, auf eine Frau zu schießen. Ob man den beiden zumindest die Chance geben sollte, sich zu ergeben, darüber herrscht Uneinigkeit.

Als das Paar gegen 9 Uhr noch immer nicht zu sehen ist, verlieren die Männer langsam die Nerven. Einzig Hamer, der weiß, dass Clyde Verabredungen immer einhält, bleibt ruhig. Und tatsächlich, gegen 9.15 Uhr taucht in der Ferne ein Wagen auf, der viel zu schnell unterwegs ist. So rasant würde niemand auf dieser schlechten Straße fahren, niemand außer Clyde. Bob Alcorn blickt durch sein Fernglas. Es sind Bonnie und Clyde. Er gibt den anderen ein Zeichen, sich bereit zu machen.

Es ist ein warmer Tag. Bonnie und Clyde haben die Seitenfenster ihres Fords heruntergekurbelt. Nach dem Aufstehen sind sie nach Gibsland gefahren und haben in Ma Canfield's Café fürs Frühstück eingekauft. Bonnie hält ihr halb gegessenes Sandwich in der Hand. Sie trägt ein rotes Kleid samt passender Schuhe und keckem Hütchen. Auf ihrem Schoß liegt eine Straßenkarte von Louisiana. Darunter hat sie einen Colt Kaliber .45 versteckt. Clyde trägt einen dunkelblauen Seidenanzug mit Krawatte. Seine Sonnenbrille hat er auf die Ablage gelegt, da er die Sonne im Rücken hat. Die Schuhe hat er wie immer ausgezogen. Wenn er sich sicher fühlt, fährt er lieber in Strümpfen. Die obligatorische Waffe lehnt an seinem Knie. Als sie den Abhang hinuntersausen, sehen sie am Straßenrand Ivy Methvin neben seinem Lastwagen knien. Kurz bevor sie ihn erreichen, kommt ihnen ein großer Truck entgegen. Beide Fahrer gehen vom Gas, der Truck lässt Clyde passieren. Dieser rollt langsam auf Ivy zu. Das ist der Moment, in dem Sheriff Henderson Jordan, als offizieller Verantwortlicher des Gebiets, Clyde die Möglichkeit zum Aufgeben geben müsste. Ob er dies tatsächlich vorhat, kann nie geklärt werden, denn in dem Moment, als Clyde mit laufendem Motor bei Ivys Lastwagen ankommt, schießt Prentiss Oakley. Er ist der unerfahrenste Mann der Truppe und reichlich nervös. Später wird er angeben, dass er gesehen habe, wie Clyde nach der Waffe griff. Ivy Methvin rennt in Panik in den Wald. Nun feuern auch die anderen aus allen Rohren. Einer der ersten Schüsse tötet Clyde. Durch die geöffnete Fensterscheibe hindurch trifft ihn eine Kugel direkt am linken Ohr. Sie geht durch seinen Kopf hindurch und tritt auf der rechten Seite wieder aus. Alles geht ganz schnell, Clyde selbst kann keinen einzigen Schuss mehr abfeuern. Bonnie erfasst im Bruchteil von Sekunden, was mit Clyde geschehen ist und was mit ihr geschehen wird. Die Männer werden später sagen, sie habe wie ein Panther geschrien. Als Clydes Fuß von der Bremse rutscht, setzt sich der Wagen in Bewegung und rollt einige Meter weiter, bis er im Bankett steckenbleibt. Die Männer schießen noch immer. Über 150 Kugeln feuern sie in diesen 15 Sekunden, die den Tod für Bonnie und Clyde bedeuten, ab. Hinterher werden sie durch den

Lärm minutenlang taub sein. Nicht alle Kugeln finden ihr Ziel, doch viele durchschlagen die Karosserie oder fliegen durch das geöffnete Fenster. 107 Einschüsse zählt der Wagen. Einge Kugeln dringen durch Clyde hindurch und treffen dann Bonnie. Irgendwann gibt Hamer den Befehl, das Feuer einzustellen. Aus dem Wagen dringt kein Laut. Langsam nähern sie sich dem Ford. Ted Hinton versucht, die Fahrertür zu öffnen, doch Clydes Waffe hat sich so verkeilt, dass dies unmöglich ist. Er geht zur Beifahrerseite und öffnet diese: »Das Bild wird mich für den Rest meines Lebens verfolgen – ich sah sie aus der offenen Tür fallen, eine wunderschöne, zierliche junge Frau, die noch ganz warm war. Ihr Haar war sorgfältig gekämmt und ich konnte in all dem Pulvergestank noch immer ihr Parfüm riechen und dazu diesen süßen, aber unwirklichen Duft von Blut. Ich richtete sie auf, bis sie stand, und nun wirkte sie nur mehr wie ein dünnes, zerbrechliches Mädchen. Ich wollte nicht wahrhaben, dass ich ihren Atem nicht spüren konnte, aber ein Blick in ihr Gesicht zeigte mir, dass sie tot war.«[314]

Bonnies Gesicht ist zerschossen. Eine Kugel ist durch ihren Kopf hindurch gegangen und hat den Hut heruntergefegt. An der einen Hand fehlen ihr mehrere Finger, mit der anderen hält sie das halb gegessene Sandwich fest umklammert. Nach etwas mehr als zwei Jahren ist die Flucht zu Ende und Bonnie und Clyde haben es endlich auf die Titelseite der *New York Times* geschafft.[315]

»Bonnie Dunaway und Clyde Beatty«

x. Unzertrennlich und unsterblich

Noch während die Männer den Wagen betrachten, stürzt aus dem Unterholz Ivy Methvin auf sie zu – voller Angst, sein Sohn Henry könnte sich im Wagen befinden. Um selbst einen Blick ins Auto werfen zu können, stößt er die Polizisten grob beiseite. Als er sieht, dass auf dem Rücksitz eine Decke liegt, unter der ganz offensichtlich etwas verborgen ist, bricht er schreiend zusammen. Erst als Bob Alcorn die Decke zurückschlägt, ist zu erkennen, dass sich nur eine Unmenge Waffen darunter befindet. Die Männer machen sich nun daran, das Wageninnere näher zu inspizieren. Ted Hinton hält die Szene mit einer 16-mm-Filmkamera von Bell & Howard fest. Der Kurzfilm, der dabei entsteht, wird für lange Schlangen an den Kinokassen sorgen. Außer einem schier unglaublichen Waffenarsenal und mehreren Tausend Schuss Munition finden sich Koffer mit Kleidung, Decken, Bonnies Beauty Case, Autokennzeichen verschiedener Staaten, Kriminalmagazine, Straßenkarten, Angelhaken und Clydes Saxofon im Wagen. Auch ein Buch entdecken die Polizisten: Walter Noble Burns' *The Saga of Billy the Kid*. Die Papiere und das Geld, das Clyde ein paar Tage zuvor seinem Vater gezeigt hat, sind spurlos verschwunden.

Frank Hamer nimmt Angelhaken und Waffen an sich. Bob Alcorn entscheidet sich für Clydes Saxofon, das er jedoch einige Wochen später, von schlechtem Gewissen gepeinigt, an die Barrows zurückgeben wird. Frank Hamer wird seine Beute behalten, auch wenn Cumie Barrow und Emma Parker mehrmals um Rückgabe bitten.

Nachdem sie den Inhalt des Wagens sichergestellt haben, machen sich Hamer, Hinton, Jordan und Oakley auf den Weg nach Gibsland, um ihre Vorgesetzten zu informieren und einen Abschleppwagen zu bestellen. Auf der Fahrt halten sie an einer Tankstelle an. Hier ruft Hinton Sheriff Schmid an, Hamer telefoniert mit Lee Simmons.

Während sich in Gibsland der von Sheriff Jordan informierte Gerichtsmediziner Dr. J. L. Wade eiligst auf den Weg zum Tatort macht, haben Gault und Alcorn, die beim Wagen geblieben sind, um diesen vor Plünderungen zu sichern, alle Hände voll zu tun, um Souvenirjäger abzuwehren. Die Nachricht vom Tod der beiden Outlaws führt zu einem Katastrophentourismus ohnegleichen. Familien mit kleinen Kindern tauchen auf, um einen Blick auf die entstellten Leichen zu werfen. Devotionaliensammler schneiden Locken von Bonnies Haaren und Stofffetzen aus ihrem blutgetränkten Kleid. Ein Mann versucht, Clydes Ohr abzutrennen, ein anderer säbelt an einem seiner Finger. Mit Äxten machen sich die ersten daran, die umstehenden Bäume zu fällen, um die Kugeln aus den Stämmen zu pulen. Jedes noch so kleine Stückchen Glas, das herumliegt, wird eingesammelt. Alcorn und Gault tun ihr Bestes, um die Meute abzudrängen, sind jedoch angesichts des gewaltigen Ansturms völlig überfordert. Als ihre vier Kollegen endlich an den Schauplatz zurückkehren, ist die Leichenfledderei in vollem Gange. Ted Hinton ist fassungslos: »Ich sah Frauen und Kinder, die mit erwachsenen Männern darum rangelten, den besten Blick auf die zwei Toten im Auto zu erhaschen. Menschen krochen auf allen Vieren umher und sammelten leere Patronenhülsen ein. Andere versuchten, mit ihren Taschenmessern Kugeln aus Baumstämmen herauszubohren. Eine Art Karnevalsstimmung begann sich zu verbreiten.«[317]

Erst dem Gerichtsmediziner gelingt es, die zirkusähnliche Atmosphäre zu beenden. Er stellt fest, was ohnehin offensichtlich ist: Bonnie und Clyde sind tot, vermutlich infolge der vielen Schussverletzungen. Nachdem der Abschleppwagen Clydes Ford aufgeladen hat, setzt sich die seltsamste Prozession in Bewegung, die das Bienville Parish je gesehen hat. Jordan und Oakley führen sie an, gefolgt von Hamer und Gault. Als drittes Fahrzeug kommt der Abschleppwagen mit dem Ford, in dem sich noch immer die beiden Toten befinden, behelfsmäßig abgedeckt mit einer Wolldecke. Im nächsten Wagen fahren Hinton und Alcorn, die eigentlich das Schlusslicht bilden sollen. Niemand hat damit gerechnet, dass sich mehr als 200 Wagen mit Neugierigen dem Zug in Richtung Gibsland anschließen. Als der Abschleppwagen gegen 10.40 Uhr die Stadt erreicht, hat er ausgerechnet vor der High School eine Panne. Er muss anhalten. Hunderte von Schulkindern laufen auf die Straße und umringen den Wagen. Einer reißt die Decke von den toten Körpern von Bonnie und Clyde, damit man sie besser sehen kann. Einige Kinder erleiden einen Schock. Das Tohuwabohu ist groß, erneut ist die Polizei machtlos angesichts der gaffenden Meute. Nach einer gefühlten Ewigkeit setzt sich der makabre Zug erneut in Bewegung. Als er gegen 11.30 Uhr Arcadia erreicht, trauen die Polizisten ihren Augen kaum. Mehr als 16.000 Menschen haben sich zwischenzeitlich in der 3000-Einwohnerstadt eingefunden. Vor Conger's Möbelgeschäft in der Stadtmitte, in dessen Rückgebäude Boots Bailey sein Bestattungsinstitut hat, macht der Tross halt. Bei dem Versuch, die Toten aus dem Wagen zu heben, werden die Bestatter von den Massen fast erdrückt. Alle wollen einen Blick auf Bonnie und Clyde werfen. Dabei sind jene, die etwas sehen können, schwer enttäuscht. Diese unscheinbaren jungen Leute sollen das berühmte Gangsterpaar sein? Das sind ja fast noch Kinder. Dass Clyde kein bisschen imposant ist, nehmen ihm seine zahlreichen Fans sehr übel. Als die Leichen endlich im Haus sind, bringt die Polizei den Wagen hinter einem Zaun in Sicherheit. Die ersten Schaulustigen hatten bereits versucht, die Karosserie auseinanderzunehmen.

Die Todesnachricht hat inzwischen auch West Dallas erreicht. Ohne das geringste Mitgefühl wird Emma Parker am Telefon von einem Reporter damit konfrontiert. Sie bricht zusammen. Marie Barrow, seit drei Tagen verheiratet, hört die Nachricht auf dem Weg in die Flitterwochen im Autoradio: »Meine Damen und Herren, entschuldigen Sie bitte die Unterbrechung, aber es gibt gesicherte Informationen, dass Clyde Barrow und Bonnie Parker soeben in Arcadia getötet wurden.«[318] Die Flitterwochen fallen aus.

Während die Familie noch versucht, die schreckliche Neuigkeit zu realisieren, schwärmen bereits Reporter aus, um Familienmitglieder, überlebende Opfer und Angehörige der getöteten Opfer zu befragen. Sogar Gefängnisinsassen wie Raymond Hamilton oder Bonnies Ex-Mann Roy Thornton sind gefragte Interviewpartner. Die meisten zeigen sich erleichtert, dass es vorbei ist. Das Mitleid hält sich in Grenzen. Doch es gibt auch Freunde wie Floyd Hamilton, der die Nachricht durchs Zellenfenster erfährt und sich erschüttert zeigt: »Am 23. Mai 1934 lag ich auf meiner Pritsche, kämpfte mit den Mücken und starrte in die Luft. (…) Plötzlich sah ich einen Schwarzen mit einem Packen Zeitungen unterm Arm auf die Straße laufen. Er winkte mit den Armen und schrie: ›Clyde und Bonnie, getötet in Louisiana! Lesen Sie alles darüber!‹ Ich sprang auf und lief zum Fenster. Hatte ich richtig gehört? Ja, ich hatte richtig gehört. Mein Magen krampfte sich zusammen. Meine beiden Freunde, die Kids, die ich so gut gekannt und denen ich über so viele Jahre zu helfen versucht hatte, die Kumpels meines Bruders, sie waren tot. (…) Ich schlug nach den Mücken und fluchte laut.«[319]

In Arcadia nimmt Dr. Wade die Toten unterdessen noch einmal genauer unter die Lupe. Sein Obduktionsbericht listet nicht nur sämtliche besonderen Merkmale wie ihre Tätowierungen auf, sondern auch alle Schusswunden. Und derer gibt es unendlich viele. Was der Arzt nicht feststellt, ist eine Schwangerschaft Bonnies. Obwohl Emma Parker auf Nachfragen immer wieder bestätigt hat, dass ihre Tochter aufgrund einer Erkrankung im Jugendalter unfruchtbar gewesen sei, hält sich das Gerücht bis heute. Was Clydes mögliche Vaterschaft anbelangt, hat Cumie Barrow angegeben, dass dieser ebenfalls aufgrund einer Krankheit steril war. Henry Methvins Schwägerinnen jedoch behaupten, dass Bonnie ihnen gegenüber von ihrer Schwangerschaft gesprochen hätte.[320] Und James Mullen hatte bereits am 3. Mai 1934 gegenüber dem FBI zu Protokoll gegeben, dass Mary O'Dare ihm gegenüber bestätigt hätte, dass Bonnie mindestens im sechsten Monat schwanger gewesen sei.[321]

Während Dr. Wade seine Untersuchungen durchführt, ist es Fotografen der Lokalpresse gestattet, zu fotografieren. Auf einem Foto, das von Zeitungen im ganzen Land übernommen wird, ist Bonnies nackte Brust zu sehen. Weder Menschenwürde noch Totenruhe sind jetzt noch von Bedeutung. Fotograf King Murphy entwickelt die Fotos der Toten in seiner Badewanne und verkauft sie zu 5 Dollar das Stück an Passanten. Als die Obduktion abgeschlossen ist, identifiziert Bob Alcorn die beiden Toten für den Totenschein offiziell als Bonnie Parker und Clyde Barrow.

Vor dem Bestattungsinstitut geht es zu wie auf dem Rummelplatz. Aus dem ganzen Land sind Reporter angereist, jede noch so unwichtige Kleinigkeit wird von den anwesenden Rundfunkanstalten umgehend an ihre Hörer in ganz Amerika weitergegeben. Geschäftstüchtig haben die Einwohner von Arcadia auf diesen Ausnahmezustand reagiert und auf den Straßen Getränkestände errichtet. Die Preise für Bier und Zigaretten haben sich in kürzester Zeit vervielfacht, Sandwiches sind bereits ausverkauft. Ungeduldig warten die Menschen darauf, die Toten zu besichtigen. Tatsächlich erteilt Frank Hamer dazu die Erlaubnis. Er hofft, damit die Menge zu besänftigen, die angedroht hat, das Haus zu stürmen, falls ihr der Zutritt verweigert würde. Endlose Schlangen bilden sich vor der Eingangstür. Reporter der *Dallas Morning News* werden am nächsten Tag schreiben, dass sie nie zuvor ein derartiges Ausmaß an Pietätlosigkeit und Gier erlebt hätten. Als die Gaffer jedoch keinerlei Anstand walten lassen und die Toten begrapschen, vertreibt der Beerdigungsunternehmer sie schließlich mithilfe seiner Mitarbeiter aus seinen Räumen.

Gegen Mittag taucht Sheriff Smoot Schmid in Arcadia auf. Er ist stolz auf seine Männer und verrät Ted Hinton unter dem Siegel der Verschwiegenheit, dass die Belohnung für die Ergreifung von Bonnie und Clyde sich aktuell auf 26.000 Dollar beläuft. Auch geteilt durch sechs ergibt das ein ganz ansehnliches Sümmchen. Kurz darauf kommt auch Lee Simmons in Louisiana an. Er übernimmt es, mit den Reportern zu sprechen. Zum ersten Mal wird nun von offizieller Seite bestätigt, dass es im Fall Bonnie und Clyde ein Sonderkommando gegeben hat. In Washington unterbricht das Repräsentantenhaus daraufhin seine Sitzung. Der texanische Abgeordnete Robert Kleberg meldet sich zu Wort: »Mr. Speaker. Ich möchte die Gelegenheit nutzen, um der Nation und dem Staat Texas sowie Captain Frank Hamer, einem ehemaligen Texas Ranger, und allen anderen Beteiligten dafür zu danken, dass sie unseren Staat von seinem Staatsfeind Nr. 1 Clyde Barrow befreit haben.«[322]

Als Henry Barrow mit seinem Sohn Jack und einem Bestatter aus West Dallas am späten Nachmittag in Arcadia ankommt, müssen sie sich ihren Weg zum Bestattungsinstitut durch die Menge hindurchbahnen. Ein Mann bedrängt Henry, ihm die Leiche seines Sohnes für 50.000 Dollar zu überlassen. Er möchte sie einbalsamieren und mit dem toten Clyde auf Tour gehen. Henry Barrow ist gramgebeugt. Nun ist innerhalb von zehn Monaten der zweite seiner Söhne gewaltsam ums Leben gekommen. Nachdem er Clyde noch einmal umarmt hat, setzt er sich in einen Sessel in der Ecke des Zimmers und weint stumm. Der Bestatter übergibt ihm Clydes Kleidung, seine goldene Uhr und 502,32 Dollar in bar, die er in Clydes Taschen gefunden hat.

Bonnies Bruder Buster kommt erst gegen 22 Uhr in Arcadia an. Er war mit dem Leichenbestatter irrtümlich zunächst in eine gleichnamige Stadt im Süden von Louisiana gefahren. In einem Interview sagt er, dass die Familie keinen Groll gegen die Männer hegte, die Bonnie und Clyde erschossen haben. Sie hätten nur ihre Pflicht getan. Selbst als später Kritik daran geübt wird, dass man Bonnie und Clyde keine Chance zur Aufgabe gegeben hat, stellen sich die Familien hinter die Polizisten. Sie wissen selbst am besten, dass Clyde niemals freiwillig aufgegeben hätte. Bob Alcorn macht dies zwei Tage später in einer Pressekonferenz noch einmal deutlich: »Ich bedaure sehr, dass es uns nicht gelungen ist, sie gefangen zu nehmen, aber es war einfach unmöglich. Ich bedaure darüber hinaus, dass eine Frau getötet wurde, aber auch hierzu gab es keine Alternative.«[323]

Henry Barrow lässt Clyde noch in der Nacht ins Sparkman-Holtz-Brand Bestattungsinstitut nach Dallas überführen. Bonnie folgt ihm erst am nächsten Morgen. Im Tod trennen sich die Wege von Bonnie und Clyde. Emma Parker betraut das McKamy-Campbell Bestattungsinstitut mit der Beerdigung ihrer Tochter. Ihren letzten Wunsch, zu Hause im Wohnzimmer aufgebahrt zu werden, kann die Mutter ihr nicht erfüllen. Vor dem Haus der Familie campieren Unmengen von Leuten. Emma muss sich im Beerdigungsinstitut von Bonnie verabschieden: »Ich konnte Bonnie nicht ansehen, bis sie im Sarg lag, und auch dann war es ein furchtbarer Schock, sie zu sehen. Was hatten die Kugeln nur mit ihrem kleinen roten Mund gemacht? Anfangs kam sie mir ganz fremd vor. Aber je länger ich sie betrachtete, um so vertrauter wurden mir ihre Züge. (…) Während ich sie so ansah, veränderte sich ihr Gesicht ganz langsam, bis sie wieder meine Bonnie war. Das kleine Kind, das meine Hausschuhe aufgeräumt hat, dasselbe süße Wesen, das Billie Jeans kleinem Jungen vorgesungen hat. Ich blickte zu ihr hinunter und dachte bei mir: ›Mein Baby, jetzt ist all dein Leid vorbei. Du bist zusammen mit dem Mann, den du liebtest, gestorben. Gott sei Dank, es ist endlich vorbei. Du musst nie wieder davonlaufen und dich verstecken. Du musst nie wieder stehlen und töten. Und du musst nie wieder Schmerzen erdulden und nach deiner Mutter weinen. Gott sei Dank – es ist endlich vorbei.‹«[324]

Die Frau des Bestatters, Eva Campbell, leistet ganze Arbeit, um Bonnies Gesicht wiederherzustellen. Dort, wo es ihr unmöglich ist, drapiert sie kunstvoll eine große Blüte. Als Emma ein paar Stunden später wiederkommt, liegt Bonnie hübsch zurechtgemacht mit manikürten Fingernägeln und blauem Kleid in einem silbernen Sarg. In einer Hand hält sie ein Bouquet aus weißen Lilien, das Geschenk eines unbekannten Verehrers. Die zerschossene Hand hat Eva Campbell geschickt verborgen. Die Kosten für die Beerdigung bezahlt Emma Parker später aus Bonnies Lebensversicherung. Auf Bitten des Bestatters erlaubt Emma, dass auch die wartende Menge draußen vor dem Haus von Bonnie Abschied nehmen darf. Bis zum Abend werden über 7000 Menschen diese Möglichkeit wahrnehmen, bis weit nach Mitternacht reißt die Schlange nicht ab. Schätzungen gehen davon aus, dass mehr als 20.000 Menschen Bonnie an diesem Tag aufgesucht haben.

Auch an Clydes Sarg ist der Ansturm groß. Nachdem Neugierige mit Fäusten an die Tür des Bestattungsinstituts getrommelt haben, hat Henry auf Bitten des Bestattungsunternehmers erlaubt, die Leute hereinzulassen. Zusammen mit L. C. steht er neben dem offenen Sarg. Clyde trägt einen feinen, hellgrauen Anzug und seine Anstecknadel mit der Perle. Anders als an Bonnies Sarg sind viele seiner Besucher betrunken und aggressiv. Viele pöbeln den Toten an. Als er einen sagen hört, wie gut es doch sei, dass Clyde tot ist, geht der verzweifelte Vater auf die Menge los. Gemeinsam mit dem Bestatter versucht Henry, die Meute zurückzudrängen. L. C. stemmt sich in den Türrahmen, um zu verhindern, dass weitere Personen das Zimmer betreten. Doch erst die Polizei macht dem Spuk ein Ende.

Am Nachmittag des 25. Mai 1934 wird Clyde nach kurzer Zeremonie neben Buck auf dem Western Heights Cemetery beerdigt.[325] Erneut sind so viele Schaulustige gekommen, dass die Bestatter mit dem Sarg kaum durchkommen. Alle schubsen und drängeln, die Familie läuft Gefahr, ins offene Grab zu stürzen. Die Anwesenden erinnern sich später nur mit Grauen an diesen Moment: »Die Beerdigung war ein Albtraum. Nell konnte nicht mal auf einen Meter an Clydes Grab herankommen. (…) Diese unglaubliche Hysterie, für und gegen die beiden, war genug, um den Verstand zu verlieren. Aber wir hatten keine Angst, darüber waren wir längst hinaus. Es war vorbei. Bonnie und Clyde hatten gefehlt und gelitten und letztlich den Preis dafür bezahlt.«[326]

Es herrscht ohrenbetäubender Lärm, Reverend Clifford Andrews ist kaum zu verstehen. In seiner Trauerrede weist er darauf hin, dass Clyde trotz allem oft gebetet und bis zuletzt auf Gott vertraut habe. Unter den Trauergästen ist neben Bob Alcorn und Ted Hinton auch Clydes alter Kumpel Joe Palmer. Obwohl er mittlerweile der meistgesuchte Mann in Texas ist, lässt er es sich nicht nehmen, seinem Freund die letzte Ehre zu erweisen. Als der Sarg hinuntergelassen wird, werden von einem Flugzeug aus Blumen abgeworfen. Selbst Pretty Boy Floyd und John Dillinger haben Blumen geschickt. Das größte Bouquet stammt jedoch von den Zeitungsjungen aus Dallas. Sie haben mit Bonnies und Clydes Hilfe mehr Zeitungen verkauft als je zuvor. Von Bonnies Familie ist niemand gekommen. Deren Solidarität mit den Barrows ist aufgebraucht.

Bonnie wird einen Tag nach Clydes Beerdigung bestattet. Entgegen ihrem ausdrücklichen Wunsch lässt Emma Parker sie nicht an Clydes Seite betten, sondern am Samstag, dem 26. Mai 1934, auf dem Fishtrap Cemetery in die Nähe von Billie Jeans Kindern: »Zwei Jahre lang hat sie ihm gehört«, sagt sie. »Schaut nur, wohin es sie gebracht hat. Im Tod wenigstens wird er sie nicht behalten können. Sie gehört nun wieder mir.«[327] Dass Bonnie nach Clyde beerdigt wird, hängt auch damit zusammen, dass Billie Jean noch immer wegen Mordes inhaftiert ist. Nun, da Bonnie und Clyde tot sind, hoffen alle, dass endlich geklärt werden kann, wer die Mörder von Grapevine waren. Obwohl die Ballistiker rasch feststellen, dass die Kugeln, mit denen die Motorradpolizisten getötet wurden, aus einer der Waffen stammen, die man in Clydes Wagen gefunden hat, dauert es noch bis 22. Juli 1934, ehe Billie Jean aus dem Gefängnis entlassen wird. An Bonnies Beerdigung darf sie dennoch teilnehmen – in Ketten.

Alle Mitglieder der Familie Barrow erweisen Bonnie die letzte Ehre. L. C. ist sogar einer ihrer Sargträger. Nach den Erfahrungen vom Vortag ist diesmal die Polizei vor Ort, um für Ordnung zu sorgen. Die Parkers werden mit Eskorte zum Friedhof geleitet. Obwohl sich die Trauergäste diesmal besser benehmen, sind es so viele, dass die Familie während der Beerdigung im Wagen sitzen bleiben muss, um nicht erdrückt zu werden. Wenige Tage nach der Beerdigung lässt Emma Parker einen Grabstein für Bonnie aufstellen mit der Inschrift: »So wie die Sonne und der Tau die Blumen lieblicher machen, so wurde diese Welt heller durch Menschen wie dich.«[328]

Den Familien bleibt nur wenig Zeit, zur Ruhe zu kommen. Ende des Jahres werden 20 Personen aus dem engeren Umkreis von Bonnie und Clyde verhaftet – auch ihre Mütter. Henry Barrow hingegen bleibt auf freiem Fuß, ebenso wie Clydes Geschwister Jack, Artie und Nell sowie Bonnies Bruder Buster. Alle anderen müssen sich für die Unterstützung von Bonnie und Clyde vor Gericht verantworten. Am 22. Februar 1935 beginnt im Dallas County Court der Prozess, begleitet von einem riesigen Medienaufgebot. Die männlichen Gefangenen werden, am Hals aneinandergekettet, in den Gerichtssaal geführt. Es ist George Washingtons Geburtstag und Staatsanwalt Clyde O. Eastus lässt es sich nicht nehmen, darauf Bezug zu nehmen: »Hohes Gericht. Wenn George Washington bis zum 22. Februar diesen Jahres gelebt hätte, wäre er 203 Jahre alt geworden. Verehrte Geschworene, hätte George Washington, der Gründervater unseres Staates, gewusst, dass einmal Frauen und Männer wie die, die hier vor ihnen auf der Anklagebank sitzen – diese Bande von Verbrechern –, in dieses Land kommen würden, ja, dann bezweifle ich, dass er jemals den Delaware überschritten hätte.«[329]

Cumie Barrow ist in so schlechtem Zustand, dass sie auf einem Stuhl in den Saal getragen werden muss. Sie bestätigt, was ohnehin jeder weiß: Sie hat Clyde regelmäßig gesehen und ihn mit Essen, Kleidung, Decken und Medikamenten versorgt. Vorzuwerfen hat sie sich nichts. Clyde war ihr Sohn und sie liebte ihn, egal was er verbrochen hatte.[330] Alle 20 Angeklagten bekennen sich im Sinne der Anklage schuldig. Am Ende der viertägigen Verhandlung werden alle schuldig gesprochen und zu mehr oder minder langen Haftstrafen verurteilt. Floyd Hamilton erhält zwei Jahre, L. C. Barrow ein Jahr und einen Tag, die 16-jährige Marie Barrow muss für eine Stunde in Haft. Emma Parker, Cumie Barrow und die Mutter von Raymond Hamilton werden zu jeweils 30 Tagen Haft verurteilt. Blanche Barrow bekommt ein Jahr und einen Tag, W. D. Jones zwei Jahre für seine Unterstützung von Bonnie und Clyde. Die Strafe wird zu den Haftjahren, die die beiden bereits verbüßen, hinzuaddiert.

Auch für Henry Methvin ist die Sache mit dem Tod von Bonnie und Clyde nicht ausgestanden. Nicht nur, dass es schon bald erste Gerüchte über die Verwicklungen der Familie Methvin in die Ereignisse gibt, muss Henry bis zum 14. August 1934 ausharren, ehe ihm die zugesicherte Begnadigung gewährt wird. Seine Reststrafe wird ihm erlassen und er wird für seine Flucht aus Eastham nicht zur Verantwortung gezogen, da, wie es in dem offiziellen Schreiben heißt, es seine Informationen gewesen seien, die letztlich zur Ergreifung von Bonnie und Clyde geführt hätten. Sollte Henry geglaubt haben, damit sei nun alles vorbei, so hat er den langen Arm des Gesetzes unterschätzt. Straftaten, die er zum einen nach seiner Flucht aus Eastham und zum anderen außerhalb von Texas begangen hat, fallen nicht unter diesen Gnadenerlass. So wird auch er im Februar 1935 für seine Unterstützung von Bonnie und Clyde eine zweijährige Haftstrafe erhalten. Was seine Verwicklung in gemeinsam begangene Straftaten anbelangt, so hält sich Henry an die Strategie von W. D. Jones. Als man ihn im Sommer 1934 nach dem Mord an den Motorradpolizisten in Grapevine befragt, stellt Henry sich als Opfer dar, das man gezwungen habe mitzukommen und das im entscheidenden Moment stets geschlafen habe. Auch er schiebt alle Schuld auf Clyde und da alle Beteiligten tot sind, kann ihm niemand das Gegenteil beweisen. Wieder auf freiem Fuß, jobbt er in einem Sägewerk. Doch am 12. September 1934 erlässt Oklahoma einen Haftbefehl gegen ihn wegen Mordes an Cal Campbell. Kurz darauf wird er verhaftet. Im März 1935 beginnt im District Court von Ottawa County, Oklahoma, der Prozess. Henry erklärt erneut, nicht geschossen zu haben. Zwar sagt mit Percy Boyd der einzige Überlebende von damals aus, doch auch er kann nicht eindeutig benennen, wer seinen Partner getötet hat. Es bleiben so viele Fragen offen, dass die Jury am Ende nicht zu einem gemeinsamen Spruch kommt. Im September 1935 wird deshalb der Fall erneut verhandelt. Diesmal wird Henry Methvin schuldig gesprochen und zum Tod verurteilt. Da er dagegen Berufung einlegt, beginnt ein Jahr später vor dem Court of Criminal Appeals von Oklahoma das Berufungsverfahren gegen den 22-Jährigen. Hier kommt zum ersten Mal die Rolle der Familie Methvin beim Tod von Bonnie und Clyde ausführlich zur Sprache. Ivy und Ava Methvin sagen ebenso aus wie Nachbar und Vermittler John Joyner. Henry Methvin bezeichnet sich als Initiator und Teil des Komplotts. Er selbst habe seine Eltern gebeten, Kontakt mit der Polizei aufzunehmen. Auch wenn sich die Aussagen der vier Verschwörer in weiten Teilen unterscheiden, bestätigen sie allesamt die Verwicklung der Familie Methvin.[331] Dies rettet Henry das Leben. Denn obwohl die Jury auch jetzt nicht von seiner Unschuld im Fall Campbell überzeugt ist, wird die Todesstrafe aufgrund seiner Verdienste bei der Jagd nach Bonnie und Clyde in eine lebenslange Haftstrafe umgewandelt. Im März 1942 wird Henry Methvin begnadigt. Er kehrt nach Louisiana zurück. Hier lebt er in ständiger Angst vor Anhängern von Bonnie und Clyde als schwer bewaffneter Einzelgänger. Mehrere Versuche, wieder Fuß zu fassen, scheitern, zuletzt lebt er als Hobo. Im April 1948 wird er in Sulphur, Louisiana, von einem Zug überfahren. Es heißt, er habe versucht, unter dem Zug hindurchzukriechen. Die Gerüchte, irgendjemand habe Bonnie und Clyde gerächt, verstummen nie. Henry Methvin wird nur 36 Jahre alt. Auch der Tod seines Vaters gibt Rätsel auf. Im Dezember 1946 wird Ivy Methvin im Bienville Parish schwer verletzt am Straßenrand gefunden. Offiziell heißt es, er sei Opfer eines Unfalls mit Fahrerflucht geworden. Wenige Tage später erliegt er seinen schweren Verletzungen.

Auch das Leben der anderen Überlebenden der Barrow Gang bleibt geprägt von den Monaten mit Bonnie und Clyde. W. D. Jones wird für seine Beteiligung am Mord an Malcolm Davis zu 15 Jahren Haft verurteilt. Der Mord an Doyle Johnson kann ihm nicht nachgewiesen werden. 1943 wird er begnadigt. Er zieht nach Houston, heiratet und führt einige Jahre lang ein ruhiges Leben. Als seine Frau Ende der 1960er Jahre stirbt, rutscht er in die Drogen- und Alkoholsucht ab. 1968 gibt er im Zuge des Films *Bonnie und Clyde* von Arthur Penn dem *Playboy* ein spektakuläres Interview über seine Zeit mit dem berühmten Paar. Im August 1974 begleitet er eine Bar-Bekanntschaft nach Hause und wird dort von deren eifersüchtigem Exfreund erschossen.

Raymond Hamilton wird am Tag von Clydes Beerdigung nach Eastham zurückgebracht. Seine Haftstrafe beträgt nun 362 Jahre. Allerdings ist Direktor Lee Simmons noch immer wild entschlossen, Hamilton für den Tod von Major Crowson auf den elektrischen Stuhl zu bringen. Es kommt zu einem neuen Verfahren, bei dem Raymond Hamilton tatsächlich zum Tod verurteilt wird. Staatsanwalt Max Rogers sagt später, dass ohne Simmons' Betreiben die Todesstrafe nicht durchsetzbar gewesen wäre. Nun fehlt Simmons nur noch Joe Palmer, Hamiltons Ausbruchskomplize. Anfang Juni 1934 wird dieser in St. Joseph, Missouri, gefasst. Zwei Wochen später wird auch er zum Tod verurteilt. Im Prozess gesteht Palmer, Crowson bei der Flucht erschossen zu haben. Zugleich bittet er um Gnade für Raymond Hamilton, der nicht geschossen habe. Dies beeindruckt die Geschworenen kein bisschen. Von der Justiz alleingelassen, nehmen die beiden ihr Schicksal einmal mehr selbst in die Hand. Am 22. Juli 1934 gelingt ihnen eine spektakuläre Flucht aus dem Todestrakt von Huntsville. Joe

Palmer wird zwar bereits im August 1934 wieder eingefangen, Raymond Hamilton aber hält während der nächsten Monate ganz Texas als Bankräuber in Atem. Einige seiner Überfälle begeht er mit alten Freunden wie Ralph Fults oder seinem Bruder Floyd. Im April 1935 wird er in Fort Worth gefasst. Joe Palmer reicht daraufhin erneut ein Gnadengesuch für Raymond ein, das jedoch abgelehnt wird. Am 10. Mai 1935 werden die beiden innerhalb weniger Minuten auf dem elektrischen Stuhl hingerichtet. Hamilton bestreitet bis zuletzt, John Bucher getötet zu haben. Er wird nur 22 Jahre alt.

Floyd Hamilton sitzt die zwei Jahre, die er für seine Unterstützung von Bonnie und Clyde erhalten hat, ab und wird nach seiner Entlassung ein gefürchteter Bankräuber. 1938 wird er gefasst und zu insgesamt 55 Jahren Gefängnis verurteilt. 1940 wird er nach Alcatraz verlegt. Zwei gescheiterte Fluchtversuche bringen ihn 1943 für neun schreckliche Jahre in Isolationshaft, in die Nachbarzelle des legendären Vogelmannes von Alcatraz, Robert Stroud. Der Journalist Harry McCormick und sein alter Freund Ted Hinton starten daraufhin eine Kampagne für ihn und erreichen 1958 seine Begnadigung. Wieder in Freiheit, eröffnet Floyd Hamilton mit Hintons Hilfe ein Geschäft für Autoteile und heiratet seine Frau, die sich während seiner Haft von ihm hat scheiden lassen, erneut. In den nächsten Jahren hält der im Gefängnis zum Glauben bekehrte Hamilton Vorträge über seine Vergangenheit und gibt viele Interviews, in denen es ihm vor allem darum geht, die Rolle seines Bruders beim Bucher-Mord richtigzustellen. Er stirbt 1984.

Ralph Fults wird am 10. Januar 1935 aus Eastham entlassen, wird aber rasch wieder straffällig. Im September 1935 wird er in Mississippi zu zwei Mal 50 Jahren Gefängnis verurteilt. 1944 wird er auf Bewährung entlassen. Er heiratet und verbringt den Rest seines Lebens als angesehener Bürger in Texas. Auch er wendet sich in seinen späteren Jahren dem Glauben zu und versucht, mit seiner Geschichte Jugendliche davon abzuhalten, kriminell zu werden. Sein besonderes Engagement gilt entlassenen Strafgefangenen. Bis zu seinem Tod 1993 hilft er freiwillig im Buckner Home for Boys, einem Waisenhaus in Mesquite, Texas, mit.

Nicht nur das Leben der Tatbeteiligten bleibt geprägt durch die Vergangenheit, auch die Verfolger fassen nach dem Geschehen nur schwer wieder Fuß. Die Tatsache, dass sie dem Paar keine Chance gegeben haben aufzugeben, wird über die Jahre heiß diskutiert. Prentiss Oakley verzeiht sich niemals, derjenige gewesen zu sein, der das Feuer eröffnet hat. Frank Hamer hadert damit, eine Frau erschossen zu haben, und Henderson Jordan sieht es als Pflichtversäumnis an, dass er als verantwortlicher Sheriff keine Vorwarnung ausgesprochen hat. Bob Alcorn und Ted Hinton haben als Bekannte der Familie noch jahrelang Albträume. Die finanzielle Entschädigung für die Gewissensbisse der sechs Männer bleibt aus. Statt der angekündigten 26.000 Dollar erhält jeder nur einen Scheck über 200,23 Dollar. Das Kopfgeld ist nach dem Tod der beiden Outlaws nach unten korrigiert worden. Henderson Jordans Versuch, mit dem Todeswagen, der sich noch immer im Besitz der Polizei von Bienville Parish befindet, Geld zu machen, scheitert am Widerstand von Ruth Warren, der eigentlichen Besitzerin. Sie verklagt ihn auf Herausgabe des Wagens und bekommt recht. Jordan bleibt Sheriff und stirbt 1958 bei einem Autounfall. Manny Gault kehrt zu den Texas Rangern zurück und stirbt 1947. Prentiss Oakley zieht sich aus dem Dienst zurück und stirbt 1957. Auch Bob Alcorn verlässt die Polizei und arbeitet zunächst als Autohändler. Bis zu seinem Tod 1964 ist er als Gerichtsvollzieher tätig. Frank Hamer kehrt den Texas Rangern für immer den Rücken und verdingt sich den Rest seines Lebens als Sicherheitsexperte bei verschiedenen Ölfirmen. Interviews und Anfragen zur Verfilmung seines Lebens lehnt er konsequent ab. Einzig dem Historiker Walter Prescott gibt er ein ausführliches Interview. Darin verrät er eine neue Version des Endes von Bonnie und Clyde, in dem die Familie Methvin keine Rolle spielt. Er habe damals herausgefunden, dass Clyde in einem Waldstück im Stumpf einer alten Pinie eine Art Postfach eingerichtet hatte. Aufgrund seiner exakten Recherche habe er gewusst, dass Clyde an jenem Tag auf dem Weg dorthin war. So habe er sich mit seinen Leuten an der Straße positionieren und Clyde erschießen können.[332] Die Waffen, die Hamer an jenem 23. Mai 1934 an sich genommen hat, verkauft er über die Jahre hinweg zu Höchstpreisen. 1955 stirbt er im Alter von 71 Jahren.

Auch die anderen Mitglieder seiner Gruppe halten sich mit Aussagen über die Geschehnisse zurück. Erst Ted Hinton, der, nachdem er den Polizeidienst quittiert hat, lange Jahre als Hotelmanager tätig ist, bricht das Schweigen. Am Ende seines Lebens bringt er die angebliche Wahrheit über den Tod von Bonnie und Clyde zu Papier, stirbt jedoch 1977, ohne das Buch vollendet zu haben. Sein Sohn Boots Hinton bringt *Ambush: The Real Story of Bonnie and Clyde* 1979 posthum heraus. Laut Hinton hatten die sechs Männer Stillschweigen vereinbart, solange sie am Leben waren. Als letzter Überlebender sah Hinton es jedoch als seine Pflicht an, die Wahrheit zu schreiben. Seine Wahrheit weicht stark von allem ab, was bisher über den Fall bekannt gewesen war: Ivy Methvin sei an jenem Morgen auf der Suche nach seinem Sohn gewesen, als sie ihn angehalten und gezwungen hätten, seinen Lastwagen als Falle für Clyde zu präparieren. Ivy habe sich strikt geweigert, zu kooperieren: »Die Wahrheit ist, dass Methvin energisch protestierte und nicht mitmachen wollte. Wir haben ihn dann etwas weiter von uns entfernt an einen Baum gebunden und darauf gehofft, Bonnie und Clyde würden doch noch auftauchen. (…) Selbst wenn man die Standards von 1934 zugrunde legen würde, haben wir damit Methvins Bürgerrechte verletzt.«[333] Als alles vorbei gewesen sei, habe Methvin gedroht, sie wegen Freiheitsberaubung anzuzeigen. Daraufhin habe ihm Hamer jenen Deal unterbreitet, dessen Preis die Begnadigung von Henry Methvin gewesen sei. Diese Darstellung würde erklären, warum die offizielle Begnadigung erst Mitte August datiert. Die meisten Historiker halten Hintons Version der Geschichte für nicht haltbar. Allgemein wird davon ausgegangen, dass Hamer, der als äußerst verschwiegen galt, seine Männer nicht von der Zusammenarbeit mit der Familie Methvin informiert hatte, um die ganze Sache nicht zu gefährden. Sollte Hamer Ivy Methvin tatsächlich an einen Baum gebunden haben, sei dies zu dessen Schutz geschehen. Falls der Plan schiefgegangen wäre und Clyde überlebt hätte, hätte er einen gefesselten Ivy Methvin schwerlich des Verrats bezichtigen können. Dass Ivy Methvin sich tatsächlich freiwillig zur Zusammenarbeit bereit erklärt hat, schildert auch Lee Simmons in seinen Memoiren.[334] Seit der Freigabe der FBI-Akten über den Fall ist das nicht mehr von der Hand zu weisen. Sie belegen sogar die Mitwirkung der gesamten Familie Methvin inklusive Henrys Brüdern.[335]

Die Familien von Bonnie und Clyde finden nur sehr langsam wieder in ein normales Leben zurück. Nach ihrer Entlassung aus dem Gefängnis bleibt Emma Parker in West Dallas. 1944 stirbt sie mit nur 57 Jahren als gebrochene Frau. Buster Parker wird das Stigma, Bonnie Parkers Bruder zu sein, nie los und trinkt sich zu Tode. Er stirbt 1964 mit 56 Jahren. Billie Jean, die für die Unterstützung ihrer Schwester ein Jahr ins Gefängnis geht, heiratet nach ihrer Entlassung erneut und führt bis zu ihrem Tod 1993 ein sehr zurückgezogenes Leben. Bonnies

Mann Roy Thornton verbringt den Rest seines Lebens im Gefängnis und wird 1937 bei einem Fluchtversuch erschossen.

Cumie und Henry Barrow müssen ihre Tankstelle aufgeben, nachdem sie immer wieder mit Brandsätzen angegriffen worden ist. 1938 wird Cumie bei einer Schießerei vor ihrem Haus versehentlich von Schrotkugeln ins Gesicht getroffen und verliert ein Auge. 1942 stirbt sie mit 67 Jahren. Henry überlebt sie um 15 unspektakuläre Jahre. L.C. Barrow kommt niemals über den gewaltsamen Tod seiner Brüder hinweg und gerät selbst auf die schiefe Bahn. Nach diversen Gefängnisaufenthalten verhilft ihm Ted Hinton schließlich zu einem Job als Lastwagenfahrer. Er stirbt 1979 im Alter von 66 Jahren. Marie Barrow lässt sich von Joe Francis scheiden, wird ebenfalls kriminell und landet im Gefängnis. Mitte der 1990er Jahre beginnt sie damit, alles, was von Clyde übrig geblieben ist, zu veräußern. Die Hose, die er bei seinem Tod trug, schneidet sie in kleine Stücke und verkauft die Fetzen für bis zu 500 Dollar pro Stück. Sie stirbt 1999 als Letzte des unmittelbaren Barrow Clans.

Blanche Barrow wird während ihrer Jahre im Missouri-State-Gefängnis vier Mal am linken Auge operiert, doch es gelingt den Ärzten nicht, ihr Augenlicht zu retten. Der Kontakt mit Bucks Familie reißt nach anfänglichen Briefen ziemlich bald ab. Einzig mit L.C. bleibt sie in Verbindung. Während ihrer Haft schreibt sie ihre Geschichte nieder. Am 25. März 1939 wird sie vorzeitig aus dem Gefängnis entlassen. Im April 1940 heiratet sie den Ingenieur Eddie Frasure und führt von da an ein glückliches und gesetzestreues Leben, in dem Buck trotz allem ihre große Liebe bleibt. Zeitgenossen berichten übereinstimmend, wie ähnlich Eddie Frasure Buck gewesen sei. Nach dem Tod ihres Mannes erneuert sie die Freundschaft mit Marie Barrow und Billie Jean Parker. Am 24. Dezember 1988 stirbt sie mit 77 Jahren an Krebs. Im Jahre 2000 findet ihre Freundin und Nachlassverwalterin Esther L. Weiser die Aufzeichnungen, die Blanche im Gefängnis verfasst hat. 2004 werden sie der Öffentlichkeit zugänglich gemacht, wodurch ein einzigartiger Blick hinter den Mythos um Bonnie und Clyde möglich wird. Unter Blanches Notizen befindet sich auch folgendes Gedicht:

Across the fields of yesterday
She sometimes comes to me
A little girl just back from play
The girl I used to be
And yet she smiles so wistfully
Once she has crept within
I wonder if she hopes to see
The woman I might have been
BLANCHE BARROW, 1933[336]

Der Tod von Bonnie und Clyde läutet das Ende der berühmten Out-laws des Mittleren Westens ein. Im Juni 1934 verabschiedet der US-Kongress weitere Bundesgesetze zur Verbrechensbekämpfung. Die Zeit der Gangster läuft ab. Nur noch zwei Jahre, dann wird der Krieg gegen das Verbrechen endgültig beendet sein. Am 22. Juli 1934 wird John Dillinger von einem FBI-Kommando unter dem legendären Melvin Purvis in Chicago vor dem Biograph Theater getötet, nachdem ihn Anna Sage, die berühmte »Lady in Red«, eine enge Freundin seiner Ver-lobten, verraten hat. Sie hat gehofft, dadurch ihrer Ausweisung nach Rumänien zu entgehen. Es ist der Tag, an dem Hamilton und Palmer aus dem Todestrakt von Eastham fliehen. Als Dillinger tot auf der Straße liegt, kommen Frauen und tauchen ihre Spitzentaschentücher in sein Blut. Kurz darauf wird Anna Sage aus den USA ausgewiesen.

Am 22. Oktober 1934 wird Pretty Boy Floyd in der Nähe von East Liverpool, Ohio, erschossen. Am 27. November 1934 wird Baby Face Nelson zusammen mit seiner Frau Helen Gillis bei Barrington, Illinois, in eine Schießerei mit dem FBI verwickelt. Er kann fliehen, erliegt aber noch in derselben Nacht seinen schweren Verletzungen. Am 16. Januar 1935 werden Ma Barker und ihr Sohn Fred in Ocklawaha, Florida, von FBI-Leuten nach einer viereinhalbstündigen Schießerei zur Strecke gebracht.

Nach dem gewonnenen Krieg gegen das Verbrechen werden die Sie-ger zu den neuen Helden Amerikas. Die G-Men des FBI erobern die Herzen der Nation. Krimiautoren wie Courtney Ryley Cooper und Journalisten wie Rex Collier fördern in Hoovers Sinn die Popularität der Agenten und selbst Hollywood wird Teil der großangelegten Imagekampagne, die der FBI-Direktor lanciert. Waren es Ende der 1920er Jahre vor allem Gangsterfilme, die die Zuschauer in die Kinos lockten, so stehen von nun an die Agenten des FBI hoch im Kurs. Hatte James Cagney jahrelang den Gangsterboss gegeben, so spielt er nun den G-Man.

Dabei lässt sich fragen, ob die Gangsterbanden der 1930er Jahre tatsächlich eine so massive nationale Bedrohung darstellten, wie Hoover behauptete. Der Krieg gegen das Verbrechen kann durchaus auch als eine geschickte Strategie J. Edgar Hoovers interpretiert werden, um das Image des FBI aufzupolieren und der Behörde nebenbei umfassende Befugnisse zu sichern. Tatsächlich haben jene Jahre die Einstellung der Amerikaner zur Kriminalität nachhaltig verändert. Seit den Jahren von Bonnie und Clyde trägt Washington die Verantwortung für *Law and Order*.

Allerdings hat alle Begeisterung für die G-Men nicht verhindern können, dass auch Verbrecher wie Bonnie und Clyde mit den Jahren immer mehr zum Mythos geworden sind. Bereits 1937 bringt Fritz Lang mit *You Only Live Once* einen Film in die Kinos, der sich eng an Bonnies und Clydes Geschichte anlehnt, auch wenn deren Namen nicht genannt werden. Henry Fonda und Sylvia Sidney spielen ein junges Paar, das unschuldig in den Strudel der Kriminalität gezogen wird, aus dem es kein Entrinnen gibt. Dem Zuschauer erscheinen sie all ihren Untaten zum Trotz mehr als Opfer denn als Täter. Um dieser beginnenden Glorifizierung, zu der auch die Magazine des Hearst Verlages massiv beitragen, entgegenzuwirken, entsteht 1939 unter Einfluss von J. Edgar Hoover der Film *Persons in Hiding,* der besonders Bonnie dämonisiert. An den Kinokassen floppt der Film. In eine ähnliche Richtung zielt der Film *Gun Crazy* von 1950, der von zwei Waffennarren erzählt, die aus Faszination für die Gewalt das Land unsicher machen. Hier wird Bonnie zum ersten Mal als die dominierende Figur des Paares dargestellt. Eine Geschichtsverfälschung, die 1958 mit *The Bonnie Parker Story* ihren Höhepunkt erreicht. Hier ist Clyde beinahe schon ein Opfer von Bonnie. Gemeinsam ist all diesen Verfilmungen, dass sie Polizisten und Staatsdiener durchweg als anständige Jungs von nebenan zeigen, die nur ihre Pflicht erfüllen. Zwar halten diese Filme das Interesse an Bonnie und Clyde wach, Begeisterung aber lösen sie nicht aus. Dies gelingt erst Arthur Penn 1967 mit seinem Kultfilm *Bonnie und Clyde*.

Robert Benton und David Newman, zwei Journalisten des *Esquire,* haben beim Verfassen ihres Drehbuches ursprünglich den französischen Regisseur François Truffaut im Sinn, der das Projekt zugunsten von *Fahrenheit 451* ablehnt. Mehrere Produzenten weisen das Drehbuch zurück, schließlich landet es bei Warren Beatty. Der Schauspieler, frustriert davon, aufgrund seines attraktiven Äußeren immer nur in seichten Schmonzetten mitzuspielen, ist auf der Suche nach einer neuen Aufgabe. Als er das Drehbuch gelesen hat, beschließt er, sich an *Bonnie und Clyde* als Produzent zu versuchen. Für die Rolle des Clyde Barrow hat er Bob Dylan im Sinn, doch seine Lebensgefährtin, die Schauspielerin Leslie Caron, überzeugt ihn davon, die Rolle selbst zu übernehmen. Die Rolle der Bonnie Parker besetzt er mit der noch unbekannten Schauspielerin Faye Dunaway. Weil in diesem Film zum ersten Mal die richtigen Namen der Hauptfiguren genannt werden, sucht Beatty Blanche Barrow auf, deren Rolle von Estelle Parsons übernommen werden soll. Gene Hackman ist als Buck Barrow vorgesehen. Nach Durchsicht des Manuskripts unterschreibt Blanche einen Vertrag, in dem sie sich mit allem einverstanden erklärt. Es gelingt Warren Beatty, Arthur Penn als Regisseur und die Filmgesellschaft Warner Brothers zur Finanzierung zu gewinnen. Viel Hoffnung setzt Warner Brothers allerdings nicht in das Projekt. Der Film wird kaum beworben und feiert seine Premiere nicht in den USA, sondern am 4. August 1967 auf dem Filmfestival von Montreal in Kanada. Obwohl die Zuschauer begeistert sind, übernehmen nur ganze 25 US-Kinos Beattys Film. Am 13. August 1967 wird er zum ersten Mal in New York gezeigt. Das Zuschauerinteresse tendiert gegen null, die Kritiken sind vernichtend. Bosley Crowther schreibt in der *New York Times:* »Diese Mischung aus Farce und brutalem Gemetzel ist so sinnlos wie geschmacklos.«[337] Nicht nur der freie Umgang mit historischen Fakten erntet Kritik, Bonnie und Clyde sind im Film so cool, so sexy und so schön, dass der Vorwurf der Gewaltverherrlichung laut wird.

Bereits im Herbst ist der Film aus allen amerikanischen Kinos verschwunden. Er hat nur 2,5 Millionen Dollar eingespielt. Richard Lederer von Warner Brothers sagt später darüber: »Der Film war tot. Gegen Ende Oktober war alles vorbei … Wir hatten unser Bestes gegeben und ich hätte niemals gedacht, dass der Film nochmal auferstehen würde, wahrlich nicht.«[338]

Doch inzwischen ist der Film in England angelaufen und hier auf stürmische Begeisterung gestoßen. An den Kinokassen bilden sich lange Schlangen. Dasselbe passiert in Frankreich, in Deutschland und bald überall in Europa. Einzig die USA verweigern sich bis zu dem Tag, an dem Pauline Kael im *New Yorker* eine heute legendäre Filmkritik veröffentlicht. Sie preist *Bonnie und Clyde* als den besten Film seit Langem und stellt zum ersten Mal einen gesellschaftspolitischen Zusammenhang zu den 1960er Jahren her.[339] Kaels Kritik zieht einen vollständigen Stimmungsumschwung nach sich.

Am 8. Dezember 1967 bringt das *Time*-Magazin den Film aufs Titelblatt und bezeichnet ihn nicht nur als den besten Film des Jahres, sondern als den Beginn des *New American Cinema*.[340] In seiner Ausgabe vom 25. August 1967 hatte das Magazin den Film noch geschmacklos genannt.[341] Als die Stimmung zugunsten seines Films kippt, fleht Beatty Warner Brothers an, den Film noch einmal herauszubringen. Obwohl dieses Verfahren äußerst selten ist, gibt die Filmgesellschaft seinem Drängen nach. An dem Tag, an dem der Film erneut in die Kinos kommt, werden die Oscarnominierungen bekannt gegeben: *Bonnie und Clyde* ist zehn Mal nominiert und wird mit zwei Oscars prämiert werden. Allein im ersten Monat nach der Wiederaufnahme spielt der Film 16,5 Millionen Dollar ein. Damit ist er unter den bis dato kommerziell erfolgreichsten 20 Filmen aller Zeiten.

Die Massen strömen nun ins Kino, auch wenn der Film weiterhin polarisiert. Die offen zur Schau gestellte unmittelbare Gewalt, Bonnies und Clydes freie Sexualität, die Respektlosigkeit der Hauptfiguren vor dem Gesetz und seinen Vertretern, die von ihnen gelebte Anarchie und Selbstbestimmung werden ebenso abgelehnt wie stürmisch bejubelt.

Die größte Ablehnung erfährt der Film bei den Überlebenden. Sowohl die Familienangehörigen der Täter als auch die der Opfer sind empört. Reporter schwärmen aus, um Zeitzeugen zu befragen. Was sie zu berichten haben, passt nur wenig zu dem revolutionären Glamour, den der Film verbreitet. Jim Campbell, der Sohn von Calvin Campbell aus Commerce, Oklahoma, war 20 Jahre alt, als sein Vater starb: »Ich ging damals im Nachbarort aufs Junior College. Meistens bin ich getrampt. Ich wollte gerne Journalist werden. (...) Als sie aus dem Auto stiegen, haben sie meinen Vater sofort getötet. Ich bin sicher, er wusste nicht mal, wer ihn erschossen hat. (...) Ich bin nicht mehr aufs College zurückgekehrt. Dafür war zu viel Bitterkeit in mir.«[342] Er wird sich den Film nicht ansehen, genauso wie Russell Moore, Rechtsanwalt aus Albuquerque, New Mexico, und Sohn von Hilfssheriff Eugene Moore aus Stringtown, Oklahoma: »Sie haben meinen Vater einfach nieder-geschossen. (...) Meine Mutter blieb mit drei kleinen Kindern zurück, die sie zu versorgen hatte. Wir zogen zu ihren Eltern und sie musste sich einen Job suchen. Es gab keine Lebensversicherung, aber zumin-dest hatte mein Vater eine Beerdigungsversicherung. Wir hätten sonst nicht einmal das Begräbnis bezahlen können. Meine Mutter war noch jung und sehr hübsch, als es geschah, aber sie hat nie wieder geheira-tet. Sie hatte nicht einmal mehr eine Verabredung.«[343]

Auf Täterseite hat sicherlich Blanche Barrow den meisten Grund zur Empörung. Obwohl Estelle Parsons für ihre Darstellung der Blanche den Oscar für die beste weibliche Nebenrolle erhält, fühlt sich die echte Blanche Barrow diffamiert und verleumdet. Nicht nur, dass die Drehbuchautoren sie mit der Figur von Hamiltons Freundin Mary O'Dare verschmolzen haben, wird Blanche durchwegs als hysterisches Hausmütterchen dargestellt, das dem Zuschauer von Anfang an un-sympathisch ist. Während Bonnie dank Faye Dunaway endgültig zum Sexsymbol mutiert, geht die wesentlich attraktivere Blanche als dick-liche Nervensäge in die Geschichte ein: »Der Film stellt mich als krei-schende Vollidiotin dar«, sagt Blanche voller Bitterkeit, nachdem sie ihn gesehen hat.[344] Er habe nichts mit dem Drehbuch gemein, das man ihr vorgelegt hatte. Durch ihre Einverständniserklärung hat sie sich je-doch der Möglichkeit beraubt, dagegen vorzugehen. Nicht so die rest-lichen Überlebenden. Nell und L. C. Barrow klagen gegen Warner Brothers ebenso wie Billie Jean Parker und W. D. Jones. Ihn hat es be-sonders hart getroffen. Um die Zahl der Hauptfiguren im Film zu be-grenzen, haben die Drehbuchautoren W. D. Jones, Henry Methvin und Raymond Hamilton zu einer Person namens C. W. Moss ver-schmolzen. W. D. Jones, als einziger Überlebender der drei, ist wütend. Er will nicht als Verräter dastehen und wehrt sich vor Gericht. Doch alle Klagen werden abgewiesen mit der Begründung, dass es sich bei Bonnie Parker und Clyde Barrow längst um öffentliche Personen handle und die Persönlichkeitsrechte der Kläger, die im Film nament-lich nicht genannt werden, durch den Film nicht verletzt werden. Die einzige Klage, der stattgegeben wird, stammt von Frank Hamers Witwe. Dieser wird im Film mit vollem Namen genannt und seine Darstellung ist alles andere als sympathisch. Mrs. Hamer verklagt War-ner Brothers auf 1.750.000 Dollar Schadenersatz. Ehe es zum Prozess kommt, einigt sie sich mit der Filmgesellschaft auf eine nicht näher bekannte Summe, von der sie den Rest ihres Lebens gut leben kann. Einer, der von der Darstellung Blanches und Hamers besonders angewidert ist, ist Ted Hinton. Noch Jahre später erzählt sein Sohn: »Wenn man sehen wollte, wie er in die Luft ging, dann musste man in seiner Gegenwart nur den Film erwähnen. Das war dann, als ob eine Atombombe explodieren würde.«[345]

Dass der Film von Historikern ebenso kritisiert wird wie von Überlebenden, tut seinem Erfolg keinen Abbruch. Es ist der richtige Film zur richtigen Zeit, ganz so, wie Filmhistoriker Carlos Clarens es einige Jahre später zusammenfasst: »Die Botschaft des Films war (...), dass es besser ist schnell zu leben, jung zu sterben und im kollektiven Gedächtnis schöne Bilder zu hinterlassen, als die Demütigungen des Alterns hinzunehmen und sich von einer ordentlichen, praktischen Welt vereinnahmen zu lassen.«[346] Der Tod erscheint allemal besser als ein Leben mit Bausparvertrag und Eigenheim.

Der Film *Bonnie und Clyde* reflektiert das Lebensgefühl der rebellierenden Jugend der 1960er Jahre. Das Paar, das zwar nicht die Welt verändern wollte, hat dennoch in der rauen Wirklichkeit der 1930er Jahre eine Art Stellvertreterkrieg gegen Banken und Gesetze geführt und wird damit für die Studenten, die das Establishment bekämpfen, zum Symbol für den Kampf gegen den herrschenden Kapitalismus. Dass die beiden aus der Enge ihrer Heimat ausbrechen und der allgemeinen Perspektivenlosigkeit ihre eigene Welt mit ihren ganz eigenen Gesetzen entgegenstellen, spricht vor allem die Jugend an, die darin eine Analogie zu ihrem eigenen Dasein sieht. Und genau mit dieser Identifikation spielen die Filmemacher, die mit *Bonnie und Clyde* im Prinzip keinen Film über die 1930er, sondern über die 1960er Jahre geschaffen haben. Dies zeigt allein schon die Ausstattung und wird besonders deutlich an Faye Dunaway, deren Kleidung, Haare und Make-up nichts mit den 1930er Jahren zu tun haben, sondern den Massengeschmack der 1960er widerspiegeln. Hatten Bonnies Kleider bis zu den Knöcheln gereicht, hören die von Faye Dunaway an den Knien auf. Dass der attraktive, durchtrainierte Warren Beatty mit dem schmächtigen Clyde Barrow nicht die geringste Ähnlichkeit hat, stört niemanden. Arthur Penn zeigt keine trinkende und verkrüppelte Bonnie. Bis zum Schluss sind beide makellos. Bonnie und Clyde sind die Guten, die Freunde der verarmten Farmer, denen die bösen Banken alles genommen haben. Die Heroen, denen die vor den Staubstürmen flüchtenden »Okies« Hilfe gewähren, weil sie sie als ihresgleichen be-trachten. Die Vertreter des Gesetzes sind genau wie die Verräter häss-lich, gemein und unsympathisch. Strahlend schön sind nur Bonnie und Clyde. Eine Schwarz-Weiß-Malerei, der sich kein Zuschauer ent-ziehen kann. Im Gegenteil, der Zuschauer wird zum Komplizen, wie Filmhistoriker Lars Damman schreibt: »Über Kameraperspektive, Bildkomposition und Informationsvergabe zieht der Film den Be-trachter in die Welt der Figuren hinein, fordert und fördert die Iden-tifikation mit den Helden sowie die Anteilnahme an deren Taten.«[347] Der Film, mit dem sich die Schreibweise in der Reihenfolge »Bonnie und Clyde« endgültig durchsetzt, macht die beiden unwiderruflich zu Volkshelden. Wenn Bonnie und Clyde am Ende von Kugeln durch-siebt werden, empfindet der Zuschauer dies als ungerecht, wird er doch selbst durch die Kameraführung von den Kugeln getroffen und für seine Komplizenschaft bestraft. Die Sterbeszene, die Arthur Penn mit mehreren Kameras aus verschiedenen Blickwinkeln in unter-schiedlichen Geschwindigkeiten drehen ließ, ist spektakulär. Bonnie stirbt in Nahaufnahme, Clydes Tod gleicht einem Ballett. Der Film zeigt Gewalt und Tod so unmittelbar, dass der Zuschauer gezwungen ist, sich damit auseinanderzusetzen. Jegliche Kritik daran weist Arthur Penn mit dem Hinweis zurück, dass in den Abendnachrichten tagtäg-lich tausendmal mehr Gräueltaten aus dem Vietnamkrieg über die Bildschirme flimmern und die reale Gewalt um ein Vielfaches größer und grausamer sei als die Gewalt im Kino.[348]

Doch der Film erweist sich noch in einem anderen Punkt als ein Kind seiner Zeit. Die Drehbuchautoren haben für ihren Film auch Clydes angebliche Bisexualität aufgegriffen, lassen dies aber auf Bitten von Warren Beatty und Arthur Penn wieder fallen. Beatty sieht darin zum einen ein Glaubwürdigkeitsproblem, da ihm dies niemand ab-nehmen würde, zum anderen aber fürchtet er um seine Karriere als Schauspieler. Penn hingegen befürchtet, dass dies die Identifikation der Zuschauer mit dem Paar gefährden könnte. Die 1960er Jahre tun sich schwer im Umgang mit Homosexualität und so wird Clyde statt-dessen als partiell impotent dargestellt, obgleich der Film von Anfang an sexuell aufgeladen und voller Anspielungen und Symbolik ist. Doch erst als Bonnie am Ende ein Gedicht über ihn verfasst, das seine Sehn-sucht nach Ruhm und Unsterblichkeit befriedigt, ist Clyde zu sexuel-ler körperlicher Befriedigung in der Lage.[349]

Heute gilt der Film, in dem Filmhistoriker »die zu diesem Zeitpunkt radikalste filmische Verarbeitung des gesellschaftlichen Klimas im Hollywoodkino«[350] sehen, als Startschuss für den *New Hollywood Film*. Auf ihn folgen Klassiker wie *Easy Rider* (1969, Dennis Hopper), *Chinatown* (1974, Roman Polanski) oder *Taxi Driver* (1975, Martin Scorsese). Eine neue Generation von Filmemachern meldet sich zu Wort, die die Realität der amerikanischen Gesellschaft ins Zentrum ihres Interesses rückt. Zwischen 1967 und 1976 entsteht eine völlig neue Art von Kino, das abseits vom Mainstream Filme macht, die auch zeitpolitische und gesellschaftskritische Strömungen aufgreifen. *Bonnie und Clyde* stellt für dieses Kino eine Initialzündung dar, die mit *Atemlos* von Jean-Luc Godard (1960) für das französische Kino durchaus vergleichbar ist.

In den Herzen der Menschen wachsen die Früchte des Zorns
und werden schwer, schwer und reif zur Ernte.
JOHN STEINBECK[351]

Epilog
Die Früchte des Zorns

Die Begeisterung für Bonnie und Clyde riss nie wieder ab. Clydes Grabinschrift, »Gegangen, aber nicht vergessen«, sollte sich auf beeindruckende Weise bewahrheiten. Auf Arthur Penns Film folgten weitere Verfilmungen des Stoffes und diverse mehr oder weniger erfolgreiche Lieder. Georgie Fames »The Ballad of Bonnie and Clyde«, der erste Song in der Geschichte, in dem eine Maschinengewehrsalve zu hören ist, schaffte es 1967 auf Anhieb an die Spitze der britischen Charts. Ein Jahr später vertonte Serge Gainsbourg Bonnies Gedicht »The Story of Bonnie and Clyde« und sang es zusammen mit Brigitte Bardot, was dem Gangsterpärchen zusätzlichen Sexappeal verlieh. Eminem, Jay-Z und Beyoncé Knowles haben ebenso über Bonnie und Clyde gesungen wie Bushido und die Toten Hosen.

Bis heute pilgern Fans an die Gräber von Clyde und Bonnie, die 1945 in den Crown Hill Memorial Park in Dallas verlegt wurde. Clydes und Bucks Grabstein wurde zwischenzeitlich so oft gestohlen, dass er in die Erde zementiert werden musste. Es gibt Reiseführer, anhand derer man auf den Spuren von Bonnie und Clyde wandeln kann, ganze Busladungen voll Interessierter werden an Originalschauplätze geführt. Überall im südlichen Mittleren Westen zeigen Museen Gegenstände aus dem Besitz des Paares. Das Primm Valley Resort & Casino in Primm, Nevada, stellt in einem riesigen Glaskasten das »Todesauto« zur Schau. Unmittelbar nach dem Tod von Bonnie und Clyde hatte es die rechtmäßige Besitzerin Ruth Warren für 150 Dollar monatlich an Charles W. Stanley vermietet, der damit von Stadt zu Stadt gezogen war. Später kaufte Stanley den Wagen und nahm Emma Parker und Cumie Barrow unter Vertrag, die zusammen mit dem Auto tourten. Nachdem Stanley den Wagen 1952 verkauft hatte, ging er durch mehrere Hände, bis er schließlich für 250.000 Dollar von Greg und Gary Primm für ihr Casino erworben wurde. Da das Casino Offerten von bis zu einer Million Dollar zurückgewiesen hat, ist er dort noch immer zu besichtigen. Ebenso wie Clydes durchlöchertes »Todeshemd«, das Marie Barrow 1997 für 85.000 Dollar versteigern ließ und das im Schaukasten daneben hängt. Wie groß das Interesse an Bonnie und Clyde ist, erfuhr 2001 auch die *Dallas Historical Society*. Zur Ausstellung über das Paar kamen über 100.000 Besucher mehr als im Jahr darauf zur Schau über die Ermordung Präsident Kennedys in Dallas. 2012 wurden die beiden Waffen, die Bonnie und Clyde am Todestag bei sich trugen, für umgerechnet 390.000 Euro versteigert.

Heute ist das Leben von Bonnie und Clyde vor allem eines: ein lukratives Geschäft für Familienangehörige, Tourguides, Reiseunternehmen, Hoteliers und Nippes-Hersteller. Es gibt Tassen, T-Shirts und Mousepads mit ihrem Konterfei und jedes Jahr findet im Mai in Gibsland und Arcadia das *Bonnie and Clyde Festival* statt.

Die beiden sind zum Synonym für kriminelle Liebespaare geworden. Romantische Verklärung hat die harten Fakten einer Geschichte, in der es am Ende nur Verlierer gab, übertüncht. Bonnie und Clyde sind sexy, cool und unsterblich. Sie stehen für all das, wonach Menschen sich auch heute noch sehnen: Jugend, die unerschütterliche ewige Liebe, Solidarität und Familienzusammenhalt.

Darüber hinaus implizieren sie für viele den Mut, sich gegen das System aufzulehnen und selbst über sein Leben zu bestimmen. Ihre Taten wurden zu einer Art Stellvertreterkrieg gegen die Herrschenden und das Kapital umgedeutet. Und dass sie zu Lebzeiten vor allem von den sozial Benachteiligten unterstützt wurden, scheint diese These zu untermauern.

Bonnie und Clyde konnten Volkshelden werden, weil sie vieles von dem verkörpern, was Eric Hobsbawm bei seinen Forschungen über Sozialrebellen à la Robin Hood herausfand: »Das Sozialbanditentum (…) ist wenig mehr als ein lokaler und endemischer Protest der Bauern gegen Unterdrückung und Armut: ein Racheschrei gegen die Reichen und die Unterdrücker, ein vager Traum ihnen Schranken zu setzen, eine Wiedergutmachung persönlichen Unrechts. Seine Ziele sind bescheiden: die Bewahrung einer traditionellen Welt, in der die Menschen gerecht behandelt werden, nicht etwa eine neue und vollkommenere. (...) Sozialbanditentum hat so gut wie keine Organisation oder Ideologie und ist völlig außerstande, sich einer modernen sozialen Bewegung anzupassen.«[352] In West Dallas beheimatet, waren Bonnie und Clyde Teil einer ländlichen Kriminalität, die sich fern der großen Städte abspielte. Sie waren dem südlichen Mittleren Westen eng verbunden und verließen diese Gegend niemals, auch nicht für lohnenswertere Beuteziele. Dadurch blieben sie Teil des sozialen Umfeldes, aus dem sie kamen, und sicherten sich über einen gewissen Zeitraum dessen Unterstützung. Ihre Verbundenheit mit Familie und Freunden riss niemals ab und führte dazu, dass ein Schutzwall um die beiden errichtet wurde, den die Verfolger lange Zeit nicht durchbrechen konnten. Erst, als es gelang, Verräter zu finden, begann diese Mauer aus Schweigen und aktiver Unterstützung zu bröckeln. Wie bei allen Sozialrebellen waren auch Clydes Vergehen anfangs gering und zogen mit der Inhaftierung in Eastham eine unverhältnismäßig harte Bestrafung nach sich. Mangels anderer Möglichkeiten zur Satisfaktion begann er sich mit Gewalt gegen erlittenes Unrecht zur Wehr zu setzen. Dass man ihn nach seiner Haftentlassung nicht mehr Fuß fassen ließ, gilt vielen als weiterer Beleg für die Mitschuld der Gesellschaft am Phänomen Bonnie und Clyde. Ist Sozialrebellentum in seiner ursprünglichen Form ein vorpolitisches, archaisches Phänomen, das vor allem in vorkapitalistischen, agrarischen Gesellschaften entsteht, die in eine Krise geraten, so bot der Mittlere Westen der USA, wie der Historiker L. Glenn Seretan nachweist, während der Großen Depression eine der von Hobsbawm konstatierten Voraussetzung für Sozialbanditentum durchaus vergleichbare Variante. Der Vertrauensverlust, den der Staat in dieser Umbruchsphase erlitt, ging mit einem Wertewandel einher, der es ermöglichte, dass Bonnie und Clyde zu Helden werden konnten. Während der sogenannte kleine Mann nur davon träumte, sich an den Banken schadhaft zu halten, die ihm alles genommen hatten, setzten die beiden seinen Wunsch in die Tat um und verschafften ihm so ein Gefühl der Genugtuung. Dass sie durch ihre Raubzüge nicht reich wurden, sondern nur raubten, um zu überleben und ihre Rache gegen das Justizsystem in die Tat umzusetzen, unterschied sie tatsächlich von den meisten Verbrechern, die um der Beute willen raubten und mordeten, und verlieh ihrem Leben auf der Flucht einen gewissen sozialpolitischen Anstrich. Dieser Einschätzung leistete letztlich auch der Staat Vorschub, als er bestimmte Kriminelle zu Staatsfeinden erklärte, die den Staat in seinem Inneren bedrohten, und ihnen dadurch eine überhöhte politische Bedeutung zuwies. Dafür, dass Clyde Barrow niemals aus Habgier mordete, sondern nur schoss, wenn man ihn um seine Freiheit bringen wollte, zeigten viele Verständnis, die selbst nichts mehr zu verlieren hatten. Wie alle Sozialrebellen wurden auch Bonnie und Clyde mit dem Mythos der Unverwundbarkeit belegt, sodass sie nur durch Verrat zur Strecke gebracht werden konnten. Dass ihr vermeintlicher Kampf gegen das System letztlich anderen kleinen Leuten, die versuchten, ihre Familien in Notzeiten über die Runden zu bringen, das Leben kostete, wird dabei allzu gern verdrängt. Gerade ihre Großzügigkeit gegenüber Freunden und Familien stellt sie für ihre vielen Fans noch heute auf eine Stufe mit Robin Hood, dem Prototyp des Sozialrebellen.

Doch selbst dann, wenn man sich dessen bewusst ist, dass die Geschichte von Bonnie und Clyde weniger heldenhaft ist als gemeinhin angenommen, lassen sich aus ihr einige Lehren ziehen. So weisen die Ereignisse in aller Deutlichkeit auf die Sinnlosigkeit der Todesstrafe hin. Gerade die daraus resultierende Alternativlosigkeit trieb die beiden dazu, immer weiterzumachen, machte aus all ihrem Tun eine Frage von »wir oder die anderen«. Ihre Geschichte, die ja vor allem auch die Geschichte einer katastrophalen Wirtschafts- und Sozialkrise ist, ausgelöst durch die nicht enden wollende Gier des Menschen, zeigt zudem, was geschehen kann, wenn Menschen zur Verzweiflung getrieben werden und jegliche Hoffnung verlieren. Wenn die Zukunft nur noch als Bedrohung empfunden wird und sich immer mehr Menschen aus tiefstem Herzen Bertolt Brechts berühmtem Satz anschließen können: »Was ist ein Einbruch in eine Bank gegen die Gründung einer Bank?«[353]

Dass Bonnie und Clyde augenblicklich eine Renaissance erfahren und Hollywood-Regisseur Neil Burger eine Neuverfilmung des Stoffes plant, kommt nicht von ungefähr. Die gegenwärtige Situation in Europa und den USA weist viele Parallelen zur Situation der 1930er Jahre auf. In einer weltweiten Finanzkrise, da erneut Menschen ihre Jobs, ihre Häuser und ihr Erspartes verlieren und das Unbehagen gegen das herrschende Wirtschafts- und Finanzsystem in Protest und

Aktion umschlägt, erscheint die Geschichte von Bonnie und Clyde aktueller denn je.

Es ist höchste Zeit, sich daran zu erinnern, was passieren kann, wenn Profitstreben den Menschen aus dem Mittelpunkt des Denkens und Handelns verdrängt. Wenn der Staat vergisst, was er seinen Bürgern wirklich schuldet: Frieden und eine Freiheit, in der das verortet ist, was Franklin Delano Roosevelt schon vor 80 Jahren anmahnte: »Freiheit setzt voraus, dass es den Menschen möglich ist, ihren Lebensunterhalt selbst zu bestreiten – um ein Leben zu führen, wie es dem Standard der Zeit entspricht – ein Leben, das es den Menschen gestattet, nicht nur von etwas, sondern für etwas zu leben.«[354]

Dem ist nichts hinzuzufügen.

Anmerkungen

PROLOG

1 Arthur Penn: Bonnie und Clyde, Warner Bros. 1967. Dies ist nicht Bonnies Originalgedicht »The End of the Line«, dazu siehe: Jeff Guinn: Go Down Together. The True, Untold Story of Bonnie & Clyde, London 2009, S. 311–313.

2 Woody Guthrie: Classics Songbook, hrsg. v. Judy Bell und Nora Guthrie, New York 2003, S. 5.

3 Caroline Bird: The Invisible Scar. The Great Depression and what it did to American life from then until now, New York 1966, S. 29.

4 Der wunderbare Begriff des »besonderen Geschäftsmodells« stammt von Inga Ehret, http://www.focus.de/kultur/kino_tv/tid-15089/al-capone-ma-barker-und-co-staatsfeinde-und-volkshelden_aid_423401.html.

5 Eric Hobsbawm: Die Banditen. Räuber als Sozialrebellen, München 2007, S. 24.

6 Wasser, Hartmut (Hrsg.): USA. Wirtschaft Gesellschaft Politik, Opladen 1996, S. 29.

I. LANGEWEILE UND LEBENSHUNGER

7 Floyd Hamilton: Public Enemy Number 1, Dallas 1978, S. 15.

8 Emma Parker, in: Jan I. Fortune: The True Story of Bonnie & Clyde. As told by Bonnie's Mother and Clyde's Sister, New York 1968, S. 56.

9 Ebenda, S. 43.

10 »Klan Marches in Awesome Parade«, *The Dallas Morning News,* 22. Mai 1921, S. 1f.

11 Emma Parker, in: Fortune, S. 44.

12 Billie Jean Parker Moon: The Truth About Bonnie and Clyde as Told by Billie Jean Parker, Interview von Jud Collins, RCA Victor Sound Recording LSP 3967, 1968.

13 Flo Stewart, in: Phillip W. Steele mit Marie Barrow Scoma: The Family Story of Bonnie and Clyde, Gretna 2003, S. 37.

14 Emma Parker, in: Fortune, S. 44.

15 Zu den »Flapper Girls« vgl. auch Michaela Karl, »Wir brechen die 10 Gebote und uns den Hals«. Zelda und F. Scott Fitzgerald. Eine Biografie, St. Pölten 2011.

16 Emma Parker, in: Fortune, S. 50.

17 Bonnie Parker, Tagebuch, 1. Januar 1928, in: Fortune, S. 51.

18 Bonnie Parker, Tagebuch, 3. Januar 1928, ebenda, S. 50.

19 Bonnie Parker, Tagebuch, 1. Januar 1928, ebenda, S. 52.

20 Ebenda, S. 51.

21 Bonnie Parker, Tagebuch, 5. Januar 1928, ebenda, S. 53.

22 Bonnie Parker, Tagebuch, 7. Januar 1928, ebend,a S. 53.

23 Bonnie Parker, Tagebuch, 3. Januar 1928, ebenda, S. 52.

24 Ebenda.

25 Bess Krause, in: Fortune, S. 49.

26 Ted Hinton: Ambush. The Real Story of Bonnie and Clyde, Fredericksburg 1979, S. XIII.

27 Fortune, S. 50.

28 »Everybody ought to be rich«, John J. Raskob im Interview, *Ladies' Home Journal*, August 1929.

29 Zu Dorothy Parker vgl. Michaela Karl: »Noch ein Martini und ich lieg unterm Gastgeber«. Dorothy Parker. Eine Biografie, St. Pölten 2010.

30 Calvin Coolidge: The Press in a Free Government, Rede vor der American Society of Newspaper Editors, Washington D.C., 17. Januar 1925, Archiv Calvin Coolidge Memorial Foundation.

31 Robert H. Ferrell: The Presidency of Calvin Coolidge, Kansas City 1998, S. 195.

32 Christopher Gray: Streetscapes: Central Park's ›Hooverville‹; Life Along ›Depression Street‹, *The New York Times*, 29. August 1993.

33 Emma Parker, in: Fortune, S. 57f.

II. WUNSCH UND WIRKLICHKEIT

34 Paul Schneider: Bonnie and Clyde. The Lives Behind The Legend, London 2009, S. 43.

35 Nell Barrow, in: Fortune, S. 24.

36 Ebenda, S. 27.

37 Nathanael West: Tag der Heuschrecke, Zürich 1972, S. 194–197.

38 Guinn, S. 16.

39 Nell Barrow, in: Fortune, S. 26.

40 Ebenda, S. 31.

41 Henry Barrow, in: Hinton, S. 9.

42 Nell Barrow, in: Fortune, S. 32.

43 Hinton, S. 9.

44 Cumie Barrow: Unveröffentlichtes Manuskript, zitiert in: Guinn, S. 36.

45 H. Paul Jeffers: The Great Depression, New York 2002, S. 48.

46 Nell Barrow, in: Fortune, S. 38.

47 Ebenda, S. 40.

48 Marie Barrow Scoma im Dokumentarfilm »Remembering Bonnie and Clyde«.

49 Buck Barrow an seine Mutter, 12. Januar 1930, in: James R. Knight with Jonathan Davis: Bonnie and Clyde. A Twenty-First-Century Update, Austin 2003, S. 28.

III. HIMMEL UND HÖLLE

50 Marie Barrow im Interview mit John Neal Phillips, 15. September 1993, in: John Neal Phillips: Running with Bonnie and Clyde. The Ten Fast Years Of Ralph Fults, Norman 2002, S. 324.

51 Emma Parker, in: Fortune, S. 58.

52 Ebenda.

53 Ebenda.

54 Bonnie an Clyde, Brief vom 14. Februar 1930 ins Gefängnis nach Dallas, in: Fortune, S. 59.

55 Ebenda, S. 60.

56 Ebenda, S. 59.

57 Marie Barrow Scoma im Dokumentarfilm »Remembering Bonnie and Clyde«.

58 Bonnie an Clyde, Brief vom Februar 1930 ins Gefängnis nach Denton, in: Fortune, S. 61.

59 Ebenda.

60 Bonnie an Clyde, Brief vom 23. Februar 1930 ins Gefängnis nach Denton, ebenda, S. 64.

61 »Trio Leaves Trail of Stolen Cars«, *The Waco Times-Herald*, 12. März 1930, S. 1.

62 Bonnie an Clyde, Brief vom 3. März 1930 ins Gefängnis nach Waco, in: Ramsey Winston G.: On the Trail with Bonnie and Clyde Then and Now, London 2003, S. 27.

63 John Treherne: The Strange History of Bonnie and Clyde, London 1984, S. 36.

64 Bonnie an Clyde, Brief vom 23. Februar 1930 ins Gefängnis nach Denton, in: Fortune, S. 64.

65 Cumie Barrow: Unveröffentlichtes Manuskript, zitiert in: Knight, S. 31.

66 Emma Parker, in: Richard J. Veit: The Waco Jailbreak of Bonnie and Clyde, *Waco Heritage and History*, Dezember 1990, S. 20.

67 Treherne, S. 37.

68 Ebenda, S. 39.

69 Fortune, S. 69.

70 »Trio Leaves Trail of Stolen Cars«, *The Waco Times-Herald*, 12. März 1930, S. 1.

71 Emma Parker, in: Fortune, S. 71.

72 Veit, S. 12.

73 «Baby Thugs Captured«, *The Waco News Tribune*, 19. März 1930, S. 1.

74 Richard Munroe, in: Veit, S. 14.

75 Clyde an Bonnie, Brief vom 19. April 1930 aus dem Gefängnis in Waco, in: Ebenda, S. 17.

76 Lee Simmons: Assignment: Huntsville. Memoirs of a Texas Prison Official, Austin 1957, S. 184.

77 Alonzo Wasson: Moody Pleads Fervently for Prison Reform, *The Dallas Morning News*, 30. Januar 1930, S. 1.

78 Senator Thomas B. Love, Interview, *Houston Press*, 9. April 1930.

79 Simmons, S. VIII.

80 Gary Brown: Texas Gulag. The Chain Gang Years 1875–1925, Plano 2002, S. 3f.

81 Phillips, S. 8.

82 Ebenda, S. 20.

83 Guinn, S. 69.

84 Ralph Fults Interview *The Dallas Times Herald Magazine*, 5. Juli 1991.

85 Phillips, Running with Bonnie and Clyde, S. 11.

86 *The Houston Press*, 6. Oktober 1930, in: Paul Schneider: Bonnie and Clyde. The Lives Behind The Legend, London 2009, S. 128.

87 Clyde an Bonnie, Brief vom 21. Dezember 1930 aus dem Gefängnis in Eastham, in: Fortune, S. 75.

88 Ralph Fults tells his Story with Bonnie and Clyde, *Southwestern Historical Inc*, in: Schneider, S. 133.

89 Guinn, S. 75–77.

90 Clyde Barrow an Cumie Barrow, Brief vom 3. Dezember 1931 aus dem Gefängnis in Eastham, in: Knight, S. 37.

91 Blanche Caldwell Barrow: My Life with Bonnie and Clyde, hrsg. v. John Neal Phillips, Norman 2005, S. 11.

92 Schneider, S. 144.

93 Ralph Fults im Interview, 10. Dezember 1980, in: Phillips, Running with Bonnie and Clyde, S. 53.

IV. MISEREN UND MALAISEN

94 Hamilton, S. 14.

95 Emma Parker, in: Schneider, S. 147.

96 Emma Parker, in: Fortune, S. 79.

97 T. H. Watkins: The Great Depression. America in the 1930s, New York 2009, S. 60.

98 Woody Guthrie: Dies Land ist mein Land, Hamburg 2012, S. 25.

99 Floyd Hamilton: Bonnie & Clyde and Me! The Floyd Hamilton Story, Public Enemy No. 1, 1938 … in His Own Words, GreaTapes, CD, Minneapolis 2000.

100 Clyde an seine Mutter, Brief Anfang März 1932 aus Framingham, in: Knight, S. 42.

101 Sidney Fine: Frank Murphy: The Detroit Years, 2. Band, Ann Arbor 1975, S. 404–408.

102 Upton Sinclair: Am Fließband. Mr. Ford und sein Knecht Shutt, Reinbek bei Hamburg 1987, S. 181.

103 Clyde Barrow, in: Fortune, S. 80.

104 Clyde Barrow, in: Philips, S. 64.

105 W. D. Jones: »Riding with Bonnie and Clyde«, Interview, *Playboy*, November 1968, Vol. 15, Nr. 11, S. 160.

106 Guinn, S. 97.

107 Guthrie, Songbook, S. 30.

108 Emma Parker, in: Schneider, S. 163.

109 »Rodeo Stuff Shown By Fleeing Yegg Suspects on Mules«, *The Amarillo Globe*, 20. April 1932.

110 Phillips, Running with Bonnie and Clyde, S. 94.

111 Emma Parker, in: Fortune, S. 81.

112 Caldwell Barrow, S. 208f.

113 Dick McMahan: The Bucher Murder was the Turning Point for Clyde Barrow, Bonnie Parker und Raymond Hamilton, Dallas 2007, S. 18.

114 Bonnie Parker gegenüber ihrer Mutter im Juni 1932, in: Fortune, S. 89.

115 Brief an Präsident Roosevelt von der W.P.A. Arbeitervereinigung,
    13. Januar 1936, in: Robert S. McElvaine (Hrsg.): Down and Out in the
    Great Depression. Letters from the Forgotten Man, Chapel Hill 2008, S. 136.

116 Emma Parker, in: Fortune, S. 90.

117 Piers Brendon: The Dark Valley. A Panorama of the 1930s, New York 2000,
    S. 94.

118 Raymond Hamilton, Interview, *Dallas Daily Times-Herald*, 26. Juli 1933.

119 Clyde Barrow, in: Fortune, S. 96.

120 Marie Barrow: Unveröffentlichtes Manuskript, zitiert in: Guinn, S. 122.

121 Emma Parker, in: Treherne, S. 66.

122 Bonnie Parker, in: Fortune, S. 91.

123 Emma Parker, in: Fortune, S. 91f.

124 Ebenda, S. 94.

125 Aussage von Deputy Sheriff Joe Johns, 17. August 1932, in: Ramsey, S. 69.

126 W. D. Jones: »Riding with Bonnie and Clyde«, Interview, *Playboy*,
    November 1968, Vol. 15, Nr. 11, S. 162.

127 Ebenda.

128 Nell Barrow, in: Fortune, S. 100.

129 Billie Jean Parker Moon: The Truth About Bonnie and Clyde as Told by
    Billie Jean Parker, Interview von Jud Collins, RCA Victor Sound Recording
    LSP 3967, 1968.

130 Schneider, S. 204.

131 Clyde Barrow, in: Fortune, S. 101.

132 Clyde Barrow, in: Ramsey, S. 77.

133 Floyd Hamilton: Bonnie & Clyde and Me! The Floyd Hamilton Story,
    Minneapolis 2000.

134 Bird, S. 32.

135 Brendon, S. 89.

136 McElvaine, S. 18.

137 Watkins: Depression, S. 76.

138 Brendon, S. 82.

139 Mrs E. L. aus Philadelphia an Präsident Roosevelt, 26. November 1934, in:
    McElvaine, S. 60f.

140 Mrs I.H. aus Lawndale, Kalifornien, an Präsident Roosevelt, 1. Februar 1934,
    in: McElvaine, S. 57.

141 Brief an Eleanor Roosevelt aus Miami, Florida, 14. Dezember 1934, in:
    McElvaine, S. 67.

142 Samuel Irving Rosenman: Working with Roosevelt, New York 1952, S. 58.

143 Sid Underwood: Depression Desperado. The Chronicle of Raymond
    Hamilton, Austin 1995, S. 23.

144 W. D. Jones: »Riding with Bonnie and Clyde«, Interview, *Playboy*,
    November 1968, Vol. 15, Nr. 11, S. 151.

145 Geständnis von W. D. Jones, 18. November 1933, FBI-Akte Bonnie und
    Clyde, Nr. 26-4114, Zusatzordner.

146 E.R. Milner: The Lives and Times of Bonnie & Clyde, Carbondale/
Edwardsville 1996, S. 56.

147 W.D. Jones: »Riding with Bonnie and Clyde«, Interview, *Playboy*,
November 1968, Vol. 15, Nr. 11, S. 160.

148 Ebenda, S. 161f.

VI. VERBRECHER UND VOLKSHELDEN

149 «Buck Barrow Dying after Battle, but Clyde and Companions Flee«,
The Dallas Morning News, 25. Juli 1933, S. 12.

150 Treherne, S. 89.

151 «Pretty Boy is New Suspect in Killing: Jesse James Next?«, *The Dallas
Morning News*, 20. Januar 1933, S. 1.

152 Aussage von Thomas Persell, 27. Januar 1933, in: Ramsey, S. 93.

153 «Persell's Own Story of Kidnapping«, Thomas Persell im Interview mit
Perry Smith, *Springfield Press*, 27. Januar 1933.

154 Watkins: Depression, S. 115.

155 Milton Meltzer: Brother, Can You Spare a Dime? New York 1991, S. 88–91.

156 Roosevelts Inaugurationsansprache, in: Alan Posener: Franklin Delano
Roosevelt, Reinbek bei Hamburg 1999, S. 70.

157 Abraham Lincoln, Rede zur zweiten Amtseinführung, 4. März 1865, in: Jörg
Nagler: Abraham Lincoln. Amerikas großer Präsident, München 2011, S. 405.

158 Posener, S. 72.

159 Watkins: Depression, S. 127.

160 Ebenda, S. 130.

161 T. Lindsay Baker: Gangster Tour of Texas, Austin 2011, S. 13.

162 Clyde Barrow zu seiner Schwester Nell, in: Fortune, S. 107.

163 Caldwell Barrow, S. 44.

164 Ebenda, S. 40.

165 Ebenda, S. 44.

166 Ebenda, S. 48f.

167 W.D. Jones: »Riding with Bonnie and Clyde«, Interview, *Playboy*,
November 1968, Vol. 15, Nr. 11, S. 162.

168 Mike Royko: Bonnie 'n' Clyde – the Sad Side, in: Mike Royko: I May
Be Wrong, BUT I DOUBT IT, Chicago 1968, S. 204.

169 Caldwell Barrow, S. 56.

170 Ebenda, S. 65.

171 Sophia Stone, in: Hinton, S. 48.

172 Caldwell Barrow, S. 62.

173 Buck Barrow, in: Fortune, S. 122.

174 Nell Barrow, in: Fortune, S. 109f.

175 Clyde Barrow, in: Fortune, S. 108.

176 Steele, S. 88.

177 Bonnie Parker, in: Ramsey, S. 129.

178 Buck Barrow, in: Fortune, S. 112.

179 Caldwell Barrow, S. 113.

180 Underwood, S. 38.

181 Jones' Geständnis, FBI-Akte Bonnie und Clyde, Nr. 26-4114, Zusatzordner.

182 Caldwell Barrow, S. 90.

183 Gladys Cartwright, in: Ramsey, S. 133.

184 Bonnie Parker, in: Fortune S. 125.

185 Caldwell Barrow, S. 95.

186 Befragung von George T. Corry und Paul Hardy durch das FBI, 8. Juli 1933, FBI-Akte Bonnie und Clyde, Nr. 26-4114-53.

187 *New York Times,* 11. Juni 1933.

188 Nell Barrow, in: Fortune, S. 127.

189 Clyde Barrow, ebenda.

190 Hinton, S. 50.

191 Caldwell Barrow, S. 100.

192 Ebenda, S. 103.

193 The Truth About Bonnie and Clyde as Told by Billie Jean Parker, Interview von Jud Collins, RCA Victor LSP 3967, 1968.

194 Steele, S. 94.

195 Hinton, S. 54.

196 *Enid Morning News,* 28. Juni 1933.

197 Caldwell Barrow, S. 108.

198 *Fort Dodge Messenger & Chronicle,* 18. Juli 1933.

199 Robert Unger: The Union Station Massacre. The Original Sin of J. Edgar Hoover's FBI, Kansas City 1997.

200 Caldwell Barrow, S. 110.

201 Francis Williams: The Day Bonnie and Clyde Shot It Out with the Law in Ferrelview, *Discover North*, Vol. 8, Nr. 3, März/April 1974, S. 10.

202 Caldwell Barrow, S. 114f.

203 Milner, S. 91.

204 Guinn, S. 215f.

205 Caldwell Barrow, S. 119.

206 Ebenda, S. 121.

207 Nell Barrow, in: Treherne, S. 133f.

208 Caldwell Barrow, S. 127.

209 W. D. Jones: »Riding with Bonnie and Clyde«, Interview, *Playboy,* November 1968, Vol. 15, Nr. 11, S. 162.

210 Caldwell Barrow, S. 124.

211 Phillips, Running with Bonnie and Clyde, S. 149.

212 Caldwell Barrow, S. 128.

213 Milner, S. 95.

214 Schneider, S. 278.

215 Milner, S. 96.

216 Treherne, S. 137.

217 Bonnie Parker, in: Fortune, S. 140.

218 Caldwell Barrow, S. 136.

219 Emma Parker, in: Fortune, S. 143.

220 Caldwell Barrow, S. 142.

221 Hinton, S. 80.

222 Geständnis von Blanche Caldwell Barrow, 16. August 1933, FBI-Akte Bonnie
und Clyde, Nr. 26-4114-90.

223 Caldwell Barrow, S. 140.

224 Bonnie Parker, in: Fortune, S. 142.

225 *Press Report*, 29. Juli 1933, in: Ramsey, S. 183.

226 W. D. Jones: »Riding with Bonnie and Clyde«, Interview, *Playboy*,
November 1968, Vol. 15, Nr. 11, S. 165.

VIII. REVANCHE UND RACHE

227 Clyde Barrow, in: Fortune, S. 133.

228 George T. Corry aus Wellington an FBI Special Agent F. J. Blake,
23. Juni 1933, FBI-Akte Bonnie und Clyde, Nr. 26-4114-46.

229 FBI-Akte Bonnie und Clyde, 6. März 1933, Nr. 26-4114-15.

230 FBI-Akte Bonnie und Clyde, 14. Dezember 1934, Nr. I.C. 24-31672.

231 Verhör von Dr. Walter Eberle, 10. Juli 1933, FBI-Akte Bonnie und Clyde,
13. Juli 1933, Nr. 26-4114-61.

232 Bericht von G.H. Franklin aus Oklahoma City, 10. Juli 1933, FBI-Akte
Bonnie und Clyde, 13. Juli 1933, Nr. 26-4114-61.

233 Vgl. Michaela Karl: Streitbare Frauen. Porträts aus drei Jahrhunderten,
St. Pölten 2009, S. 175–195.

234 Kenneth O'Reilly: A New Deal for the FBI: The Roosevelt Administration,
Crime Control and National Security, *Journal of American History* 69, Nr. 3,
1982, S. 638–658.

235 Tim Weiner: FBI. Die wahre Geschichte einer legendären Organisation,
Frankfurt/M. 2012, S. 106f.

236 Emma Parker, in: Fortune, S. 145.

237 Ebenda, S. 149.

238 McMurrey, in: Ramsey, S. 187.

239 William J. Helmer/Mattix, Rick: The Complete Public Enemy Almanac,
Nashville 2007, S. 370.

240 Schneider, S. 288f.

241 Jones' Geständnis, FBI-Akte Bonnie und Clyde, Nr. 26-4114, Zusatzordner.

242 Hinton, S. 101.

243 Ebenda, S. 104.

244 FBI-Akte Bonnie und Clyde, 6. November 1933, Nr. 26-4114-120.

245 *Press Report*, November 1933, in: Ramsey, S. 194.

246 John Steinbeck: Früchte des Zorns, München 2011, S. 143–147.

247 David R. Montgomery: Dreck. Warum unsere Zivilisation den Boden unter
den Füßen verliert, Bonn 2011, S. 193–232.

248 R.D. Lusk: The Life and Death of 470 Acres, *The Saturday Evening Post*,
13. August 1938.

249 Jeffers, S. 123.

250 Donald Worster: Dust Bowl. The Southern Plains in the 1930s, New York 1979, S. 17.

251 Steinbeck: Früchte des Zorn, S. 108.

252 Guthrie: Songbook, S. 10f.

253 *The Daily Times Herald*, 26. November 1933.

254 Clyde Barrow, in: Fortune, S. 152.

255 Hinton, S. 114.

256 Ebenda, S. 113.

257 Schilderung der Geschehnisse siehe Zeugenaussage James Mullen, FBI-Akte Bonnie und Clyde, 3. April 1934, Nr. 26-4114-171.

258 Underwood, S. 42.

259 Joe Palmer im Verhör mit Lee Simmons in Huntsville, in: Simmons, S. 165.

260 Milner, S. 107.

261 *The Houston Chronicle*, 16. Januar 1934.

262 *The Dallas Dispatch*, 18. Januar 1934.

263 Simmons, S. 117.

264 Simmons, S. 126.

265 Ebenda.

266 John H. Jenkins and H. Gordon Frost: I am Frank Harmer, Austin 1968, S. 210.

IX. VERRATEN UND VERKAUFT

267 Emma Parker, in: Fortune, S. 175.

268 Treherne, S. 156.

269 *The Dallas Dispatch*, 18. Januar 1934.

270 Joe Gunn, Interview 1959, in: Ramsey, S. 212.

271 Ebenda.

272 FBI-Akte Bonnie und Clyde, 26. Januar 1934, Nr. 26-4114-7.

273 John Reddy: The Man Who Trapped Bonnie and Clyde, *Reader's Digest*, Mai 1968, S. 120–127.

274 Hamer, in: Jenkins/Frost, S. 78.

275 Hamer, in: Walter Prescott Webb: The Texas Rangers: A Century of Frontier Defense, Austin 1935, S. 540.

276 Knight, S. 137.

277 »Bank Bandits, Thought to Be Barrow And Hamilton, Get $ 4,138 and Escape«, *The Dallas Morning News*, 28. Februar 1934, S. 1.

278 Bryan Burrough: Public Enemies, America's Greatest Crime Wave and the Birth of the FBI 1933–1934, New York 2004, S. 352f.

279 Ebenda, S. 352f.

280 Ebenda, S. 355.

281 Trail, S. 218.

282 Brian Anderson: Reality less romantic than outlaw legend, *The Dallas Morning News*, 18. April 2003, S. 8.

283 Milner, S. 124.

284 Daniel Anderson/Laurence Yadon: Ten Deadly Texans, Gretna 2009, S. 295f.

285 Philips, Running with Bonnie and Clyde, S. 172 f.

286 Hinton, S. 139.

287 *Miami Daily News Record*, 8. April 1934.

288 Knight, S. 150.

289 Hinton, S. 143.

290 Raymond Hamilton: Brief an seinen Anwalt A. S. Baskett aus New Orleans, 7. April 1934, Dallas Municipal Archives, Dallas, Texas.

291 Underwood, S. 66.

292 Clyde Barrow, Brief an Henry Ford vom 10. April 1934 aus Tulsa, Oklahoma, Henry Ford Museum, Dearborn, ID 64.167.285.3.

293 Nell Barrow, in: Fortune, S. 164.

294 Burrough, S. 348.

295 Telefonabhörprotokoll, Dallas Police Department, in: Schneider, S. 323.

296 *The Dallas Dispatch*, 4. März 1934.

297 Brief von Clyde Barrow an Raymond Hamilton, 27. April 1934 aus Memphis, in: Ramsey, S. 230.

298 Carrol Y. Rich: The Day They Shot Bonnie & Clyde, in: Wilson M. Hudson: Hunters & Healers, Folklore Types & Topics, Austin 1971, S. 37.

299 Milner, S. 136.

300 FBI-Akte Bonnie und Clyde, Memorandum von Special Agent E.J. Dowd; Wichita Falls, 21. April 1934, Nr. 26-4114-66.

301 FBI-Akte Bonnie und Clyde, Memorandum von Special Agent C.B. Winstead, Dallas, 8. Mai 1934, Nr. 26-4114-81.

302 FBI-Akte Bonnie und Clyde, 3. Februar 1934, Nr. 26-4114-16.

303 FBI-Akte Bonnie und Clyde, 21. April 1934, Nr. 26-4114-52.

304 FBI-Akte Bonnie und Clyde, 6. April 1934, Nr. 26-4114-37.

305 Henry Barrow im Interview, *Shreveport Times*, 29. Mai 1934.

306 Bonnie & Clyde and Me! The Floyd Hamilton Story, Public Enemy No. 1 1938 ... in His Own Words, Minneapolis GreaTapes 2000.

307 Verhör Raymond Hamilton durch Special Agent C.B. Winstead, 8. Mai 1934, FBI-Akte Bonnie und Clyde, Nr. 26–4114–81.

308 Underwood, S. 83.

309 Western Union Telegramm von Clyde Barrow nach Dallas, Staatsanwaltschaft, Dallas Municipal Archives, Dallas, Texas.

310 Phillips, Running with Bonnie and Clyde, S. 196.

311 Interview mit Henry Barrow, *The Dallas Daily Times-Herald*, 3. Juni 1934.

312 Guinn, S. 330.

313 Ebenda, S. 329–331.

314 Hinton, S. 170.

315 »Barrow and Woman are Slain by Police in Louisiana Trap«, *New York Times*, 24. Mai 1934, S. 1.

316 Caldwell Barrow, S. 146.

317 Hinton, S. 179.

318 Treherne, S. 188.

319 Hamilton, S. 50.

320 Knight, S. 162f.

321 Verhör von James Mullen, 3. Mai 1934, FBI-Akte Bonnie und Clyde, Nr. 26-4114-171.

322 Nate Hendley: Bonnie and Clyde. A Biography, Westport 2007, S. 104.

323 »The Retribution of Clyde Barrow and Bonnie Parker«, Dokumentarfilm, Jamieson Film Company, Dallas 1934.

324 Emma Parker, in: Fortune, S. 175.

325 »Separate Burials for Barrow Pair: Slain Bandits Will Go to Graves a Mile Apart Despite the Wishes of Woman.«, *New York Times*, 25. Mai 1934.

326 Fortune, S. 175.

327 Ramsey, S. 263.

328 Burrough, S. 551.

329 Russell, Bud: The Clyde Barrow Bonnie Parker Harboring Case, Manuscript 1935, S. 34, Collection of the Dallas Historical Society.

330 »Love Aiding Barrow, Mother States«, *The Washington Post,* 26. Februar 1935.

331 Methvin v State 1936 OK CR 105, Oklahoma Court of Criminal Appeals: http://law.justia.com/cases/oklahoma/court-of-appeals-criminal/1936/52185.html.

332 Jenkins/Frost, S. 222.

333 Hinton, S. 166.

334 Simmons, S. 132f.

335 FBI-Akte Bonnie und Clyde, 30. April 1934, Nr. 26-4114-166, ebenso 14. Mai 1934, Nr. 26-4114-202.

336 Guinn, S. 233.

337 Bosley Crowther: Bonnie and Clyde Arrives, *New York Times,* 14. August 1967, S. 36.

338 Peter Biskind; Easy Riders, Raging Bulls. How the Sex-Drugs-and-Rock'n Roll Generation Saved Hollywood, New York 1998, S. 46.

339 Pauline Kael: Onward and Upward With The Arts: »Bonnie and Clyde«, *The New Yorker,* 21. Oktober 1967, S. 147–171.

340 Hollywood: The Shock of Freedom in Films, *Time Magazine,* 8. Dezember 1967, S. 66–76.

341 Cinema: Low-Down Hoedown, *Time Magazine,* 25. August 1967, S. 84.

342 Royko, S. 201.

343 Ebenda, S. 203.

344 Caldwell Barrow, S. 180.

345 Hendley, S. 114.

346 Treherne, S. 214.

347 Lars Dammann: Kino im Aufbruch. New Hollywood 1967–1976, Marburg 2007, S. 65.

348 Stephen Prince: The Hemorrhaging of American Cinema: Bonnie and
    Clyde's Legacy of Cinematic Violence, in: Lester D. Friedman (Hrsg.):
    Arthur Penn's Bonnie and Clyde, Cambridge 2000, S. 130.
349 David Newman: What's It Really All About? Pictures at an Execution,
    in: Ebenda, S. 36–38.
350 Damman, S. 61.

EPILOG

351 Steinbeck: Früchte des Zorns, S. 412.
352 Eric J. Hobsbawm: Sozialrebellen. Archaische Sozialbewegungen im
    19. und 20. Jahrhundert, Neuwied/Berlin 1971, S. 16f.
353 Bertolt Brecht: Die Dreigroschenoper, Ausgewählte Werke in sechs Bänden,
    Band 1, Stücke 1, Frankfurt/M. 1997, S. 267.
354 Franklin Delano Roosevelt: Rede bei seiner erneuten Nominierung zum
    Präsidentschaftskandidaten in Philadelphia, 27. Juni 1936, in: Roosevelt:
    Quotations, Carlisle 2010, S. 13.

Literatur

Abenstein, Edelgard: Frauen, die gefährlich leben. Geschichten von Mut und Abenteuer, München 2010

Abernethy, Francis Edward (Hrsg.): Legendary Ladies of Texas, Nacogdoches 1994

Agee, James/Evans, Walker: Preisen will ich die großen Männer. Drei Pächterfamilien, München 1989

Allsop, Kenneth: Hard Travellin': The Hobo and His History, New York 1967

Angermann, Erich: Die Vereinigten Staaten von Amerika seit 1917, München 1987

Aswell, Thomas E.: The Story of Bonnie and Clyde from the Pages of the Ruston Daily Leader, Ruston 1968

Baker, Eugene (Hrsg.): Blanche Barrow, The Last Victim of Bonnie and Clyde: Prison Letters from 1933 to 1936, Waco 2001

Baker, Lindsay T.: Gangster Tour of Texas, Austin 2011

Barkley, Roy R./Odintz, Mark F. (Hrsg.): The Portable Handbook of Texas, Austin 2000

Becker, Baerbel (Hrsg.): Wild Women. Furien, Flittchen, Flintenweiber, Berlin 1992

Bell, Judy/Guthrie, Nora: Woody Guthrie Classics Songbook, Milwaukee 2012

Bird, Caroline: The Invisible Scar. The Great Depression and what it did to American life, from then until now, New York 1966

Block, Lawrence (Hrsg.): Gangster, Swindlers, Killers & Thieves. The Lives & Crimes of Fifty American Villains, New York 2004

Brecht, Bertolt: Ausgewählte Werke in sechs Bänden, Band 1, Stücke 1, Frankfurt/M. 1997

Brendon, Piers: The Dark Valley: A Panorama of the 1930s, London 2000

Brooks, Bill: Bonnie & Clyde. A Love Story, New York 2003

Brown, Gary: Texas Gulag. The Chain Gang Years 1875–1925, Plano 2002

Burrough, Bryan: Public Enemies. America's Greatest Crime Wave and the Birth of the FBI 1933–1934, New York 2004

Caldwell Barrow, Blanche/Phillips, John Neal: My Life with Bonnie and Clyde, Norman 2004

Calvert, Robert A./De León, Arnoldo: The History of Texas, Arlington Heights 1990

Cameron, Kenneth M.: America On Film, New York, 1997

Campbell, Randolph B.: Gone to Texas: A History of the Lone Star State, New York 2003

Carver, Carolyn: »A Day with Bonnie and Clyde«, *North Louisiana Historical Association Journal* 2, Nr. 2, Winter 1971, S. 59–62

Casad, Dede W.: My Fellow Texans: Governors of Texas in the 20th Century, Austin 1995

Cawelti, John G. (Hrsg.): Focus on Bonnie and Clyde, Englewild Cliffs 1973

Cayleff, Susan E.: Babe: The Life and Legend of Babe Didrikson Zaharias, Champaign 1996

Childs, Marquis W.: The Farmer Takes a Hand. The Electric Power Revolution
    in Rural America, New York 1952

Clayton, Merle: Union Station Massacre. The Shootout that Started the FBI's
    War on Crime, Indianapolis 1975

Conover, Ted: Rolling Nowhere: Riding the Rails with America's Hobos,
    New York 1984

Cooper, Michael L.: Dust to Eat: Drought and Depression in the 1930s,
    New York 2004

Cox, Mike: Time of the Rangers. Texas Rangers from 1900 to the Present,
    Austin 2009

Cutlip, Scott M.: The Unseen Power: Public Relations. A History,
    Hillsdale 1994

Damman, Lars: Kino im Aufbruch. New Hollywood 1967–1976,
    Marburg 2007

DeFord, Miriam Allen: The Real Bonnie and Clyde, New York 1968

Douglas, C.L.: The Gentlemen in White Hats: Dramatic Episodes in the History
    of the Texas Rangers, Dallas 1992

Douglas, Jack: Veterans on the March, New York 1934

Durden, Mark: Dorothea Lange, New York 2011

Egan, Timothy: The Worst Hard Time: The Untold Story of Those Who
    Survived the Great American Dust Bowl, Boston 2006

Ferrell, Robert H: The Presidency of Calvin Coolidge, Kansas 1998

Fine, Sidney: Frank Murphy: The Detroit Years, Vol. 2, Ann Arbor 1975

Fortune, Jan Isbell (Hrsg.): Fugitives: The True Story of Bonnie & Clyde,
    New York 1968

Franscell, Ron: The Crime Buff's Guide to Outlaw Texas, Guilford 2011

Frederickson, Kari A.: The Dixiecrat Revolt and the End of the Solid South,
    1932–1968, Chapel Hill 2001

Freedman, Max: Roosevelt and Frankfurter. Their Correspondence 1928–1945,
    Boston 1967

Friedman, Lester D. (Hrsg.): Arthur Penn's Bonnie and Clyde, Cambridge 2000

Friedman, Lester D.: Bonnie and Clyde. BFI Film Classics, London 2000

Fulsom, Louise Adams: Prison Stories. The Old Days, Weldon 1998

Galbraith, John Kenneth: Der große Crash. 1929. Ursachen, Verlauf, Folgen,
    München 2005

Geisst, Charles R.: Die Geschichte der Wall Street. Von den Anfängen bis zum
    Untergang Enrons, München 2007

Gills, Michael: »The Death of Bonnie and Clyde.«, *Southern Humanities Review*
    44, Nr. 2, Frühjahr 2010, S. 205–214

Gregory, James N.: American Exodus: The Dust Bowl Migration and Okie
    Culture in California, Oxford 1989

Guinn, Jeff: Go Down Together. The True, Untold Story of Bonnie & Clyde,
    London 2009

Guthrie, Woody: Dies Land ist mein Land. Autobiografie, deutsch von
    Hans-Michael Bock, Hamburg 2012

Haller, Dieter: Lone Star Texas. Ethnographische Notizen aus einem unbekannten Land. Bielefeld 2007

Hamilton Floyd: Public Enemy Number 1, Dallas 1978

Helmer, William J./Mattix, Rick: The Complete Public Enemy Almanac, Nashville 2007

Hendley, Nate: Bonnie and Clyde. A Biography, Westport 2007

Himmelberg, Robert F.: The Great Depression and the New Deal, Westport 2001

Hinton, Ted: Ambush: The Real Story of Bonnie and Clyde, Fredericksburg 1979

Hirschfeld, Burt: Bonnie and Clyde, New York 1967

Hobsbawm, Eric: Sozialrebellen. Archaische Sozialbewegungen im 19. und 20. Jahrhundert, übersetzt von Renate Müller-Isenburg und Charles Barry Hyams, Neuwied/Berlin 1971

Hobsbawm Eric: Die Banditen. Räuber als Sozialrebellen, aus dem Englischen von Rudolf Weys und Andreas Wirthensohn, München 2007

Hoover, J. Edgar: Persons in Hiding, Boston 1938

Hounschell Jim: Lawmen and Outlaws: 116 Years in Joplin History, Joplin Historical Society, Joplin 1993

Hudson, Wilson M. (Hrsg.): Hunters & Healers: Folklore Types & Topics, Austin 1971

Hurt, Douglas R.: The Dust Bowl: An Agricultural and Social History, Chicago 1981

Jeffers, Paul H. : The Complete Idiot's Guide to The Great Depression, New York 2002

Jenkins, John H./Frost Gordon H.: »I'm Frank Hamer«: The Life of a Texas Peace Officer, Austin 1968

Jett, Robin Cole: Traveling History with Bonnie and Clyde. A Road Tripper's Guide to Gangster Sites in Middle America, Lewisville 2008

Johnson, Vance: Heaven's Tableland: The Dust Bowl Story, New York 1947

Jones, W. D.: Riding with Bonnie and Clyde, *Playboy*, November 1968, Vol. 15, Nr. 11, S. 151–165

Kael, Pauline: Onward and Upward With The Arts: »Bonnie and Clyde«, *The New Yorker*, 21. Oktober 1967, S. 147–171

Karasek, Helmuth: Mein Kino. Die 100 schönsten Filme, Hamburg 1994

Karl, Michaela: Streitbare Frauen. Porträts aus drei Jahrhunderten, St. Pölten 2009

Karl, Michaela: »Noch ein Martini und ich lieg unterm Gastgeber«. Dorothy Parker. Eine Biografie, St. Pölten 2010

Karl, Michaela: »Wir brechen die 10 Gebote und uns den Hals«. Zelda und F. Scott Fitzgerald. Eine Biografie, St. Pölten 2011

Kessler, Ronald: The Bureau. The Secret History of the FBI, New York 2002

Kindleberger, Charles P.: Die Weltwirtschaftskrise 1929–1939, Geschichte der Weltwirtschaft im 20. Jahrhundert, Bd. 4, aus dem Amerikanischen von Michael Ledig, München 1984

Kilgore, Dan E.: A Ranger Legacy: 150 Years of Service to Texas, Austin 1973

Klingman, William K.: 1929: The Year of the Great Crash, New York 1989

Knight James, R./Davis Jonathan: Bonnie and Clyde: A Twenty-First-Century Update, Austin 2003

Kyvig, David, E.: Daily Life in the United States 1920–1939. Decades of Promise and Pain, Westport 2002

Lange, Dorothea/Taylor Paul, S.: An American Exodus: A Record of Human Erosion, New York 1939

Lash, Joseph P.: Eleanor and Franklin: The Story of Their Relationship, based on Eleanor Roosevelt's Private Papers, New York 1971

Leighninger Robert D. Jr.: Long-Range. Public Investment. The Forgotten Legacy of the New Deal, Colombia 2007

Low, Ann Marie: Dust Bowl Diary, Lincoln 1984

Mann, E. B.: Who was Frank Hamer? *Field & Stream,* März 1980, S. 34–39

Marquart, James W./Ekland-Olson, Sheldon/Sorensen, Jonathan R: The Rope, the Chair and the Needle, Capital Punishment in Texas 1923–1990, Austin 1994

McConal, Patrick M.: Over the Wall: The Men Behind the 1934 Death House Escape, Austin 2000

McDonald, Archie P.: Texas: A Compact History, Abilene 2007

McElvaine, Robert S. : The Great Depression: America 1929–1941, Toronto 1984

McMahan, Dick: The Bucher Murder was the Turningpoint for Clyde Barrow, Bonnie Parker and Raymond Hamilton, Dallas 2007

Meltzer, Milton: Brother, Can You Spare a Dime? The Great Depression 1929–1933, New York 1991

Michener, James A.: Texas, aus dem Amerikanischen von Hans Erik Hausner, München 1988

Milner, E. R.: The Lives and Times of Bonnie & Clyde, Carbondale/Edwardsville 1996

Monaco, Paul: The Sixties 1960–1969. History of the American Cinema, Vol. 8, New York 2001

Montgomery, David R.: Dreck: Warum unsere Zivilisation den Boden unter den Füßen verliert, aus dem Englischen von Elke Walter, München 2010

Mürdter, Barbara: Woody Guthrie – Die Stimme des anderen Amerika, Berlin 2012

Nagler, Jörg: Abraham Lincoln. Amerikas großer Präsident, München 2011

Nash, Jay Robert: Citizen Hoover: A Critical Study of the Life and Times of J. Edgar Hoover and his FBI, Chicago 1972

Nash, Jay Robert: Look for the Woman: A Narrative Encyclopedia of Female Poisoners, Kidnappers, Thieves, Extortionists, Terrorists, Swindlers and Spies from Elizabethan Times to the Present, London 1981

Nashawaty, Chris: Bonnie and Clyde. *Entertainment Weekly*, Nr. 1124, 15. Oktober 2010, S. 65.

Nettersheim, Christoph: Schreckliche Frauen. 30 kriminell gute Portraits, München 2011

Nickel, Steven/Helmer, William J.: Baby Face Nelson: Portrait of a Public Enemy, Nashville 2002

Owen, Richard/Owen, James: Gangsters and Outlaws of the 1930's: Landmarks of the Public Enemy Era, Shippensburg 2003

Parsons, Chuck: The Texas Rangers, Charlston 2011

Perrett, Geoffrey: America in the Twenties: A History, New York 1982

Phillips, John Neal: Running with Bonnie and Clyde: The Ten Fast Years of Ralph Fults, Norman 2002

Phillips, John Neal: Raid on Eastham, *American History*, Vol. 35, Nr. 4, Oktober 2000, S. 54–64

Phillips, John Neal: Bonnie and Blanche. Two Women on the Run with the Barrow Gang, *Legacies*. A History Journal for Dallas and North Central Texas, Vol. 18, Nr. 1, Frühjahr 2006, S. 12–22.

Posener, Alan: Franklin Delano Roosevelt, Reinbek bei Hamburg 1999

Potter, Claire Bond: War on Crime: Bandits G-Men and the Politics of Mass Culture, New Brunswick 1998

Poveda, Tony G.: Lawlessness and Reform: The FBI in Transition, Pacific Grove 1990

Powers, Richard G: Die Macht im Hintergrund. J. Edgar Hoover und das FBI, München 1988

Prince, Stephen (Hrsg.): Screening Violence, Piscataway 2000

Prinzler, Helmut/Jatho, Gabriele (Hrsg.): New Hollywood 1967–1976. Trouble in Wonderland, Berlin 2004

Ramsey, Winston G. (Hrsg.): On the Trail of Bonnie & Clyde: Then and Now, London 2003

Rich, Carrol Y.: The Day they Shot Bonnie & Clyde, in: Hudson, Wilson M. (Hrsg.): Hunters & Healers: Folklore Types & Topics, Austin 1971, S. 35–44

Roosevelt, Eleanor: The Autobiography, New York 1992

Roosevelt, Franklin Delano: Quotations of Franklin Delano Roosevelt, Carlisle 2010

Roth, Mitchel P.: Crime and Punishment. A History of the Criminal Justice System, Westport 2005

Royko, Mike: I May Be Wrong, BUT I DOUBT IT, Chicago 1968

Ruth David, E.: Inventing the Public Enemy: The Gangster in American Culture 1918–1934, Chicago 1996

Schneider, Paul: Bonnie and Clyde. The Lives Behind the Legend, London 2009

Shachtman, Tom: The Day America Crashed, New York 1979

Shlaes, Amity: Der vergessene Mann. Eine neue Sicht auf Roosevelt, den New Deal und den Staat als Retter, aus dem Englischen von Carsten Roth, Weinheim 2011

Shelton, Gene: Manhunter: The Life and Times of Frank Hamer, New York 1997

Shideler, James H.: Farm Crisis, 1919–23, Westport 1977

Simmons, Lee: Assignment: Huntsville. Memoirs of a Texas Prison Official, Austin 1957

Sinclair, Upton: Am Fließband. Mr. Ford und sein Knecht Shutt, aus dem Amerikanischen von Walter Paul, Reinbek bei Hamburg 1987

Sobel, Robert/Raimo, John (Hrsg.): Biographical Directory of the Governors of the United States, 1789–1978. Vier Bände, Westport 1978

Steele, Philipp W./Barrow Scoma, Marie: The Family Story of Bonnie and Clyde, Gretna 2003

Steinbeck, John: Die Reise mit Charley. Auf der Suche nach Amerika, aus dem Englischen von Burkhart Kroeber, München 2010

Steinbeck, John: Früchte des Zorns, deutsch von Klaus Lambrecht, München 2011

Summers, Anthony: J. Edgar Hoover: Der Pate im FBI, übersetzt von Ursula Pommer und Andreas Model, München 1993

Sugar, Maurice: The Ford Hunger March, Berkeley 1980

Thomas, Gordon/Morgan-Witts, Max: The Day the Bubble Burst: A Social History of the Wall Street Crash of 1929, Garden City 1979

Toland, John: The Dillinger Days, New York 1995

Treherne, John: The Strange History of Bonnie and Clyde, London 1984

Turner, Alvin O. (Hrsg.): Letters from the Dust Bowl, Norman 2001

Tye, Larry: The Father of Spin. Edward L. Bernays and the Birth of Public Relations, New York 1998

Underwood, Sid: Depression Desperado: The Chronicle of Raymond Hamilton, Austin 1995

Unger, Robert: The Union Station Massacre. The Original Sin of J. Edgar Hoover's FBI, Kansas City 1997

Utley, Robert M.: Lone Star Lawmen: The Second Century of the Texas Rangers, New York 2007

Veit, Richard J.: The Waco Jailbreak of Bonnie and Clyde, *Waco Heritage and History*, Dezember 1990

Wake, Sandra/Hayden, Nicola (Hrsg.): Bonnie and Clyde. Classic Screenplays, London 1998

Walker, Donald R.: Penology for Profit: A History of the Texas Prison System: 1867–1912, Austin 1988

Wallace, Stone: Dustbowl Desperados: Gangsters of the Dirty 30s, Edmonton 2003

Waller, George: Kidnap: The Story of the Lindbergh Case, New York 1961

Wallis, Michael: Pretty Boy: The Life and Times of Charles Arthur Floyd, New York 1992

Warren, Harris Gaylord: Herbert Hoover and the Great Depression, New York 1959

Warren George: Gang Wars of the 30s, Chatsworth 1974

Wasser, Hartmut: USA. Wirtschaft, Gesellschaft, Politik, Opladen 1996

Watkins T. H.: The Great Depression: America in the 1930s, New York 2009

Watkins T. H.: The Hungry Years. A Narrative History of the Great Depression in America, New York 2000

Webb, Walter Prescott: The Texas Rangers: A Century of Frontier Defense, Austin 1935

Weiner, Tim: FBI. Die wahre Geschichte einer legendären Organisation, Frankfurt/M. 2012

Weir, William: Written With Lead: Legendary American Gunfights and Gunfighters, Hamden 1992

Weisman Deitch, JoAnne (Hrsg.): The Great Depression. Researching American History, Carlisle 2000

West, Nathanael: Tag der Heuschrecke. Ein Hollywood-Roman, aus dem Amerikanischen von Fitz Güttinger, Zürich 1972

Williams, Francis: The Day Bonnie and Clyde Shot it out with the Law in Platte County, *Platte County Missouri Historical & Genealogical Society Bulletin*, Nr. 56, Mai/August 2003, S. 16–19

Wittstock, Uwe: Bonnie Parker und Clyde Barrow, in: Schröder, Thomas (Hrsg.): Berühmte Liebespaare. Von Johann Wolfgang Goethe und Christiane Vulpius bis Simone Signoret und Yves Montand, Frankfurt/M. 1999, S. 96–121

Worster, Donald: Dust Bowl: The Southern Plains in the 1930s, New York 1979

ZEITUNGEN UND ZEITSCHRIFTEN

The Amarillo Globe · Bienville Democrat, Commerce News ·
Dallas Daily Times-Herald · The Dallas Dispatch · The Dallas Morning News ·
Dallas Times Herald Magazine · Enid Morning News · Fort Dodge Messenger and
Chronicle · The Houston Chronicle · Houston Press · The Joplin Globe ·
The Journal of American History · Ladies' Home Journal · The Landmark ·
Miami Daily News Record · Newsweek · The New York Times · Okabena Press ·
Playboy · Reader's Digest · The Saturday Evening Post · The Shreveport Times ·
Springfield Press · Time Magazine · Waco Heritage and History ·
The Waco News Tribune · The Waco Times-Herald · Wichita Daily Times

ARCHIVE

Dallas Public Library, Dallas
Dallas Municipal Archives, Dallas
Federal Bureau of Investigation, Washington D.C.
Franklin D. Roosevelt Presidential Library and Museum, Hyde Park, NY
Historic Waco Foundation, Waco
National Archives, Washington D.C.
New York Public Library, New York
Texas Prison Museum, Huntsville
Texas State Archive and Library Commission: Lorenzo De Zavala State Archives and Library, Austin

WEBSEITEN

http://texashideout.tripod.com
http://blanche.debez.com
http://www.tshaonline.org
http://texashistory.unt.edu
http://www.tmethvin.com/henry
http://bonnieandclydehistory.blogspot.de
http://www.dallashistory.org

FILM- UND TONDOKUMENTE

Arthur Penn: Bonnie und Clyde, Warner Bros. 1967, Süddeutsche Zeitung Cinemathek Nr. 31, München

Remembering Bonnie & Clyde, Dokumentation, Turquoise Film/Video Productions, St. Louis 1994

Al Capone, John Dillinger, Bonnie & Clyde, Questar Video, Inc. Chicago 1994

Bonnie and Clyde: The Story of Love and Death, A & E Home Video, Burlington 2002

Crime Wave. 18 Month of Mayhem, A & E Television Networks, History, New York 2008

Bonnie & Clyde – Gangsterpärchen ohne Gnade, Dokumentation von Chris Wilson, BBC, GB 2009

The Truth About Bonnie and Clyde as Told by Billie Jean Parker, Interview von Jud Collins, RCA Victor LSP 3967, 1968

Bonnie and Clyde, Audiobiography von Joe Loesch, Radio Theatre LLC, Nashville 1998

Bonnie & Clyde and Me! The Floyd Hamilton Story, Public Enemy No. 1 1938 … in His Own Words, Minneapolis GreaTapes 2000

Blanche Barrow: A Voice from the Past, von Debborah Moss, Eclipse Audio Video Productions 2006

Bildnachweis

Alle Abbildungen aus den Sammlungen der Autorin und des Residenz Verlages, außer: Nrn. 2, 3, 4, 6, 10, 17, 18 (Everett Collection/picturedesk.com), 5 (ullstein bild/Ullstein Bild/picturedesk.com), 8 (STF/AFP/picturedesk.com), 9 (STAFF/AFP/picturedesk.com), 11 (Dorothea Lange: Library of Congress/ PhotoResearchers/picturedesk.com).

Personenregister